Stefan Bajohr

Grundriss Staatliche Finanzpolitik

Stefan Bajohr

Grundriss Staatliche Finanzpolitik

Eine praktische Einführung

2., aktualisierte Auflage

VS VERLAG FÜR SOZIALWISSENSCHAFTEN

Bibliografische Information Der Deutschen Nationalbibliothek
Die Deutsche Nationalbibliothek verzeichnet diese Publikation in der
Deutschen Nationalbibliografie; detaillierte bibliografische Daten sind im Internet über
<http://dnb.d-nb.de> abrufbar.

1. Auflage April 2003
Unveränderter Nachdruck der 1. Auflage Juli 2006
2. Auflage September 2007

Umschlaggestaltung: KünkelLopka Medienentwicklung, Heidelberg
Druck und buchbinderische Verarbeitung: Krips b.v., Meppel
Gedruckt auf säurefreiem und chlorfrei gebleichtem Papier
Printed in the Netherlands

ISBN 978-3-531-15526-5

Inhaltsverzeichnis

Vorbemerkung zur ersten Auflage (Auszug)

Finanzpolitik? „Das sind doch bloß Zahlen." – „Mir wäre das viel zu trocken." – Nicht selten höre ich solche Sätze, sobald ich offenbare, mich mit finanzpolitischen Themen zu beschäftigen. „Interessiert dich das wirklich?", fragt jemand und blickt mich zweifelnd an, wenn ich diese Frage ohne Zögern mit „Ja" beantworte.

Was ist los? Warum gilt die öffentliche Finanzwirtschaft als dröge Materie, von der man sich am besten fernhält? Was ist der Grund dafür, dass selbst politisch interessierte und versierte Mitmenschen, sogar manche Abgeordnete, einen großen Bogen um finanzpolitische Angelegenheiten machen? Ich glaube, dies hat im Wesentlichen damit zu tun, dass Steuer- und Haushaltsfragen als eine Art Geheimwissenschaft angesehen werden, die man am besten den Expertinnen und Experten überlässt. Und in der Tat sorgen die Fachleute mit großem Eifer dafür, die Dinge kompliziert zu machen und so vertrackt weiter zu entwickeln, dass schließlich sie selbst kaum mehr verstehen, was gilt.

Nicht erleichtert wird das Verständnis der öffentlichen Finanzwirtschaft dadurch, dass die Rechtswissenschaft und die Volkswirtschaftslehre sie unter ihre Fittiche genommen haben – beides Disziplinen, die nicht eben durch Allgemeinverständlichkeit glänzen und sich zum überwiegenden Teil auch gar nicht darum bemühen. Die Gesellschafts- und Sozialwissenschaften aber gleichen dieses Defizit nicht aus. Lehrveranstaltungen zu finanzpolitischen Fragestellungen werden von ihnen nur selten angeboten.

Dabei entscheidet die Finanzpolitik oft in viel höherem Maße über die staatlichen Sozialleistungen als die Sozialpolitik, mehr über die Entwicklungshilfe als die Freunde der Einen Welt, mehr über die Qualität von Schulen und Hochschulen als die Bildungspolitiker. Finanzpolitik ist *die* Querschnittaufgabe schlechthin, an der sich andere Politikbereiche abarbeiten müssen. Hier geht es um die geldlichen Belastungen der Einwohnerinnen und Einwohner, um die Staatseinnahmen und den Erfolg der Wirtschaft, um das Wohlergehen der Menschen, um Kultur und Natur, um Sicherheit, Solidarität und Gerechtigkeit. Wer sich mit der öffentlichen Finanzwirtschaft befasst, beschäftigt sich mit Vorschriften und Zahlen, in denen all dies und vieles mehr zum Ausdruck kommt, er beschäftigt sich mit den Möglichkeiten einer Verbesserung der Gegenwart und den Chancen für eine lebenswerte Zukunft.

Leider wird es Anfängerinnen und Anfängern nicht leicht gemacht, in die Materie einzusteigen. Es gibt zwar eine Fülle von Lehrbüchern der Finanzwissenschaft, doch sie sind in der Regel voluminös, nicht leicht verständlich, auf den Bedarf von Studierenden der Wirtschaftswissenschaften zugeschnitten und entsprechend stark mit mathematischen Formeln, Diagrammen und Fachtermini gespickt, oft auch eher theoretisch als praxisnah ausgerichtet. In meinen finanzpolitischen Veranstaltungen am Lehrstuhl Politikwissenschaft I des Sozialwissenschaftlichen Seminars der Heinrich-Heine-Universität zu Düsseldorf hörte ich jedenfalls häufig, dass diese Texte als „schwer verdaulich" bezeichnet wurden. Vor allem aber haben sie viel mit Wissenschaft, weniger mit Politik zu tun.

Bei dem Versuch, in dieser Beziehung Abhilfe zu schaffen, musste ich feststellen, dass es in der Tat nicht einfach ist, das Thema zu entfrachten. Deshalb bitte ich um Nachsicht für Fehler, die mir vielleicht unterlaufen sind. Ich hoffe allerdings zuversichtlich, dass es sich dabei nicht um grobe Schnitzer handelt. Wo ich irre, bin ich für Korrekturvorschläge dankbar.

Mit der hier vorgelegten Einführung in die Finanzpolitik unternehme ich das Wagnis, die staatliche Steuer- und Haushaltspolitik in kurz gefassten Abschnitten so aufzubereiten, dass Themenbereiche für sich verständlich werden, ohne aus dem Zusammenhang gerissen zu sein. Fremdwörter und wenig bekannte Begriffe werden, soweit irgend möglich, vermieden, oder – wo unumgänglich – im Text oder in besonderen Kästchen erläutert.

Mir ist klar, dass sich die folgenden Seiten nicht lesen lassen wie ein spannender Kriminalroman. Aber darauf kommt es auch nicht an. Wichtig ist die Bereitschaft, sich *einmal* durch die Grundbegriffe und Grundmuster der öffentlichen Finanzwirtschaft zu beißen, sie auswendig zu lernen wie seinerzeit das Einmaleins, um sie in Zukunft jederzeit und ohne Probleme abrufen zu können. Das mag sich schwierig anhören, ist aber – das kann ich ehrlich versichern – bei weitem leichter als die Beherrschung der Grundlagen vieler anderer Wissensgebiete wie etwa fremder Sprachen. Bei der Niederschrift des Manuskripts ging ich davon aus, für eine Leserschaft zu schreiben, der zwar unser politisches System und seine Funktionsweise geläufig sind, die indes keine juristischen, volkswirtschaftlichen oder finanzwissenschaftlichen Vorkenntnisse besitzen. Ziel dieser Einführung ist es, die Leserin und den Leser in den Stand zu setzen, nach deren Lektüre verständig über finanzpolitische Themen diskutieren und sich ein eigenes Urteil über steuer- und haushaltspolitische Fragen bilden zu können. Ich würde mich freuen, wenn diese gelänge.

Dabei möchte ich aber betonen, dass niemand erwarten darf, allein durch das Lesen dieses Buches zum Finanzexperten zu werden. Doch der Anfang ist gemacht: Wer sich, ermutigt durch diese Einführung, der Finanzpolitik vertieft nähern will, sei deshalb auf die Auswahlbibliografie im Anhang verwiesen, deren Titel zu studieren ich nur empfehlen kann. Vor allem rate ich, täglich eine

Zeitung mit ausführlichem Wirtschaftsteil zu lesen und regelmäßig die im Anhang aufgeführten Internetangebote aufzusuchen.

Düsseldorf, im Januar 2003   Stefan Bajohr

Vorbemerkung zur zweiten Auflage

„Politik macht niemals Halt. Das gilt in extremem Maße für das Steuerrecht, dessen Halbwertzeit im Sturzflug sinkt." Mit diesen Sätzen beendete ich meine Vorbemerkungen zur ersten Auflage im Januar 2003. Damals hätte ich es nicht für möglich gehalten, dass mein „Grundriss" schon vier Jahre später so grundlegend überarbeitet werden müsste, wie es nun geschehen ist. Was sich geändert hat, ist kaum mehr aufzuzählen. Als Beispiele genannt seien die Reform des bundesstaatlichen Finanzausgleichs, die Föderalismusreform, die Aufweichung des europäischen Verfahrens bei übermäßigem Defizit, die Neuordnung der Bundesfinanzbehörden und die Ausgliederung von Aufgaben aus der staatlichen Verwaltung sowie die Reform der Unternehmensbesteuerung. Wohin man auch schaut: Reformen. Auch dazu wird ein kritisches Wort zu sagen sein.

Zusätzlich in das Buch aufgenommen wurden die Abschnitte „Finanzmonopole", „Gender Responsive Budgets", „Stiftungen" und „Demografie" – der erste, weil die Existenz des deutschen Branntweinmonopols jedenfalls nach 2010 in Frage steht und weil damit eine mehr als 90-jährige Tradition zu Ende gehen könnte, der zweite, weil sich die staatliche Finanzpolitik auch in Deutschland endlich dem Thema Geschlechtergerechtigkeit zuwenden muss, der dritte, weil Stiftungsfinanzierungen mehr und mehr an die Stelle öffentlicher Förderungen treten, und der vierte, weil sich die Finanzpolitik auf Bevölkerungsrückgang und gesellschaftliche Alterung einzustellen haben wird.

Wiewohl auch bei der zweiten Auflage für alle Mängel und Fehler dieses Buches der Autor allein verantwortlich zeichnet, wäre es doch nicht ohne die Geduld und Mithilfe Anderer entstanden. Dank schulde ich den zahlreichen Mitarbeiterinnen und Mitarbeitern von Bundes- und Landesbehörden, die mir auf meine vielfältigen Fragen faktenreich antworteten und ohne deren Hilfestellung dieses Buch nicht hätte geschrieben werden können. Hervorheben möchte ich die Europäische Zentralbank, das Bundesministerium der Finanzen, das Statistische Bundesamt, das Zollkriminalamt sowie die Oberfinanzdirektionen Rheinland und Münster. Unter den privaten Einrichtungen waren mir besonders die Arbeitsgruppe Alternative Wirtschaftspolitik (Bremen), der Bund der Steuerzahler Nordrhein-Westfalen (Düsseldorf), der Bundesverband Deutscher Stiftungen, das Deutsche Institut für Wirtschaftsforschung (beide Berlin) und das Institut für Demoskopie Allensbach freundliche und kompetente Ratgeber. Herzlich bedanken möchte ich mich ganz besonders bei Professor Dr. *Ferdinand Müller-Rommel* (Lüneburg), der mich zu diesem Buch ermutigte, sowie bei Professor

Dr. *Gerd Hardach* (Berlin) und Herrn *Michael Heugel* (Bonn), die das Manuskript kritisch prüften und mir zahlreiche wertvolle Hinweise zu dessen Berichtigung und Verbesserung gaben. Dank schulde ich überdies *Hans-Jakob Ginsburg* (Meerbusch), Dr. *Dieter Krüger* (Potsdam) und Professor Dr. *Rainer Wolf* (Freiberg), die mir stete und freundschaftlich-kritische Gesprächspartner waren und sind. Nicht unerwähnt lassen darf und möchte ich die stets uneigennützigen Dienste, die mir Dr. *Holger Meyer* (Lüneburg) und *Silvia Winands* (Düsseldorf) leisteten, sowie die Hilfe bei der Klärung problematischer Sachfragen, die mir *Ulrich Beck* (Offenbach), Stadtkämmerer Dr. *Manfred Busch* (Bochum), *Reinhard Kilmer* (Dortmund) und *Hans-Jürgen Kröger* (Bremen) gewährten. *Eitel-Friedrich Beyer* (Bochum) gilt mein Dank für seine stetige Hilfe bei der Lösung technischer Probleme. Und bei Frau *Kerstin Ahlefeld* (Düsseldorf) bedanke ich mich für die Erstellung des Stichwortverzeichnisses. Gewidmet aber sei diese Schrift meinen Söhnen *Jakob* und *Aaron* und meiner lieben *Brigitte*, die unendlich viel Geduld und Nachsicht aufbrachten, wenn ich mich immer wieder in meine Werkstatt zurückzog.

Düsseldorf, im Juni 2007   *Stefan Bajohr*

I. GRUNDLAGEN UND GRUNDBEGRIFFE

1 Aufgaben und Ziele staatlicher Finanzpolitik

Ein chinesisches Sprichwort lehrt, dass eine Reise von tausend Meilen mit dem ersten Schritt beginnt. Unsere Reise ins Innere der Finanzpolitik wollen wir daher mit einer nahe liegenden Frage einleiten: Der Frage nämlich, was wir unter Finanzpolitik eigentlich zu verstehen haben. Wenn wir versuchen, darauf eine spontane Antwort zu geben, tauchen vor uns wahrscheinlich bekannte Bilder aus den Fernsehnachrichten auf: Haushaltsdebatten im Deutschen Bundestag mit mehr oder weniger aufgeregten Rednern, ernste Mienen oder Zuversicht verströmende Gesichter auf Finanzministerkonferenzen, wütende Demonstranten im Protest gegen die Kürzung einer staatlichen Leistung. Aus diesen Bildern gewinnen wir drei Eindrücke:

a. Finanzpolitik ist eine öffentliche Angelegenheit.
b. Finanzpolitik ist eine streitfähige Angelegenheit.
c. Finanzpolitik ist eine für die Gesellschaft wichtige Angelegenheit.

> Neben der öffentlichen existiert eine betriebliche Finanzpolitik, die als Summe aller Maßnahmen der Finanzierung eines Unternehmens definiert wird, die geeignet sind, dessen Kapitalbedarf zu decken. Davon wird in diesem Buch nicht die Rede sein.

Gehen wir einen Schritt weiter und fragen, womit sich die öffentliche, streitfähige und gesellschaftlich wichtige Finanzpolitik beschäftigt, so gelangen wir ohne Weiteres an das Wort Geld. Finanzpolitik hat mit Geld zu tun und erweist sich damit als ein Teil der Wirtschaftspolitik. Sie dient aber auch anderen Politikbereichen, wenn dort öffentliche Mittel eingesetzt werden: etwa der Beschäftigungs-, der Sozial- und der Familienpolitik, der Bildungs- und der Forschungspolitik, der Verkehrs- und der Umweltpolitik, der Landwirtschafts- und der Wohnungsbaupolitik. Über die Finanzpolitik nehmen der Staat und die Kommunen Einfluss auf die Höhe und auf die Struktur des Einkommens und Vermögens der Gesamtwirtschaft und ihrer Bestandteile. Dies geschieht im Wesentlichen über das Instrument der öffentlichen Haushalte, also über die öffentlichen Einnahmen und Ausgaben. Von Privaten, gleichgültig, ob es sich dabei um Privatpersonen oder um Unternehmen der Privatwirtschaft handelt, unterscheidet sich die öffentliche Mitwirkung am Zustandekommen und an der Verteilung des gesellschaftlichen Reichtums vor allem dadurch, dass dem Staat und den Kommunen Ge- und Verbote, also Zwangsmittel, zur Verfügung stehen. So sind sie bei der Verfolgung der finanzpolitischen Ziele, auf die wir bald zu sprechen kommen, nicht auf die Gesetze des Marktes beschränkt.

> Unter dem Begriff Staat wollen wir in diesem Buch den Bund und die Länder, manchmal ergänzt um die Sozialversicherungen, verstehen. Als Kommunen fassen wir die Gemeinden und Gemeindeverbände zusammen. Ist im Folgenden von „Gemeinden" die Rede, so sind damit die Gemeindeverbände stets (sofern nicht ausdrücklich ausgeschlossen) mitgemeint.

Die Anforderungen, denen sich die Finanzpolitik ausgesetzt sieht, sind vielfältig. Etwas überspitzt lassen sie sich folgendermaßen skizzieren: Die Preise sollen sinken und die Löhne steigen. Staat und Kommunen sollen wenig Personal beschäftigen und möglichst rund um die Uhr bürgerfreundlichen Service bieten. Das Bildungsangebot soll kostenlos, frei zugänglich, ausreichend alimentiert und global konkurrenzfähig sein; innere und äußere Sicherheit sind zu gewährleisten. In akuten Notlagen (Überschwemmungen, Waldbrände, BSE, Maul- und Klauenseuche, Dioxin, Chemieunfälle) sollen auf Abruf genügend Fachkräfte und Sachmittel zu deren Bewältigung bereit stehen. Die staatlichen und kommunalen Leistungen für Familien, Kinder und alte Menschen, für Menschen mit Behinderungen und sozial Schwache, für Auszubildende und Studierende, für Häuslebauer und Mieter, für Fernpendler und Trambahnen, für Straßen und Flughäfen, für Denkmale und Museen, für Sport und Vereinsleben sollen ausreichen, am besten stetig wachsen. Die Anstrengungen zum Abbau der Erwerbslosigkeit sollen verstärkt werden. Zugleich dürfen Steuern und Sozialabgaben kaum spürbar sein; nach Möglichkeit sollen sie sinken. Sparhaushalte und ein nachdrücklicher Kampf gegen die Verschwendung von Steuermitteln sollen neue Kredite entbehrlich machen und zum Abbau des Schuldenberges beitragen.

Jede dieser Anforderungen klingt, für sich genommen, durchaus vernünftig. Aber bereits beim Lesen haben wir gemerkt, dass sie unvereinbar sind. Für die Finanzpolitik stellt sich damit eine schwierige Aufgabe: Sie soll die Begehren von Interessengruppen und deren Vertretungen (zum Beispiel dem DIHT und dem Arbeitgeberverband für die Kapitalseite, den Werktätigen und ihren Gewerkschaften für die Arbeitnehmerseite), Forderungen von Fachleuten (wie etwa den Bildungs- oder Gesundheitspolitiker/innen) oder auch spontane (vielleicht von den Medien verstärkte) kollektive Wünsche, gesetzliche Vorschriften, unabweisbare Verpflichtungen und die Begrenztheit aller Ressourcen so in Beziehung zueinander zu setzen, dass die Quadratur des Kreises gelingt. Es liegt folg-

16

lich auf der Hand, dass das jeweils gefundene Ergebnis niemals alle, oft nicht einmal eine Mehrheit in Politik, Wirtschaft und Gesellschaft, zufrieden stellt. Die Finanzpolitik und ihre Akteure (das sind die Kämmerer, die Finanzminister und -senatoren, die Haushalts- und Steuerexperten in den Räten und den Parlamenten) stehen daher nicht selten im Kreuzfeuer der Kritik: Sie seien zu wenig einfallsreich beim Umschiffen finanzwirtschaftlicher Klippen und zu ehrpusselig bei der Bewilligung von Ausnahmen, sie gebärdeten sich pfennigfuchserisch und agierten unpolitisch... Kurz: Sie täten gut daran, nicht das Ganze der öffentlichen Finanzwirtschaft im Auge zu behalten, sondern das finanzielle Interesse des jeweiligen Kritikers.

Solcherart Vorwürfe weisen uns vor allem darauf hin, dass die Finanzpolitik wie wohl kein anderer Politikbereich eine koordinierende Zuständigkeit besitzt und sich von daher den Blick für die Gesamtheit der Anforderungen und Möglichkeiten bewahren muss. Indem sie politisch zentrifugale Kräfte zusammenbindet und Interessenkonflikte entscheidet, dient sie der Erfüllung der Staatsaufgaben, die im demokratischen Diskurs definiert werden. Damit wollen wir allerdings nicht behaupten, dass die Finanzpolitik ein gleichsam objektiver Vorgang sei oder dass sie den gesellschaftlichen Ausgleich zum Vorteil aller suche oder hervorbringe. Im Gegenteil: Wie jeder andere Politikbereich ist auch die Finanzpolitik von Interessen geleitet. Wie jeder andere Politikbereich unterliegt auch die Finanzpolitik den Kräften des zentralen Konflikts in der sozialen Marktwirtschaft, dem Konflikt zwischen Kapital und Arbeit. Indem die Finanzpolitik beispielsweise darüber entscheidet, welche Steuern erhoben und welche abgeschafft werden, interveniert sie *ordnungspolitisch* zulasten oder zugunsten kleiner, mittlerer oder großer Einkommen und Unternehmen, zum Vorteil oder zum Nachteil Selbstständiger oder abhängig Beschäftigter. Und indem sie über die Größe der staatlichen Einnahmen und Ausgaben, über die Aufnahme von Krediten oder die Tilgung von Schulden, über den Erwerb oder die Veräußerung von Vermögensgegenständen, über Investitionsprogramme oder einen Preisstopp beschließt, wirkt die Finanzpolitik *prozesspolitisch* auf die Verteilung von Verantwortung, Ressourcen und Entscheidungsmacht in der Gesamtwirtschaft ein. Wie tief interessenbestimmte finanzpolitische Weichenstellungen greifen und wie nachhaltig sie wirken, können wir an der neoliberalen Wende vom Beginn der 1980er Jahre ablesen:

Als neoliberal werden Ideologien und ökonomische Theorien bezeichnet, die auf eine weitgehende Selbstbestimmung derjenigen abzielen, die über Geldkapital und Produktionsmittel verfügen Der Neoliberalismus bestreitet das Recht des öffentlichen Sektors auf wirtschaftliche und soziale Regulierung, lehnt die demokratische Kontrolle und Beteiligung im Wirtschaftsleben (Mitbestimmung von Arbeitnehmerinnen und Arbeitnehmern, Betriebs- und Personalräte) ab. Stattdessen setzt er auf die Steuerungskräfte des Marktes, auf einen nahezu schrankenlosen Individualismus, auf die Aufhebung des Sozial- und Interventionsstaates, auf Freihandel und Weltmarktkonkurrenz. Die Ursprünge des Neoliberalismus reichen bis in die 1930er Jahre zurück und sind mit Namen wie dem Deutschen Walter Eucken (1891-1950), dem Österreicher Friedrich August von Hayek (1899-1992) und dem US-Amerikaner Milton Friedman (*1912) verbunden.

Galt seit der Rezession von 1966 bis zum Ende der sozialliberalen Koalition 1982 der aktive Staat, vor allem auf den Gebieten der Sozial- und der Konjunkturpolitik, als erwünscht und erforderlich („Soviel Markt wie möglich, soviel Staat wie nötig"), so wurde dieses Leitbild abgelöst von dem Glauben an den Vorrang des Marktes und seiner Regeln („Weniger Staat – mehr Eigenverantwortung"). Seitdem können wir zum Beispiel beobachten, dass die verfügbaren Einkommen (das sind die Einkommen nach Abzug von Steuern und Sozialversicherungsbeiträgen) aus unselbstständiger Arbeit langsamer steigen als diejenigen aus Unternehmertätigkeit und Vermögen. Im Ergebnis dieser Entwicklung hat sich nicht nur die Verteilung des Volkseinkommens zuungunsten der Arbeitnehmereinkommen entwickelt, sondern es hat sich auch die Kluft zwischen den reichsten und den ärmsten Haushalten in der Bundesrepublik vertieft.

Unter dem Volkseinkommen verstehen wir die Summe aller Mieten und Pachten, Zinsen und Gewinne, Löhne und Gehälter, die Inländern in der deutschen oder einer anderen nationalen Wirtschaft innerhalb eines Jahres aus dem In- und Ausland zufließen.

Doch ehe wir vorschnell verschiedene finanzpolitische Überzeugungen und finanzwissenschaftliche Schulen bewerten, wollen wir uns darum bemühen, tiefer in die Geheimnisse der Finanzpolitik einzudringen. Bisher haben wir uns damit beschäftigt, was unter dem Begriff Finanzpolitik verstanden wird und welche Anforderungen an sie gestellt werden. Wir wollen uns in den nächsten Abschnitten der Frage zuwenden, welche Ziele die Finanzpolitik verfolgt. Dabei können wir uns an dem amerikanischen Finanzwissenschaftler *Richard A. Musgrave* orientieren, der vom Allokations-, vom Verteilungs- oder Distributions- und vom Stabilisierungsziel spricht. Diese Systematik ist heute allgemein anerkannt.

1.1 Allokation: Der Warenaustausch soll funktionieren

Als Allokation wird der Vorgang bezeichnet, bei dem Güter und Dienstleistungen (Waren) mittels dezentraler und selbstständiger Tauschvorgänge nach ihrer Zahl, Zusammensetzung und Güte entsprechend den Vorlieben (Präferenzen) der Bürgerinnen und Bürger zugewiesen werden. Dadurch wird, so die Theorie, der Wohlstand der Bevölkerung abgesichert und gehoben. Weil im Prinzip alle Ressourcen knapp, also nur in begrenztem Umfang verfügbar sind, darf die Produktion von Gütern und Dienstleistungen nicht verschwenderisch vor sich gehen. Deshalb müssen die Produktionsfaktoren, die zu ihrer Herstellung erforderlich sind, möglichst sparsam und zielgerichtet eingesetzt werden. Das Maß dafür ist in der Marktwirtschaft der Preis, der zum produktivsten Einsatz der Produktionsfaktoren drängt. Ihm kommt nicht nur bei der Warenproduktion zentrale Bedeutung zu, sondern auch beim Warenhandel: Schließlich bestimmen sich über ihn die Menge des Warenangebots und die Nachfrage nach diesem Angebot.

Darüber, was Produktionsfaktoren sind, ist sich die Volkswirtschaftslehre nicht recht einig. Klassisch verstand man darunter Arbeit, Boden und Kapital. Später hinzugefügt wurden u.a. das Humankapital (vgl. dazu Kasten auf S. 48), die Umwelt oder die unternehmerische Tätigkeit. Am zuverlässigsten ist noch immer die Theorie, wonach allein Arbeit ein Produktionsfaktor ist, Boden/Umwelt und Kapital hingegen Produktionsmittel sind.

Das Allokationsziel der Finanzpolitik besteht diesem Gedankengang zufolge darin, Rahmenbedingungen für das Funktionieren der Tauschvorgänge am Markt zu schaffen, bei denen eine ungehinderte Preisbildung gewährleistet ist und Störungen beseitigt werden, die die Allokation hemmen oder behindern können. Danach hätte die Finanzpolitik vor allem die Aufgabe, die Regeln und Mechanismen des Marktes durchzusetzen und gegen externe Einflüsse abzuschirmen. Die Allokation gilt als nicht mehr verbesserungsfähig, wenn kein Marktteilnehmer noch besser gestellt werden kann, ohne dass ein anderer schlechter gestellt würde. (Diese Situation wird als Wohlfahrts- oder Pareto-Optimum bezeichnet). Umgekehrt heißt das: Die Allokation ist verbesserungsbedürftig, wenn mindestens ein Marktteilnehmer besser gestellt werden kann, ohne dass dies irgendeinem anderen zum Nachteil gereichte.

Das Pareto-Optimum bezieht seinen Namen von dem italienischen Wirtschaftswissenschaftler Vilfredo Pareto (1848-1923).

Nun besteht ein ernst zu nehmendes Problem darin, dass die Marktwirtschaft dazu tendiert, ihre Funktionsfähigkeit aus sich selbst heraus zu zerstören: Kartelle und Trusts, Oligopole und Monopole beschränken, ja beseitigen den Wettbewerb und damit die Dezentralität und Autonomie der Tauschvorgänge. Hier kommt der Staat ins Spiel: Nur er, nicht der Preisbildungsmechanismus, ist in der Lage, den Bestand der Marktwirtschaft zu gewährleisten. Nur der Staat besitzt die Autorität, Machtzusammenballungen zu verhindern, in deren Folge das Marktgeschehen nicht nur verzerrt, sondern aus den Angeln gehoben würde. Die dazu erforderlichen Instrumente sind das Kartellrecht und die Kartellbehörden.

In der BRD gilt seit 1958 (mit zwischenzeitlichen Novellierungen) das Gesetz gegen Wettbewerbsbeschränkungen. Eine fünfköpfige Monopolkommission bewertet jährlich den Stand der Unternehmenskonzentration. Abgesehen von gewissen Kompetenzen des Bundeswirtschaftsministeriums und der Landeskartellbehörden ist das Bundeskartellamt für das GWB zuständig. Gegen Verfügungen des Bundeskartellamtes kann beim OLG Düsseldorf Beschwerde und gegen dessen Entscheidungen beim BGH Rechtsbeschwerde erhoben werden.

Einem weiteren Fall von Marktversagen begegnen wir mit Blick auf die Umwelt. Aus dem Verbrauch natürlicher Ressourcen wie Luft, Boden und Wasser wissen wir, dass der Markt nicht in der Lage ist, der Verschwendung Einhalt zu gebieten. Diese Umweltgüter werden, weil sie keinen Preis haben, der ihnen im Marktsystem zugerechnet werden könnte, bei der Produktion von Waren ohne Rücksicht auf ihre Knappheit und unwiederbringliche Zerstörbarkeit in Anspruch genommen. Dass wir hierbei auf einen Punkt zusteuern, an dem sich der Markt nicht nur selbst, sondern alles Leben auf der Erde vernichtet, ist ein allgemein bekannter Gegenstand der aktuellen Diskussionen etwa auf den Weltklimakonferenzen. Auch hier besitzt allein der Staat bzw. die Staatengemeinschaft die nötigen Steuerungsinstrumente und Machtmittel, um den schonenden Umgang mit dem öffentlichen Gut Umwelt zu gewährleisten. (Wir werden in I. 2.2. auf die öffentlichen Güter eingehen).

Damit das Allokationsziel erreicht werden kann, muss der Staat überdies Güter bereitstellen, die vom Markt nicht angeboten werden, und die Zusammensetzung dieser Güter festlegen. Dabei handelt es sich um so wichtige Güter wie etwa die soziale Sicherheit in den Risikofällen Alter, Krankheit, Invalidität/ Pflegebedürftigkeit oder Erwerbslosigkeit. Auch eine nicht gebührenpflichtige Straßenbeleuchtung oder Wegweisung und viele andere staatliche bzw. kommunale Leistungen gehören hierzu.

1.2 Verteilung: Es soll gerecht zugehen

Das Verteilungsziel bezieht sich auf die Verteilung (Distribution) von Einkommen und Vermögen in der Gesellschaft. In einer reinen, von äußeren Einflüssen freien Marktwirtschaft werden bei den Tauschvorgängen, von denen wir bereits sprachen, nicht nur Güter und Dienstleistungen, sondern Eigentumsrechte und Verfügungsgewalten über das Volksvermögen verteilt. So führt der Tausch der Ware Arbeitskraft gegen die Ware Geld in der Regel zu ungleichen Einkommens- und Vermögensverhältnissen zulasten dessen, der seine Arbeitskraft verkauft, und zugunsten desjenigen, der sie gegen die Zahlung von Lohn erwirbt. Aber nicht allein Tauschvorgänge errichten eine schiefe Ebene. Auch beim Nachlass kleiner, großer oder enormer Vermögen entstehen oder verstärken sich Ungleichheiten im Verhältnis von Nichterben zu Erben und innerhalb der Gruppe der Erben. Tausch- und Erbvorgänge zusammen bringen die so genannte *primäre Einkommens- und Vermögensverteilung* hervor. Ihr wesentlicher Nachteil besteht darin, dass sie wegen ihrer extrem ungleichgewichtigen Verteilung von Chancen und Machtmitteln von der übergroßen Mehrheit der Menschen in modernen kapitalistischen Gesellschaften nicht akzeptiert wird.

Als kapitalistisch bezeichnen wir die Gesellschaftsordnung, die auf dem Privateigentum einer zahlenmäßig kleinen Bourgeoisie an den wichtigsten Produktionsmitteln und der Aneignung des vom Proletariat (der überwältigenden Mehrheit, die kein Eigentum an Produktionsmitteln innehat) geschaffenen Mehrwerts durch das Besitzbürgertum beruht. Ökonomisches Ziel ist die fortwährende Vermehrung privater Gewinneinkünfte. Dem dient u.a. eine entsprechende Beeinflussung politischer Entscheidungen und Durchdringung staatlicher Einrichtungen.

Solche Ungleichheiten zu korrigieren, ist neben der Allokation das zweite Ziel der Finanzpolitik. Dass dabei Vorstellungen von Gerechtigkeit und Lastenausgleich eine entscheidende Rolle spielen, liegt auf der Hand. Und es ist auf dem Hintergrund des Jahrtausende alten Streites darüber, wo die Grenze zwischen „gerecht" und „ungerecht" zu ziehen ist, offenkundig, dass es dafür keine objektiven Beurteilungsmaßstäbe gibt. Vielmehr hängt alles davon ab, welche (wandelbaren) Werte in einer Gesellschaft dominieren. Daher ist die Politik, daher sind Mehrheitsentscheidungen gefordert, um die Maßstäbe zu entwickeln und die Instrumente anzuwenden, mit denen auf der einen Seite soziale Wohlfahrt und Sicherheit definiert und gewährleistet, auf der anderen überbordende Vermögenskonzentrationen und demokratisch nicht legitimierte wirtschaftliche Macht begrenzt werden können. In der Bundesrepublik besteht ein – inzwischen indes labiler – gesellschaftlicher Konsens darüber, dass die Sozialversicherungen, die

Besteuerung von Einkommen und Vermögen sowie staatliche Transferleistungen zulässige und geeignete Instrumente sind, um die herrschenden Gerechtigkeitsvorstellungen zu realisieren. Aus ihrer Anwendung erwächst ein neuer distributionspolitischer Zustand, der als *sekundäre Einkommens- und Vermögensverteilung* bezeichnet wird.

1.3 Stabilisierung: Der Staat muss mitlenken

Allokation und eine konsensfähige „gerechte" Verteilung erzeugen nicht automatisch einen Zustand wirtschaftlicher Stabilität. Im Gegenteil: Die gesamtwirtschaftliche Nachfrage, die von einer Fülle von Akteuren – privaten Haushalten und Industrieunternehmen, Dienstleistern und landwirtschaftlichen Betrieben, Kapitalsammelstellen und Spekulanten – gebildet wird, unterliegt erheblichen Schwankungen. Mal fällt das aktuelle Angebot an Arbeitskräften, Krediten und Produkten niedriger, mal fällt es höher aus als die Nachfrage. Solche Wachstumsschwächen oder Überhitzungen entstehen vor allem durch Fehlentwicklungen der inländischen (bereits heute können wir darunter den europäischen Wirtschaftsraum oder das Euro-Währungsgebiet verstehen) Wirtschaftstätigkeit; aber auch außerhalb – also zum Beispiel in den USA oder im südostasiatischen Raum – entstandene Störungen im Konjunkturverlauf können hier zu Lande Krisen hervorrufen oder verschärfen. Als deren Folge wird das so genannte magische Viereck (oder werden Teile desselben) aus Preisniveaustabilität, einem hohen Beschäftigungsstand, außenwirtschaftlichem Gleichgewicht und einem stetigen und angemessenen Wirtschaftswachstum verfehlt.

Als Kapitalsammelstellen werden Einrichtungen bezeichnet, die Geldeinlagen annehmen und mit diesem Kapital auf den Geld- und Kapitalmärkten auftreten. Dies sind vor allem Banken und Sparkassen, Versicherungen, Bausparkassen und Investmentgesellschaften, aber auch die Sozialversicherungsanstalten.

Die vier Elemente des sog. magischen Vierecks sind für die BRD in § 1 des „Gesetz[es] zur Förderung der Stabilität und des Wachstums der Wirtschaft" aus dem Jahre 1967 niedergelegt. Es bildet auch heute den Maßstab, an dem die wirtschafts- und finanzpolitischen Entscheidungen von Bund und Ländern gemessen werden.

Zur Wiederherstellung des mit diesen Eckpunkten definierten gesamtwirtschaftlichen Gleichgewichts genügt es nicht, sich auf vermeintliche Selbstheilungskräfte des Marktes zu verlassen. Die Wirtschaftsgeschichte lehrt, dass es finanzpolitischer Interventionen des Staates bedarf, um die Rückkehr zu einem Zustand relativer Stabilität einzuleiten und um künftigen Ausschlägen bereits im Vorfeld zu begegnen. Dazu können – je nach Art der Krise – einmal künstlich hervorgerufene Nachfrageschübe (expansive Maßnahmen) nötig sein, um zu Vollbeschäftigung zu kommen; ein anderes Mal mögen Restriktionen (einschränkende Maßnahmen) erforderlich werden, um eine Geldentwertung (Inflation) zu vermeiden. Hierfür stehen dem öffentlichen Sektor als geeignete Instrumente die Bestimmung der Geldmenge, die Steuer- und die Ausgabenpolitik zur Verfügung.

In der öffentlichen Debatte wenig problematisiert wird die ungleiche Gewichtung der vier Elemente des gesamtwirtschaftlichen Gleichgewichts. Während sich die Preisniveaustabilität einen hervorragenden Platz unter den vier Teilzielen eroberte, verliert das Beschäftigungsziel an Beachtung. Ablesbar ist dies beispielsweise daran, dass stabile Preise zum obersten Ziel des Europäischen Systems der Zentralbanken gekürt wurden (vgl. Abschnitt II.1.5), während sich Politik, Wirtschaft und Gesellschaft der europäischen Arbeitsmarktkrise gegenüber eher indifferent verhalten. Im Ergebnis dieser Krise, die seit beinahe vierzig Jahren anhält und mittlerweile allein in der Bundesrepublik rund vier Millionen Erwerbslose produziert hat, entstand eine Beschäftigungsungleichheit, die kaum mit dem oben erwähnten Ziel gerechter Verteilung vereinbar sein dürfte. Die entstandene Gerechtigkeitslücke kann allein mit einkommenspolitischen Maßnahmen, die monetäre Armut verhindern sollen, nicht geschlossen werden. Dazu bedarf es gezielter Anstrengungen zur Bereitstellung und Verteilung von Erwerbsgelegenheiten, zur Verwirklichung des Rechts aller auf Teilnahme an der gesellschaftlichen Wertschöpfung. Das aber bedeutet, dass sich sämtliche finanzpolitischen Konzepte, Entscheidungen und Maßnahmen daran messen lassen müssen, ob und inwieweit sie das sozialstaatliche Versprechen der *Beschäftigungsgerechtigkeit* einlösen, das auf der Grenze zwischen dem Verteilungs- und dem Stabilitätsziel liegt.

2 Markt und Staat

Die Güterproduktion, die sich als Voraussetzung des Allokationsprozesses vollzieht, kann von sehr unterschiedlichen Rahmenbedingungen bestimmt werden. So würden beispielsweise in einer allein auf den Gesetzen des so genannten freien Marktes beruhenden Volkswirtschaft (die es in Wirklichkeit nicht gibt) bestimmte Güter wie etwa die innere Sicherheit oder Bürgersteige nicht angeboten. Umgekehrt dürfte in einer ausschließlichen Staatswirtschaft (die ebenfalls nicht existiert) ein gewisser Mangel an individuell gefertigten Gütern oder Luxusartikeln auftreten. In einer gemischten Ökonomie, wie sie sich in Deutschland herausgebildet hat, tragen sowohl marktwirtschaftliche als auch staatliche Aktivitäten zu einer Güterversorgung bei, die sich an dem unternehmerischen Ziel der Gewinnsteigerung, an den Vorlieben der Bürgerinnen und Bürger, an den dominierenden Gerechtigkeitsvorstellungen der Gesellschaft und an den stabilitätspolitischen Notwendigkeiten orientiert. Dabei entstehen politische Spannungen, die im Kern um die Ausbalancierung und mehrheitsfähige Zuweisung des Angebots privater und öffentlicher Güter kreisen.

2.1 Private Güter für den individuellen Verbrauch

Charakteristisch für die Marktwirtschaft ist, dass sie für eine Fülle von Marktteilnehmern ein Güterangebot vorhält, aus dem diese nach ihren Bedürfnissen und Vermögen auswählen können. Damit ein Marktteilnehmer von einem anderen eine Ware erwerben (eintauschen) kann, müssen zwei Voraussetzungen erfüllt sein: (a) Der Erwerber zahlt dem Verkäufer als Gegenleistung für die Hergabe der Ware einen Preis. (b) Der Verkäufer erkennt daraufhin das ausschließliche Eigentum des Erwerbers an der bezahlten Ware an.

Mit der Entgegennahme des Kaufpreises schließt der Verkäufer alle jene Marktteilnehmer von der Nutzung aus, die diesen Preis entweder nicht zahlen können oder nicht zahlen wollen. Für den autonomen Tauschvorgang auf dem Markt gilt also das *Ausschlussprinzip*. Es wird inhaltlich von der Seite des Anbieters her bestimmt. Für den Käufer bedeutet der Erwerb des Eigentums das Recht, sämtliche anderen Marktteilnehmer am Gebrauch eben dieses Produkts oder dieser Dienstleistung zu hindern. Diese so genannte *Rivalität im Konsum* wird von der Seite des Nachfragers her bestimmt.

Ausschlussprinzip und Rivalität im Konsum sind die charakteristischen Merkmale für private Güter.

Das Ausschlussprinzip versagt allerdings, wenn es einem Anbieter nicht gelingt, einen Nachfrager, der nicht zahlungsbereit oder nicht zahlungsfähig ist, von der Nutzung eines Gutes auszuschließen. Dies ist beispielsweise dann der Fall, wenn die Bewohner einer Siedlung einen Schwimmmeister anstellen, der ihre Kinder beim Baden in einem nahebei gelegenen allgemein zugänglichen Baggersee beschützen soll. Diese Eltern können nicht verhindern, dass auch Kinder, die nicht in der Siedlung wohnen, beim Baden in diesem Baggersee in den Genuss des Schutzes kommen ohne dass deren Eltern sich an der Finanzierung des Schwimmmeisters beteiligen. Von den finanzierenden Eltern zur Zahlung aufgefordert, können diese ihre Wertschätzung für das Produkt „Sicherheit beim Baden" sogar leugnen, ohne dass sie von dessen Nutzen ausgeschlossen werden könnten. Die Volkswirtschaftslehre und die Finanzwissenschaft bezeichnen dies als Trittbrettfahrer- oder *„free rider"-Haltung*.

Kündigen die bisher zahlenden Eltern daraufhin den Vertrag mit dem Schwimmmeister, so sinkt entweder die Sicherheit am Baggersee (mit der möglichen Folge, dass Kinder ertrinken) oder der Staat bzw. die Kommune entschließt sich, einen öffentlich bestellten Schwimmmeister einzusetzen – zu dessen Finanzierung er sämtliche Nutzer über eine Gebühr oder eine Steuer heranzieht.

2.2 Öffentliche Güter für die ganze Gesellschaft

Das Beispiel des Baggersees zeigt, dass die Nichtanwendbarkeit des Ausschlussprinzips ein entscheidender Grund für staatliche oder kommunale Aktivität ist. Die Mechanismen des Marktes versagen, wenn ein Gut (Sicherheit beim Baden) konsumiert werden kann, ohne dass dafür ein Preis zu erzielen wäre, oder wenn der Konsum eines Gutes durch ein bestimmtes Individuum den Konsum desselben Gutes durch ein anderes Individuum nicht verteuert, behindert oder einschränkt. Wir sprechen in diesem Falle von *Nichtrivalität im Konsum*. Solche Güter, bei denen *keine Preisbildung über den Markt* erfolgt, und die keine exklusiven Nutzungsrechte ermöglichen, werden öffentliche oder Kollektivgüter genannt.

Häufig angeführte Beispiele für öffentliche Güter sind die klassischerweise vom Staat besetzten Aufgabenbereiche, die von der Polizei, der Justiz, dem militärischen Apparat oder der Außenpolitik wahrgenommen werden (innere und äußere Sicherheit). Ihr Nutzen erstreckt sich gleichermaßen auf alle Einwohnerinnen und Einwohner des Staates, ohne dass durch dessen Inanspruchnahme individuell zurechenbare Ausgaben entstehen und ohne dass die Nutzung durch einen Einwohner die gleichzeitige Nutzung durch einen anderen hindert. Nicht erforderlich zur Kennzeichnung eines Gutes als öffentliches ist seine vollständige öffentliche Produktion. So wird etwa das öffentliche Gut innere Sicherheit von staatlichem, also öffentlichem Personal (Polizeibeamten) produziert; dabei stammt indes die Sachausstattung (Waffen, Fahrzeuge, Uniformen usw.) aus privater Herstellung. Auch an dem Angebot des öffentlichen Gutes Außenpolitik sind Private (man denke etwa an die Honorarkonsuln) beteiligt.

Die bisherigen Beispiele öffentlicher Güter erstrecken sich jeweils auf das staatliche Ganze. Kollektivgüter müssen sich aber nicht unbedingt an sämtliche Staatsbürgerinnen und -bürger wenden. Sie können durchaus einen begrenzten Kreis von Menschen betreffen. So sind etwa Leuchttürme, die nur Schiffsbesatzungen Orientierung geben, oder Deiche, die nur einen Teil der Gesamtbevölkerung, nämlich Küstenbewohner, schützen, ebenso öffentliche Güter wie Wegweiser im Gebirge, die nur dort Wandernden zugute kommen, oder Feuerwehren, deren Einsatzgebiet in der Regel auf einen Ort oder einen Landkreis beschränkt ist. Auch Verkehrswege sind – unabhängig davon, ob es sich um national bedeutsame oder nur um lokale Verbindungen handelt – als öffentliche Güter zu klassifizieren.

2.3 Mischgüter: von beidem etwas

Im vorangegangenen Abschnitt stellten wir fest, dass öffentliche Güter u.a. eine Nichtrivalität im Konsum kennzeichnet. Das bleibt richtig. Was ist aber, wenn die Möglichkeiten der Bereitstellung eines öffentlichen Gutes an Grenzen stoßen? Man denke etwa an Autobahnen. Im Prinzip wird für ihr Befahren mit Pkw, Kleinlastwagen und Krafträdern kein Preis verlangt; auch beeinträchtigt die Nutzung einer Autobahn andere Benutzer nicht oder nur unbedeutend. Je intensiver diese Verkehrswege aber genutzt werden, je überfüllter sie sind, desto rivalisierender vollzieht sich ihr Konsum. Tatsächlich wurden deshalb beispielsweise im Ruhrgebiet bereits zufahrtbeschränkende Signalanlagen installiert. Wir haben es in einem solchen Fall also mit einem Gut ohne Ausschlussprinzip zu tun, bei dem eine Nutzenrivalität vorliegt. Ein solches Gut gilt als Mischgut.

Für in- und ausländische Lkw über 12 t zulässigem Gesamtgewicht wird seit dem Jahre 2005 auf Autobahnen eine fahrleistungsabhängige Maut erhoben, aus deren Aufkommen vorwiegend Maßnahmen zur Verbesserung der gesamten Verkehrsinfrastruktur finanziert werden sollen. Die Einführung des Ausschlussprinzips für schwere Lkw könnte Veranlassung geben darüber nachzudenken, ob Autobahnen aus dem Katalog der Kollektivgüter gestrichen und den so genannten Mischgütern zugeordnet werden müssen.

Und wir müssen erkennen, dass es parallel dazu private Güter gibt, deren Nutzung zur Nichtrivalität hin tendiert. So schließt zum Beispiel eine Person, die sich gegen Bezahlung impfen lässt, andere Personen vom Eigentum am injizierten Serum aus und zieht aus der Impfung unmittelbaren Nutzen. Vordergründig liegt hier also der marktwirtschaftliche Tausch eines privaten Gutes vor. Außer der geimpften Person ziehen aber auch andere Menschen Nutzen aus der Impfung, und zwar dadurch, dass sich die Zahl der möglichen Träger der Krankheit und damit die Gefahr einer Ansteckung verringert. Trotz der Wirksamkeit des Ausschlussprinzips als erster Bedingung für ein privates Gut liegt hier also Nichtrivalität im Konsum vor. Auch ein solches Gut wird als Mischgut bezeichnet.

Mischgüter sind folglich nicht ausschließende („öffentliche") Güter mit tendenziell rivalisierendem und ausschließende („private") Güter mit tendenziell nichtrivalisierendem Konsum.

2.4 Verdienstvolle Güter: „Vater" Staat greift ein

In den bisherigen Beispielen gingen wir davon aus, dass die Bereitstellung sowohl der privaten als auch der öffentlichen als auch der Mischgüter individuellen Interessenlagen entsprach. Das gilt für das private Gut, bei dem Ausschlussprinzip und Rivalität im Konsum funktionieren, ebenso wie für den Schwimmmeister wie für die innere Sicherheit wie für die Wegweisung und die Feuerwehr wie für überfüllte Autobahnen und für die Schutzimpfung. Wie aber verhält es sich mit Gütern bzw. Leistungsangeboten, die auf den Wunschlisten der Einzelnen weit hinten stehen oder überhaupt nicht aufscheinen und die daher nicht ohne weiteres vom Markt angeboten werden?

Die Gründe dafür mögen vielfältig sein. So können wir uns leicht vorstellen, dass ein Milliardär keinen Bedarf an einem öffentlichen Gesundheitssystem oder an der Lernmittelfreiheit für Schülerinnen und Schüler hat und deren Einrichtung daher für überflüssig hält. Auch gibt es Menschen, die noch nie ernsthaft erkrankt waren oder kinderlos und daher nicht geneigt sind, ihre anderweitigen Präferenzen zugunsten des Gesundheitswesens oder der Lernmittelfreiheit einzuschränken. Und schließlich soll nicht verschwiegen werden, dass es auch Bürgerinnen und Bürger gibt, die aus ihrer gegenwärtigen Situation heraus nicht zu einer realistischen Einschätzung künftiger Bedarfe in der Lage sind.

Weil dennoch objektive, zumindest mit demokratischer Mehrheit festgestellte Bedarfe an der Bereitstellung dieser Güter bestehen, korrigiert der Staat (die politische Mehrheit) die „verzerrten" individuellen Bedarfe, indem er lenkend in die Präferenzstruktur der Bürgerinnen und Bürger eingreift. Solche Eingriffe können auf allgemeinem Konsens beruhen (wie im Falle der allgemeinen Schulpflicht); sie können aber auch von erbitterten Kontroversen begleitet sein und zu erheblichen politischen Spannungen führen. Man denke etwa an Güter, deren Vorhaltung zwar im allgemeinen Interesse liegt, die aber dennoch umstritten sind: zum Beispiel Theater und Opernhäuser oder Denkmale und Museen.

Solchen Gütern wird, weil die politische Mehrheit oder dominierende Werthaltungen ihre Bereitstellung als verdienstvoll erachten, das Attribut „meritorisch" verliehen. Zu ihnen existiert indes ein Gegenteil, nämlich die demeritorischen Güter: Dabei handelt es sich um Waren, deren Angebot und Nachfrage beschränkt wird oder werden soll, also zum Beispiel um legale und illegale Drogen oder Tabakprodukte.

3 Staatliche Einnahmen

Es leuchtet ein, dass die vielfältigen staatlichen Verpflichtungen und Aktivitäten, von denen in den vorangegangenen Abschnitten ein verschwindend kleiner Teil erwähnt wurde, einer ausreichenden Finanzausstattung bedürfen. Ohne Geld wäre es dem Bund, den Ländern und den Gemeinden nicht möglich, Güter und Dienstleistungen anzukaufen und anzubieten, Millionen von Arbeitern, Angestellten, Richtern, Soldaten und Beamten zu beschäftigen, junge Menschen auszubilden, Transfer- und andere Zahlungen zu leisten oder Gebote und Verbote durchzusetzen. Was aber sind die Einnahmen des öffentlichen Sektors und wie kommt der Staat zu seinem Geld?

Vom Umfang her am deutlichsten tragen Abgaben, die der öffentliche Sektor bei den privaten Wirtschaftssubjekten erhebt, zur Finanzierung und Aufgabenerfüllung des Gemeinwesens bei. Zu den Abgaben zählen üblicherweise Steuern, Gebühren, Beiträge, Sonder- und Konzessionsabgaben. Zuweilen werden auch Naturalleistungen hinzugerechnet wie beispielsweise der Zivil- oder der Wehrdienst, die Tätigkeit als Schöffe, die Ausübung kommunaler Ehrenämter oder für die Gemeinde erbrachte Pflichten wie die Straßenreinigung und Schneeräumung auf den Bürgersteigen.

3.1 Steuern

Die allgemein anerkannte Bestimmung des Begriffs Steuern findet sich in § 3 der Abgabenordnung und lautet: „Steuern sind Geldleistungen, die nicht eine Gegenleistung für eine besondere Leistung darstellen und von einem öffentlich-rechtlichen Gemeinwesen zur Erzielung von Einnahmen allen auferlegt werden, bei denen der Tatbestand zutrifft, an den das Gesetz die Leistungspflicht knüpft; die Erzielung von Einnahmen kann Nebenzweck sein. Zölle und Abschöpfungen sind Steuern im Sinne dieses Gesetzes."

Die Abgabenordnung fasst Vorschriften zusammen, die für mehrere Steuerarten Geltung besitzen. Sie wird daher zuweilen als Steuergrundgesetz bezeichnet, obgleich sich die grundlegenden Bestimmungen zum Steuerwesen nicht in der AO finden, sondern im GG. Die AO enthält u.a. steuerliche Begriffsbestimmungen, sie regelt das Steuergeheimnis, behandelt das Steuerschuldrecht und allgemeine Verfahrensvorschriften. Geregelt werden auch die Durchführung der Besteuerung, die Vollstreckung, außergerichtliche Rechtsbehelfsverfahren sowie Straf- und Bußgeldvorschriften und -verfahren.

Gliedern wir diese gesetzliche Begriffsbestimmung in ihre Bestandteile, so ergeben sich folgende Merkmale:

a. Wie die unter I.3.2 erwähnten Formen öffentlicher Einkünfte sind Steuern Teile der öffentlich-rechtlichen Zwangsabgaben.
b. Sie werden nach allgemeinen Normen erhoben, die der Staat festlegt.
c. Sie sind normalerweise in Geld zu entrichten.
d. Ihre Erhebung dient der Steigerung der öffentlichen Einnahmen.
e. Der oder die Steuerzahler/in hat keinen Anspruch darauf, für sein bzw. ihr Entgelt eine Gegenleistung zu erhalten.

Keine Gegenleistung? Darf der Staat also Steuern einnehmen, ohne seinen Bürgerinnen und Bürgern dafür etwas zu bieten? Selbstverständlich nicht. Ohne Frage übernimmt die öffentliche Hand mit der Vereinnahmung von Steuern die Aufgabe, diese finanziellen Mittel zum Wohle des Gemeinwesens einzusetzen. Aber es lässt sich keine konkrete Beziehung zwischen einer Steuerzahlung und einer staatlichen Leistung herstellen. Es kann also einerseits niemand unter Hinweis auf seine Steuerzahlung zum Beispiel auf eine Intensivierung der Polizeistreifen in seinem Wohngebiet pochen und es hängt andererseits das Recht zur Benutzung etwa eines Radweges oder zur Inanspruchnahme der Schulgeldfreiheit nicht davon ab, ob und wie viele Steuern jemand gezahlt hat. Die Steuereinnahmen sollen also nicht bestimmten Zwecken dienen, sondern unterschiedslos den gesamten Ausgabenbedarf der öffentlichen Hände decken. Dieser Grundsatz wird als Nonaffektationsprinzip bezeichnet (vgl. auch Abschnitt III.4). Er gilt auch für die Hundesteuer, von der einige meinen, sie bilde das Entgelt für die Beseitigung des Hundekots durch die Straßenreinigung. Ausnahmen von diesem Grundsatz der Gesamtdeckung – etwa die Zweckbindung eines Teils der Mineralölsteuer für den Straßenbau und von Teilen der Umsatz- und der Stromsteuer für die gesetzliche Rentenversicherung – bedürfen einer ausdrücklichen gesetzlichen Festlegung.

Wir begegnen Steuern in nahezu allen Alltagssituationen. Ob wir aus dem kürzlich erworbenen Eigenheim (Grunderwerbsteuer, Grundsteuer, Stromsteuer) treten, unser Auto besteigen (Kfz-Steuer) und mit ihm zum Supermarkt (Gewerbesteuer) fahren (Mineralölsteuer) und dort Lebensmittel oder Heimwerkerbedarf (Mehrwertsteuer) erwerben – stets haben wir mit Steuern zu tun. Auch beim anschließenden Besuch einer Gaststätte (Schankerlaubnissteuer), wo wir eine Lokalrunde (Kaffee-, Bier-, Branntwein- und Schaumweinsteuer) „schmeißen", weil Onkel Albert uns 200.000 € zugewendet hat (Schenkungsteuer), um unser bescheidenes Einkommen (Lohnsteuer, Solidaritätszuschlag) und die noch bescheideneren Ersparnisse (Kapitalertragsteuer) aufzubessern, begleiten uns Steuern und das Steuerrecht. Wenn wir anschließend Onkel Alberts Geld nehmen, um es auf der Rennbahn oder im Casino zu vermehren (Rennwett- und Lotteriesteuer, Spielbankenabgabe), ist die öffentlich-rechtliche Zwangsabgabe ebenso dabei wie bei unserem tragischen Tod (Erbschaftsteuer) am darauf folgenden Wochenende, den wir einer versehentlich losgegangenen Flinte (Jagdsteuer) verdanken.

Damit all diese und weitere Steuerarten erhoben werden können, müssen sie zuvor normiert worden sein. Das heißt, der *Steuergesetzgeber*, das sind vorwiegend der Deutsche Bundestag und der Bundesrat, muss ein entsprechendes Gesetz verabschiedet (beschlossen) haben. Außerdem muss dieses Gesetz im Gesetzblatt verkündet (veröffentlicht) worden sein.

Das jeweilige Steuergesetz muss vor allem bestimmen, an welche Sache, an welchen Geldbetrag, an welche wirtschaftliche Handlung oder an welche rechtlich-ökonomische Transaktion, kurz: an welchen Tatbestand es die Verpflichtung knüpft, eine Steuer zu entrichten. Diesen, also beispielsweise die Haltung eines Hundes bei der Hundesteuer, nennen wir *Steuergegenstand* oder *Steuerobjekt*.

Des Weiteren muss das Gesetz bestimmen, wer *Steuerpflichtiger* (*Steuerschuldner*) ist, wer also dem *Steuergläubiger* (Bund, Land, Gemeinde) die Steuer schuldet. Die Verpflichtung des Steuerschuldners, den Anspruch des Steuergläubigers zu erfüllen, wird als *Steuerschuld* bezeichnet. Dabei müssen Steuerschuldner und *Steuerzahler* nicht identisch sein. So ist beispielsweise der Arbeitgeber, der die Lohnsteuer abführt, Steuerschuldner, während der Arbeitnehmer, von dessen Gehalt sie abgezogen wird, Steuerzahler ist. Zugleich ist der Arbeitnehmer im hier vorliegenden Fall *Steuerdestinatar*, also der vom Gesetz vorgesehene *Steuerträger*. Als Steuerträger ist derjenige definiert, auf den die Steuerlast tatsächlich fällt.

Halten wir uns einen Augenblick an den zuletzt vorgestellten Definitionen auf: Steuerdestinatar und Steuerträger scheinen dieselbe Funktion zu besitzen – nicht nur bei der Lohn-, sondern auch bei der Umsatzsteuer: Hier ist der Verbraucher derjenige, bei dem die Steuer nach dem Willen des Gesetzgebers anfallen soll (er ist demnach Steuerdestinatar); zugleich trifft ihn diese Steuer mit unschöner Regelmäßigkeit (er ist also auch Steuerträger). Warum werden also zwei Begriffe für ein und dasselbe gebraucht? Die Erklärung lautet, dass die Einheit von Destinatar- und Trägereigenschaft zwar häufig vorkommt; sie ist aber nicht zwingend. Es kann nämlich durchaus geschehen, dass der Steuerdestinatar die Steuerlast entgegen dem Willen des Gesetzgebers auf einen anderen überwälzt. So kann zum Beispiel eine Sektkellerei als Destinatarin der Schaumweinsteuer versuchen, diese über den Preis für die Flasche Sekt an die Verbraucher weiterzureichen, die dadurch zu Steuerträgern würden.

Um eine Steuer erheben zu können, ist es außerdem unerlässlich, die mengen- (z. B. Hubraum bzw. Gewicht bei der Kfz-, Hektoliter bei der Bier- oder Kilogramm bei der Kaffeesteuer) oder wertmäßige Größe (Kaufpreise bei der Grunderwerb- oder der Umsatzsteuer) festzusetzen, die der individuellen Steuerschuld zugrunde gelegt wird. Diese Größe ist die (Steuer-)*Bemessungsgrundlage*. Wird sie aus wirtschaftspolitischen, sozialen oder anderen Gründen des Gemeinwohls vermindert, sprechen wir von *Steuervergünstigungen*. Damit die Finanzbehörden die individuelle Steuerschuld berechnen können, wenden sie auf die Bemessungsgrundlage einen vom Gesetz bestimmten *Steuersatz* an, der bei *Mengensteuern* in festen Geldbeträgen und bei *Wertsteuern* als Prozentsatz vom Wert eines Einkommens oder Vermögens angegeben wird. Viele Steuerarten kennen nur einen Steuersatz. Für die Einkommensteuer hingegen gelten mehrere Steuersätze, die sich nach der Höhe des zu versteuernden Einkommens richten, und die Erbschaftsteuer weist gestaffelte Steuersätze auf, die (a) mit zunehmender verwandtschaftlicher Nähe des Erbenden zum Erblasser sinken und (b) mit der Höhe des Wertes der Erbschaft steigen. Dieses Zusammenwirken verschiedener Steuersätze wird als *Steuertarif* bezeichnet. Mehr dazu im Abschnitt II.2.1.

Die Fachliteratur und Steuerexpert/innen präsentieren eine Reihe von Methoden, nach denen die verschiedenen Steuerarten gegliedert werden können. Eine Möglichkeit besteht darin, Steuern nach dem *Gegenstand der Besteuerung* einzuteilen (vgl. Tab. 1). Dabei werden Besitz-, Verkehr- und Verbrauchsteuern sowie Zölle unterschieden.

Ein anderes Modell gliedert Steuern nach deren *Ertrags- und Verwaltungshoheit* (dazu mehr in Abschnitt II.1.2) und gelangt auf diese Weise zu einer Differenzierung nach europäischen, Gemeinschafts-, Bundes-, Landes-, Gemeinde- und Kirchensteuern (vgl. Tab. 2). Wieder ein anderes Konzept unterteilt einerseits in Personen- oder *Subjektsteuern*, die die Leistungsfähigkeit natürlicher und juristischer Personen erfassen, und andererseits in Real- oder *Objektsteuern*, die – ohne Berücksichtigung der Leistungsfähigkeit des Eigentümers – an Steuerobjekte anknüpfen. Beispiele für Personensteuern sind die Einkommensteuer oder die Erbschaft- und Schenkungsteuer, während die Grundsteuer und die Gewerbesteuer als Realsteuern gelten.

Tabelle 1:   Steuern nach dem Gegenstand der Besteuerung

Besitzsteuern	Einkommen- und Kapitalertragsteuer
	Solidaritätszuschlag
	Körperschaftsteuer
	Gewerbeertragsteuer
	Erbschaftsteuer
	Grundsteuer
	Kirchensteuer
Verkehrsteuern	Umsatzsteuer ohne Einfuhrumsatzsteuer
	Grunderwerbsteuer
	Kraftfahrzeugsteuer
	Rennwett- und Lotteriesteuer
	Spielbankenabgabe
	Versicherungsteuer
	Feuerschutzsteuer
Verbrauchsteuern	Branntweinsteuer
	Biersteuer
	Schaumweinsteuer
	Zwischenerzeugnissteuer
	Mineralölsteuer
	Stromsteuer
	Tabaksteuer
	Kaffeesteuer
	Einfuhrumsatzsteuer
Zölle	

Nach der *Auswirkung beim Steuerschuldner* werden direkte und indirekte Steuern unterschieden, wobei davon ausgegangen wird, dass Steuerpflichtiger und Steuerträger bei direkten Steuern identisch sind. Daher werden Einkommen-, Körperschaft-, Gewerbe- und Grundsteuern als direkte Steuern bewertet; Zölle, die Umsatzsteuer und Verbrauchsteuern gelten als indirekte Steuern. Tatsächlich ist es jedoch so, dass sich die Einheit von Steuerpflichtigem und Steuerträger auch bei direkten Steuern auflösen kann, wenn zum Beispiel der Vermieter einer Wohnung (Steuerpflichtiger) die Grundsteuer auf den Mieter überwälzt und dieser dadurch zum Steuerträger wird. Indirekten Steuern wird zugeschrieben, grundsätzlich überwälzbar zu sein. Dabei handelt es sich um Verbrauch- und Verkehrsteuern, die in den Preisen für Fertiggüter und Dienstleistungen enthalten sind, also vom Endabnehmer getragen werden müssen. Verteilungspolitisch wirkt eine Konzentration des Steuersystems auf die indirekten Steuern als Belastung kleiner und mittlerer Einkommen, weil Verbrauchsteuern keine Rücksicht auf individuelle Leistungsfähigkeiten nehmen und diejenigen relativ mehr belasten, die nicht investieren und nicht sparen können, sondern ihre Einkünfte vollständig für den Verbrauch ausgeben müssen. In der Bundesrepublik verschieben sich die Gewichte zugunsten der indirekten Steuern: Belief sich ihr Anteil am Gesamtsteueraufkommen nach Angaben des Bundesfinanzministeriums 1975 noch auf 41 Prozent, so waren es dreißig Jahre später schon 52 Prozent.

An dieser Stelle muss es erlaubt sein zu fragen, wofür der Staat und die Gemeinden die Steuereinnahmen überhaupt benötigen. Nicht selten können wir die Meinung hören, die öffentlichen Hände erhöben Steuern, um vor allem ihre eigenen Projekte (Schulen, Straßen, Finanzämter, Polizeireviere, Gefängnisse, Kasernen, Botschaften) und das dazu gehörige Personal zu finanzieren. Dabei werde – leider – ein Großteil der eingenommenen Gelder sinnlos (gern gewählte Beispiele hierfür sind abgebrochene Bauprojekte) oder verschwenderisch (z.B. aufwändige Rathäuser als Steine des Anstoßes) eingesetzt. Richtig ist, dass die bloße Erzielung von Einnahmen Nebenzweck der Steuererhebung sein kann (vgl. dazu den oben angeführten § 3 AO). Ihr Hauptzweck besteht aber darin, die unabweisbaren Ausgabenbedarfe von Bund, Ländern und Kommunen zu decken. Dabei ist zunächst der *institutionelle Finanzbedarf* zu nennen. Wir verstehen darunter die finanziellen Mittel, die die öffentlichen Hände benötigen, um klassische Aufgaben wie die innere und äußere Sicherheit, die Erfüllung internationaler Verpflichtungen und die Durchsetzung der Rechtsordnung zu gewährleisten. Darüber hinaus sollen Steuern den *sozialen Finanzbedarf* decken, d.h. die eingenommenen Gelder sollen zur Garantie sozialer Vorsorge und Sicherheit sowie zur Korrektur der Marktergebnisse und der herkunftbedingten Verschiedenheit der Startbedingungen (Umverteilung) verwendet werden. Last, but not least dienen Steuern der *wirtschaftspolitischen Lenkung*. So sind Steuereinnahmen und Steuergesetze auch Instrumente zur Beeinflussung der mikroökonomischen Entscheidungen von Unternehmen, Selbstständigen und abhängig Beschäftigten durch positive oder negative Anreize im Sinne der bereits erwähnten vier Eckpunkte des Stabilitätsziels.

Die Mikroökonomie (gebildet aus dem griechischen mikrós=klein und dem griechischen oikonómos=Haushalter, Verwalter) orientiert sich bei der Untersuchung der arbeitsteiligen wirtschaftlichen Vorgänge und ihrer Koordinationsprobleme an den Gütern und an den Wirtschaftssubjekten (Haushalten, Unternehmen und Staat). Im Gegensatz dazu befasst sich die Makroökonomie (von griechisch makrós, hier in der Bedeutung von groß) mit gesamtwirtschaftlichen Zusammenhängen.

Nun mag es einleuchten, dass der Staat und die Kommunen Finanzbedarfe haben, wie sie soeben dargelegt wurden. Dennoch stellt sich für die Steuerpflichtigen die Frage nach Regeln, die sicherstellen, dass Steuern nicht willkürlich eingeführt und abgeschafft, erhöht oder gesenkt werden, dass sie nicht die Gerechtigkeitsvorstellungen der Gesellschaft verletzen oder die wirtschaftlichen Potenziale schwächen, dass sie logisch aufgebaut und verstehbar sind. Solche Sorgen können nicht mit dem Hinweis auf die Rechtmäßigkeit des Zustandekommens eines Steuer(änderungs)gesetzes oder darauf abgetan werden, dass das Steuerrecht eben kompliziert sei. Die Finanzwissenschaft hat daher in Anlehnung an *Fritz Neumark* Grundsätze formuliert, an denen sich die Steuerpolitik ausrichten soll.

Fritz Neumark (1900-1991) war Hochschullehrer in Frankfurt am Main und in Istanbul, Mitglied des Wissenschaftlichen Beirats beim BMF. Er gilt als Nestor der deutschen Finanzwissenschaft.

Die ersten beiden dieser *Grundsätze* können als *fiskalisch-budgetär* bezeichnet werden und betreffen (a) die Verpflichtung, das Steuersystem so auszugestalten, dass die staatlichen und kommunalen Finanzbedarfe gedeckt werden, sowie (b) die Möglichkeit, das Steuersystem so flexibel zu halten, dass im Bedarfsfalle das Aufkommen kurzfristig gesteigert werden kann.

Als *ethisch-sozialpolitische Grundsätze* gelten das Prinzip der Gerechtigkeit der Besteuerung und der Grundsatz der Umverteilung. Dem Gerechtigkeitsprinzip folgend sollen alle steuerlich leistungsfähigen Personen – also alle, die über Einkünfte und/oder Vermögen verfügen – besteuert werden. Ihre Besteuerung soll in einer Weise erfolgen, dass gleich Verdienende bzw. Vermögende gleich, unterschiedlich Leistungsfähige so differenziert besteuert werden, dass die Einkünfte bzw. Vermögen aller nach erfolgter Besteuerung in relativ gleichem Maße vermindert sind. Käme kein weiterer Schritt hinzu, so hätten wir es mit der Verwirklichung der so genannten „Edinburgher Steuerregel" zu tun: „Leave them as you find them" – frei übersetzt: Die sekundäre Einkommensverteilung soll sich von der primären hinsichtlich ihrer Relationen nicht unterscheiden. Doch nach dem Grundsatz der Umverteilung soll die Steuerlast die Einkünfte bzw. die Vermögen nicht nur verhältnismäßig gleich reduzieren. Vielmehr soll sie sich so auf die Steuerpflichtigen verteilen, dass die Unterschiede der individuellen Leistungsfähigkeit nach der Besteuerung geringer sind als davor. Konkret bedeutet dies, dass höhere Einkommen/Vermögen nicht nur in absoluten Beträgen, sondern auch relativ stärker belastet werden müssen als niedrige.

Zu den *wirtschaftspolitischen Grundsätzen* zählte *Neumark* die Steuerflexibilität, wonach sich das Steueraufkommen einerseits den konjunkturpolitischen Erfordernissen kurzfristig anpassen können und andererseits stabilisierend wirken soll. Auch soll die Besteuerung das wirtschaftliche Wachstum nicht behindern.

Schließlich formulierte *Neumark steuerrechtliche und -technische Grundsätze*. Sie verlangen die Allgemeinverständlichkeit und Eindeutigkeit der steuerlichen Vorschriften, ihre Praktikabilität und Stetigkeit – Prinzipien, von denen das Steuerrecht in der Bundesrepublik weit entfernt ist. Zu diesem Paket der steuerrechtlichen und -technischen Grundsätze gehört auch der Grundsatz der Wohlfeilheit, demzufolge die Verwaltungskosten, die für die Erhebung einer Steuer aufzuwenden sind, nicht überborden sollen, und der Grundsatz der Konsistenz, wonach steuerliche Bestimmungen oder Maßnahmen einander nicht widersprechen sollen.

Nachdem wir einiges über Zwangsabgaben ohne Gegenleistung, Steuergesetzgeber, Steuergegenstände und Steuerträger, Möglichkeiten der Gliederung der verschiedenen Steuerarten, diverse Finanzbedarfe des Staates und Besteuerungsgrundsätze gelernt haben, ist es wohl an der Zeit, über Geld zu sprechen. Denn beim Geld hören dem Volksmund zufolge Freundschaften auf, doch in Wahrheit beginnen hier die interessantesten Beziehungen. Wie viel Geld also nehmen die öffentlichen Hände eigentlich ein, indem sie Steuern erheben? Und welche Steuern lohnen sich, welche können wir eher vernachlässigen? War dies immer so oder können wir einen Trend feststellen?

Wenn wir uns Tabelle 2 ansehen, erkennen wir rasch, dass die Ergiebigkeit der verschiedenen Steuerarten in der Bundesrepublik sehr verschieden ist. An erster Stelle steht die Lohnsteuer, gefolgt von der Umsatz- bzw. Mehrwertsteuer. Im Jahre 2005 beliefen sich die kassenmäßigen Einnahmen aus der Lohnsteuer auf rd. 119 Milliarden €, das entspricht einem Anteil von 26,3 Prozent am gesamten Steueraufkommen. Vergleichsweise geringfügig sind dahingegen die Einnahmen aus der Biersteuer (777 Millionen € oder 0,2 Prozent) und aus der Schaumweinsteuer (424 Millionen € oder 0,1 Prozent) Dass diese beiden Steuerarten dennoch nicht abgeschafft werden, hat vielleicht eher gesundheitspolitische als fiskalische Gründe (demeritorische Güter!). Andere als mengenmäßige Gründe spielten bei der Abschaffung der Vermögensteuer und desjenigen Teils der Gewerbesteuer eine Rolle, dessen Steuergegenstand das Gewerbekapital war (übrig geblieben ist die Gewerbeertragsteuer): Diese beiden Steuerarten wurden im Wesentlichen beseitigt, um wohlhabendere Schichten und Unternehmen von Steuerpflichten zu befreien. Dabei nahm der Steuergesetzgeber Einnahmeverluste für Länder und Gemeinden in Kauf, die durch Kompensationen – etwa eine Beteiligung der Kommunen an der Umsatzsteuer – nicht vollständig ausgeglichen werden. Unter anderem am Beispiel der Abschaffung der Vermögensteuer wollen wir in Abschnitt II.2.1.2 diskutieren, welche Probleme eine solche Entscheidung mit sich bringt.

Tabelle 2: Kassenmäßige Einnahmen aus Steuern des Bundes, der Länder und der Gemeinden sowie aus dem Lastenausgleichsfonds in den Jahren 1976 und 2005

Steuerart	1976		2005	
	Mio. €	in Prozent	Mio. €	in Prozent
Gemeinschaftliche Steuern				
Lohnsteuer	41.215	30,1	118.919	26,3
veranlagte ESt	15.778	11,5	9.766	2,3
nicht veranlagte Steuern vom Ertrag	1.183	0,9	9.952	2,2
Zinsabschlagsteuer			6.990	1,5
Körperschaftsteuer	6.054	4,4	16.333	3,6
Umsatzsteuer	18.692	13,6	108.440	24,0
Einfuhrumsatzsteuer	11.197	8,2	31.273	6,9
Gemeinschaftliche Steuern insgesamt	94.120	68,7	301.673	66,7
Bundessteuern (ohne Zölle)				
Alkopopsteuer			10	0,0
Börsenumsatzsteuer	62	0,0		
Branntweinsteuer	1.722	1,2	2.142	0,5
Ergänzungsabgabe / Solidaritätszuschlag	390	0,3	10.315	2,3
Gesellschaftsteuer	118	0,1		
Kaffeesteuer	661	0,5	1.003	0,2
Leuchtmittelsteuer	53	0,0		
Mineralölsteuer	9.265	6,7	40.101	8,9
Salzsteuer	21	0,0		
Schaumweinsteuer	214	0,2	424	0,1
Stromsteuer			6.462	1,4
Tabaksteuer	4.795	3,5	14.273	3,2
Teesteuer	24	0,0		
Versicherungsteuer	633	0,5	8.750	1,9
Wechselsteuer	132	0,1		
Zuckersteuer	70	0,1		
Zwischenerzeugnissteuer			27	0,0
sonstige	15	0,0	1	0,0
Bundessteuern ohne Zölle insgesamt	18.226	13,2	83.509	18,5
Ländersteuern				
Biersteuer	673	0,5	777	0,2
Erbschaft- und Schenkungsteuer	541	0,4	4.097	0,9
Feuerschutzsteuer	87	0,1	331	0,1
Grunderwerbsteuer	389	0,3	4.791	1,1
Kfz-Steuer	2.879	2,1	8.673	1,9
Rennwett- und Lotteriesteuer	478	0,3	1.813	0,4

36

Steuerart	1976		2005	
	Mio. €	in Prozent	Mio. €	in Prozent
Vermögensteuer	2.003	1,5	97	0,0
Ländersteuern insgesamt	7.050	5,2	20.579	4,6
Gemeindesteuern				
Gewerbesteuer	10.284	7,5	32.129	7,1
Grundsteuer	2.454	1,8	10.248	2,3
Lohnsummensteuer	1.647	1,2		
Zuschlag zur Grunderwerbsteuer	520	0,4		
sonstige	239	0,2	565	0,1
Gemeindesteuern insgesamt	15.143	11,1	42.941	9,5
Lastenausgleichsabgaben				
Vermögensabgabe	625	0,5		
Hypotheken- und Kreditgewinnabgabe	51	0,0		
Lastenausgleich insgesamt	675	0,5		
Zölle				
Bundesanteil	52	0,0		
EU-Anteil	1.851	1,4	3.378	0,7
Zölle insgesamt	1.903	1,4	3.378	0,7
Steuereinnahmen insgesamt				
	137.065	100,0	452.079	100,0
Kirchensteuern und Kirchgeld (nach Abzug der Verwaltungskosten)				
evangelisch	1.961	53,5	3.617	47,6
katholisch	1.701	46,5	3.977	52,4

Abweichungen bei den Summen infolge von Rundungen möglich.
Quellen: BMF, Finanzbericht 2007, S. 283, 290; Evangelische Kirche in Deutschland, Hannover; Steuerkommission des Verbandes der Diözesen Deutschlands, Münster; eigene Berechnungen.

Vergleichen wir die relative Bedeutung verschiedener Steuerarten über einen längeren Zeitraum, so können wir erkennen, dass sich die Belastung von den gewinnabhängigen und auf Vermögen bezogenen Steuern weg- und zu den Lohn- und Verbrauchsteuern hinbewegt hat: Während die Einnahmen aus der veranlagten Einkommen- und der Zinsabschlagsteuer, aus den nicht veranlagten Steuern vom Ertrag, aus der Körperschaft-, Gewerbe-, Gesellschaft- und Wechselsteuer sowie dem Lastenausgleich, der Vermögen- und Erbschaftsteuer im Jahre 1976 noch 26,9 Prozent des Gesamtsteueraufkommens ausmachten, waren es im Jahre 2005 nur mehr 17,6 Prozent. Im gleichen Zeitraum wuchs der Anteil von Lohnsteuer, Solidaritätszuschlag und Umsatzsteuer von 44 auf 52,6 Prozent. Lohnsummen-, Vermögen- und Gewerbekapitalsteuer sowie Lastenausgleich, Börsenumsatz- Wechsel- und Gesellschaftsteuer sind inzwischen gänzlich verschwunden und die Körperschaftsteuer scheint zu einer Bagatellsteuer zu werden. Infolgedessen und aufgrund durchgreifender Senkungen der Einkommensteuertarife in den Jahren 1999 bis 2001 und 2004/05 sank der Anteil des Steueraufkommens am Bruttoinlandsprodukt (Steuerquote in der Abgrenzung der VGR) zwischen 1980 und 2006 von 24,6 auf 20,3 Prozent.[1] Diese Differenz von 4,3 Prozentpunkten entspricht einer Steuermindereinnahme in Höhe von rund 98 Milliarden €. Will heißen: Hätte 2006 das Steuerrecht des Jahres 1980 gegolten, so wäre nicht nur eine Nettoneuverschuldung (vgl. I.3.5.) überflüssig gewesen; es wäre sogar ein Haushaltsüberschuss übrig geblieben!

3.2 Gebühren, Beiträge, Sonderabgaben

Gebühren werden aufgrund besonderer Rechtsvorschriften des Staates oder der Kommunen von allen natürlichen und juristischen Personen erhoben, die eine bestimmte öffentliche Leistung in Anspruch nehmen. Dabei wird die Höhe der Gebühr – im Unterschied zu Einkünften aus unternehmerischer Tätigkeit, bei denen Angebot und Nachfrage den Preis bestimmen – vom Staat bzw. der Gemeinde einseitig festgesetzt und in einer Gebührenordnung bekannt gegeben. Die Höhe der Gebühr soll zwar die Kosten der Leistung abdecken, die gewährt wird; nicht selten wird aber, unter dem Einfluss sozialer Erwägungen, ein geringeres Entgelt verlangt.

> Eine natürliche Person im juristischen Sinne ist der Mensch. Juristische Personen sind Organisationen, denen eigene Rechtsfähigkeit zuerkannt wird. Dabei werden juristische Personen des Privatrechts (z.B. Verein, AG, GmbH) und des öffentlichen Rechts (z.B. Staat, Bundesbank, Bistümer, Landeskirchen) unterschieden.

Nach der Art der öffentlichen Leistung unterscheiden das Gebührenrecht und die Finanzwissenschaft zwei Typen von Gebühren: (a) Benutzungsgebühren wie zum Beispiel kommunale Straßenreinigungs- und Müllabfuhrgebühren, Gebühren der staatlichen Vermessungsämter oder für den Besuch von Kindertagesstätten, (b) Verwaltungsgebühren wie etwa Gerichts- und Passgebühren oder Gebühren im Baugenehmigungsverfahren. Eintrittsgelder, beispielsweise für Museen oder Schwimmbäder, sind Gebühren, wenn sich die jeweilige Einrichtung in öffentlich-rechtlicher Trägerschaft befindet; handelt es sich um ein gewinnwirtschaftlich ausgerichtetes Unternehmen, gelten die daraus erzielten Einnahmen als Unternehmenseinkünfte des Staates bzw. der Gemeinde.

---

[1] Vgl. BMF: Finanzbericht 1986, S. 76; Finanzbericht 2007, S. 140.

Auch *Beiträge* stellen Zwangseinnahmen für eine bestimmte staatliche oder kommunale Gegenleistung dar. Im Unterschied zu den Gebühren, die nur im Falle der Inanspruchnahme einer konkreten Leistung erhoben werden, verlangt der Staat bzw. die Gemeinde Beitragszahlungen bereits dann, wenn er bzw. sie meint, ein bestimmter Personenkreis sei von einer öffentlichen Maßnahme besonders begünstigt. Dabei kommt es nicht darauf an, ob alle Personen, die zur Beitragszahlung herangezogen werden, die öffentliche Leistung tatsächlich in Anspruch nehmen. Beispiele dafür sind Sozialversicherungs- oder Erschließungsbeiträge.

Die öffentliche Hand kann darüber hinaus von bestimmten Gruppen spezifische Entgelte verlangen. Dazu muss die jeweilige Gruppe eine besondere, im Einzelnen belegbare Beziehung zu dem Zweck aufweisen, für den die *Sonderabgabe* erhoben werden soll. Das Aufkommen aus dieser Abgabe muss gruppennützig, d.h. im Interesse der Zahlungspflichtigen, verwendet werden. Es darf nicht der Deckung des allgemeinen öffentlichen Finanzbedarfs dienen. Das Bundesverfassungsgericht hat klargestellt, dass Sonderabgaben nur ausnahmsweise zulässig und nicht als Steuern zu betrachten sind.[2] Beispiele für solche Sonderabgaben sind die Abwasserabgabe sowie Fischerei- und Jagdabgaben. Auch die von den Gewerkschaften geforderte Ausbildungsplatzabgabe würde hierzu zählen.

Bei der *Konzessionsabgabe*, die von Kommunen oder Zweckverbänden erhoben werden kann, handelt es sich um ein Entgelt, das z. B. Versorgungsunternehmen dafür entrichten müssen, dass sie öffentliche Straßen, Wege und Plätze für ihre Leitungsnetze in Anspruch nehmen.

Zweckverbände sind Selbstverwaltungskörperschaften, die von zwei oder mehr kommunalen Körperschaften des öffentlichen Rechts gebildet werden, um als zusätzliche Aufgabenträger eine oder mehrere Aufgabe(n) der beteiligten Kommunen zu erfüllen.

Körperschaften des öffentlichen Rechts sind rechtsfähige Verbände des öffentlichen Rechts, die mitgliedschaftlich organisiert sind und selbstverantwortlich (unter staatlicher Aufsicht) hoheitliche Aufgaben wahrnehmen. Außer Gebietskörperschaften (dazu weiter unten) gibt es Personalkörperschaften (zum Beispiel Handwerks- oder Ärztekammern, Sozialversicherungsträger, Hochschulen), die nach Personengruppen gebildet werden, die wirtschaftlich, kulturell oder sozial zusammen gehören, und Realkörperschaften (zum Beispiel Industrie- und Handelskammern oder Jagdgenossenschaften), bei denen sich die Zugehörigkeit aus dem Besitz einer Sache oder aus einer an die Sache geknüpften Berechtigung herleitet.

---

[2] Aus der neueren Rechtsprechung insbesondere BVerfGE 81, S. 156 ff., hier S.186 f.; 82, S. 159 ff., hier S. 179; 91, S. 186 ff., hier S. 202 f.; 92, S. 91 ff., hier S. 113; 93, S. 319 ff., hier S. 344; 98, S. 83 ff., hier S. 100.

Abbildung 1: Gliederung der öffentlichen Haushalte

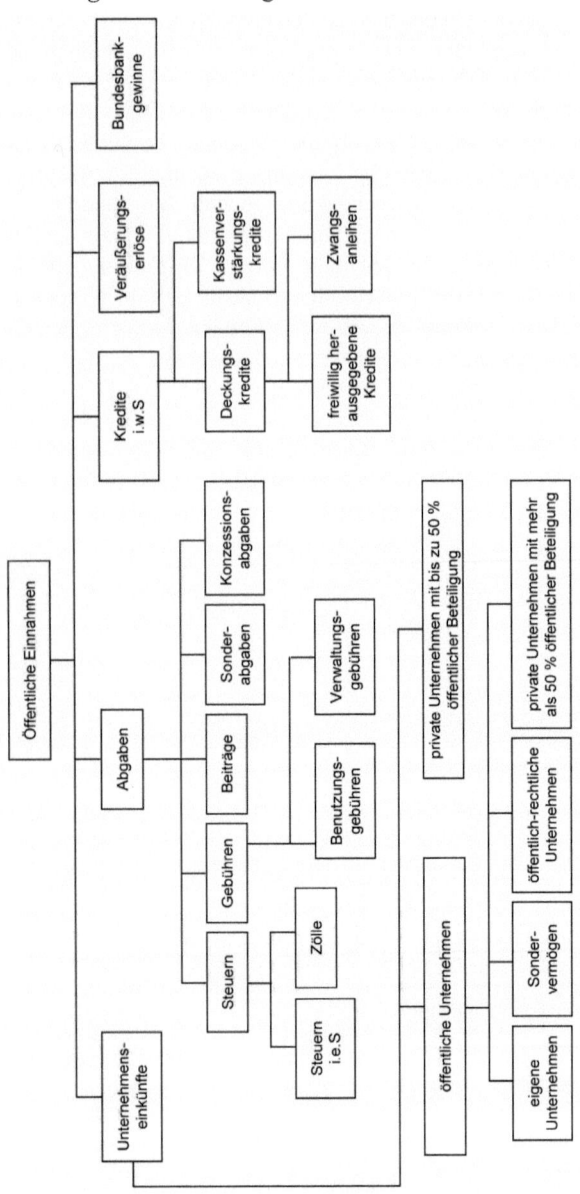

3.3 Unternehmerische Einkünfte

Weitere Einnahmequellen der öffentlichen Hände sind – daran denken nur wenige, wenn sie über Staatseinkünfte sprechen – Unternehmensgewinne. Bund, Länder und Gemeinden sind nämlich in einer Reihe von Unternehmen engagiert, die wir in öffentliche und privatrechtliche Unternehmen gliedern wollen.

Als Öffentliche Unternehmen gelten Unternehmen, auf die die öffentliche Hand aufgrund Eigentums, finanzieller Beteiligung, Satzung oder sonstiger Bestimmungen, die die Tätigkeit des Unternehmens regeln, unmittelbar oder mittelbar einen beherrschenden Einfluss ausüben kann. Das sind

a. vor allem die eigenen Unternehmen (Bundesbetriebe), also zum Beispiel die Kleiderkasse für die Bundeswehr. Auch Länder und Kommunen kennen das Institut der Regie- bzw. Eigenbetriebe, etwa den brandenburgischen Landesbetrieb für Datenverarbeitung und Statistik, den hamburgischen Landesbetrieb Verkehr, den Landesbetrieb Liegenschafts- und Baubetreuung in Rheinland-Pfalz, den SaarForst Landesbetrieb, den Eigenbetrieb Stadtentwässerung Dresden oder den Eigenbetrieb Kreiskrankenhäuser des Rems-Murr-Kreises;

b. die Sondervermögen (vgl. Abschnitt III.6.4);

c. die öffentlich-rechtlichen Unternehmen, also etwa die Kreditanstalt für Wiederaufbau, die Landesbanken oder die Sparkassen;

d. privatrechtliche Unternehmen, sofern die öffentliche Hand mit mehr als 50 Prozent unmittelbar am Nennkapital beteiligt ist. Beispiele hierfür sind die Deutsche Bahn AG und verschiedene Flughafengesellschaften. Sie werden auch als gemischt-wirtschaftliche Unternehmen definiert.

Als Nennkapital wird bei einer Aktiengesellschaft deren Grundkapital, bei einer GmbH deren Stammkapital bezeichnet. Während das Grundkapital dem Nennwert, also den auf den Aktien ausgewiesenen Geldbeträgen, entspricht, ist das Stammkapital als Summe aller Nennbeträge sämtlicher GmbH-Anteile definiert.

Unternehmen, an denen der öffentliche Sektor Anteile von bis zu 50 Prozent hält, gelten als private Unternehmen. An ihnen dürfen sich der Bund bzw. ein Land nur beteiligen, wenn ein wichtiges Interesse vorliegt, wenn das mit der Beteiligung angestrebte Ziel nicht auf andere Weise besser und wirtschaftlicher erreicht werden kann, wenn die Einzahlungsverpflichtung auf einen bestimmten Betrag begrenzt bleibt, wenn der Bund bzw. das Land einen angemessenen Einfluss auf die unternehmerischen Entscheidungen ausüben kann und wenn der

Jahresabschluss in entsprechender Anwendung der Vorschriften des Dritten Buches des HGB für große Kapitalgesellschaften aufgestellt und geprüft wird. Darüber hinaus bestehen für wirtschaftliche, d.h. außerhalb von Daseinsvorsorge und Bedarfsdeckung, tätige Unternehmen von Gemeinden teilweise noch weiter gehende Anforderungen.

Allerdings werfen bei weitem nicht alle öffentlichen oder privaten Unternehmen mit öffentlicher Beteiligung Gewinne ab, aus denen der Bund, die Länder oder die Kommunen einen Teil ihrer Aufgaben finanzieren könnten. Die Gewinnerzielung ist aber auch nicht der hauptsächliche Zweck der wirtschaftlichen Betätigung des Staates oder der Kommunen, sondern sie hat vorwiegend struktur-, regional- oder sozialpolitische Gründe.

Einen Überblick über die Beteiligungen des Bundes verschafft der Beteiligungsbericht, den die Bundesregierung jährlich veröffentlicht. Ihm zufolge waren der Bund und seine Sondervermögen am Ende des Jahres 2005 an 402 Unternehmen mittelbar oder unmittelbar beteiligt. Die 108 Unternehmen, an denen der Bund unmittelbar beteiligt ist, beschäftigten zu Anfang des Jahres 2005 rd. 271.000 Arbeitskräfte.[3]

3.4 Sonstige Einnahmen

Weitere Einnahmen erzielt der Bundeshaushalt aus der Zuführung eines Teils des Bundesbankgewinns (vgl. Abschnitt II.1.5) und aus dem Münzgewinn, der aus der Differenz zwischen dem (niedrigeren) Metallwert und dem (höheren) aufgeprägten Nennwert der Euro- und Cent-Stücke entsteht.

Auch der Verkauf, die Vermietung und Verpachtung von Grundstücken durch die eigens dafür geschaffene Bundesanstalt für Immobilienaufgaben und von sonstigem Vermögen (siehe dazu auch Kapitel III.11) füllen die Kassen des Bundes. Zu den Einnahmen des Bundes zählen schließlich Einnahmen aus der Lkw-Maut, aus Gewährleistungen und aus Darlehensrückflüssen sowie Zinseinkünfte.

3.5 Kredite

Reicht das Aufkommen aus den bisher behandelten Einnahmequellen nicht aus, haben Staat und Kommunen zunächst zwei Möglichkeiten, ihre Einnahmen und die vorgesehenen bzw. notwendigen Ausgaben aufeinander abzustimmen: Sie

---

[3] Vgl. BMF: Beteiligungsbericht 2005, Bonn/Berlin 2005, S. 2.

können die Ausgaben reduzieren oder die Einnahmen, etwa durch Steuererhöhungen, zu steigern suchen. Die Verwirklichung beider Optionen ist indes nicht so problemlos, wie dies auf den ersten Blick scheinen mag.

Entscheidet sich die Politik zu einer durchgreifenden Ausgabenminderung (sog. Sparkurs), so wird zunächst die eine oder andere wünschenswerte, aber nicht notwendige, also entbehrliche Maßnahme entfallen. Gleichzeitig wird sich das Sparregiment aber auch auf Bereiche wie zum Beispiel den Bau und die Instandhaltung von Krankenhäusern und Schulen, auf die Nah- und Fernwärmenetze oder auf den öffentlichen Personenverkehr erstrecken. Die entsprechenden Auftragsrückgänge werden bei den Unternehmen, die eben diese Güter anbieten, negativ zu Buche schlagen und Arbeitsplatzverluste verursachen. Damit steigt die Notwendigkeit, (zusätzliche) öffentliche Mittel zur Bekämpfung der Erwerbslosigkeit und zur materiellen Absicherung der Erwerbslosen aufzuwenden. Das aber fällt deshalb besonders schwer, weil gleichzeitig infolge der Auftragsrückgänge das Aufkommen aus Steuern auf Unternehmensgewinne und wegen der Erwerbslosigkeit die Lohnsteuereinnahmen sinken. Damit nicht genug: Weil erwerbslosen Menschen und Arbeitslosenhaushalten weniger Geld zur Verfügung steht, sinken die Konsumausgaben und damit das Verkehr- und Verbrauchsteueraufkommen. Zusätzlich werden die Kassen der Bundesagentur für Arbeit und der Kommunen stärker beansprucht; die Beitragszahlungen zu den Sozialversicherungen sinken. Die öffentlichen Hände verlieren mehr Steuereinnahmen, als sie zuvor bei den Ausgaben einsparen mussten. Der Sparkurs ist gescheitert.

Entschließt sich die Politik stattdessen zu einer Erhöhung von Steuern, kann es geschehen, dass die dadurch entstehende Mehrbelastung von vielen und entscheidenden Marktteilnehmern abgelehnt wird. Sie wandern mit Teilen ihrer wirtschaftlichen Aktivität oder gänzlich in die Schattenwirtschaft (Schwarzarbeit, Steuerhinterziehung) ab oder verlagern Kapital, Firmensitze und Produktionsmittel in Staaten, von denen sie meinen, dass dort die unternehmensteuerliche Belastung erträglicher sei. Im Ergebnis kann der dadurch hervorgerufene Aufkommensverlust ebenso hoch wie oder höher sein als die mit der Steuererhöhung angestrebten Mehreinnahmen. Der Kurs der Einnahmesteigerung durch Steueranhebung ist folglich gescheitert.

Einen Ausweg aus diesem Dilemma scheint die Möglichkeit der staatlichen Kreditaufnahme zu bieten. Der Kredit bedeutet für den öffentlichen Sektor eine vorübergehende Verstärkung seiner Finanzausstattung und gilt als ein marktwirtschaftliches Instrument (sofern es sich nicht um eine Zwangsanleihe handelt, mit der sich der Staat den Kredit zu seinen, für die Gläubiger eher ungünstigen, Bedingungen beschafft). Die öffentlichen Haushalte buchen das Geld, das ihnen aus Krediten zufließt, als Einnahme.

Gebietskörperschaften sind Körperschaften des öffentlichen Rechts, die mit Gebietshoheit ausgestattet sind und bei denen sich die Mitgliedschaft aus dem Wohnsitz im Gebiet der Körperschaft ergibt – also in erster Linie Gemeinden und Gemeindeverbände. Sie werden von allen Bewohnern eines abgegrenzten Teils des Staatsgebiets getragen. Jeder, der sich in ihrem Gebiet aufhält, ist der Herrschaft der Gebietskörperschaft unterworfen. In einem erweiterten Sinne zählen auch der Bund und die Länder zu den Gebietskörperschaften.

Wie jeder gewöhnliche Kreditnehmer muss der Staat den Schuldendienst leisten, d.h. die aufgenommenen Kredite tilgen und marktübliche Zinsen entrichten. Diese fallen allerdings, weil der Staat als Großkunde und zuverlässiger Kreditnehmer gilt, verhältnismäßig günstig aus. Die Konditionen ließen sich noch verbessern, wenn Bund und Länder nicht – wie derzeit – jeweils für sich auf dem Kapitalmarkt aufträten, sondern gemeinsam. Wie auch immer: Der Schuldendienst bedeutet, dass ein Mehrfaches der Kreditsumme aus künftigen Steuereinnahmen zurückgezahlt werden muss. Dies unterscheidet die Einnahme aus Krediten fundamental von anderen Formen öffentlicher Einkünfte.

Seitdem eine Kreditaufnahme bei der Deutschen Bundesbank nicht mehr zulässig und weil auch eine Verschuldung bei der Europäischen Zentralbank nicht statthaft ist (Art. 101 EGV), muss der Staat seinen Kreditbedarf heute vorwiegend auf dem Kreditmarkt decken. Zur Jahresmitte 2006 traten daher inländische Banken und Sparkassen als Gläubiger für 35 Prozent des Volumens der staatlichen und kommunalen Schulden auf.[4]

Die Kredite zur Finanzierung des Bundeshaushalts werden von der *Bundesrepublik Deutschland – Finanzagentur GmbH* aufgenommen, die seit 2006 auch die bis dahin von der Bundeswertpapierverwaltung wahrgenommenen Aufgaben im Bereich des Schuldenmanagements übernommen hat.

Die Finanzagentur begibt und veräußert die Finanzierungsinstrumente des Bundes (vgl. Abb. 2), also zum Beispiel *Bundesanleihen* (längerfristige Schuldverschreibungen mit in der Regel fester Verzinsung), *Bundesobligationen* (mittelfristige Schuldverschreibungen mit fester Verzinsung), *Bundesschatzanweisungen* (kurz- und mittelfristige Anleihen, unverzinslich [U-Schätze] oder verzinslich), *Bundesschatzbriefe* (Schuldbuchforderungen zur Finanzierung öffentlicher Investitionen und zur privaten Vermögensbildung), *Finanzierungsschätze* (abgezinste kurzfristige Schatzanweisungen) sowie *Schuldscheindarlehen* (anleihefähige langfristige Großkredite der Kapitalsammelstellen).

---

[4] Vgl. Deutsche Bundesbank: Monatsbericht Dezember 2006, S. 57*.

Abbildung 2: Zusammensetzung des Schuldenportfolios des Bundes 2005

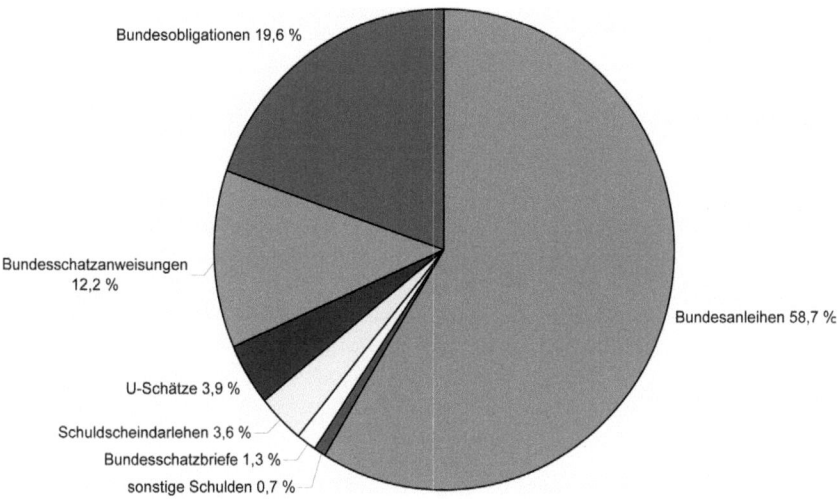

Bundesobligationen 19,6 %

Bundesschatzanweisungen
12,2 %

Bundesanleihen 58,7 %

U-Schätze 3,9 %

Schuldscheindarlehen 3,6 %

Bundesschatzbriefe 1,3 %

sonstige Schulden 0,7 %

Quelle: BMF, Bericht des Bundesministeriums der Finanzen über die Kreditaufnahme des Bundes im Jahre 2005, Berlin 2006, S. 26.

Gern wird argumentiert, die Kreditfinanzierung eigne sich besonders bei staatlichen Investitionen, die über einen längeren Zeitraum genutzt werden können. So sei es möglich, im Wege der Kreditaufnahme die Begleichung (Tilgung) der Baukosten beispielsweise einer Autobahn entsprechend deren Nutzungsdauer zu strecken. Dies biete sich auch verteilungspolitisch an: Die Bürgerinnen und Bürger würden analog der Nutzenverteilung des Autobahnprojekts mit Tilgungs- und Zinszahlungsverpflichtungen belastet (intertemporale Äquivalenz). Dadurch werde vermieden, dass sämtliche Kosten in den wenigen Jahren der Planungs- und Bauzeit anfallen und damit die Möglichkeiten zur Finanzierung anderer Aufgaben einschränken, während die Autobahnnutzer/innen späterer Jahre nicht nur in den Genuss einer kostenfreien Infrastruktur kämen, sondern darüber hinaus Mittel übrig hätten für Ausgaben, die sich die Erbauer der Autobahn hätten versagen müssen.

Für eine Kreditfinanzierung sprechen auch konjunkturpolitische Erwägungen. Die Aufnahme von Krediten durch Staat und Kommunen kann dazu beitragen, in einer Rezession Steuermindereinnahmen auszugleichen ohne das Risiko möglicherweise dämpfend wirkender Steuererhöhungen eingehen zu müssen. Zusätzlich kann die Kreditaufnahme die Konjunktur wieder ankurbeln. Dazu muss der Staat den Kreditrahmen so weit spannen, dass nicht bloß der krisenbedingte Rückgang des Steueraufkommens kompensiert, sondern ein Nachfrageschub der öffentlichen Hand ausgelöst wird. Wenn also der Staat Krediteinnahmen nutzt, um seine Investitionsausgaben – vor allem für Aufträge zur Modernisierung und Erweiterung der öffentlichen Infrastrukturen – verstärken zu können, dann trägt er zur Kapazitätsauslastung der Unternehmen und zur Steigerung ihrer Umsätze ebenso bei wie zu einer Verbesserung der Beschäftigungssituation. Infolge der staatlichen/kommunalen Intervention wieder anziehende unternehmerische Gewinne und neue Löhne für zuvor Erwerblose vermehren wiederum das Steueraufkommen und die Einnahmen der Sozialversicherungen. Die öffentlich angestoßenen Aufträge beleben aufgrund ihrer Stärkung der Masseneinkommen die private Nachfrage und damit die Konjunktur. Das wiederum bringt Einsparungen bei den Kosten für die Erwerbslosigkeit.

Weniger gemeinwohlorientiert als die wirtschaftspolitischen Argumente, die für eine Verschuldung der öffentlichen Hände sprechen, sind Erwägungen der politischen Klasse, die um den Machterhalt und um die Chancen einer Wiederwahl kreisen. Im Vordergrund steht dabei die zutreffende Erkenntnis, dass die Aufnahme von Krediten den Wahlberechtigten *zunächst* wenig abverlangt: Ihre Einkünfte bleiben unangetastet, weil sie dank der Kreditaufnahme weder höhere Steuern zahlen noch Kürzungen von Transferleistungen hinnehmen müssen. Die politische Klasse wiederum kann trotzdem – dank der Kreditaufnahme – Wohlfahrtsversprechen abgeben, ohne die Öffentlichkeit über die tatsächlichen Kosten ihrer Entscheidungen unterrichten zu müssen. Das Ergebnis dieses Selbstbetrugs scheint allen Seiten Recht zu geben: Niemand protestiert, der Machterhalt der politischen Klasse ist gesichert und die sozialstaatlich gebotene kräftigere Umverteilung von oben nach unten ist auf unabsehbare Zeit – mindestens aber bis nach der Wahl – verschoben.

Wenn das eben Gesagte zutrifft, dann liegt es nahe zu fragen, ob der Staat „einfach so" Schulden machen darf. Die Antwort lautet, kurz gefasst: Die Aufnahme von Krediten durch die öffentliche Hand ist an eine Reihe von Vorschriften gebunden, die zu beachten sind, häufig aber nicht genügend beachtet werden.

Wesentlichste Rechtsgrundlage für die staatliche Kreditaufnahme ist das Grundgesetz. Einschlägig ist vor allem Art. 115 GG, der inhaltlich weitgehend mit entsprechenden Bestimmungen in den Verfassungen der Länder übereinstimmt, und der dem Bund die Aufnahme von Krediten grundsätzlich gestattet.

> Art. 115 GG lautet:
>
> (1) Die Aufnahme von Krediten sowie die Übernahme von Bürgschaften, Garantien oder sonstigen Gewährleistungen, die zu Ausgaben in künftigen Rechnungsjahren führen können, bedürfen einer der Höhe nach bestimmten oder bestimmbaren Ermächtigung durch Bundesgesetz. Die Einnahmen aus Krediten dürfen die Summe der im Haushaltsplan veranschlagten Ausgaben für Investitionen nicht überschreiten; Ausnahmen sind nur zulässig zur Abwehr einer Störung des gesamtwirtschaftlichen Gleichgewichts. Das Nähere wird durch Bundesgesetz geregelt.
>
> (2) Für Sondervermögen des Bundes können durch Bundesgesetz Ausnahmen von Absatz 1 zugelassen werden.

Er enthält aber auch eine Reihe von Einschränkungen: Weil nämlich der Schuldendienst nachfolgende Haushaltsjahre belastet („zu Ausgaben in künftigen Rechnungsjahren" führt), muss die Kreditaufnahme zuvor vom Haushaltsgesetzgeber (wir wollen in Abschnitt III.2.2 näher darauf eingehen) genehmigt werden.

> In der BRD stimmt das Haushaltsjahr mit dem Kalenderjahr überein. Für jedes Haushaltsjahr muss ein gesonderter Haushaltsplan in Kraft gesetzt werden. Abweichend hiervon gilt für die Bewirtschaftung staatseigener Forsten die Zeit vom 1. Oktober eines Jahres bis zum 30. September des darauf folgenden Jahres als Haushaltsjahr. Als Landwirtschaftsjahr gilt die Zeit vom 1. Juli bis zum 30. Juni.

Diese Genehmigung darf sich nicht darauf beschränken, der Regierung die Aufnahme von Krediten zu gestatten. Vielmehr muss der Kreditrahmen, also die Höchstsumme, die die Legislative der Exekutive als Krediteinnahme in einem Haushaltsjahr zugesteht, „bestimmt oder bestimmbar" sein (§ 39 BHO grenzt diese Formulierung auf „bestimmt" ein). Dass bedeutet, dass der Kreditrahmen auf einen nicht interpretierbaren Euro-Betrag lauten muss. Er darf nicht höher sein als die für dasselbe Jahr geplanten Investitionsausgaben.

Zur Beantwortung der Frage, weshalb das Grundgesetz die Kreditaufnahme an die Investitionsausgaben bindet, hilft es, wenn wir uns an die vorhin besprochene intertemporale Äquivalenz erinnern. Diese Vorstellung gründet auf dem Gedanken, dass Investitionen – im Unterschied zu Ausgaben für Güter, die sogleich verbraucht werden (komsumtive Ausgaben) – längerfristigen Gebrauch erlauben, also in künftigen Jahren zu Erträgen oder zusätzlichem Nutzen führen. Dies rechtfertige es, die Investitionskosten nicht aus Barmitteln zu decken, sondern kreditzufinanzieren und künftige Haushaltsjahre über den Schuldendienst an der Finanzierung des Investitionsaufwandes angemessen zu beteiligen.

Was *Investitionen* im haushaltsrechtlichen Sinne sind, hat der Bundestag erst unter dem Druck einer Entscheidung des Bundesverfassungsgerichts[5] gesetz-

---

[5] BVerfGE 79, S. 311 ff., hier S. 352.

lich normiert. Die Legaldefinition ist in § 10 Abs. 3 Nr. 2 Satz 2 des Haushaltsgrundsätzegesetzes und – wortgleich – in § 13 Abs. 3 Nr. 2 Satz 2 der Bundeshaushaltsordnung nachzulesen.

§ 10 Abs. 3 Nr. 2 Satz 2 HGrG und § 13 Abs. 3 Nr. 2 Satz 2 BHO lauten:
Ausgaben für Investitionen sind die Ausgaben für
a) Baumaßnahmen, soweit sie nicht militärische Anlagen betreffen,
b) den Erwerb von beweglichen Sachen, soweit sie nicht als sachliche Verwaltungsausgaben veranschlagt werden oder soweit es sich nicht um Ausgaben für militärische Beschaffungen handelt,
c) den Erwerb von unbeweglichen Sachen,
d) den Erwerb von Beteiligungen und sonstigen Kapitalvermögen, von Forderungen und Anteilsrechten an Unternehmen, von Wertpapieren, sowie für die Heraufsetzung des Kapitals von Unternehmen,
e) Darlehen,
f) die Inanspruchnahme aus Gewährleistungen,
g) Zuweisungen und Zuschüsse zur Finanzierung von Ausgaben für die in den Buchstaben a bis f genannten Zwecke.

Allerdings sind nicht wenige Ökonomen, Finanzwissenschaftler und Politiker mit dieser Begriffsbestimmung unzufrieden: Sie grenzt erstens den Investitionsbegriff nicht sachgerecht ab, rechnet zweitens vieles den Investitionen zu, das nicht wachstumsrelevant ist und schließt drittens Investitionen ins Humankapital aus, obgleich Ausbildung, Fort- und Weiterbildung für die Zukunft einer rohstoffarmen Wirtschaft von elementarer Bedeutung sind.

Der Begriff Humankapital wurde von den Nobelpreisträgern Gary S. Becker und Theodore Schultz geprägt. In der Volkswirtschaftslehre bezeichnet er die Fähigkeiten und Fertigkeiten, die ein Mensch besitzt bzw. sich durch Aus-, Fort- und Weiterbildung sowie aufgrund von Erfahrung angeeignet hat. Auch soziale Kompetenz kann zum Humankapital gezählt werden.

Die Bindung der maximal zulässigen Kreditaufnahme an die Höhe der im selben Jahr beabsichtigten und getätigten Investitionsausgaben soll die Neuverschuldung und damit die Belastung künftiger Haushaltsjahre mit Tilgungs- und Zinszahlungsverpflichtungen in Grenzen halten. Allerdings kann der Bundesfinanzminister – wofür er keine parlamentarische Ermächtigung benötigt – das Kreditlimit zur Abwehr einer Abschwächung der allgemeinen Wirtschaftstätigkeit um bis zu 2,56 Milliarden € überschreiten (§ 6 Abs. 3 StWG). Die Kredithöchstgrenze kann sogar entfallen, wenn das Parlament mehrheitlich zu dem Ergebnis kommt, dass eine Störung des gesamtwirtschaftlichen Gleichgewichts vorliegt oder unmittelbar droht. Diese Situation gilt als gegeben, wenn eines oder mehrere der unter I.1.3 erörterten Stabilitätsziele verfehlt wird bzw. werden. In diesem Fall muss das Parlament darlegen, dass die Überschreitung der verfassungsrechtlichen Kreditgrenze dazu dient und geeignet ist, die Störung abzuwehren. Wird eine solche Feststellung auf der Ebene des Bundes getroffen, so erstreckt sie sich, da die Haushaltswirtschaften von Bund und Ländern nach Art. 109 Abs. 1 GG selbstständig und voneinander unabhängig sind, nicht automatisch auf die Landeshaushalte. Damit gegebenenfalls auch bei ihnen eine Ausnahme vom Kreditlimit zulässig wird, müssen die Länderparlamente eigenständig entscheiden.

Engere Grenzen für die Kreditaufnahme als das Grundgesetz setzt der 1992 im niederländischen Maastricht geschlossene Vertrag über die Gründung der Europäischen Union. Die *Maastrichter Konvergenzkriterien* für jene Staaten, die sich an der Währungsunion beteiligen (wollen), beziehen sich u.a. auf die Gesamtverschuldung, für die in den Verfassungen von Bund und Ländern keine Regelungen getroffen sind, und auf die Neuverschuldung, für die Grundgesetz und Länderverfassungen – wie oben erläutert – die Summe der Investitionsausgaben als Obergrenze kennen.[6] Zufolge des Maastrichter *Stabilitäts- und Wachstumspakt*s soll die Summe der aufgetürmten öffentlichen Schulden die Marke von 60 Prozent des nominalen Bruttoinlandsprodukts nicht überschreiten. Auch darf die in einem Jahr in einem Teilnehmerstaat der Währungsunion von den öffentlichen Händen aufgenommene Kreditsumme maximal drei Prozent seines nominalen Bruttoinlandsprodukts ausmachen.

Das BIP errechnet sich aus dem Wert aller Güter und Dienstleistungen, die im Verlaufe eines Jahres im Inland erzeugt werden. Um Doppelzählungen zu vermeiden (weil ansonsten z.B. der Wert eines Apfels beim Übergang vom Bauern zum Mosthersteller und dann noch einmal als Bestandteil des Apfelmostpreises in die Rechnung einginge), müssen hiervon die so genannten Vorleistungen abgezogen werden. Staatliche Leistungen werden, weil sie keine Marktpreise erzielen, hilfsweise nach den Entstehungskosten erfasst. Hinzuzurechnen sind die Einfuhrabgaben, d.h. die beim Import von Gütern erhobenen Zölle und die Einfuhrumsatzsteuer. Aus Gründen der Vereinheitlichung der statistischen Datenerhebung in Europa wird das BIP durch die Bruttowertschöpfung zu Herstellungspreisen ersetzt. Dabei werden vom BIP alle indirekten Steuern abgezogen und die vom Staat bzw. der EU gezahlten Subventionen hinzugerechnet.

Für den Fall einer Verletzung dieser Obergrenzen sieht Art. 104 EGV ein förmliches Sanktionsverfahren vor (vgl. Abb. 3), an dessen Ende Bußen in Höhe von

---

[6] Weitere Kriterien sind gemäß Art. 121 EGV die durchschnittliche Inflationsrate, der Zinssatz zehnjähriger staatlicher Schuldverschreibungen (oder vergleichbarer Wertpapiere), und – für Beitrittskandidaten – eine spannungsfreie zweijährige Teilnahme am Wechselkursmechanismus des Europäischen Währungssystems.

jährlich bis zu 0,5 Prozent des Bruttoinlandsprodukts stehen können. Mit Bezug auf

- das Schuldenkriterium dürfte diese Drohung indes folgenlos bleiben, da es beim Start der Währungsunion und auch beim Beitritt weiterer Teilnehmer als erfüllt betrachtet wurde. Folgerichtig verstößt inzwischen die Mehrheit der Euroländer – darunter die stärksten Volkswirtschaften Deutschland, Frankreich und Italien – gegen dieses Kriterium (vgl. Tab. 3).

Tabelle 3: Verschuldungsrealität in der Währungsunion 1999 und 2006

	Staatsdefizit in Prozent des BIP		Verschuldung in Prozent des BIP	
	1999	2006	1999	2006
A	-2,3	-1,1	67,5	62,2
B	-0,4	0,2	114,9	89,1
BRD	-1,5	-1,7	61,2	67,9
E	-1,2	1,8	63,1	39,9
F	-1,8	-2,5	58,5	63,9
FIN	2,2	3,9	47,0	39,1
GR	-1,8	-2,6	105,2	104,6
I	-1,7	-4,4	114,9	106,8
IRL	2,4	2,9	48,6	24,9
L	3,5	0,1	5,9	6,8
NL	0,7	0,6	63,1	48,7
P	-2,8	-3,9	54,3	64,7

Quelle: Europäische Zentralbank, Monatsbericht Januar 2004, S. S 51f.; Mai 2007, S. 50f.

- das Defizitkriterium scheinen die Sanktionsmechanismen auf den ersten Blick zu greifen. So wurden inzwischen gegen verschiedene Staaten Defizitverfahren eingeleitet, darunter auch gegen Deutschland. Auf dem Hintergrund des deutschen Defizits von 2,8 Prozent im Jahre 2001 empfahl die EU-Kommission eine so genannte Defizitwarnung. Eine solche wurde zwar vom Rat der Europäischen Finanzminister (Ecofin-Rat) nicht formell ausgesprochen; doch in einer schriftlichen Erklärung nahm der Rat die Warnung Anfang des Jahres 2002 auf und der Bundesfinanzminister verpflichtete sich zu strikter Haushaltsdisziplin. Weil das Defizit des Jahres 2002 die Maastrichter Obergrenze mit 3,7 Prozent deutlich überstieg, leitete die EU-Kommission ein Sanktionsverfahren gegen Deutschland ein. Anfang 2003 bewertete der Ecofin-Rat das deutsche Defizit als „übermäßig" und gab Empfehlungen zu dessen Korrektur. Da die Bundesregierung Konsolidierung zusicherte, verzichtete er aber – entgegen der Kommissionsempfehlung – im November desselben Jahres auf eine Verschärfung des Defizitverfahrens. Grund hierfür waren wohl weniger sachliche Erwägungen als ein Zusammenspiel Deutschlands mit dem in gleicher Lage befindlichen Frankreich zulasten der Kommission und der Geltung des Stabilitätspakts. Dennoch scheiterte die EU-Kommission 2004 mit ihrem Begehren, den Europäischen Gerichtshof feststellen zu lassen, dass der Ecofin-Rat nicht berechtigt gewesen sei, ihre Empfehlungen zum In-Verzug-Setzen Deutschlands abzulehnen.

Damit die Maastrichter Vertragsbestimmungen „nicht mechanistisch" angewandt würden,[7] verständigte sich der Europäische Rat unter dem Druck der Defizitsünder Deutschland und Frankreich trotz schwer wiegender Bedenken der Europäischen Zentralbank Anfang 2005 auf eine Aufweichung der Sanktionsmechanismen. Ausnahmen vom Drei-Prozent-Gebot wurden großzügiger definiert, die Fristen zur Erfüllung von Konsolidierungsauflagen flexibilisiert und so genannte „sonstige Faktoren" – wie zum Beispiel Ausgaben für Forschung und Innovation, Entwicklungshilfe- und Rüstungsausgaben, Abführungen an die EU, Kosten der deutschen Einheit und von Rentenreformen – als Sanktionshindernisse eingeführt. Zudem können bei „unerwarteten Ereignissen" Verfahrensschleifen eingelegt werden, also Wiederholungen der Empfehlungen zur Defizitkorrektur und der Empfehlungen beim In-Verzug-Setzen. Zu Recht befürchtete der Bundesbankpräsident von dieser Überarbeitung des Stabilitätspakts eine tendenziell noch höhere Defizitentwicklung.[8]

---

[7] Vgl. *Gerhard Schröder*: Neue Regeln für den Stabilitätspakt, in: Financial Times Deutschland vom 17. 1. 2005.
[8] Vgl. *Axel Weber*: Politik mit Schlagseite, in: Süddeutsche Zeitung vom 18. 3. 2005.

Abbildung 3: Ablaufschema des Verfahrens bei übermäßigem Defizit nach Artikel 104 EGV

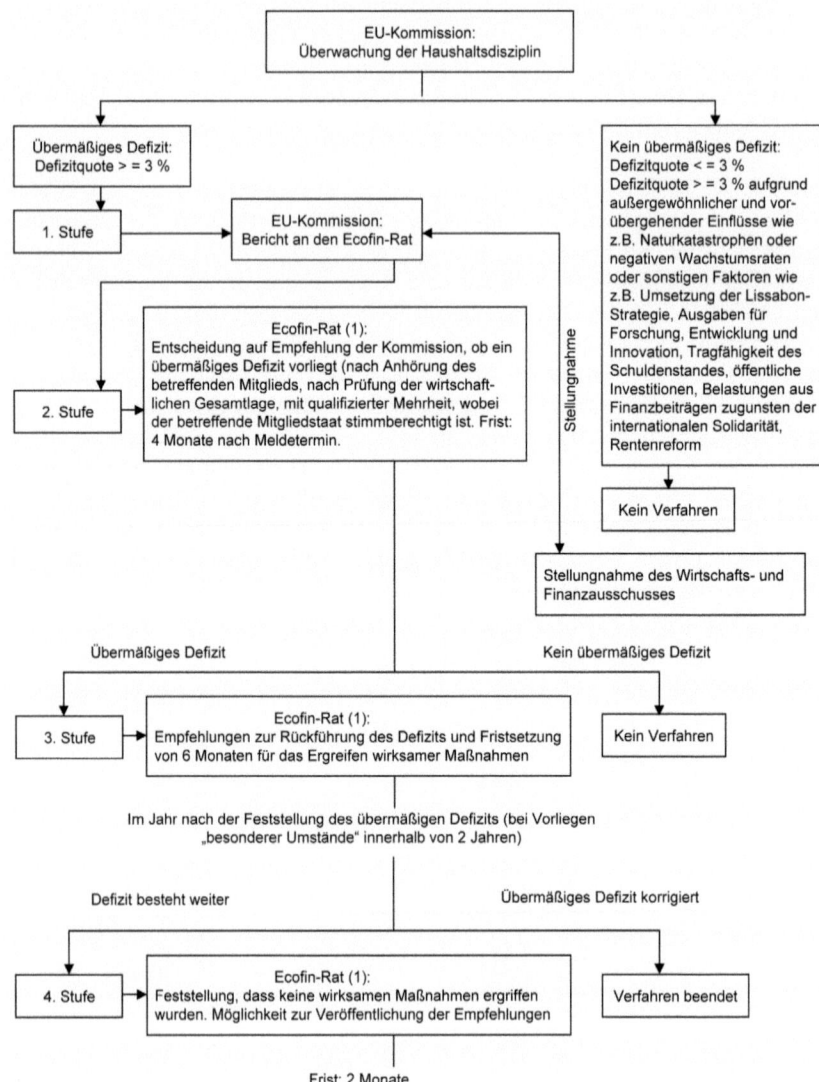

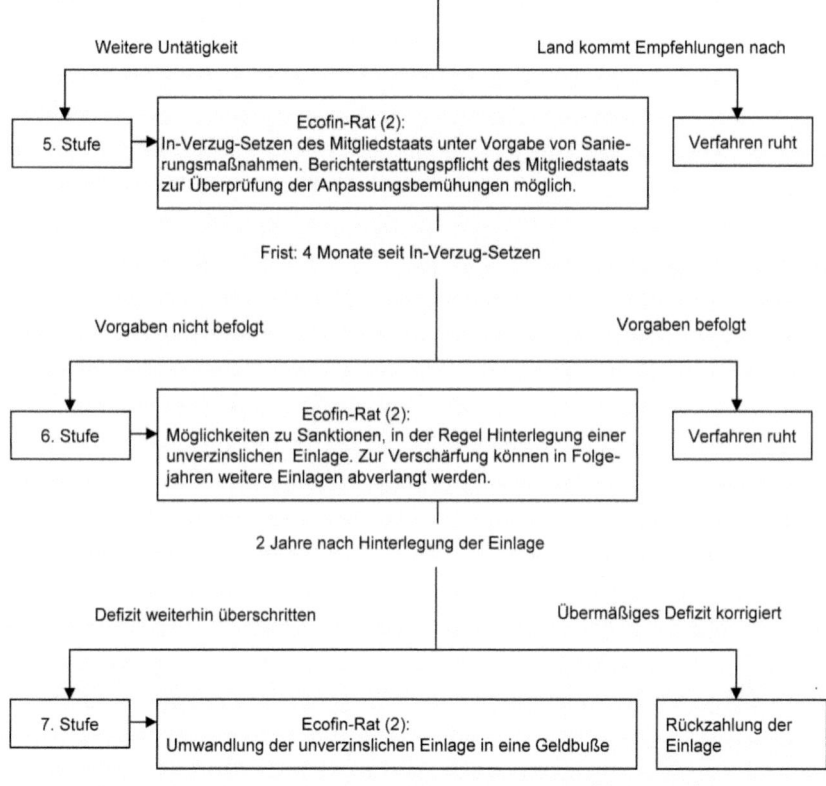

Weitere Untätigkeit   Land kommt Empfehlungen nach

| 5. Stufe | Ecofin-Rat (2):
In-Verzug-Setzen des Mitgliedstaats unter Vorgabe von Sanie-
rungsmaßnahmen. Berichterstattungspflicht des Mitgliedstaats
zur Überprüfung der Anpassungsbemühungen möglich. | Verfahren ruht |

Frist: 4 Monate seit In-Verzug-Setzen

Vorgaben nicht befolgt   Vorgaben befolgt

| 6. Stufe | Ecofin-Rat (2):
Möglichkeiten zu Sanktionen, in der Regel Hinterlegung einer
unverzinslichen Einlage. Zur Verschärfung können in Folge-
jahren weitere Einlagen abverlangt werden. | Verfahren ruht |

2 Jahre nach Hinterlegung der Einlage

Defizit weiterhin überschritten   Übermäßiges Defizit korrigiert

| 7. Stufe | Ecofin-Rat (2):
Umwandlung der unverzinslichen Einlage in eine Geldbuße | Rückzahlung der
Einlage |

(1): Auf Empfehlung der EU-Kommission und mit 2/3-Mehrheit der Stimmen der EU-Mitgliedstaaten
(betreffender Mitgliedstaat ist nicht
stimmberechtigt).
(2): Auf Empfehlung der EU-Kommission und mit 2/3-Mehrheit der Stimmen der Euroländer (betreffender
Mitgliedstaat ist nicht stimmberechtigt).

Quellen: SVR, Jahresgutachten 2003/04: „Staatsfinanzen konsolidieren – Steuersystem reformieren"
Wiesbaden 2003, S. 258, Schaubild 62; Deutsche Bundesbank, Monatsbericht April 2005, S. 17.

Trotz dieses empfindlichen Dämpfers für die Stabilitätspolitik empfahl die EU-
Kommission 2006 mit Blick auf die Daten für das Jahr 2005 die Wiederaufnah-
me des Defizitverfahrens. Dieses Mal folgte der Ecofin-Rat der Empfehlung und
setzte die Bundesrepublik in Verzug. Im Sommer 2006 erklärte sie indes,
Deutschland habe die erforderlichen Maßnahmen getroffen, um im Haushaltsjahr
2007 unter die Drei-Prozent-Grenze zu gelangen. Dank einer günstigen Kon-

junktur unterschritt die Bundesrepublik bereits 2006 das Verschuldungslimit mit einem Defizit von 1,7 Prozent des BIP. Im Juni 2007 stellte der Ecofin-Rat das Defizitverfahren ein.

Es gab in der Bundesrepublik lang anhaltende Diskussionen darüber, zu welchen Anteilen die beiden zur Kreditaufnahme berechtigten staatlichen Ebenen – Bund und Länder – inklusive ihrer „Anhängsel" Sozialversicherungen und Gemeinden im Falle eventueller finanzieller Sanktionen im Rahmen des Stabilitätspakts beizutragen hätten. Solange Deutschland von einer Verletzung der Defizitobergrenze weit entfernt war, besaß diese Debatte eher akademischen Charakter. Sie gewann indes an Dringlichkeit, nachdem die EU-Kommission 2002 ihre Defizitwarnung herausgegeben hatte. Gesetzgeberische Konsequenz ist die 2006 vorgenommene Einfügung eines Abs. 5 in Art. 109 GG, der das Interesse aller öffentlichen Haushalte an der Vermeidung von Sanktionszahlungen stärken soll. Sollten einmal Bußen fällig werden, so haften der Bund zu 65 und die Länder zu 35 Prozent für die Aufbringung der Einlage. Die Länder tragen ihren Anteil in zwei Schritten: Zunächst müssen sie alle – unabhängig davon, ob ihre Haushalte defizitär sind oder nicht – 35 Prozent der Sanktion gemäß ihren jeweiligen Einwohnerzahlen zusammentragen. Sodann müssen diejenigen Länder, die die Überschreitung der Defizitobergrenze verursacht haben, 65 Prozent des Länderanteils an der Einlage entsprechend ihrem Verursachungsbeitrag aufwenden.

Artikel 109 Abs. 5 GG lautet:
Verpflichtungen der Bundesrepublik Deutschland aus Rechtsakten der Europäischen Gemeinschaft aufgrund des Artikels 104 des Vertrags zur Gründung der Europäischen Gemeinschaft zur Einhaltung der Haushaltsdisziplin sind von Bund und Ländern gemeinsam zu erfüllen. Sanktionsmaßnahmen der Europäischen Gemeinschaft tragen Bund und Länder im Verhältnis 65 zu 35. Die Ländergesamtheit trägt solidarisch 35 vom Hundert der auf die Länder entfallenden Lasten entsprechend ihrer Einwohnerzahl; 65 vom Hundert der auf die Länder entfallenden Lasten tragen die Länder entsprechend ihrem Verursachungsbeitrag. Das Nähere regelt ein Bundesgesetz, das der Zustimmung des Bundesrates bedarf.

Abschließend sei noch auf die so genannten *Kassenverstärkungskredite* als besondere Form der staatlichen Kreditaufnahme hingewiesen. Sie dienen nicht der Finanzierung bestimmter Aufgaben, sondern sollen vorübergehende Liquiditätsschwankungen einer öffentlichen Kasse ausgleichen. Zur Aufnahme von Kassenverstärkungskrediten bedarf die Exekutive einer nach oben begrenzten Ermächtigung im Haushaltsgesetz. Diese wird nicht auf das Neuverschuldungslimit gemäß Art. 115 Abs. 1 Satz 2 GG angerechnet. Im Unterschied zu Deckungskrediten, von denen im Vorangegangenen die Rede war, dürfen Kassenverstärkungskredite in dem Maße, in dem sie während eines Haushaltsjahres zurückgezahlt wurden, erneut aufgenommen werden (sie sind „revolvierbar").

4 Staatsausgaben

Nachdem wir verschiedene Formen öffentlicher Einnahmen kennen gelernt haben, ist es an der Zeit, einen Blick auf deren Gegenstück, die öffentlichen Ausgaben, zu werfen. Öffentliche Ausgaben sind, allgemein gesagt, Zahlungen, die der Staat bzw. die Kommune auf der rechtlichen Grundlage eines beschlossenen Haushaltsplans an andere öffentliche Einrichtungen oder an Private leistet. Sie werden, in der Sprache des Haushaltsrechts, mit der Geldleistung „kassenwirksam". Je nach dem Zweck, für den die Zahlung erfolgt, werden bestimmte Arten von Ausgaben unterschieden.

Ehe wir aber hierauf eingehen, wollen wir einen Blick auf die Verteilung der Ausgabenverpflichtungen im Bundesstaat werfen. Im Mittelpunkt einer solchen Betrachtung steht das Konnexitätsprinzip. Es ist gewissermaßen die Leitlinie für die Selbstbestimmung der Gebietskörperschaften. Diesem Prinzip zufolge soll *die* Ebene, der das Grundgesetz eine Aufgabe zuteilt, die Kosten tragen, die sich daraus ergeben (Art. 104 a Abs. 1 GG).

Art. 104 a Abs. 1 GG lautet:
Der Bund und die Länder tragen gesondert die Ausgaben, die sich aus der Wahrnehmung ihrer Aufgaben ergeben, soweit dieses Grundgesetz nichts anderes bestimmt.

Art. 84 Abs. 1 GG lautet:
Führen die Länder die Bundesgesetze als eigene Angelegenheit aus, so regeln sie die Einrichtung der Behörden und das Verwaltungsverfahren. Wenn Bundesgesetze etwas anderes bestimmen, können die Länder davon abweichende Regelungen treffen. Hat ein Land eine abweichende Regelung nach Satz 2 getroffen, treten in diesem Land hierauf bezogene spätere bundesgesetzliche Regelungen der Einrichtung der Behörden und des Verwaltungsverfahrens frühestens sechs Monate nach ihrer Verkündung in Kraft, soweit nicht mit Zustimmung des Bundesrates anderes bestimmt ist. Artikel 72 Abs. 3 Satz 3 gilt entsprechend. In Ausnahmefällen kann der Bund wegen eines besonderen Bedürfnisses nach bundeseinheitlicher Regelung das Verwaltungsverfahren ohne Abweichungsmöglichkeit für die Länder regeln. Diese Gesetze bedürfen der Zustimmung des Bundesrates. Durch Bundesgesetz dürfen Gemeinden und Gemeindeverbänden Aufgaben nicht übertragen werden.

Lange Jahre gab es strittige juristische und politische Debatten darüber, ob und inwieweit Bund und/oder ein jeweiliges Land den Gemeinden Aufgaben zuweisen darf, ohne ihnen die dazu notwendigen finanziellen Mittel zur Verfügung zu stellen. Zwar konnten sich aus entsprechenden Bestimmungen in einzelnen Landesverfassungen kommunale Ansprüche auf Kostenerstattung gegen *landes*rechtlich veranlasste Aufgaben ergeben. Dem Bund gegenüber ließ sich das Konnexitätsprinzip bislang jedoch nicht aus dem Grundgesetz herleiten. Dies hat sich mit der Föderalismusreform von 2006 geändert. Art. 84 Abs. 1 und Art. 85 Abs. 1 GG verbieten die Übertragung von Aufgaben durch Bundesgesetze auf die Gemeinden – gleichgültig, ob die Länder die Bundesgesetze als eigene Angelegenheit oder im Auftrage des Bundes ausführen. Hierdurch wird das in den Verfassungen der Länder verankerte Konnexitätsprinzip zugunsten der Kommunen gestärkt.

Artikel 85 GG lautet:
(1) Führen die Länder die Bundesgesetze im Auftrage des Bundes aus, so bleibt die Einrichtung der Behörden Angelegenheit der Länder, soweit nicht Bundesgesetze mit Zustimmung des Bundesrates etwas anderes bestimmen. Durch Bundesgesetz dürfen Gemeinden und Gemeindeverbänden Aufgaben nicht übertragen werden.
(2) Die Bundesregierung kann mit Zustimmung des Bundesrates allgemeine Verwaltungsvorschriften erlassen. Sie kann die einheitliche Ausbildung der Beamten und Angestellten regeln. Die Leiter der Mittelbehörden sind mit ihrem Einvernehmen zu bestellen.
(3) Die Landesbehörden unterstehen den Weisungen der zuständigen obersten Bundesbehörden. Die Weisungen sind, außer wenn die Bundesregierung es für dringlich erachtet, an die obersten Landesbehörden zu richten. Der Vollzug der Weisung ist durch die obersten Landesbehörden sicherzustellen.
(4) Die Bundesaufsicht erstreckt sich auf Gesetzmäßigkeit und Zweckmäßigkeit der Ausführung. Die Bundesregierung kann zu diesem Zwecke Bericht und Vorlage der Akten verlangen und Beauftragte zu allen Behörden entsenden.

Bei der Wahrnehmung der Aufgaben, von der in Art. 104 a Abs. 1 GG die Rede ist, handelt es sich nicht um die Gesetzgebungs-, sondern um die Verwaltungszuständigkeit. Die aber liegt zumeist bei den Ländern, weil in der Regel *sie* die Bundesgesetze ausführen (Art. 83 GG), während der Bund dies nur ausnahmsweise selbst übernimmt, zum Beispiel im Bereich des Auswärtigen Dienstes und der Bundesfinanzverwaltung (Art. 87 Abs. 1 Satz 1 GG) oder der Polizeibehörden des Bundes (Art. 87 Abs. 1 Satz 2 GG iVm § 1 Abs. 1 BPolG). In diesen Fällen hat er entsprechend dem Konnexitätsprinzip die Kosten selbst zu tragen. Im Übrigen führen die Länder ihre eigenen Gesetze aus (Art. 30 GG).

Führen die Länder Bundesgesetze aus, so tun sie dies in der Regel als eigene Angelegenheit (Art. 83 GG). In diesen Fällen regeln sie die Einrichtung der Behörden und das Verwaltungsverfahren. Wenn Bundesgesetze etwas anderes bestimmen, können die Länder davon abweichen (Art. 84 Abs. 1). Möglichkeiten, abweichende Regelungen zu treffen, haben die Länder auch in den Fällen, in denen sie bis zur Föderalismusreform die Gesetzgebungskompetenz besaßen und der Bund lediglich den Rahmen setzen konnte (Art. 72 Abs. 3 GG).

Art. 83 GG lautet:
Die Länder führen die Bundesgesetze als eigene Angelegenheit aus, soweit dieses Grundgesetz nichts anderes bestimmt oder zulässt.

Art. 87 Abs. 1 GG lautet:
In bundeseigener Verwaltung mit eigenem Verwaltungsunterbau werden geführt der Auswärtige Dienst, die Bundesfinanzverwaltung und nach Maßgabe des Artikels 89 die Verwaltung der Bundeswasserstraßen und der Schifffahrt. Durch Bundesgesetz können Bundesgrenzschutzbehörden, Zentralstellen für das polizeiliche Auskunfts- und Nachrichtenwesen, für die Kriminalpolizei und zur Sammlung von Unterlagen für Zwecke des Verfassungsschutzes und des Schutzes gegen Bestrebungen im Bundesgebiet, die durch Anwendung von Gewalt oder darauf gerichtete Vorbereitungshandlungen auswärtige Belange der Bundesrepublik Deutschland gefährden, eingerichtet werden.

Artikel 30 GG lautet:
Die Ausübung der staatlichen Befugnisse und die Erfüllung der staatlichen Aufgaben ist Sache der Länder, soweit dieses Grundgesetz keine andere Regelung trifft oder zulässt.

Art. 72 Abs. 3 GG lautet:
Hat der Bund von seiner Gesetzgebungszuständigkeit Gebrauch gemacht, können die Länder durch Gesetz hiervon abweichende Regelungen treffen über:
1. das Jagdwesen (ohne das Recht der Jagdscheine);
2. den Naturschutz und die Landschaftspflege (ohne die allgemeinen Grundsätze des Naturschutzes, das Recht des Artenschutzes oder des Meeresnaturschutzes);
3. die Bodenverteilung;
4. die Raumordnung;
5. den Wasserhaushalt (ohne stoff- oder anlagenbezogene Regelungen);
6. die Hochschulzulassung und die Hochschulabschlüsse.
Bundesgesetze auf diesen Gebieten treten frühestens sechs Monate nach ihrer Verkündung in Kraft, soweit nicht mit Zustimmung des Bundesrates anderes bestimmt ist. Auf den Gebieten des Satzes 1 geht im Verhältnis von Bundes- und Landesrecht das jeweils spätere Gesetz vor.

In Fällen der Auftragsverwaltung muss der Bund, weil er weitgehende Einwirkungsrechte besitzt (Art. 85 GG), die Ausgaben tragen, die sich daraus ergeben (Art. 104 a Abs. 2 GG). Weitere Ausnahmen finden sich im Zusammenhang mit Geldleistungsgesetzen (Art. 104 a Abs. 3 und 4 GG) und mit den Gemeinschaftsaufgaben (vgl. Abschnitt II.2.2.1), bei der Finanzierung besonderer Einrichtungen, die zu Sonderbelastungen einzelner Länder oder Kommunen führen (Art. 106 Abs. 8 GG), für den ÖPNV (Art. 106 a GG) sowie für die Kriegsfolgelasten (Art. 120 GG).

Art. 104 a Abs. 2, 3 und 4 GG lautet:

(2) Handeln die Länder im Auftrage des Bundes, trägt der Bund die sich daraus ergebenden Ausgaben.

(3) Bundesgesetze, die Geldleistungen gewähren und von den Ländern ausgeführt werden, können bestimmen, dass die Geldleistungen ganz oder zum Teil vom Bund getragen werden. Bestimmt das Gesetz, dass der Bund die Hälfte der Ausgaben oder mehr trägt, wird es im Auftrage des Bundes durchgeführt.

(4) Bundesgesetze, die Pflichten der Länder zur Erbringung von Geldleistungen, geldwerten Sachleistungen oder vergleichbaren Dienstleistungen gegenüber Dritten begründen und von den Ländern als eigene Angelegenheit oder nach Absatz 3 Satz 2 im Auftrag des Bundes ausgeführt werden, bedürfen der Zustimmung des Bundesrates, wenn daraus entstehende Ausgaben von den Ländern zu tragen sind.

Art. 106 Abs. 8 GG lautet:

Veranlasst der Bund in einzelnen Ländern oder Gemeinden (Gemeindeverbänden) besondere Einrichtungen, die diesen Ländern oder Gemeinden (Gemeindeverbänden) unmittelbar Mehrausgaben oder Mindereinnahmen (Sonderbelastungen) verursachen, gewährt der Bund den erforderlichen Ausgleich, wenn und soweit den Ländern oder Gemeinden (Gemeindeverbänden) nicht zugemutet werden kann, die Sonderbelastungen zu tragen. Entschädigungsleistungen Dritter und finanzielle Vorteile, die diesen Ländern oder Gemeinden (Gemeindeverbänden) als Folge der Einrichtungen erwachsen, werden bei dem Ausgleich berücksichtigt.

Art. 106 a GG lautet:

Den Ländern steht ab 1. Januar 1996 für den öffentlichen Personennahverkehr ein Betrag aus dem Steueraufkommen des Bundes zu. Das Nähere regelt ein Bundesgesetz, das der Zustimmung des Bundesrates bedarf. Der Betrag nach Satz 1 bleibt bei der Bemessung der Finanzkraft nach Artikel 107 Abs. 2 unberücksichtigt.

Art. 120 GG lautet:

(1) Der Bund trägt die Aufwendungen für Besatzungskosten und die sonstigen inneren und äußeren Kriegsfolgelasten nach näherer Bestimmung von Bundesgesetzen. Soweit diese Kriegsfolgelasten bis zum 1. Oktober 1969 durch Bundesgesetze geregelt worden sind, tragen Bund und Länder im Verhältnis zueinander die Aufwendungen nach Maßgabe dieser Bundesgesetze. Soweit Aufwendungen für Kriegsfolgelasten, die in Bundesgesetzen weder geregelt worden sind noch geregelt werden, bis zum 1. Oktober 1965 von den Ländern, Gemeinden (Gemeindeverbänden) oder sonstigen Aufgabenträgern, die Aufgaben von Ländern oder Gemeinden erfüllen, erbracht worden sind, ist der Bund zur Übernahme von Aufwendungen dieser Art auch nach diesem Zeitpunkt nicht verpflichtet. Der Bund trägt die Zuschüsse zu den Lasten der Sozialversicherung mit Einschluss der Arbeitslosenversicherung und der Arbeitslosenhilfe. Die durch diesen Absatz geregelte Verteilung der Kriegsfolgelasten auf Bund und Länder lässt die gesetzliche Regelung von Entschädigungsansprüchen für Kriegsfolgen unberührt.

(2) Die Einnahmen gehen auf den Bund zu demselben Zeitpunkte über, an dem der Bund die Ausgaben übernimmt.

Strittig ist im politischen Raum, ob die Länder/Gemeinden ohne Weiteres die Kosten für die Erfüllung von Aufgaben zu tragen haben, die sich aus europäischen Rechtsvorschriften ergeben. Beispiele dafür sind die Trinkwasser- und die Feinstaubverordnung. Im Unterschied zu Bundesgesetzen, lautet ein Einwand, könnten die Länder an deren Zustandekommen nicht mitwirken. Wenn sie die europäischen Rechtsvorschriften aber nicht verhindern oder abändern könnten, dann dürften ihnen nicht deren Kosten aufgebürdet werden.

Klargestellt ist inzwischen, dass die Länder für Versäumnisse bei der Umsetzung von Richtlinien der Europäischen Union und bei Verurteilungen durch den Europäischen Gerichtshof für Menschenrechte sowie für Anlastungsfälle in Mithaftung genommen werden. Bei Finanzkorrekturen wegen der falschen Verwendung von EU-Mitteln tragen der Bund 15 und die Gesamtheit der Länder 35 Prozent der Lasten. 50 Prozent entfallen entsprechend der Höhe der empfangenen EU-Mittel anteilig auf diejenigen Länder, die die Lasten verursacht haben (Art. 104 a Abs. 6 GG).

Art. 104 a Abs. 6 GG lautet:
Bund und Länder tragen nach der innerstaatlichen Zuständigkeits- und Aufgabenverteilung die Lasten einer Verletzung von supranationalen oder völkerrechtlichen Verpflichtung Deutschlands. In Fällen länderübergreifender Finanzkorrekturen der Europäischen Union tragen Bund und Länder diese Lasten im Verhältnis 15 zu 85. Die Ländergesamtheit trägt in diesen Fällen solidarisch 35 vom Hundert der Gesamtlasten entsprechend einem allgemeinen Schlüssel; 50 vom Hundert der Gesamtlasten tragen die Länder, die die Lasten verursacht haben, anteilig entsprechend der Höhe der erhaltenen Mittel. Das Nähere regelt ein Bundesgesetz, das der Zustimmung des Bundesrates bedarf.

Kehren wir zurück zu den Kriterien, nach denen öffentliche Ausgaben eingeteilt werden können. Eines davon bezieht sich auf den Aufbau der öffentlichen Verwaltung. Danach werden die Ausgaben dem jeweils zuständigen Ministerium zugeordnet (Ressortprinzip). Solchen Zusammenstellungen können wir entnehmen, wieviel Geld beispielsweise dem Bundeskanzleramt, dem Umweltministerium oder dem Arbeits- und Sozialministerium zur Verfügung steht. Dabei können allerdings Sachzusammenhänge verloren gehen. Um dies zu verhindern, um also institutionell auf verschiedene Ministerien verteilte, aber zueinander gehörende Ausgaben zusammenfassen zu können, bietet sich eine Gliederung nach Aufgabenbereichen an (vgl. dazu Abschnitt III.6.1).

Bei ökonomischer Betrachtungsweise ist es üblich, *Real- oder Transformationsausgaben, Transferausgaben* und Ausgaben für den *Schuldendienst* zu unterscheiden – wobei manche Finanzexpertinnen und -experten den letztgenannten den Transferausgaben zurechnen.

Realausgaben sind entweder *Personalausgaben*, also Aufwendungen für (a) die Löhne, die Gehälter und die Besoldung von Arbeitern, Angestellten und Beamten einschließlich der Richterschaft und der Soldaten, (b) die Sozialversicherungsbeiträge bzw. Beihilfeleistungen der Beschäftigten und (c) die Pensionen für Ruheständler und Hinterbliebene. Oder es handelt sich um *Sachausgaben*, die wiederum in *konsumtive* und *investive* Ausgaben unterteilt werden können. Dabei gelten als konsumtiv (zum Verbrauch bestimmt) sämtliche Ausgaben, die nicht in der Legaldefinition für Investitionsausgaben enthalten sind, die wir in Abschnitt I.3.5 kennen gelernt haben.

Abbildung 4:   Gliederung der öffentlichen Ausgaben

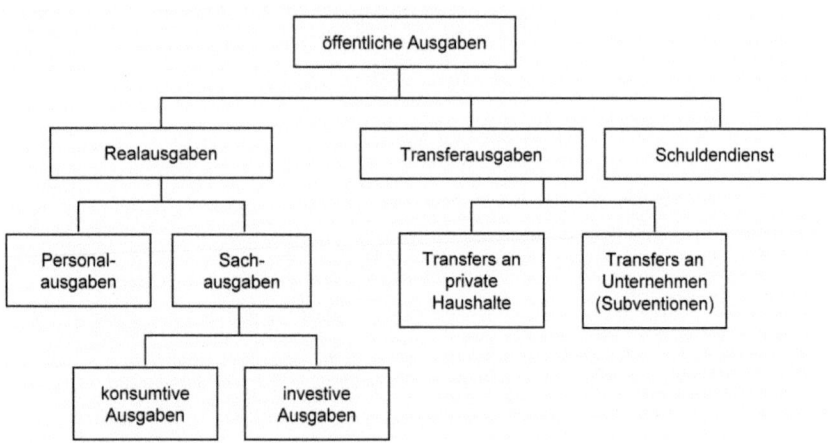

Transferausgaben dienen der einkommenspolitischen Umverteilung; sie sind also Instrumente zur Erreichung des Verteilungsziels. Als Transferausgaben gelten sämtliche Übertragungen an private Haushalte wie zum Beispiel das Elterngeld, das Kindergeld, das Wohngeld, Wohnungsbauprämien oder die Leistungen der gesetzlichen Arbeitslosen-, Kranken-, Pflege- und Rentenversicherungen. Sie erhöhen das verfügbare Einkommen der Leistungsempfänger, ohne dass von diesen eine marktwirtschaftliche Gegenleistung verlangt würde. Über die Entwicklung der Übertragungen an private Haushalte informieren die Sozialberichte der Bundesregierung, die in unregelmäßigen Abständen erscheinen.

Transfers an Unternehmen werden als *Subventionen* bezeichnet. Dabei handelt es sich konkret um Geldzahlungen oder geldwerte Leistungen, die der Korrektur der marktwirtschaftlichen Allokation oder Distribution dienen. Wie bei den Sozialtransfers werden marktwirtschaftliche Gegenleistungen vom Subventionsempfänger nicht erwartet. Allerdings können Subventionen unter Auflagen vergeben werden. Damit kann der Subventionsempfänger beispielsweise verpflichtet werden, eigene Geldmittel beizusteuern oder (in der Landwirtschaft) bestimmte Flächen nicht mehr zu bebauen oder die Subvention zum Erwerb einer bestimmten Maschine zu verwenden.

Einmal gewährten Subventionen ist ein ausgeprägtes Beharrungsvermögen eigen. Damit Subventionen nicht zur dauerhaften Förderung von Wirtschaftszweigen eingesetzt werden, bedürfen sie regelmäßiger Überprüfung. Sie werden daher neuerdings befristet, um sicherzustellen, dass die eingesetzten Mittel nicht anderen Verwendungen vorenthalten werden. Der Subventionskontrolle dienen die Subventionsberichte, die die Bundesregierung alle zwei Jahre vorzulegen hat.

II. STEUERSYSTEM UND WÄHRUNGSHÜTER

1 Institutionelle staatliche Steuerungsinstrumente

Die Regeln, nach denen die öffentliche Güterproduktion erfolgt, aufgrund derer die Einnahmen erzielt und die Ausgaben geleistet werden – kurz: alle Rechtsnormen, die die Finanzangelegenheiten der öffentlichen Hände betreffen –, bilden im weiteren Sinne die Finanzverfassung der Bundesrepublik Deutschland. Hinzu kommen entsprechende Bestimmungen in den Verfassungen und Haushaltsordnungen der Länder sowie die finanzwirtschaftlichen Bestimmungen in den Gemeindeordnungen und die Gemeindehaushaltsverordnungen.

Die Finanzverfassung der Bundesrepublik ist dadurch gekennzeichnet, dass sie – im Unterschied zu zentralistischen Staaten oder zu Konföderationen – die finanzpolitischen Kompetenzen (oder: Hoheiten) nicht einseitig der Ebene des Bundes oder derjenigen der Länder zuweist. Stattdessen balanciert sie die Steuergesetzgebungs-, die Steuerertrags- und die Steuerverwaltungshoheit sowie die Finanzgerichtsbarkeit zwischen zentralstaatlicher und föderaler Ebene aus; zum Teil sogar unter ausdrücklicher Berücksichtigung der Gemeinden. Zur Finanzverfassung im weiteren Sinne zählen nicht nur diejenigen Vorschriften, die wir dem Grundgesetz oder den Verfassungen der Länder entnehmen können, sondern auch alle einfachgesetzlichen Normen, die sich auf die öffentliche Finanzwirtschaft beziehen.

Abbildung 5:   Die Finanzverfassung in der Bundesrepublik Deutschland

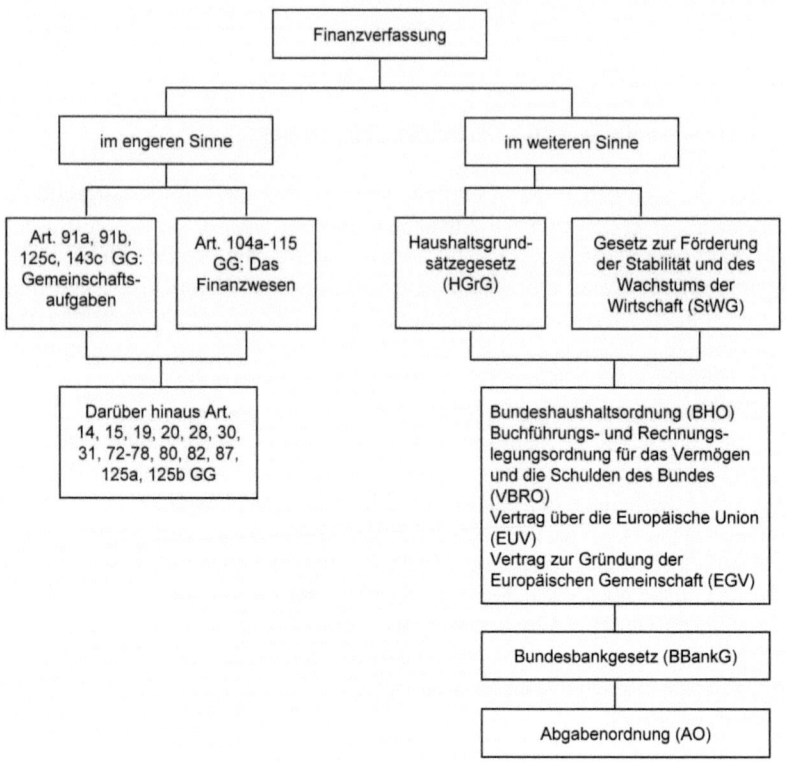

Quelle: *Klaus Staender*, Lexikon der öffentlichen Finanzwirtschaft, 6. Auflage Heidelberg 2004, S. 182; eigene Aktualisierungen.

1.1 Steuergesetzgebung

Nach dem Grundgesetz haben die Länder die Befugnis zur Gesetzgebung, sofern sie nicht ausdrücklich dem Bund zugewiesen ist (Art. 70 Abs. 1 GG). Es besteht also ein Regel-Ausnahme-Verhältnis zugunsten der Länder.

Art. 70 Abs. 1 GG lautet:
Die Länder haben das Recht der Gesetzgebung, soweit dieses Grundgesetz nicht dem Bunde Gesetzgebungsbefugnisse verleiht.

Daher führt das Grundgesetz als rechtliche Ausnahmen grundsätzlich nur die Gesetzgebungskompetenzen des Bundes auf, von denen es im Wesentlichen zwei Formen gibt: die ausschließliche und die konkurrierende Gesetzgebung. Im Zusammenhang mit dem Steuerrecht werden diese beiden Gesetzgebungskompetenzen durch die Sonderregelungen des Art. 105 GG abschließend geregelt.

> Art. 105 GG lautet:
> (1) Der Bund hat die ausschließliche Gesetzgebung über die Zölle und Finanzmonopole.
> (2) Der Bund hat die konkurrierende Gesetzgebung über die übrigen Steuern, wenn ihm das Aufkommen dieser Steuern ganz oder zum Teil zusteht oder die Voraussetzungen des Artikels 72 Abs. 2 vorliegen.
> (2 a) Die Länder haben die Befugnis zur Gesetzgebung über die örtlichen Verbrauch- und Aufwandsteuern, solange und soweit sie nicht bundesgesetzlich geregelten Steuern gleichartig sind. Sie haben die Befugnis zur Bestimmung des Steuersatzes bei der Grunderwerbsteuer.
> (3) Bundesgesetze über Steuern, deren Aufkommen den Ländern oder den Gemeinden (Gemeindeverbänden) ganz oder zum Teil zufließt, bedürfen der Zustimmung des Bundesrates.

Die *ausschließliche Gesetzgebung* des Bundes besagt, dass die Länder zur Gesetzgebung nur befugt sind, wenn und soweit sie hierzu in einem Bundesgesetz ausdrücklich ermächtigt werden (Art. 71 GG).

> Art. 71 GG lautet:
> Im Bereiche der ausschließlichen Gesetzgebung des Bundes haben die Länder die Befugnis zur Gesetzgebung nur, wenn und soweit sie hierzu in einem Bundesgesetze ausdrücklich ermächtigt werden.

In Finanzangelegenheiten gibt es kein Beispiel für eine solche Ermächtigung der Länder. Vielmehr erkennt Art. 105 Abs. 1 GG dem Bund die ausschließliche Gesetzgebung über die Zölle und die Finanzmonopole (vgl. II.1.4) zu.

> Zölle sind gemäß § 3 AO Steuern. Sie werden bei der Aus- oder bei der Einfuhr bestimmter Waren von den Zollverwaltungen des Bundes erhoben. Dafür gelten bestimmte Tarife, die sich an Maßen, Gewichten, Stücken, Alkoholanteilen oder Werten orientieren.

Im Bereich der konkurrierenden Gesetzgebung haben die Länder ein Gesetzgebungsrecht, solange und soweit der Bund von seiner Gesetzgebungszuständigkeit keinen Gebrauch macht (Art. 72 Abs. 1 GG). Für bestimmte Bereiche der konkurrierenden Gesetzgebung – zum Beispiel für das Recht der Wirtschaft, die Sozialisierung von Produktionsmitteln, die wirtschaftliche Sicherung der Krankenhäuser, den Saat-, Pflanzen- und Tierschutz, das Kfz-Wesen und die Straßenmaut – ist die Ausübung des Gesetzgebungsrechts durch den Bund an weitere Voraussetzungen geknüpft. Hier muss ein besonderes Bedürfnis nach bundesgesetzlicher Regelung vorliegen (Art. 72 Abs. 2 GG).

Art. 72 Abs. 1 und 2 GG lautet:
(1) Im Bereich der konkurrierenden Gesetzgebung haben die Länder die Befugnis zur Gesetzgebung, solange und soweit der Bund von seiner Gesetzgebungszuständigkeit nicht durch Gesetz Gebrauch gemacht hat.
(2) Auf den Gebieten des Artikels 74 Abs. 1 Nr. 4, 7, 11, 13, 15, 19a, 20, 22, 25 und 26 hat der Bund das Gesetzgebungsrecht, wenn und soweit die Herstellung gleichwertiger Lebensverhältnisse im Bundesgebiet oder die Wahrung der Rechts- oder Wirtschaftseinheit im gesamtstaatlichen Interesse eine bundesgesetzliche Regelung erforderlich macht.

Das Grundgesetz räumt dem Bund die konkurrierende Gesetzgebungszuständigkeit für jene Steuern ein, deren Aufkommen ihm ganz oder teilweise zusteht oder für die wegen der Rechts- und Wirtschaftseinheit sowie zur Wahrung der Gleichwertigkeit der Lebensverhältnisse im Gesamtstaat ein Bedürfnis nach Bundeskompetenz vorliegt (Art. 105 Abs. 2 GG). Dies gilt für die Einkommen-, die Vermögen-, die Erbschaft- und Schenkungsteuer sowie für die meisten Verbrauch- und Verkehrsteuern. Fließt das Aufkommen aus einer bundesgesetzlich zu regelnden Steuer ganz oder zum Teil den Ländern oder den Gemeinden zu, bedarf das Gesetz der Zustimmung des Bundesrates (Art. 105 Abs. 3 GG).

Die weite Fassung des Art. 105 Abs. 2 GG und die Tatsache, dass der Bundesgesetzgeber umfassend von ihm Gebrauch gemacht hat, lassen nur wenig Raum für eine eigenständige *Gesetzgebungskompetenz der Länder*. Bis 2006 besaßen sie eine steuerrechtliche Gesetzgebungshoheit bloß über die örtlichen Verbrauch- (zum Beispiel Verpackungsteuer) und Aufwandsteuern (beispielsweise Hunde-, Vergnügung- oder Zweitwohnungsteuer). Diese Kompetenz gilt allerdings nicht unbeschränkt, sondern nur solange und soweit diese Steuern nicht bundesgesetzlich geregelten Steuern gleichartig sind. Neu und ein Ergebnis der Föderalismusreform ist Satz 2 des Art. 105 Abs. 2 a GG, wonach die Länder nunmehr befugt sind, die Grunderwerbsteuersätze zu bestimmen.[9] Da der Bund die Kompetenz zur Festlegung einer bundeseinheitlichen grunderwerbsteuerlichen Bemessungsgrundlage behält, kann von einer wirklichen Stärkung der

---

[9] Mehr- oder Mindereinnahmen aufgrund einer Änderung des Grunderwerbsteuersatzes verbleiben im jeweiligen Land und werden nicht über den Länderfinanzausgleich auf alle verteilt.

Steuerautonomie der Länder (so möchte es die Bundesregierung gesehen wissen) kaum die Rede sein.

Über wichtige Einnahmequellen wie die Einkommen-, die Umsatz- oder die Verkehrsteuern dürfen die Länder weiterhin nicht eigenständig entscheiden. Aus dieser sehr weit reichenden Beschränkung der Steuergesetzgebungshoheit resultiert eines der schwierigsten Probleme der Landesfinanzpolitik: Auf der Ausgabenseite ist ein Großteil der Verpflichtungen durch Bundesgesetze vorgegeben: beispielsweise das Wohn- und das Kindergeld, die Einlösung des Rechtsanspruchs auf einen Kindergartenplatz, die Zuwendungen nach dem Bundesgesetz über individuelle Förderung der Ausbildung (BAföG) oder die Leistungen für Asylbewerber/innen. Das gilt gleichermaßen für mögliche Zahlungsverpflichtungen leistungsstärkerer Länder im Rahmen des Finanzausgleichs (siehe dazu Abschnitt II.2.2.2). Auf der Einnahmenseite hingegen sind die Länder nur in Randbereichen befugt, das Instrument der Steuergesetzgebung (Einführung und Abschaffung von Steuern, Anhebung oder Senkung von Steuersätzen) anzuwenden, um ihre Aufgaben zu finanzieren. Zwar kam während der 1990er Jahre in Berlin und in Nordrhein-Westfalen eine Besteuerung von Sportbooten mit Verbrennungsmotor in die politische Diskussion; dieser Gedanke wurde aber nicht realisiert. Die Einschnürung der Steuergesetzgebungshoheit der Länder mag in einnahmestarken Perioden der öffentlichen Finanzwirtschaft unproblematisch sein. In einnahmeschwächeren Perioden tendieren aber die Ausgaben dazu, die Einnahmen zu übersteigen (Defizit). Um diese beiden Größen dennoch miteinander in Einklang zu bringen, könnte die Landespolitik – mangels echter Steuergesetzgebungskompetenz – in solchen Situationen versucht sein, vermehrt auf die Einführung von Sonderabgaben zu setzen. Das Ausmaß einer solchen Gefahr sollte indes nicht überschätzt werden. Schließlich hat das Bundesverfassungsgericht die Möglichkeiten zur Erhebung von Sonderabgaben dadurch begrenzt, dass deren Aufkommen gruppennützig verwendet werden muss und nicht einer bereits bestehenden Steuer ähnlich sein darf (vgl. oben Abschnitt I.3.2). Weil damit auch dieser scheinbare Ausweg beinahe versperrt ist, sind die Länder in aufkommensschwächeren Perioden *strukturell* – eher als der Bund – gezwungen, zur Kreditaufnahme Zuflucht zu nehmen. Oder sie müssen originär landespolitische Aufgaben, vor allem in den Bereichen Städtebau, Kultur, Schulen, Hochschulen und Weiterbildungseinrichtungen, innerer Sicherheit und sozialer Fürsorge, einschränken. Je drastischer dies aber geschieht, desto fragwürdiger wird die Berechtigung einer eigenständigen Landes(finanz)politik.

Den Gemeinden räumt das Grundgesetz keine Steuergesetzgebungskompetenz ein. Sie besitzen allerdings nach Art. 106 Abs. 6 Satz 2 GG das Recht, die Hebesätze für die Realsteuern festzusetzen. (Der Hebesatz ist derjenige Prozentsatz, mit dem die Bemessungsgrundlage der Grund- und der Gewerbesteuer zu multiplizieren ist, um die Höhe der Steuer zu berechnen. Er unterscheidet sich hinsichtlich seiner Höhe von Gemeinde zu Gemeinde und ist in der Regel für die beiden Steuerarten ungleich. Extremen Anhebungen kann durch Landesrecht begegnet werden.)

Art. 106 Abs. 6 GG lautet:
Das Aufkommen der Grundsteuer und Gewerbesteuer steht den Gemeinden, das Aufkommen der örtlichen Verbrauch- und Aufwandsteuern steht den Gemeinden oder nach Maßgabe der Landesgesetzgebung den Gemeindeverbänden zu. Den Gemeinden ist das Recht einzuräumen, die Hebesätze der Grundsteuer und Gewerbesteuer im Rahmen der Gesetze festzusetzen. Bestehen in einem Land keine Gemeinden, so steht das Aufkommen der Grundsteuer und Gewerbesteuer sowie der örtlichen Verbrauch- und Aufwandsteuern dem Land zu. Bund und Länder können durch eine Umlage an dem Aufkommen der Gewerbesteuer beteiligt werden. Das Nähere über die Umlage bestimmt ein Bundesgesetz, das der Zustimmung des Bundesrates bedarf. Nach Maßgabe der Landesgesetzgebung können die Grundsteuer und Gewerbesteuer sowie der Gemeindeanteil vom Aufkommen der Einkommensteuer und der Umsatzsteuer als Bemessungsgrundlagen für Umlagen zugrunde gelegt werden.

Außerdem delegieren manche Landesverfassungen und Kommunalabgabengesetze der Länder die Steuergesetzgebungshoheit für die örtlichen Verbrauch- und Aufwandsteuern an die Kommunen. Allerdings machen die Länder die Rechtswirksamkeit der gemeindlichen Steuersatzungen von ihrer Genehmigung abhängig und verweisen darauf, dass diese Satzungen nur soweit und solange Geltung haben, als nicht durch Bundes- oder Landesgesetze andere steuerrechtliche Bedingungen geschaffen werden.

Vierter – und häufig übersehener – Teilnehmer an der steuerlichen Gesetzgebungskompetenz ist die Europäische Gemeinschaft. Auf der Grundlage des EG-Vertrags entscheidet sie über die Agrarabgaben (Einfuhrabgaben für landwirtschaftliche Waren, Produktionsabgaben für Zucker, Milchgarantiemengenabgabe), die im Wesentlichen zur Abschirmung des europäischen Agrarmarktes gegen den internationalen Wettbewerb und zur Fortschreibung nicht-marktwirtschaftlicher, überhöhter Preise für landwirtschaftliche Produkte erhoben werden. Auch die Zölle, für die die Gesetzgebungskompetenz nach dem Grundgesetz beim Bund liegt, werden inzwischen von der EG festgesetzt (Gemeinschaftszollrecht, Gemeinsamer Zolltarif).

1.2 Verteilung der Steuern auf Bund, Länder und Gemeinden

Die Steuerertragshoheit, also das Recht von Gebietskörperschaften, ein Steueraufkommen in ihren Kassen zu vereinnahmen, wird im Bundesstaat nicht allein einer Ebene zuerkannt. Sie soll sich, den Aufgabenzuweisungen entsprechend, auf die verschiedenen Ebenen, also auf den Bund, die Länder, die Gemeinden und – mit Einschränkungen – die EG, verteilen. Um dieses Ziel zu erreichen, stehen theoretisch verschiedene Aufteilungssysteme zur Verfügung:

a. Beim „freien" *Trennsystem* werden die Ertragshoheiten der genannten Ebenen streng voneinander geschieden: Der Bund erhielte danach die Einnahmen aus der Steuer A, die Länder diejenigen aus der Steuer B. Den Gemeinden flösse das Aufkommen aus Steuer C zu und der Europäischen Gemeinschaft dasjenige der Steuer D. Ausgleiche zwischen den Ebenen fänden nicht statt. Der Vorteil dieses Systems könnte darin liegen, dass jede Ebene über ihre Steuereinnahmen selbst verfügt und damit eigenverantwortlicher wirtschaftet, als wenn sie darauf rechnen kann, von anderswoher Unterstützung zu erhalten. Ein Nachteil bestünde jedoch in der Doppelbelastung, die mit hoher Wahrscheinlichkeit einträte, weil die verschiedenen Ebenen ihre Steuern auf gleiche oder jedenfalls sehr ähnliche Tatbestände erheben würden. Diesem Nachteil könnte indes durch die Variante des „gebundenen" Trennverfahrens abgeholfen werden. Dabei werden zuerst die Steuerarten einheitlich festgelegt und hernach den verschiedenen Ebenen zugeordnet, die dann über die Steuersätze entscheiden dürfen. Oder es werden sowohl die Steuerarten als auch deren Höhe bundeseinheitlich bestimmt, aber die Aufkommen aus jeder Steuer jeweils nur einer Ebene zugesprochen.

b. Beim *Zuweisungssystem* wird die Ertragshoheit auf eine Ebene (dies ist nicht notwendigerweise die Bundesebene) konzentriert. Danach werden andere Ebenen am Aufkommen beteiligt. Erfolgt diese Abgabe von Geldmitteln von unten nach oben, also zum Beispiel von der kommunalen zur Landesebene, sprechen wir von *Umlagen*; fließt der Zahlungsstrom in umgekehrter Richtung, so handelt es sich um *Überweisungen*.

c. Das *Verbundsystem* schließlich zeichnet sich dadurch aus, dass eine oder mehrere Steuerarten zu einer Finanzmasse vereinigt und anschließend nach einem vorab festgelegten Schlüssel auf die unterschiedlichen Ebenen verteilt werden.

In der Bundesrepublik wird keines dieser Systeme in Reinform angewandt, sondern einem Mischsystem der Vorzug gegeben. Das bedeutet, dass die Steuerertragskompetenzen in Deutschland Elemente sowohl des Trennsystems als auch des Zuweisungssystems als auch des Verbundsystems enthalten.

Für eine solche Lösung spricht, dass sie die Vorteile der verschiedenen Systeme nutzen kann ohne deren Nachteile in Kauf nehmen zu müssen. Auf diese Weise können örtliche oder regionale Besonderheiten berücksichtigt, aber gleichzeitig Gefälle vermieden und gleichwertige Lebensverhältnisse im Bundesgebiet hergestellt werden.

So soll – dem föderalen Prinzip entsprechend – jede Ebene über mindestens eine wichtige, d.h. ergiebige Steuerart verfügen. Da hierfür, wenn wir die Einnahmeergebnisse in Tabelle 2 betrachten, nur die Steuern auf Einkommen und Umsätze in Betracht kommen, könnte es sich anbieten, sie dem Trennsystem entsprechend auf den Bund (z.B. Umsatzsteuern) und die Länder (z.B. Einkommensteuern) zu verteilen. Da mit den Einkommensteuern aber auch verteilungspolitische Ziele angestrebt werden (wir werden darauf in Abschnitt II.2.1.1 zurückkommen), die einer bundeseinheitlichen Vorgehensweise bedürfen, spricht einiges dafür, sie dem Bund zuzuordnen. Unterstrichen wird ein solcher Gedanke mit Blick auf konjunkturpolitische Erfordernisse. Bekanntlich reagieren Einkommensteuern empfindlich auf konjunkturelle Schwankungen und eignen sich daher hervorragend für stabilitätspolitische Interventionen. Diese aber müssen, um wirksam zu werden, vom Bund koordiniert werden. Auch hinsichtlich der Umsatzsteuern spricht, wenn wir an die Notwendigkeit ihrer Abstimmung mit den Mitgliedstaaten in der EU und der Steuerertragsmithoheit der EG denken, einiges für eine Ertragskompetenz des Bundes. Dann aber besäßen die Länder keinen Zugriff mehr auf eine aufkommenstarke Steuer.

Tabelle 4:   Aufteilung der Steuerhoheiten

Steuerart	Gesetzgebungs-hoheit	Ertragshoheit	Verwaltungshoheit
Abzugsteuern bei beschränkt Steuerpflichtigen	Bund	Bund/Länder	Länder iAdB
Agrarabgaben	EU/Bund	EU	Bund (Zoll)
Ausfuhrabgaben	EU/Bund	EU	Bund (Zoll)
Biersteuer	Bund	Länder	Bund (Zoll)
Branntweinsteuer	Bund	Bund	Bund (Zoll)
Einfuhrumsatzsteuer	Bund	Bund/Länder	Bund (Zoll)
Einkommensteuer	Bund	Bund/Länder/ Gemeinden	Länder iAdB
Erbschaft- und Schenkungsteuer	Bund	Länder	Länder
Feuerschutzsteuer	Bund	Länder	Länder

Getränkesteuer	Länder	Gemeinden	Gemeinden
Gewerbesteuer	Bund	Gemeinden (mit Umlage für Bund und Länder)	Länder/Gemeinden
Grundsteuer	Bund	Gemeinden	Länder/Gemeinden
Grunderwerbsteuer	Bund/Länder	Länder	Länder
Hundesteuer	Länder	Gemeinden	Gemeinden
Jagd- und Fischereisteuer	Länder	Kreise/Gemeinden	Kreise/Gemeinden
Kaffeesteuer	Bund	Bund	Bund (Zoll)
Kapitalertragsteuer	Bund	Bund/Länder	Länder iAdB
Kirchensteuer	Länder	Religionsgemein- schaften, soweit K.d.ö.R.	Länder/Kirchen u.a. Religionsgemein- schaften
Körperschaftsteuer	Bund	Bund/Länder	Länder iAdB
Kfz-Steuer	Bund	Länder	Länder
Lohnsteuer	Bund	Bund/Länder/ Gemeinden	Länder iAdB
Milchgarantiemen- genabgabe	EU/Bund	EU	Bund (Zoll)
Mineralölsteuer	Bund	Bund	Bund (Zoll)
Rennwett- und Lotteriesteuer	Bund	Länder	Länder
Schankerlaubnis- steuer	Länder	Kreise/Gemeinden	Kreise/Gemeinden
Schaumweinsteuer	Bund	Bund	Bund (Zoll)
Solidaritätszuschlag	Bund	Bund	Länder iAdB
Spielbankenabgabe	Bund/Länder	Länder	Länder
Stromsteuer	Bund	Bund	Bund (Zoll)
Tabaksteuer	Bund	Bund	Bund (Zoll)
Umsatzsteuer	Bund	*(Vorwegabzüge für Arbeitslosen- und Rentenversicherung, Gemeinden)* Bund/Länder	Länder iAdB
Vergnügungsteuer	Länder	Gemeinden	Gemeinden
Versicherungsteuer	Bund	Bund	Länder iAdB
Zölle	EU/Bund	EU	Bund (Zoll)
Zucker- Produktionsabgabe	EU/Bund	EU	Bund (Zoll)
Zweitwohnungsteuer	Länder	Gemeinden	Gemeinden
Zwischenerzeugnis- steuer	Bund	Bund	Bund

Quelle: BMF, Steuern von A bis Z, Berlin 2005, S. 22 f.; eigene Aktualisierungen.

Dem Verbundsystem folgend, sind die ertragreichen Steuern unter dem Bund, den Ländern und den Gemeinden aufgeteilt. Zu den *Gemeinschaftsteuern* zählen die Einkommensteuer (mit ihren Elementen Lohnsteuer, veranlagte Einkommensteuer, Zinsabschlag- und Kapitalertragsteuer), die nicht veranlagten Steuern vom Ertrag, die Körperschaft- und die Umsatzsteuer sowie die Gewerbesteuerumlage:

- Lohnsteuer und veranlagte Einkommensteuer werden zu jeweils 42,5 Prozent auf den Bund und die Länder sowie zu 15 Prozent auf die Kommunen aufgeteilt.
- Für die Zinsabschlagsteuer gilt ein Verteilungsschlüssel von je 44 Prozent für den Bund bzw. die Gesamtheit der Länder und 12 Prozent für die Gemeinden.
- An den Erträgen aus der Kapitalertrag-, der Körperschaftsteuer und der nicht veranlagten Steuern vom Ertrag sind Bund und Länder je zur Hälfte, die Kommunen nicht beteiligt.
- Aus dem Umsatzsteueraufkommen erhält der Bund seit Beginn des Jahres 2007 vorab 3,89 Prozent zur Senkung der Beiträge zur Arbeitslosenversicherung. Aus dem verbleibenden Aufkommen bezieht der Bund für seinen Zuschuss an die Deutsche Rentenversicherung 5,15 Prozent (=4,95 Prozent des gesamten Umsatzsteueraufkommens). Von der verbleibenden Summe erhalten die Gemeinden 2,2 (=2,0) Prozent. Die „restlichen" 89,15 Prozent fließen zu 49,6 (=44,2) Prozent an den Bund, der davon einen Betrag in Höhe von 5 Prozent des gesamten Umsatzsteueraufkommens an die EU abführen muss,[10] und zu 50,4 (=44,9) Prozent an die Länder. Von ihrem Anteil müssen die Länder wiederum jährlich veränderliche (um 2 Milliarden € oszillierende) Festbeträge an den Bund abführen. Für 2007 beläuft sich diese Verpflichtung auf 2,26 Milliarden €.
- An der von den Gemeinden nach oben abzuführenden Gewerbesteuerumlage sind der Bund zu 24,6 und die Länder zu 75,4 Prozent beteiligt.
- Hinzu kommen Verteilungsmechanismen zwischen den Ebenen im Rahmen des bundesstaatlichen Finanzausgleichs (vgl. dazu Kapitel II.2.2).

Sind die Gemeinschaftsteuern die ertragsreichsten, so gilt doch für die Mehrheit der Steuerarten in Deutschland das „gebundene" Trennsystem. Für den größten Teil von ihnen hat der Bund die Gesetzgebungskompetenz, weil für eine gesamtstaatliche Regelung ein Bedürfnis besteht; auch fließen die Erträge vieler dieser Steuern im Trennsystem dem Bund zu. Es sind dies die Branntwein-, die Mine-

---

[10] Hiernach verbleiben nur mehr knapp 40 Prozent der Umsatzsteueraufkommens beim Bund.

ralöl-, die Strom-, die Versicherung- und die Zwischenerzeugnissteuer sowie der Solidaritätszuschlag. Die Länder besitzen die Ertragshoheit über die Spielbankenabgabe, die Bier-, die Erbschaft- und Schenkung-, die Rennwett- und Lotterie- sowie über die Kfz-Steuer. Eine Steuerart, für die der Bund die Gesetzgebungshoheit besitzt, deren Aufkommen aber den Gemeinden zusteht, ist die Grundsteuer.

Durchgängig wird das Trennsystem bei den örtlichen Verbrauch- und Aufwandsteuern angewandt. Sie werden den Kommunen zuerkannt, weil sie in der Regel die entsprechende Steuergesetzgebungshoheit ausüben. Der Grund dafür ist, dass der Belastung durch örtliche Verbrauch- und Aufwandsteuern oft ein gleich zu gewichtender (äquivalenter) Vorteil entspricht, den die Steuerpflichtigen als solchen erkennen können, was wiederum die Akzeptanz der Steuerschuld steigert. Steuern dieser Art sind die Getränke-, die Hunde-, die Schankerlaubnis-, die Vergnügung-, die Verpackung-, die Zweitwohnung- sowie die Jagd- und Fischereisteuer.

Nicht zu den örtlichen Verbrauchsteuern zählen die Kaffee- und die Tabaksteuer, die schwerpunktmäßig in den Hafenstädten Bremen und Hamburg anfallen, sowie die Schaumweinsteuer, die in den Weinanbaugebieten erhoben wird. Bei diesen Steuerarten besteht eine große räumliche Differenz zwischen den Steuerschuldnern, die sich in verhältnismäßig wenigen Orten konzentrieren, und den über das gesamte Bundesgebiet verstreuten Steuerträgern. Weil es daher kaum zu rechtfertigen wäre, die Einnahmen aus den genannten Steuern den örtlichen Steuergläubigern zuzusprechen, fließen sie in die Kassen des Bundes.

Die Gewerbe- und die Grunderwerbsteuer vereinigen in sich verschiedene Elemente. So orientiert sich die Gewerbesteuer einerseits am „gebundenen" Trennsystem: Die Gesetzgebungshoheit liegt beim Bund, die Ertragshoheit bei den Gemeinden. Das kommunale Recht auf Anwendung eines Hebesatzes verweist andererseits auf das Zuschlagsystem, bei dem eine Ebene (Kommune) Zuschläge auf die Steuer einer anderen Ebene (Bund) vornehmen kann. Und schließlich zeigen sich bei der Gewerbesteuer wegen der Umlage zugunsten des Bundes und der Länder (Art. 106 Abs. 6 GG) Bestandteile des Zuweisungssystems. Nicht ganz so kompliziert verhält es sich mit der Grunderwerbsteuer. Sie gehört einerseits dem „gebundenen" Trennsystem an (Gesetzgebungskompetenz des Bundes, Ertragshoheit der Länder); andererseits ist sie, weil die Länder ihre Gemeinden – in unterschiedlicher Höhe – an den Einnahmen aus der Grunderwerbsteuer beteiligen, dem Zuweisungssystem zuzurechnen.

Exkurs: Reform der Finanzverfassung

Die Kompliziertheit des Geflechts von Steuergesetzgebungs- und Steuerertragskompetenzen rief Kritiker bereits in den 1990er Jahren auf den Plan. So forderte
der Sachverständigenrat zur Begutachtung der gesamtwirtschaftlichen Entwicklung eine klare Abgrenzung zwischen den verschiedenen Ebenen. Aus Wissenschaft und Politik folgten weitere Vorschläge. Mischfinanzierungen – also die
Finanzierung eines Projekts aus verschiedenen Töpfen – sollen entflochten, die
Verantwortlichkeiten von Bund und Ländern für die Einhaltung der Maastrichter
Schulden- und Defizitkriterien geklärt, die Steuerautonomie der Länder gestärkt
und dem Konnexitätsprinzip mehr Geltung verschafft werden. Obgleich vor
nicht langer Zeit reformiert, wird von verschiedenen Seiten sogar verlangt, den
bundesstaatlichen Finanzausgleich (vgl. II.2.2) erneut umzubauen.

Der fünfköpfige SVR wurde im Jahre 1963 durch Gesetz ins Leben gerufen. Er soll die
gesamtwirtschaftliche Lage und deren absehbare Entwicklung gutachtlich darstellen.
Dabei soll er Fehlentwicklungen und Möglichkeiten zu deren Vermeidung aufzeigen,
aber keine Empfehlungen für bestimmte wirtschafts- und sozialpolitische Maßnahmen
aussprechen. Der SVR ist in seinem Beratungsauftrag unabhängig. Zu seinem Jahresgutachten, das er jeweils bis zum 15. November vorzulegen hat, muss die Bundesregierung gegenüber Bundestag und Bundesrat Stellung beziehen. Erscheinen dem SVR
die Stabilitätsziele gefährdet, hat er auch zwischendurch ein Gutachten vorzulegen.

Im Ergebnis der Föderalismusreform vom Sommer 2006 wurden der Abbau der
Mischfinanzierung beim Aus- und Neubau von Hochschulen auf den Weg gebracht und die Voraussetzungen für Bundesfinanzhilfen an die Länder verschärft. Das Recht der Länder zur Festsetzung des Grunderwerbsteuersatzes soll
die regionale Steuerautonomie stärken. Auch wurde festgelegt, zu welchen Anteilen Bund und Länder die finanziellen Lasten zu tragen haben, die sich aus der
Verletzung von supranationalen und völkerrechtlichen Verpflichtungen sowie
der Maastricht-Kriterien ergeben können.

Weil aber längst nicht alle Wünsche derer erfüllt wurden, die eine grundle-
gende Reform der Finanzverfassung wünschen, bleibt diese auf der politischen
Agenda. Dabei handelt es sich im Kern um zwei Reformansätze:

- Einmal geht es darum, den Ländern das Recht zuzusprechen, Zuschläge zu
  oder Abschläge von den Gemeinschaftsteuern (ohne Umsatzsteuer) zu beschließen. Konkret würde dies bedeuten, dass die Steuertarife bundeseinheitlich festgelegt würden, dass aber jedes Land innerhalb eines ebenfalls
  gemeinschaftlich festgeschriebenen Korridors eine Art positives oder nega-

tives Hebesatzrecht erhielte. Damit soll der Zusammenhang zwischen öffentlichen Leistungen und steuerlichen Belastungen klarer werden. Zugleich soll damit ein stärkerer Konkurrenzkampf der Länder untereinander („Wettbewerbsföderalismus") Anreize für wirtschaftsfreundliches Verhalten der Landesregierungen und für Sparhaushalte bieten, die vor allem bei den Transfers nur mehr das Nötigste bereitstellen. Der „Wettbewerbsföderalismus" birgt allerdings die Gefahr, dass steuerstarke Länder in die Lage versetzt würden, eine Art Steuerdumping zu betreiben (und dadurch noch mehr wirtschaftliche Potenz anzulocken), während strukturschwache Regionen hohe und höchstmöglich abschreckende Steuersätze erheben müssten. Im Ergebnis würden die Steuerpflichtigen in Teilen der Republik übermäßig belastet und die Lebensverhältnisse im Bundesgebiet stark divergieren.

▪ Ein anderer Reformvorschlag zielt darauf ab, das Trennsystem stärker in den Vordergrund zu stellen. Danach sollen die Länder für die Steuern, für die sie die Ertragshoheit besitzen, auch die Gesetzgebungskompetenz erhalten. Demnach müsste sich der Bund vollständig aus der Regelung der Biersteuer, der Erbschaft- und Schenkungsteuer, der Feuerschutzsteuer, der Grunderwerbsteuer, der Kfz-Steuer, der Rennwett- und Lotteriesteuer, der Spielbankenabgabe und der Vermögensteuer zurückziehen. Damit könnten in der Tat die Eigenständigkeit der Länder im föderalen Staat unterstrichen und die Eigenverantwortlichkeit ihrer Haushaltswirtschaft gemäß Art. 109 GG gestärkt werden. Zusätzlich wäre daran zu denken, den Bund auch für die Gewerbesteuer, deren Aufkommen den Gemeinden zufließt, aus seiner Verantwortlichkeit zu entlassen. Zu Recht wird indes eingewandt, dass die Ländersteuern nur einen geringen Teil der Einnahmen ausmachen. Solange nicht über eine Aufteilung der heutigen Gemeinschaftsteuern gesprochen werde, bei der beispielsweise die Einkommen- und Körperschaftsteuern in die Länderkompetenz übergingen und die Umsatzsteuer in die Kompetenz des Bundes – sei man von einer wirklichen Reform weit entfernt.

Ein grundlegendes und wohl kaum zu lösendes Problem für alle Vorhaben, die auf eine Finanzverfassungsreform abzielen, dürfte darin bestehen, dass niemand in der Lage sein wird, zuverlässig abzuschätzen, welche Zahlungsströme sie auslösen und versiegen lassen wird. Gewarnt werden muss auch vor der Illusion, eine andere Finanzverfassung könne die unzureichende finanzielle Ausstattung des öffentlichen Sektors beheben. Solange das Ziel im Auge behalten wird, mehr Wahrheit und Klarheit in die Erhebung und Verwaltung der Steuern sowie in die Verausgabung der Haushaltsmittel zu bringen, wird gegen Veränderungen dennoch nichts einzuwenden sein. Zu besorgen ist indes, dass manche derer, die nach einer Reform der Finanzverfassung rufen, in Wahrheit darauf aus sind, die

Solidarität im Bundesstaat durch einen Konkurrenzkampf unter den Ländern zu ersetzen und das Entstehen von Verliererregionen gleichsam verfassungsrechtlich zu sanktionieren.

1.3 Finanzverwaltung

Die Zuständigkeit für die Verwaltung der öffentlichen Finanzen folgt weder der Gesetzgebungs- noch der Ertragshoheit. Nach Art. 108 Abs. 1 GG verwaltet der Bund die Zölle und die Finanzmonopole (vgl. II.1.4), die Abgaben im Rahmen der EG und die bundesgesetzlich geregelten Verbrauchsteuern, also die Bier-, die Branntwein-, die Kaffee-, die Mineralöl-, die Schaumwein-, die Strom-, die Tabak- und die Zwischenerzeugnissteuer.

> Art. 108 Abs. 1 GG lautet:
> Zölle, Finanzmonopole, die bundesgesetzlich geregelten Verbrauchsteuern einschließlich der Einfuhrumsatzsteuer und die Abgaben im Rahmen der Europäischen Gemeinschaften werden durch Bundesfinanzbehörden verwaltet. Der Aufbau dieser Behörden wird durch Bundesgesetz geregelt. Die Leiter der Mittelbehörden sind im Benehmen mit den Landesregierungen zu bestellen.

Alle übrigen Steuerarten werden von den Finanzbehörden der Länder verwaltet. Handelt es sich dabei um Steuern, die teilweise oder ganz dem Bund zustehen, also um die Gemeinschaftsteuern und die Versicherungsteuer, so handeln die Länder im Auftrage des Bundes. Dies bedeutet, dass die Einrichtung der Landesfinanzbehörden zwar Sache der Länder bleibt; der Bundesfinanzminister kann aber – mit Zustimmung des Bundesrates – allgemeine Verwaltungsvorschriften erlassen und die einheitliche Ausbildung der Beamten und Angestellten regeln. Wollen die Länder im Rahmen der Auftragsverwaltung die Stelle eines Leiters oder einer Leiterin der Mittelbehörden (darauf, was darunter zu verstehen ist, kommen wir gleich zu sprechen) besetzen, bedürfen sie des Einvernehmens des Bundesfinanzministers. Darüber hinaus unterstehen die Länder, soweit sie dem Bund ganz oder teilweise zufließende Steuern verwalten, den Weisungen des Bundesfinanzministeriums. In jüngerer Zeit bemüht sich die Bundesregierung, den Finanzämtern der Länder die Zuständigkeit für die Erhebung zumindest der Gemeinschaftsteuern zu nehmen und diese Aufgabe von einer noch zu schaffenden Bundessteuerverwaltung wahrnehmen zu lassen. Der Bund begründet diesen Vorschlag u.a. mit dem unvollständigen und ungleichen Vollzug der Steuergesetze und daraus resultierenden Nachteilen für den Bundeshaushalt (vgl. II.4.4).

Der Präsident des Bundesrechnungshofs hat sich dieser Forderung angeschlossen.[11]

Der Aufbau der Finanzverwaltungen (vgl. Abb. 6) orientiert sich an der Hierarchie anderer Verwaltungen, die – von oben nach unten – in Oberste Bundes- bzw. Landesbehörden, Bundes- bzw. Landesoberbehörden, Mittelbehörden des Bundes bzw. der Länder und Untere Bundes- bzw. Landesbehörden gegliedert sind. In Bezug auf die Finanzverwaltungen bilden das BMF und die Finanzministerien der Länder Oberste Behörden. Während die Länder keine Finanzoberbehörden kennen, sind dies beim Bund

- das *Bundeszentralamt für Steuern* in Bonn, das für die Regelung steuerlicher Auslandsbeziehungen (z.B. Verständigungsverfahren nach Doppelbesteuerungsabkommen, Umsatzsteuerkontrollverfahren), die Automation in der Steuerverwaltung, die Gesetzesfolgenabschätzung und nicht zuletzt für die Betriebsprüfung konzernverbundener Unternehmen zuständig ist;
- das *Bundesamt für zentrale Dienste und offene Vermögensfragen* mit den Hauptstandorten Berlin und Bonn, das für Arbeitgeber des öffentlichen Dienstes Personaldienstleistungen (z.B. Festsetzung, Berechnung und Auszahlung von Bezügen) vornimmt, Organisations- und Personalberatungen, Stiftungsprüfungen und Kunstverwaltung anbietet sowie vermögensrechtliche Ansprüche im Zusammenhang mit dem Beitritt der DDR und für Verfolgte des NS-Regimes bearbeitet, und
- die *Bundesmonopolverwaltung für Branntwein* in Offenbach (vgl. II.1.4).

Als Mittelbehörden eingerichtet sind die *Oberfinanzdirektionen*, die zum Teil noch bis vor kurzem – dies war ein seltener Fall der grundsätzlich unzulässigen Mischverwaltung – von Bund und Land gemeinsam getragen wurden. Seit der zweiten Hälfte der 1990er Jahre zog sich der Bund allerdings weitgehend aus der gemeinsamen Verwaltung der Oberfinanzdirektionen zurück, so dass heute fünf Oberfinanzdirektionen des Bundes und zehn der Länder nebeneinander bestehen. Den Oberfinanzdirektionen des Bundes unterstehen als örtliche Behörden die Hauptzollämter, denen der Länder die Finanzämter.

Eine weitere Mittelbehörde des Bundes ist das *Zollkriminalamt* in Köln, dem acht Zollfahndungsämter als örtliche Behörden nachgeordnet sind.

Weitere Dienststellen der Bundesfinanzverwaltung sind

---

[11] Vgl. Handelsblatt vom 15. 6. 2004; Probleme beim Vollzug der Steuergesetze. Empfehlungen des Präsidenten des Bundesrechnungshofs als Beauftragter für die Wirtschaftlichkeit in der Verwaltung zur Verbesserung des Vollzuges der Steuergesetze in Deutschland, Stuttgart 2006, S. 181 ff.

- das *Zentrum für Informationsverarbeitung und Informationstechnik* in Bonn, das umfangreiche IT-Leistungen für Bundesbehörden und Steuerzahler/innen erbringt, sowie
- das *Bildungszentrum* als zentrale Aus- und Fortbildungseinrichtung in Münster (inklusive Fachbereich Finanzen der FH des Bundes für öffentliche Verwaltung) mit Außenstellen in Plessow und Sigmaringen.

In eigenständiger Rechtsform, aber unter Aufsicht des Bundesfinanzministeriums tätig sind

- die *Bundesanstalt für Finanzdienstleistungsaufsicht* in Bonn und Frankfurt am Main, die zur Sicherstellung eines funktionsfähigen Finanzsystems Kredit- und Finanzdienstleistungsinstitute, Versicherungen und Fonds beaufsichtigt, sowie
- die *Bundesanstalt für Immobilienaufgaben* in Bonn, die das Immobilienvermögen des Bundes verwaltet, vermietet, weiter entwickelt und veräußert, als Bauherr für Ministerien fungiert und die Forstgebiete und landwirtschaftlichen Flächen des Bundes bewirtschaftet und betreut.

Darüber hinaus hat das Bundesfinanzministerium die Aufsicht über die Versorgungsanstalt des Bundes und der Länder, die Kreditanstalt für Wiederaufbau, die Bundesanstalt für Post und Telekommunikation Deutsche Bundespost, die Unfallkasse Post und Telekom, den Bundes-Pensions-Service Post und Telekommunikation sowie die Museumsstiftung Post und Telekommunikation inne.

Abbildung 6: Aufbau der Finanzverwaltungen des Bundes und der Länder

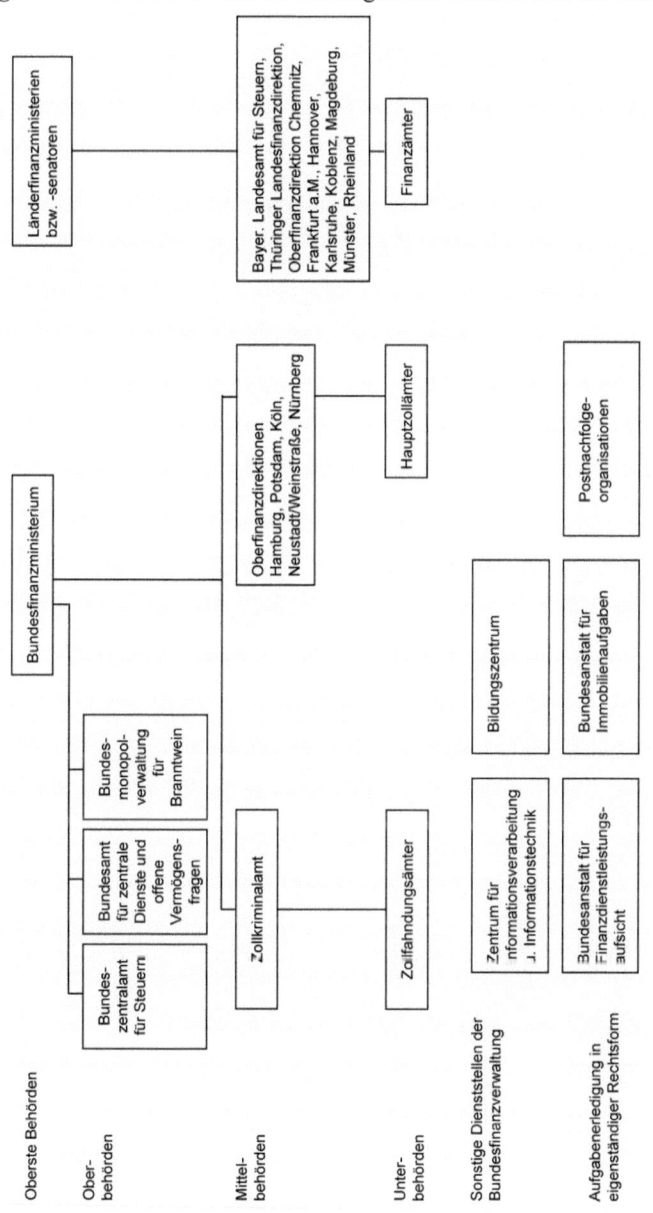

1.4 Finanzmonopole

Indem er ein Finanzmonopol einrichtet, schließt der Staat den marktwirtschaftlichen Wettbewerb für ein bestimmtes Wirtschaftsgut aus fiskalischen und/oder wirtschaftspolitischen Gründen aus und behält sich das ausschließliche Recht vor, dieses Gut zu beziehen, einzuführen, herzustellen, zu verarbeiten und zu verwerten.

Für die Finanzmonopole hat der Bund die ausschließliche Gesetzgebung inne (Art. 105 Abs. 1 GG). Ihm stehen die Erträge zu (Art. 106 Abs. 1 GG) und er verwaltet sie (Art. 108 Abs. 1 GG). Obgleich dreimal im Grundgesetz erwähnt, ist rechtlich nirgendwo definiert, was ein Finanzmonopol ist. Das Bundesverfassungsgericht hat sich darauf beschränkt, die bei Gründung der Bundesrepublik 1949 bereits existierenden Finanzmonopole – das Zündwarenmonopol (1930 bis 1982) und das Branntweinmonopol – als vom Grundgesetz anerkannte „besondere Form der Erhebung von Abgaben" zu charakterisieren.[12]

> Der Begriff „Branntwein", den das BranntwMonG nicht definiert, ist aufgrund unterschiedlicher Abgrenzungen in anderen Rechtsvorschriften (Anhang I zu EGV, VO [EWG] 1576/89, Gemeinsamer Zolltarif) mehrdeutig. Branntwein im Sinne des Branntw MonG enthält Ethylalkohol als wertbestimmenden Faktor und entsteht durch Gärung (nicht)landwirtschaftlicher Rohstoffe oder synthetisch aus Ethylen, das als Nebenprodukt bei der Verarbeitung von Erdöl und der Reinigung von Kokereigas anfällt.

> Art. 106 Abs. 1 GG lautet:
> Der Ertrag der Finanzmonopole und das Aufkommen der folgenden Steuern stehen dem Bund zu:
> 1. die Zölle,
> 2. die Verbrauchsteuern, soweit sie nicht nach Absatz 2 den Ländern, nach Absatz 3 Bund und Ländern gemeinsam oder nach Absatz 6 den Gemeinden zustehen,
> 3. die Straßengüterverkehrsteuer,
> 4. die Kapitalverkehrsteuern, die Versicherungsteuer und die Wechselsteuer,
> 5. die einmaligen Vermögensabgaben und die zur Durchführung des Lastenausgleichs erhobenen Ausgleichsabgaben,
> 6. die Ergänzungsabgabe zur Einkommensteuer und zur Körperschaftsteuer,
> 7. Abgaben im Rahmen der Europäischen Gemeinschaften.

Das Branntweinmonopol war von Anbeginn (1918/19) an nicht nur als Finanzmonopol angelegt, sondern verfolgte auch agrarpolitische Ziele und diente als

---

[12] BVerfGE 14, 105, (111).

nationale Marktordnung für Ethylalkohol. Die ursprünglichen Bestandteile des Monopols haben sich im Verlaufe vor allem der letzten 30 Jahre grundlegend gewandelt: Zwar muss Branntwein zur Feststellung seiner Weingeistmenge noch immer von den Zollbehörden erfasst werden. Die Pflicht zur Ablieferung des Rohalkohols an die Bundesmonopolverwaltung für Branntwein (*Übernahmemonopol*), der früher ein Großteil der Branntweinhersteller und Rohstoffe unterlagen, beschränkt sich heute auf landwirtschaftliche, zollamtlich gesicherte Brennereien, in denen Getreide und Kartoffeln verarbeitet werden. Der Vorteil der Ablieferung (es wird zwischen ablieferungspflichtigem, ablieferungsfähigem und nicht ablieferungsfähigem Branntwein unterschieden) besteht darin, dass die BfB den Rohalkohol zu einem Preis übernimmt, der die durchschnittlichen Selbstkosten einer gut geleiteten Brennerei deckt. Das von der BfB an den Ablieferer entrichtete Branntweinübernahmegeld ist allerdings nicht in jedem Falle gleich, sondern erfährt – je nach zugelassenen Produktionsmengen (Jahresbrennrecht[13]) Betriebszuschläge oder -abzüge. Im Unterschied zu ablieferungspflichtigen Brennereien müssen nicht ablieferungspflichtige Brennereien (z.B. Korn-, Obst- und Weinbrennereien sowie Hersteller von Bioethanol) den von ihnen erzeugten Alkohol selbst vermarkten.

> Eine Marktordnung lenkt Angebot, Nachfrage und Preise mit dem Ziel der Versorgungssicherheit, der Existenzsicherung der Produzenten und der Verhinderung übermäßiger Preisschwankungen.

Das *Herstellungsmonopol* beschränkt sich auf die Gewinnung von Branntwein aus der Gärung nichtlandwirtschaftlicher Rohstoffe (zum Beispiel Ethylen, Zellstoff, Kalziumkarbid) oder von Rohstoffen, aus denen Branntwein vor dem 1. Oktober 1914 nicht gewerblich gewonnen wurde (beispielsweise Ananas, Holz, Datteln, Rosskastanien, Tomaten, Torf). Das Monopol auf die Herstellung von Synthesealkohol wurde 1979 aufgehoben.

Das Herstellungsmonopol erstreckt sich nicht auf Agraralkohol – also Alkohol aus Rohstoffen wie Getreide, Kartoffeln, Melasse, Obst, Wein oder Zuckerrüben. Dieser wird von privateigenen Brennereien produziert, und zwar von heute rund 1.200 Verschlussbrennereien, auf die rund 95 Prozent der Agraralkoholproduktion entfallen, und rund 30.000 Abfindungsbrennereien, bei denen die Höhe der Steuerschuld geschätzt wird. Hinzu kommen etwa 200.000 Obsterzeuger (Stoffbesitzer), die Branntwein mangels eigener Brenngeräte in fremden Brennereien erzeugen.

---

[13] Für die Höhe des Kontingents sind die Bestands- und Absatzlage der Bundesmonopolverwaltung sowie die ihr zur Verfügung stehenden Mittel maßgeblich (§ 40 Abs. 1 Satz 1 BranntwMonG).

Das *Einfuhrmonopol*, eine der wichtigsten Stützen eines Finanzmonopols, wurde 1976 mit drei Urteilen des Europäischen Gerichthofs[14] zum Einsturz gebracht. Seither erreichen Branntweine aus EU-Mitgliedstaaten ungehindert den deutschen Markt. Gleiches gilt seit der Anwendung der EG-Alkoholmarkt-Verordnung (2004) auch für Branntwein aus sog. Drittstaaten.

Das Recht der ausschließlichen Verarbeitung (im konkreten Fall das *Reinigungsmonopol*) spielt heute keine Rolle mehr. Die BfB betreibt selbst nur noch drei Anstalten, in denen sie Rohalkohol zu Neutralalkohol oder zu alcoholus absolutus reinigt, und überlässt die Rektifikation ansonsten Privatunternehmen.

Das *Handelsmonopol* beschränkt sich heute darauf, dass die BfB den von ihr oder in ihrem Auftrag gereinigten Alkohol – im Wettbewerb mit privaten, auch ausländischen, Anbietern – an Spirituosen- und Essig- sowie andere Lebensmittelhersteller, an die Pharma-, Kosmetik- und Reinigungsmittelindustrie verkauft. Infolge des weltweiten Überangebots an billigem Sprit liegt der Verkaufspreis, den die BfB erzielen kann, seit dem Erlöschen des Einfuhrmonopols regelmäßig unter dem Branntweinübernahmegeld. Dadurch entsteht ein Defizit, das im Bundeshaushalt 2007 mit rund 80 Millionen € veranschlagt ist.

Steuersystematisch kommt ein Finanzmonopol einer Verbrauchbesteuerung gleich. Dennoch ist die Erhebung der Branntweinsteuer nicht zwingend mit der Existenz des Branntweinmonopols verbunden. Sie wird nicht von der Bundesmonopolverwaltung eingezogen, sondern vom Zoll, sobald Branntwein das deutsche Zollgebiet erreicht, ein Steuerlager (das ist eine Brennerei oder ein Branntweinlager) verlässt oder zum Verbrauch im Steuerlager entnommen wird. Bei Abfindungsbrennereien entsteht die Steuerschuld mit der Gewinnung des Branntweins. Die Höhe der Steuer variiert: Der volle Satz beläuft sich auf 1.303 € je Hektoliter Alkohol. Er ermäßigt sich für Abfindungsbrennereien, die ihre Erzeugnisse selbst vermarkten, auf 1.022 €/hl A und für Verschlusskleinbrennereien auf 730 €/hl A. Der Bekämpfung der Branntweinsteuerhinterziehung dient die Mindestpreisvorschrift, die es verbietet, Trinkbranntwein unter dem Regelsatz der Branntweinsteuer anzubieten, zu handeln oder zu erwerben. Nicht branntweinsteuerpflichtig ist Ethylalkohol, der zur gewerblichen Herstellung von Lebensmitteln (außer Getränken), Aromen, Arzneimitteln, Kosmetika und zur Produktion von Erzeugnissen zu Heiz- und Reinigungszwecken dient. Auch Bioethanol unterliegt nicht der Branntweinsteuer. Steuerbefreiter Alkohol ist zu vergällen, damit er nicht missbräuchlich für Genusszwecke verwendet werden kann.

Das Ziel des Branntweinmonopols besteht heute nicht mehr darin, dem Bundeshaushalt Einnahmen zu verschaffen – wie dies bis 1975 der Fall war –, sondern in der nutzbringenden Verwertung der Ernte(überschüsse) kleiner und

---

[14] Vgl. *Hans Hölzlein*: Chronik des deutschen Branntweinmonopols, 4. Fortsetzung, in: Die Branntweinwirtschaft, 129.1989, S. 376-379.

mittelständischer landwirtschaftlicher Brennereien und in der Sicherung angemessener Einkommen. Diese Brennereien tragen zu einer umweltfreundlicheren Produktion bei, indem sie die stark eiweißhaltige Schlempe, die als Rückstand bei der Verarbeitung von Kartoffeln oder Getreide zu Alkohol anfällt, an ihr Rindvieh verfüttern, wodurch wiederum chemikalienfreier Dünger entsteht, dessen Ausbringung die Bodenbeschaffenheit verbessert (sog. Rohstoff-Schlempe-Dünger-Kreislauf). Das oben erwähnte Defizit erweist sich demnach als landwirtschaftliche Subvention.

Die EU-Kommission hat die Zulässigkeit eben dieser Subvention unter Hinweis auf die Beihilfevorschriften des EG-Vertrags der Höhe nach begrenzt (bis zu 110 Millionen € jährlich) und zeitlich bis Ende 2010 befristet. Sie will dem Europäischen Parlament und dem Rat vor Ende 2009 über die Anwendung der Ausnahmeregelung berichten. Auf der Grundlage dieses Berichts wird der Rat entscheiden, ob die Beihilfen im Rahmen des Branntweinmonopols weiterhin gewährt werden dürfen.

1.5 Finanzgerichtsbarkeit

Nun kann es durchaus vorkommen, und dies geschieht bei der Fülle von Verwaltungsakten verständlicherweise nicht selten, dass Steuerpflichtige mit ihrem Steuerbescheid oder einer anderen vorgenommenen oder unterlassenen Maßnahme einer Finanzbehörde nicht einverstanden sind. Was können sie tun? In der Regel müssen sie zunächst Einspruch einlegen, und zwar bei der Behörde, die den Bescheid erlassen bzw. die Maßnahme getroffen hat. Ist der Einspruch erfolgreich, korrigiert also die Behörde ihren Verwaltungsakt im Sinne des Steuerpflichtigen, so erledigen sich weitere Schritte. Gibt die Behörde dem Betroffenen hingegen nicht Recht, („hilft" sie „dem Einspruch nicht ab"), so kann dieser bei dem für ihn zuständigen Finanzgericht Klage erheben.

Die Finanzgerichtsbarkeit, an die er sich damit wendet, ist in Art. 108 Abs. 6 GG und in der Finanzgerichtsordnung geregelt. Sie ist ein besonderer Zweig der Verwaltungsgerichtsbarkeit und zuständig für Klagen gegen Finanzbehörden in Steuer- und Zollsachen. Als Glieder der dritten Gewalt (Jurisdiktion) sind die Finanzgerichte unabhängige Einrichtungen; die dort Recht sprechenden Berufs- und ehrenamtlichen Richterinnen und Richter sind sachlich und persönlich unabhängig und nur dem Gesetz unterworfen (vgl. Art. 97 GG). Es existieren Finanzgerichte als obere Landesgerichte und der Bundesfinanzhof in München. An ihn können Rechtsstreitigkeiten nur herangetragen werden, wenn ein Finanzgericht die Revision zugelassen hat.

1.6 Deutsche Bundesbank und Europäische Zentralbank

Voraussetzung für jegliche Finanzpolitik ist das Vorhandensein von Geld, mit dem der Wert von Waren und Dienstleistungen gemessen, das als Zirkulationsmittel fungieren, der Akkumulation dienen (Schatzgeld) und als Zahlungsmittel verwendet werden kann. Fragen wir also, wer das Geld bereitstellt, wer die Geldmenge bestimmt, wer den Preis des Geldes beeinflusst und mit welchen Instrumenten all dies geschieht.

Suchen wir nach Antworten, so stoßen wir zunächst auf das *Europäische System der Zentralbanken*, als dessen oberstes Ziel die Sicherung der Preisstabilität gilt. Das ESZB ist Träger der Geldpolitik in der EU. Es soll den Zahlungsverkehr fördern und die Organe der EG sowie die nationalen Behörden der Mitgliedstaaten der Europäischen Union beraten. Das ESZB setzt sich aus der Europäischen Zentralbank und den nationalen Zentralbanken in der EU zusammen, besitzt aber weder eine eigene Rechtspersönlichkeit noch Beschlussorgane.

Für die Geldpolitik in der Europäischen Währungsunion (Eurosystem) verantwortlich ist die EZB, die – nach dem Vorbild der Deutschen Bundesbank – weisungsunabhängig ist und weder von Organen der EG noch von Regierungen der Mitgliedstaaten beeinflusst werden darf. Oberstes Willensbildungs- und Entscheidungsgremium in der EZB ist der Europäische Zentralbankrat, der sich aus dem EZB-Direktorium (Präsident und Vizepräsident der EZB sowie vier weitere, von den Staats- und Regierungschefs der Euroländer einvernehmlich ernannte Mitglieder) und den Präsidenten der nationalen Zentralbanken der – gegenwärtig

13 – Teilnehmerstaaten der Währungsunion[15] zusammensetzt. Neben der Geldpolitik, also der Geldversorgung und dem Kreditangebot, entscheidet der EZB-Rat über die Leitzinsen und die Bereitstellung von Zentralbankgeld (Euro). Dabei wird versucht, das Geldmengenwachstum in solchen Grenzen zu halten, dass die Preisstabilität nicht gefährdet wird. Schließlich sollen die Unternehmen, die Bürgerinnen und Bürger mit ihrem Geld morgen noch ebensoviel kaufen können wie heute. Dieses Ziel gilt als erreicht, wenn die jährliche Teuerungsrate unter, aber nahe bei zwei Prozent liegt. Hauptsächliche Instrumente zur Sicherstellung von Preisstabilität sind

- *Offenmarktgeschäfte*, also der Kauf und Verkauf von Wertpapieren durch die Zentralbank am anonymen Markt (sowohl bei Banken als auch bei Nichtbanken). Will die Europäische Zentralbank das Wachstum der Kredit- und Geldmenge hemmen, so wird sie bemüht sein, Papiere an den Markt abzugeben, um im Gegenzug Zentralbankgeld hereinnehmen zu können. Im Ergebnis einer solchen Operation sinken die Notenbankguthaben der Verkäufer zugunsten des Wertpapierbestandes. Die Emission von Wertpapieren wirkt kurssenkend, die aus der Hereinnahme von Zentralbankgeld folgende Geldmengenverknappung zinssteigernd. Kauft hingegen die EZB Wertpapiere an, so bedeutet dies eine Erhöhung der Zentralbankgeldmenge. Bei den Verkäufern von Wertpapieren nimmt die Liquidität zu; die Kurse steigen, die Zinsen sinken. Offenmarktgeschäfte ermöglichen es dem EZB-Direktorium, die Zinssätze am Geldmarkt so zu steuern, dass unerwartet aufgetretene Liquiditätsschwankungen ausgeglichen werden;
- *ständige Fazilitäten*, die die Ober- und die Untergrenze der Zinssätze für Tagesgeld am Geldmarkt bilden und den Märkten damit die Grundausrichtung der Europäischen Zentralbank anzeigen. Banken können zu diesen Zinssätzen bei den nationalen Zentralbanken für einen Geschäftstag Kredite aufnehmen (Spitzenrefinanzierungsfazilität) oder überschüssige Zentralbankguthaben anlegen (Einlagefazilität). Die ständigen Fazilitäten gelten als die offiziellen Leitzinsen der EZB. Von den früheren Diskont- und Lombardsätzen der Bundesbank unterscheiden sie sich vor allem durch ihre Aktualität (Tagesgeldzinssätze);
- die *Mindestreserve*, die die Kreditbanken im Eurosystem bei den nationalen Zentralbanken unterhalten müssen. Die Mindestreserve dient der Verknappung freier Liquiditätsreserven. Ihre Erhöhung (Ermäßigung) senkt (steigert) den Geld- und Kreditschöpfungsspielraum der Banken. Die bei den nationalen Zentralbanken hinterlegten Mindestreserveguthaben werden verzinst.

---

[15] Durch Eintritt Maltas und Zyperns in die Währungsunion ab 2008 wird sich die Zahl der Teilnehmer auf 15 erhöhen.

Für die Realisierung der Beschlüsse des EZB-Rates ist das Direktorium der EZB zuständig, das den Notenbanken der Euroländer nötigenfalls Weisungen erteilen kann. Das Direktorium führt auch die laufenden Geschäfte der EZB. Nur beratende Funktion kommt hingegen dem Erweiterten EZB-Rat zu, dem der Präsident und der Vizepräsident der EZB sowie die 25 Präsidenten der Notenbanken in der Europäischen Union angehören. Politisch ist der Erweiterte EZB-Rat insofern von Bedeutung, als die Teilnahme der sog. Pre-Ins auf die Offenheit des Eurosystems für neue Mitglieder hinweist. Im Falle neuer Beitritte zur Währungsunion hätte der erweiterte Rat die Aufgabe, den Wechselkurs festzulegen.

Als Pre-Ins werden diejenigen Staaten bezeichnet, die zwar Mitglieder der EU, nicht aber der Währungsunion sind. Gegenwärtig handelt es sich dabei um Dänemark, Estland, Großbritannien, Lettland, Litauen, Malta, Polen, Schweden, die Slowakei, Tschechien, Ungarn und Zypern.

Das Recht zur Genehmigung der Ausgabe von Banknoten liegt ausschließlich bei der EZB. Zur Ausgabe selbst sind neben der EZB auch die Notenbanken im Eurosystem befugt. Dahingegen liegen das Recht zur Gestaltung der nationalen Münzseite und die Verantwortung für die Ausgabe von Euro-Münzen bei den Regierungen der Teilnehmerstaaten der Währungsunion; allerdings muss deren Volumen von der EZB vorab genehmigt werden. Die Münzen in den Verkehr bringen die nationalen Zentralbanken, in der Bundesrepublik also die Deutsche Bundesbank.

Abbildung 7:   Das Europäische System der Zentralbanken

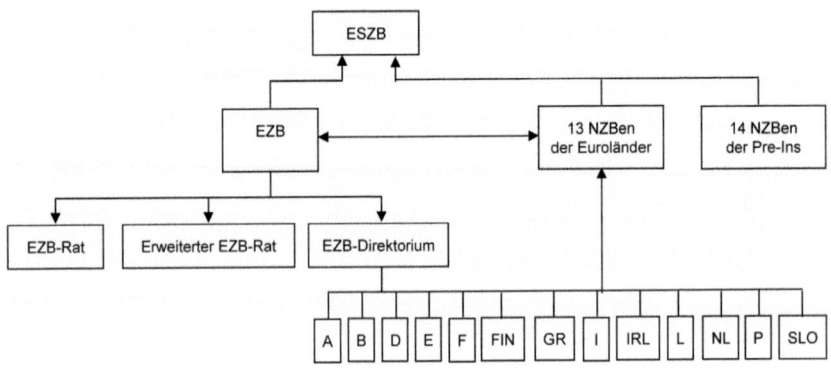

Alleinige Kapitaleigentümer der EZB sind die nationalen Zentralbanken in der Europäischen Union. Das von den Nationalbanken gezeichnete Kapital beläuft sich auf rund 5,6 Milliarden €, wozu die Deutsche Bundesbank rund 1,2 Milliarden € beiträgt. Zu Beginn der Europäischen Währungsunion (1999) bzw. zum Zeitpunkt ihres späteren Beitritts mussten bzw. müssen die teilnehmenden Nationalbanken einen Teil ihrer Währungsreserven auf die EZB übertragen. Die dabei von der EZB eingegangenen Verbindlichkeiten beliefen sich 2005 auf 39,8 Milliarden € und setzen sich zu 15 Prozent aus Gold und zu 85 Prozent aus Devisen zusammen. Die Bundesbank steuerte hierzu 11,8 Milliarden € bei, behielt aber wesentlich höhere Währungsreserven bei sich. Die Währungsreserven (ohne Goldbestände) sowohl der Europäischen Zentralbank als auch der Bundesbank werden zu Marktpreisen bewertet, also fortlaufend nach unten oder nach oben angepasst, und verzinst.

Währungsreserven sind Guthaben, die in fremder Währung (vor allem in US-Dollars) bei Banken und Notenbanken im Ausland gehalten werden. Dazu kommen Goldbestände, die Reserveposition und Sonderziehungsrechte im Internationalen Währungsfonds. Als Reserveposition wird der Betrag bezeichnet, den ein IWF-Mitgliedstaat jederzeit ohne Rechtfertigung als Kredit zur Abdeckung von Zahlungsbilanzdefiziten abrufen darf. SZR ermöglichen Staaten einen auflagenfreien Kredit und werden Mitgliedern im SZR-System im Rahmen des IWF eingeräumt. Im Zusammenhang mit der Bildung der EZB durften Reservepositionen und Sonderziehungsrechte nicht auf die Zentralbank übertragen werden.

Die erwirtschafteten Gewinne fließen in einen gemeinsamen Topf, ehe sie entsprechend den Kapitalanteilen an der EZB auf die nationalen Zentralbanken aufgeteilt werden. Eine besondere Reglung gilt dabei für den Geldschöpfungsgewinn (Seigniorage), der dadurch entsteht, dass die EZB die Banknoten, die sie in den Verkehr bringt, an die Geldbanken verleiht und dafür Zinsen verlangen kann. Da die Kapitalanteile, die die Nationalbanken an der EZB halten, nicht mit den Anteilen übereinstimmen, den die jeweilige Währung (zum Beispiel der Französische Franc oder die Deutsche Mark) am gesamten Banknotenumlauf der späteren Währungsunion hatte, könnte eine allein an den Kapitalanteilen orientierte Gewinnausschüttung zu Benachteiligungen oder Bevorzugungen führen. Daher gilt für jedes neue Mitglied eine fünfjährige Übergangsfrist, während der bei der Berechnung des anteiligen Geldschöpfungsgewinns Abzüge oder Zuschläge entsprechend dem vorherigen Anteil am Banknotenumlauf vorgenommen werden. Den Anteil am Reingewinn der EZB, der der Bundesbank zufließt, verbucht der Bundeshaushalt als Einnahme aus wirtschaftlicher Tätigkeit und Vermögen.

Die Bundesbank ist als nationale Zentralbank der Bundesrepublik eine bundesunmittelbare juristische Person des öffentlichen Rechts und oberste Bundesbehörde. Sie ist mit einem Grundkapital von 2,5 Milliarden € ausgestattet, das dem Bund zusteht. Nachdem sie mit Einführung des Euro 1999 ihre wichtigste Aufgabe, die Festlegung der Geldpolitik, verlor, ist sie jetzt nur noch zuständig für

- die Refinanzierung der Kreditinstitute (Inanspruchnahme eines Zentralbankkredits durch Kredit vergebende Geschäftsbanken),
- die Versorgung mit Euro-Bargeld (Banknoten und Münzen),
- die Ausübung der Bankenaufsicht, gemeinsam mit der Bundesanstalt für Finanzdienstleistungsaufsicht (vgl. Abschnitt II.1.3),
- Staatsbankfunktionen, also die Beratung der Bundesregierung, die Betreuung der Wertpapieremissionen des Bundes, die Verwaltung der Versorgungsrücklagen des Bundes und einzelner Länder (vgl. Abschnitt II.6.3) und die Führung der Konten der öffentlichen Haushalte und Übernahme ihres Zahlungsverkehrs,
- die Ermittlung und Führung statistischer Daten,
- die Vertretung deutscher Interessen in internationalen Gremien und
- die Gewährleistung des freien Zugangs der Kreditinstitute zum Europäischen Großzahlungssystem TARGET.

Die Deutsche Bundesbank wird von einem achtköpfigen Vorstand geleitet. Präsident, Vizepräsident und zwei Vorstandsmitglieder werden vom Bundespräsidenten auf Vorschlag der Bundesregierung, vier weitere Vorstandsmitglieder auf Vorschlag des Bundesrates (im Einvernehmen mit der Bundesregierung) bestellt.

Die früheren Landeszentralbanken mit Sitzen in Berlin, Düsseldorf, Frankfurt am Main, Hamburg, Hannover, Leipzig, Mainz, München und Stuttgart wurden im Jahre 2002 in unselbstständige Hauptverwaltungen der Bundesbank umgewandelt, denen 61 Filialen nachgeordnet sind. Sie führen die Geschäfte der Bundesbank mit den Kreditinstituten und den öffentlichen Verwaltungen in ihrem jeweiligen Bereich. – Orte, an denen die Bundesbank vertreten ist, werden als Bankplätze, Orte, an denen sie nicht vertreten ist, als Nichtbankplätze bezeichnet.

1.7 Nebenstaatskassen

Wir haben weiter oben erörtert, wer das Recht besitzt, über die wichtigsten Einnahmequellen der öffentlichen Hände zu entscheiden, wem das Aufkommen aus den „Zwangsabgaben ohne Gegenleistung" zusteht, wer für deren Eintreibung zuständig ist und wer im Streit zwischen Steuerpflichtigem und Steuergläubiger entscheidet. Das Bild wäre aber unvollständig, würden wir uns jetzt nicht den Nebenstaatskassen zuwenden.

Das Wort „Nebenstaatskassen" stellt den Versuch dar, den bekannteren, aber für die meisten Bürgerinnen und Bürger nebulösen Begriff Parafisci wörtlich zu übersetzen. Andere Bezeichnungen für dasselbe Phänomen lauten „Nebenfisci" oder „intermediäre Finanzgewalten" und besitzen die Eigenschaft, ebenso unverständlich zu sein.

Worum handelt es sich? Als Parafisci werden Einrichtungen bezeichnet, die zwischen Staat und Kommunen als dem öffentlichen Sektor einerseits und dem privatem Sektor andererseits stehen. Ihre Nähe bzw. Entfernung zu dem einen oder dem anderen dieser Pole ist verschieden. Gemeinsam ist ihnen, dass sie öffentliche Aufgaben erfüllen (wir erinnern uns an die meritorischen Güter) und sich durch Zwangsabgaben finanzieren. Ihre Haushaltswirtschaft ist unabhängig von staatlichen bzw. kommunalen Budgets. Weil die Nebenstaatskassen oft Körperschaften des öffentlichen Rechts sind, orientieren sich die Beschäftigungsverhältnisse ihrer Mitarbeiterinnen und Mitarbeiter meist an denen des öffentlichen Dienstes.

Ein wichtiger Aufgabenbereich, in dem Parafisci aktiv sind, ist die Sozialpolitik. Die gesetzlichen Sozialversicherungen sollen den größten Teil der Bevölkerung davor schützen, aus Alters- oder Krankheitsgründen, wegen eines Unfalls, wegen Erwerbslosigkeit, Invalidität oder Pflegebedürftigkeit sozial und materiell abzustürzen. Die *Sozialfisci* sind mit staatlichen Hoheitsrechten ausgestattet und erheben, um ihre Leistungen anbieten zu können, Zwangs-Versicherungsbeiträge. Hinzu kommen die Zuschüsse, zu deren Leistung der Bund durch Art. 120 GG verpflichtet ist. Obgleich sie keine staatlichen oder kommunalen Administrationen besitzen, sondern sich selbst verwalten (Vorstände und Vertreterversammlungen bzw. – bei den Krankenkassen – Verwaltungsräte), werden die Sozialversicherungen häufig, zum Beispiel in der Volkswirtschaftlichen Gesamtrechnung, dem öffentlichen Sektor zugerechnet. Wir werden darauf in Kapitel II.3 zurückkommen.

Pflichtmitgliedschaften und Zwangsbeiträge kennzeichnen auch die *Standefisci*. Darunter verstehen wir die in so genannten Kammern zusammengeschlossenen berufsständischen Interessenvertretungen. Wie die Sozialversicherungen sind auch sie als Körperschaften des öffentlichen Rechts anerkannt und erfüllen öffentliche Aufgaben, etwa indem sie Behörden beraten, Prüfungsordnungen erlassen und Prüfungen abnehmen, Sachverständige vereidigen und auf die Förderung ihres jeweiligen Wirtschaftszweiges oder Berufsstandes hinwirken. Zu den „Ständefisci" zählen die Industrie- und Handelskammern, die Handwerks-

und die Landwirtschaftskammern, die Arbeitnehmerkammer in Bremen sowie zum Beispiel die Apotheker- und die Ärztekammern, die Architekten- und die Ingenieurkammern. Weil die Kammern nicht allein öffentliche Aufgaben wahrnehmen, sondern faktisch auch gewinnwirtschaftliche Interessen ihrer Zwangsmitglieder vertreten, weisen sie unbestritten eine größere Nähe zum privaten Sektor auf als die zuvor behandelten Sozialversicherungen.

Öffentliche Aufgaben, in Deutschland überwiegend finanziert durch staatliche Zuwendungen, nehmen auch *Kirchen* und andere Religionsgemeinschaften wahr. Wir denken dabei vor allem an Kindertagesstätten und Schulen, Familienbildungsstätten, Krankenhäuser und Sozialstationen, Alten- und Pflegeheime. Soweit Kirchen und andere Religionsgemeinschaften als öffentlich-rechtliche Körperschaften anerkannt sind, nutzen sie das damit verbundene Recht zur Erhebung von Kirchen- bzw. Kultussteuern (vgl. Tab. 2), die gegen Entgelt von den Finanzämtern eingezogen werden. Die Nähe zum öffentlichen Sektor relativiert sich ein wenig, wenn wir daran denken, dass die Steuerpflicht insofern keinen unaufhebbaren Zwangscharakter besitzt, als sich ihr jedes Mitglied durch Austritt aus der jeweiligen Religionsgemeinschaft entziehen kann. Auch die religiös-kultische Tätigkeit der Kirchen etc. nähert diese eher dem privaten Sektor an als dem öffentlichen („Religion ist Privatsache"). Daher haben wir es hier mit einem Parafiscus zu tun, der wohl am zutreffendsten in der Mitte zwischen den beiden Polen angesiedelt werden kann.

Über diese drei klassischen Beispiele hinaus zählen manche Expertinnen und Experten die Sondervermögen zu den Parafisci. Dagegen spricht indes, dass die Sondervermögen in ihrer Haushaltswirtschaft von den staatlichen/kommunalen Etats keineswegs unabhängig sind. In der Volkswirtschaftlichen Gesamtrechnung werden sie daher zu Recht den Gebietskörperschaften zugeschlagen. Eher schon könnten die öffentlich-rechtlichen Rundfunkanstalten als Parafisci betrachtet werden: Sie erfüllen öffentliche Aufgaben, sie sind Anstalten des öffentlichen Rechts und sie ziehen Zwangsentgelte (Rundfunkgebühren) ein. Zwar kann sich der Bürger bzw. die Bürgerin hiervon durch Verzicht auf Radio- und Fernsehgerät befreien. Das aber ist in einer modernen Informationsgesellschaft beinahe unzumutbar und undurchführbar. Daher scheinen uns ARD und ZDF eher sogar als Kirchen und Religionsgemeinschaften zu den intermediären Finanzgewalten zu zählen.

2 Steuerungsinstrument Steuern

Fast alle, die sich mit der Steuerpolitik beschäftigen, sind – mehr oder weniger – davon überzeugt, dass Steuern nicht allein dazu dienen, Einnahmen für den Staat zu erzielen, sondern dass sie auch dazu genutzt werden sollten, die gesellschaftliche Wirklichkeit zu korrigieren. „Mit Steuern steuern" ist eine Redewendung, die ausdrücken soll, dass dem Steuerrecht Normen beigegeben sind und beigegeben werden sollen, die nicht fiskalisch, sondern sozial-, wirtschafts-, kultur-, gesundheits- oder berufspolitisch begründet sind. Das verschafft das „beruhigende Gefühl", etwas für Bedürftige, für Regionen oder Branchen mit Strukturschwächen bzw. in Umbruchsituationen, für die Umwelt, für Künstlerinnen und Künstler, für chronisch Kranke oder für Menschen mit Behinderungen, für Sonntagsarbeiterinnen und -arbeiter oder für Fernpendler, aber auch für fusionswillige Großkonzerne oder für Börsenspekulanten getan zu haben. Die Kehrseite dieser Medaille besteht darin, dass die Instrumentalisierung des Steuerrechts für nichtsteuerliche Zwecke

- zum einen das System erheblich kompliziert (wir werden darauf in Kapitel II.5 zurückkommen) und
- zum anderen die Grundlage für staatlich gewollte Steuersparmodelle (vgl. auch Kapitel II.4) bildet, die dann von den Steuerpflichtigen – zulasten des Steueraufkommens und nicht immer im Sinne des Gesetzgebers – genutzt werden.

Je nachdem, ob sie auf eine Wohlstandskorrektur abzielen oder ob sie ein bestimmtes Verhalten be- oder entlasten wollen, unterschieden wir *Umverteilungs-* und *Lenkungsnormen*. Die aus dem Sozialstaatsprinzip (Art. 20 Abs. 1 GG) herzuleitenden Umverteilungsnormen verpflichten die Steuerpolitik, die Steuerlasten an der individuellen Leistungsfähigkeit der Steuerpflichtigen und an den Gerechtigkeitsvorstellungen der gesellschaftlichen Mehrheit auszurichten. (Wir treten damit in die Konkretisierung des in Abschnitt I.1.2 behandelten Verteilungsziels der Finanzpolitik ein). Dahingegen wollen Lenkungsnormen zu gewünschten Verhaltensweisen anreizen bzw. von unerwünschten abschrecken. Instrumente dazu sind Belastungen, beispielsweise für den Verbrauch von Umweltressourcen durch die Mineralöl- oder die Stromsteuer, und Entlastungen, etwa für die Denkmalpflege oder für Spenden an gemeinnützige Organisationen. Belastungen und Entlastungen müssen, um nicht als Diskriminierungen oder Privilegien zu gelten, gemeinwohlorientiert sein. Das heißt, die Auswirkungen auf den einzelnen Steuerpflichtigen müssen ihre Rechtfertigung in dem Vorteil finden, der dem Gemeinwesen daraus erwächst. Es liegt wohl auf der Hand, dass bei der Auslegung dieses Grundsatzes ein breiter Interpretationsspielraum gegeben ist. Steuervergünstigungen (Steuervorteile), die in vielfältiger Form auftreten – zum Beispiel als Befreiungen, Ermäßigungen, Sonderabschreibungen, Freibeträge, Freigrenzen

–, bilden folglich einen festen Bestandteil der finanzpolitischen Auseinandersetzungen an den Stammtischen ebenso wie in den Parlamenten.

> Art. 20 Abs. 1 GG lautet:
> Die Bundesrepublik Deutschland ist ein demokratischer und sozialer Bundesstaat.

2.1 Umverteilung und soziale Gerechtigkeit

Ausgangspunkt des Gedankens, eine Korrektur der primären Einkommens- und Vermögensverteilung anzustreben, ist die Kluft zwischen Reich und Arm, zwischen Macht und Ohnmacht, zwischen Teilhabe an oder Ausschluss von den Chancen, die die Gesellschaft dem Individuum bietet. Dieser Berichtigungsbedarf beweist, dass der Markt nicht nur versagt, wenn es darum geht, bestimmte Güter bereitzustellen oder die Verschwendung öffentlicher Güter zu behindern; er versagt auch vor der eigentlichen Aufgabe aller menschlichen Gesellschaften in Geschichte und Gegenwart, nicht Verlierer und Gewinner zu produzieren, sondern einen gerechten Ausgleich unter den Menschen herbeizuführen.

Finanzpolitische Ansatzpunkte zur Herstellung eines Ausgleichs sind die Einkommen und Vermögen, die ganz wesentlich über die Möglichkeit der Menschen entscheiden, Macht und Einfluss auszuüben und an die nächste Generation weiterzureichen sowie von den Vorteilen der Gesellschaft zu profitieren. Wie in allen bisherigen und gegenwärtig existierenden Gesellschaften sind die Einkommen und Vermögen auch in der Bundesrepublik ungleich verteilt. Zwar sind die Unterschiede nicht so krass wie in den USA, wo die Einkommen der oberen zehn Prozent der Haushalte zwölfmal so hoch sind wie die der unteren zehn Prozent. Aber auch bei uns bestehen beachtliche Differenzen: So ist im ersten Armuts- und Reichtumsbericht der Bundesregierung nachzulesen, dass 31 Prozent der west- und 36 Prozent der ostdeutschen Haushalte weniger als die Hälfte des Durchschnittseinkommens (vor Transferleistungen und Steuern) empfangen. Aber für 2,5 bzw. 1,2 Prozent der Haushalte sind die Einkommen mehr als dreimal so hoch wie für den Durchschnitt.[16] Während der letzten fünf Jahre hat sich diese Ungleichheit aufgrund der Massen- und vor allem der Langzeiterwerbslosigkeit, der Zunahme unterjähriger Beschäftigungsverhältnisse, der Stagnation der Reallöhne und der Ausbreitung von Niedriglohn-Jobs noch verstärkt.[17]. Wie

---

[16] Vgl. Lebenslagen in Deutschland. Erster Armuts- und Reichtumsbericht, Bundesratsdrucksache 328/01 vom 10. 5. 2001, S. 37.

[17] Vgl. Lebenslagen in Deutschland. Zweiter Armuts- und Reichtumsbericht, Bundestagsdrucksache 15/5015 vom 3. 3. 2005, S. 44.

weit sich die Schere zwischen Arm und Reich geöffnet hat, ist an der Verteilung des Volkseinkommens ablesbar: Machten die Arbeitnehmereinkommen im Jahre 1985 noch 73 Prozent des Volkseinkommens aus, so waren es im Jahre 2004 nur mehr 67 Prozent. Im Gegenzug wuchsen die Anteile aus Unternehmertätigkeit und Vermögen von 27 auf 33 Prozent.[18]

Auch im Hinblick auf die Verteilung der Vermögen tun sich gewaltige Differenzen auf: Von dem hier zu Lande angehäuften Nettoprivatvermögen (ohne Betriebsvermögen) in Höhe von fünf Billionen € gehören 47 Prozent den reichsten zehn Prozent der Haushalte. Dahingegen verfügt die Hälfte der Haushalte über nicht einmal vier Prozent des Vermögens.[19] 25 Prozent der Haushalte besitzen überhaupt kein Vermögen – sie sind in ihrer Summe überschuldet.[20]

Wir hatten bereits erwähnt, dass das *Sozialstaatsgebot* des Grundgesetzes und Gerechtigkeitsvorstellungen, die sich nicht ökonomisch herleiten lassen, sondern ihre Wurzeln in der überlieferten Kultur haben und von einer politischen Mehrheit getragen werden, den Staat zu Eingriffen in die Einkommens- und Vermögensverteilung berechtigen. Die Umverteilung zielt im Wesentlichen in drei Richtungen:

a. Es sollen, falls Arbeitseinkommen wegfallen – etwa durch Tod des Ernährers, durch Krankheit oder Gebrechlichkeit, durch Alter oder Erwerbslosigkeit –, Maßnahmen zur Einkommenssicherung getroffen sein. Dies geschieht in Deutschland zum Beispiel über die Sozialversicherungen und die Sozialhilfe.

b. Es soll Ausgleiche für besondere Belastungen geben. Dem dienen zum Beispiel die Maßnahmen des Familienleistungsausgleichs, das Bundesausbildungsförderungsgesetz, das Wohngeld, die weitgehende Unentgeltlichkeit der staatlichen Schulausbildung oder Abzugspositionen im Einkommensteuerrecht. Und es soll

c. eine vertikale Nivellierung der Einkommen geben. Hierauf werden wir im Abschnitt II.2.1.1 eingehen.

Umverteilend wirken aber nicht nur die unter a) bis c) genannten Beispiele, sondern darüber hinaus budgetäre Maßnahmen wie etwa öffentliche Investitionsprogramme. Mit ihnen werden Verbesserungen der öffentlichen Infrastruktur möglich, die allen Bevölkerungsschichten prinzipiell gleichermaßen zugute kommen (Gleichheitsprinzip), und es werden – durch zusätzliche Beschäftigungsverhältnisse infolge einer besseren Auslastung der gewerblichen Kapazitäten – vor

---

[18] Vgl. BMAS: Statistisches Taschenbuch, Bonn 2006, Tabelle 1.9.

[19] Vgl. Zweiter Armuts- und Reichtumsbericht, a.a.O., S. 55.

[20] Vgl. *Holger Rogall*: Volkswirtschaftslehre für Sozialwissenschaftler, Wiesbaden 2006, S. 290.

allem zusätzliche Arbeitnehmereinkommen geschaffen. Umgekehrt können in Boomzeiten Nachfragereduktionen nötig sein, um inflationäre Entwicklungen zu stoppen. Dazu kann der Staat Verbrauch- und/oder Einkommensteuern anheben und öffentliche Ausgabenprogramme zurückführen. Ergänzend könnte die Europäische Zentralbank eine Politik des knappen Geldes betreiben. Weitere umverteilende Entscheidungen der Finanzpolitik können wir uns im Zusammenhang mit Anti-Kartell-Maßnahmen vorstellen, die auf die Erträge von Kapital und Arbeit in bestimmten Branchen zurückwirken. Und schließlich können wir unter die budgetären Maßnahmen der Umverteilung preispolitische Maßnahmen rechnen (zum Beispiel Fahrpreise im ÖPNV) oder Zölle. Mit ihnen kann der Bund bzw. die EG zum Beispiel die Preise importierter Luxusgüter oder Grundnahrungsmittel heben oder senken.

Entscheidend für die Umverteilung von Einkommen und Vermögen sind und bleiben die unmittelbar darauf bezogenen Steuerarten, also die Lohnsteuer, die veranlagte Einkommensteuer, die nicht veranlagten Steuern vom Ertrag, die Zinsabschlagsteuer, die Körperschaftsteuer, die Vermögen- sowie die Erbschaft- und Schenkungsteuer. Mit ihnen wollen wir uns in den nächsten beiden Abschnitten beschäftigen.

2.1.1 Einkommen- und Körperschaftsteuern

Steuerobjekte der Einkommensteuern sind die Einkünfte natürlicher Personen. Haben sie ihren Wohnsitz oder gewöhnlichen Aufenthalt in der Bundesrepublik, so sind sie unbeschränkt, haben sie hier keinen Wohnsitz oder gewöhnlichen Aufenthalt, aber inländische Einkünfte, so sind sie beschränkt einkommensteuerpflichtig. Als steuerpflichtige Einkünfte gelten Gewinne aus einem land- oder forstwirtschaftlichen Betrieb, aus einem Gewerbebetrieb und aus selbstständiger Arbeit, Einnahmen aus nichtselbstständiger Arbeit, aus Kapitalvermögen, aus Vermietung und Verpachtung sowie sonstige Einkünfte wie zum Beispiel Abgeordnetenentschädigungen („Diäten") oder private Veräußerungsgeschäfte. Von den Gewinnen und den anderen Einnahmen können dank überaus komplizierter Regelungen Abzüge vorgenommen werden, die sich u. a. auf Betriebsausgaben, Werbungskosten, Verlustausgleiche, Vorsorgeaufwendungen, bestimmte Sonderausgaben und Spenden, auf den Familienstand und in Berufsausbildung befindliche oder aus anderen Gründen zu versorgende Angehörige, auf Behinderungen oder außergewöhnliche Behandlungskosten beziehen. Als Ergebnis dieser Vorab-Berechnungen verbleibt der Betrag, für den die zu zahlende Einkommensteuer festzusetzen ist, von der aber wiederum Abzüge möglich sind (zum Beispiel Spenden an politische Parteien).

94

Als direkte Steuer bestimmt die Einkommensteuer unmittelbar über die Höhe des verfügbaren Einkommens, also über die Summe Geldes, die dem Steuerpflichtigen nach der Besteuerung verbleibt. Daher ist es verständlich, dass über die Steuersätze im Allgemeinen, über die von den verschiedenen Einkommensklassen zu tragenden Belastungen und über die davon ausgehenden Wirkungen auf die Leistungsfähigkeit und Leistungsbereitschaft tief greifende Meinungsunterschiede bestehen. Sie werden zwischen den Expertinnen und Experten der Steuerrechtslehre ebenso heftig geführt wie zwischen den Parteien, zwischen Wirtschaftsverbänden und Gewerkschaften, in den Parlamenten, in Bekannten-, Freundes- und Familienkreisen. Weil sich dabei rationale und irrationale Bewertungsmaßstäbe mischen, weil konkrete Interessenlagen aufeinander prallen und weil es absolut gerechte und praktikable Lösungen nicht gibt, können einkommensteuerpolitische Debatten prinzipiell nie zu einem Ende gelangen.

Relative Einigkeit besteht wohl nur über wenige Eckpunkte: Dazu gehört (a), dass die Einkommensteuer einen wesentlichen Teil des öffentlichen Finanzbedarfs decken muss. Dabei sollen, wie wir bereits besprachen (vgl. Abschnitt I.3.1), höhere Einkommen relativ stärker belastet werden als niedrige. In der Politik hat sich für dieses Prinzip der Besteuerung nach der wirtschaftlichen Leistungsfähigkeit das Bild von den starken Schultern durchgesetzt, die mehr tragen können als schwache. Und (b) soll die Belastung der verschiedenen Einkommensklassen deren Arbeits- und Investitionsbereitschaft nicht negativ beeinflussen. Ein solcher „disincentive-Effekt" wird für den Fall befürchtet, dass die nach der Besteuerung verbleibenden Arbeitseinkommen oder Gewinne als nicht mehr ausreichend angesehen werden und Ausweichreaktionen zum Zuge kommen (vgl. Kapitel II.4).

Die Furcht vor dem Steuerwiderstand hat in Deutschland mittlerweile groteske Formen angenommen. Anstatt zu ergründen, wie vieler Mittel Bund und Länder bedürfen, um ihre Aufgaben wahrnehmen zu können, sorgen sich viele Entscheidungsträger mehr um die Befindlichkeit potenter Unternehmen und ihrer Führungen als um das Gemeinwohl. In einer kaum mehr verantwortbaren *Steuer- und Standortkonkurrenz* wetteifern sie um möglichst niedrige Steuersätze für Unternehmen und potenzielle Investoren. In der Folge dessen ist es bei den Parteien hier zu Lande seit Jahrzehnten üblich, die jeweiligen politischen Pläne mit der Beteuerung zu garnieren, dass die Steuer„lasten" insgesamt verringert würden. Nichts fürchtet die Politik mehr, als in den Verdacht zu geraten, Steuererhöhungen zu planen oder verantworten zu müssen. Also bemühen sich die Parteien, ihre politischen Konkurrenten mit dem Etikett der „Steuererhöhungspartei" zu belegen und sie gleichzeitig mit weiteren Steuersenkungsversprechen zu übertrumpfen. Dass sie dabei gut zwischen Massen- und Gewinnsteuern zu unterscheiden vermögen, beweisen die Anhebung von Versicherung- und Mehrwertsteuer ab 2007 und die erneute Senkung der Unternehmensteuern ab 2008.

Wir würden allerdings zu kurz greifen, wollten wir die hohe Wertschätzung, die Steuersenkungsversprechen und Steuersenkungen genießen, allein aus der Furcht vor dem „disincentive-Effekt" erklären. Mindestens ebenso entscheidend sind Erwartungen, die in den USA kreiert und in Europa aufgegriffen wurden. Entfesselung der Marktkräfte, Schaffung einer Angebotsökonomie, Deregulierung, Akzeptanz der Ungleichheit waren Schlagworte, mit denen die neue Ideologie daherkam. Im Kern handelt es dabei um eine verblüffende Argumentationskette, deren Teilelemente, jeweils für sich gelesen, durchaus logisch erscheinen, die aber als Ganzes der Realität nicht standhält. Sie besagt, dass niedrige Steuern den Unternehmen höhere Gewinne belassen, dass höhere Gewinne zu mehr Investitionen führen, dass zusätzliche Investitionen neue Arbeitsplätze schaffen, dass dadurch mehr Steuern eingenommen würden – kurz: dass Steuersenkungen die Steuereinnahmen steigern.

> Sehr gern wird Investitionen nachgesagt, Arbeitsplätze zu sichern und zu schaffen. Dies kann, muss aber nicht sein. So tragen Ersatzinvestitionen (d.h. Investitionen, mit denen die betrieblichen Kapazitäten erhalten werden) und Rationalisierungsinvestitionen (bei denen durch Modernisierung des Produktionsablaufs Möglichkeiten zur Einsparung von Arbeitskosten, also Arbeitsplätzen, entstehen) nicht geradewegs dazu bei, das Ziel der Vollbeschäftigung zu erreichen. Ob sie zumindest insoweit zur Sicherung von Arbeitsplätzen beitragen, als diese ohne Ersatz- bzw. Rationalisierungsinvestitionen wegen unzureichender Wettbewerbsfähigkeit der Unternehmen und daraus folgenden Konkursen gänzlich fortfallen würden, ist umstritten. Klar scheint hingegen, dass ausschließlich Erweiterungsinvestitionen positive Wirkungen am Arbeitsmarkt entfalten.

Bereits am Beginn der 1980er Jahre bildete sich in der Bundesrepublik eine Phalanx aus Vermögenden und Unternehmensvorständen, ihren Funktionären in Verbänden und Politik, aus Wirtschaftsprofessoren und -journalisten, denen die keynesianisch inspirierte Globalsteuerung von Gesamtnachfrage, Geldmenge, Zinssatz und Wechselkursen ein Dorn im Auge war. Es gelang ihr mit wachsendem Erfolg, Prinzipien wie das Sozialstaatsgebot, Verteilungsgerechtigkeit und Chancengleichheit, das Recht auf einen Arbeitsplatz und Flächentarifverträge zu diskreditieren. Dazu gehörte auch, den bis dahin „guten" Gehalt des Begriffs Reform – mit dem die Ausweitung von sozialer Sicherheit, von Mitgestaltungsrechten und -möglichkeiten verbunden wurde – in sein Gegenteil zu verkehren. „Reformen" zielen seit mehr als einem Vierteljahrhundert darauf ab, die Fähigkeiten des Staates zur Korrektur von Marktergebnissen zu unterminieren, die Menschen unter das Joch fortwährender Anpassung an eine dynamische Wettbewerbskultur zu zwingen, Arbeitnehmerrechte zu schleifen, soziale Errungenschaften abzubauen, Unsicherheit in Familien und Biografien zu tragen. Im Kern zielt diese als neoliberal zu bezeichnende Politik darauf ab, die in der Zeit des so genannten Kalten Krieges entwickelte Balance zwischen Oben und Unten, zwischen Einfluss-Reich und Einfluss-Arm neu auszurichten. Wie weit sie damit vorangekommen ist, zeigt sich u.a. daran, dass inzwischen 62 Prozent der Bundesbürger davon überzeugt sind, nicht mehr in einer *Sozialen* Marktwirtschaft zu leben.[21]

Ein Schwerpunkt der neoliberalen Politik ist das Einkommen- und das Körperschaftsteuerrecht. Seit 2005 führen die Steuersenkungen 1999/2000/2002 zu Mindereinnahmen der öffentlichen Hände im Umfang von jährlich 52,4 Milliarden €, was erhebliche Einschränkungen öffentlicher Leistungen und des öffentlichen Beschäftigungsangebots zur Folge hat. Davon sollen Privathaushalte (zu denen auch Spitzenverdiener zählen) mit 40,4 Milliarden € und die Unternehmen mit zwölf Milliarden € profitieren.[22] Unberücksichtigt bleibt dabei allerdings, dass Kürzungen von Sozialleistungen, Preissteigerungen, die Einführung der Ökosteuer und Anhebungen von Verbrauchsteuern die Vorteile der Steuerreform bei Beziehern kleiner Einkommen wieder aufzehren.[23]

Die Höhe der Einkommensteuerschuld errechnet sich anhand unterschiedlicher Steuersätze (vgl. Tab. 5 und Abb. 8); auf sie wird seit 1995 ein Solidaritätszuschlag in Höhe von gegenwärtig 5,5 Prozent der Steuerschuld erhoben.

Seit 2005 gilt ein Grundfreibetrag in Höhe von 7.235 € für Unverheiratete bzw. 14.470 € für gemeinsam veranlagte Eheleute. Der Grundfreibetrag bedeutet, dass zu versteuernde Jahreseinkünfte bis zu dieser Höhe keine Einkommensteuerzahlung erfordern. Bei Einkünften ab 7.236/14.472 € beginnt die Steuerzahlungspflicht mit einem Eingangssteuersatz von 15 Prozent. Das heißt, dass eine nicht verehelichte Person mit einem zu versteuernden Einkommen von beispielsweise 11.700 € Einkommensteuern in Höhe von 750 € zu entrichten hat. Der anfangs 15-prozentige Steuersatz steigt in einer ersten linear-progressiven Stufe relativ steil auf 23,97 Prozent bis zu einem zu versteuernden Einkommen von 12.739/25.478 €. Die Steuerschuld eines/einer Unverheirateten mit zu versteuernden Einkünften von 15.300 € beläuft sich auf 1.618 €. Es beginnt danach, ab 12.740/25.480 €, eine zweite, flachere linear-progressive Stufe, die bis auf 42 Prozent bei einem zu versteuernden Einkommen von 52.151/104.302 € steigt. Bezieht eine unverheiratete Person ein zu versteuerndes Einkommen von 45.000 €, dann beträgt ihre Steuerschuld 11.102 €. Oberhalb dieses Einkommens gilt bis zu Jahreseinkünften von 250.000/500.000 € ein proportionaler (d.h. gleich blei-

---

[21] *Renate Köcher*: Die Distanz zwischen Bürgern und Wirtschaft wächst, in: Frankfurter Allgemeine Zeitung vom 20. 12. 2006.
[22] Vgl. BMF: Finanzbericht 2005, S. 62.
[23] Vgl. Arbeitsgruppe Alternative Wirtschaftspolitik: Memorandum 2001, Köln 2001, S. 19.

bender) 42-prozentiger Tarif, der für darüber liegende Einkommen ab 2007 auf 45 Prozent angehoben ist. Für eine/n Ledige/n mit einem zu versteuernden Jahreseinkommen von 120.000 € errechnet sich daraus eine Einkommensteuerschuld in Höhe von 42.486 €, für eine/n sehr gut verdienende/n Unverheiratete/n mit 300.000 € eine solche von 119.586 €.

Tabelle 5: Der Einkommensteuertarif für Unverheiratete 1998 bis 2007

Jahre	Grund-freibetrag in €	1. linear-progressive Zone	2. linear-progressive Zone	Proportional-zone (I)	Proportional-zone (II)
		Steuersätze von ... % bis ... % für Einkünfte von ... € bis ...€		Steuersätze in % für Einkünfte ab ... € bzw. von ... bis ...€	Steuersätze in % für Einkünfte ab ... €
1998	6.322	25,9-34,34	34,34-53	53	
		6.323-29.984	29.985-61.376	ab 61.377	
2002/03	7.235	19,9-23	23-48,5	48,5	
		7.236-9.251	9.252-55.007	ab 55.008	
2007	7.664	15-23,97	23,97-42	42	45
		7.665-12.739	12.740-52.151	52.152-250.000	ab 250.001

Quelle: Bundesfinanzministerium.

Wenn wir soeben von linear-progressiven und proportionalen Tarifen sprachen, sind dies Begriffe, die sicher der Erläuterung bedürfen. Dazu müssen wir allerdings ein wenig ausholen und uns zuerst mit Durchschnitts- und Grenzsteuersätzen beschäftigen.

Der *Durchschnittssteuersatz* bezeichnet, wie der Begriff nahe legt, die steuerliche Belastung, die vom ersten bis zum letzten Euro auf einem bestimmten zu versteuernden Einkommen liegt. Nehmen wir eine Ledige, die im Jahre 2007 ein zu versteuerndes Einkommen (das ist die Bemessungsgrundlage) von B=20.800 € bezieht. Wir können der Einkommensteuer-Grundtabelle entnehmen, dass sie dafür Steuern (T) in Höhe von 3.070 € entrichten muss. Ihre durchschnittliche Steuerbelastung errechnet sich aus T:B=0,147; sie beträgt also knapp 15 Prozent. Wir sehen, dass der Durchschnittssteuersatz niedriger ist, als wir meinen könnten, wenn wir ein Einkommen den Steuersätzen zuordnen, wie wir sie in Tabelle 5 vorfinden (in unserem Beispiel befindet sich das Einkommen von 20.800 € in der zweiten linear-progressiven Zone mit einem Steuersatz von mehr als 23 Prozent). Das ergibt sich daraus, dass auch für das Einkommen von 20.800 € der Grundfreibetrag und die niedrigeren Steuersätze der ersten linear-progressiven Zone wirken.

Was aber ist, wenn das Einkommen der Unverheirateten in unserem Beispiel von 20.800 € auf 24.400 € steigt? Mit dem Einkommenszuwachs (Anhebung der Bemessungsgrundlage) von 3.600 € erhöht sich ihre Steuerschuld von bisher 3.070 € auf 4.095 €, also um 1.025 €. Aus dem Verhältnis zwischen der Änderung der Bemessungsgrundlage (ΔB) und derjenigen der Steuerschuld (ΔT) ergibt sich der *Grenzsteuersatz*. In unserem Beispiel rechnen wir

$$\Delta T(1.025): \Delta B(3.600) = 0,28.$$

Der Grenzsteuersatz beträgt also 28 Prozent. Dies bedeutet, dass jeder über die bisher verdienten 20.800 € hinaus verdiente € einkommensteuerlich mit 28 Cents belastet wird. Mit Hilfe des Grenzsteuersatzes lässt sich also ermitteln, ob ein Mehr an Einkommen den dafür nötigen Aufwand (an Material, an Zeit, an Bildungsanstrengungen) subjektiv noch lohnend erscheinen lässt oder ob es sich empfehlen kann, auf mögliche Mehreinkünfte zu verzichten. Wir sehen, dass der Grenzsteuersatz für die politische Diskussion über das komplizierte Verhältnis von steuerlichen Belastungen einerseits und Leistungsbereitschaft andererseits außerordentlich wichtig ist.

Mit diesem Wissen können wir uns dem Begriff des *proportionalen Tarifs* zuwenden. Wenn wir unter Proportion ein „Gleichmaß" oder ein „entsprechendes Verhältnis" verstehen, so können wir leicht folgern, was es damit beim Steuertarif auf sich hat: Er bleibt im Verhältnis zur Bemessungsgrundlage gleich. Bekanntes Beispiel hierfür ist die Umsatzsteuer, die normalerweise 19 Prozent (ermäßigt sieben Prozent) vom Preis eines Gutes oder einer Dienstleistung ausmacht – unabhängig von der Höhe des Preises. In diesem Falle stimmen durchschnittlicher und Grenzsteuersatz stets überein.

Abbildung 8:   Einkommensteuertarife 1998 und 2007

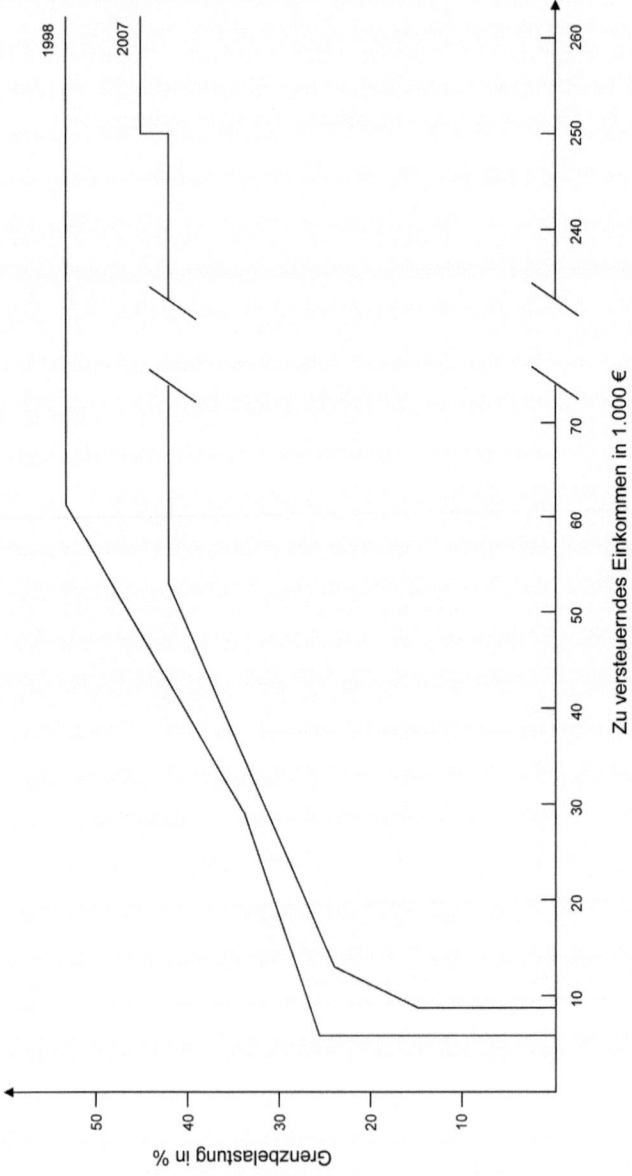

Für die Einkommensteuer kommt – wenn wir uns an die Diskussion über Verteilungsgerechtigkeit und die Notwendigkeit der Korrektur der primären Einkommensverteilung erinnern – ein durchgängig proportionaler Tarif nicht in Frage. Die Anforderung, stärkere Schultern nicht nur in absoluten Beträgen, sondern auch verhältnismäßig mehr (d.h. mit zunehmenden Prozentsätzen) zu belasten als schwächere, verlangt die Anwendung eines progressiven – also eines stufenweise fortschreitenden – Tarifs. Bei einem progressiven Tarif steigt die Steuerschuld T=T(B) mit zunehmendem Einkommen B (das ist die Bemessungsgrundlage) überproportional. Daraus folgt, dass sowohl der Durchschnittssteuersatz T:B als auch der Grenzsteuersatz $\Delta T{:}\Delta B$ steigen, und zwar so, dass der Durchschnittssteuersatz kleiner ist als der Grenzsteuersatz (vgl. Abb. 9).

Abbildung 9: Steuerschuld, Durchschnitts- und Grenzsteuersatz im progressiven Tarif

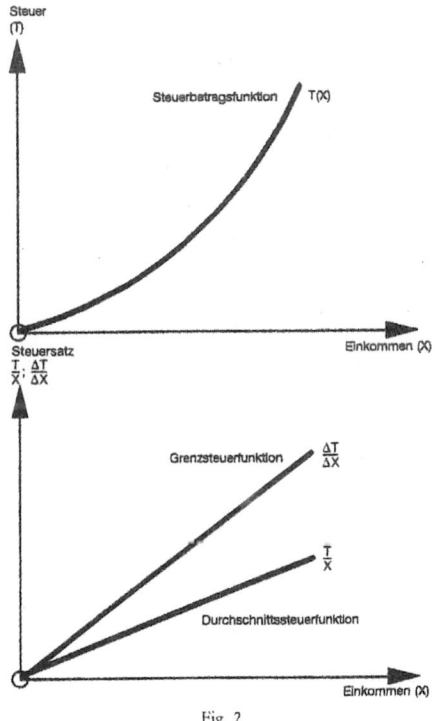

Fig. 2

Quelle: *Rolf Peffekoven,* Einführung in die Grundbegriffe der Finanzwissenschaft, 3. Auflage Darmstadt 1996, S. 48.

101

Die Umkehr der negativen Wirkung der Progression für den gut Verdienenden tritt ein, wenn es um Abzüge von der Bemessungsgrundlage geht. Als Beispiele hierfür wollen wir die Kinderfreibeträge und das Ehegattensplitting näher betrachten.

Eine finanz- und sozialpolitische Neuerung der sozialliberalen Koalition auf Bundesebene (1969-1982) war die Einführung eines einkommensunabhängigen, einzig nach der Kinderzahl pro Familie gestaffelten, *Kindergeld*es. Indem es mit wachsendem elterlichen Einkommen prozentual unbedeutender wurde, wirkte das Kindergeld umverteilend. 1990 entschied das Bundesverfassungsgericht, dass die alleinige Gewährung des Kindergeldes nur genüge, wenn die finanzielle Leistungsfähigkeit der Eltern, die durch die Unterhaltpflicht gemindert sei, ausgeglichen werde.[24] Seitdem wird das Kindergeld als Steuervergütung ausgezahlt; für das erste bis zum dritten Kind gibt es monatlich 154 €, für vierte und weitere Kinder 179 €. Bezieher höherer Einkommen gelangen darüber hinaus in den Genuss von Freibeträgen, durch die ein bestimmter Betrag bei der Ermittlung des zu versteuernden Einkommens freigestellt wird. Diese Freibeträge führen bei höheren Einkommen zu Steuerersparnissen von bis zu 203 € je Kind. Dass damit das Grundprinzip verletzt wird, wonach dem Staat jedes Kind gleich viel wert sein muss, kritisieren nicht nur linke Politiker/Innen, sondern u.a. auch der christdemokratische Ministerpräsident *Jürgen Rüttgers* aus Nordrhein-Westfalen.[25]

Infolge der Progression stellen sich auch bei der Ehegattenbesteuerung unterschiedlich hohe Entlastungen ein. Gesellschaftspolitisch von Bedeutung ist hier aber nicht allein, dass zusammen veranlagte Eheleute mit niedrigen Einkommen geringere Steuerersparnisse erzielen als gut verdienende. Bedenklich ist vor allem, dass der sog. *Splitting-Vorteil* zunimmt, je unterschiedlicher das individuelle Einkommen des Mannes und der Frau ist. Er ist am größten, wenn ein Ehepartner nichts verdient, und er entfällt, wenn beide gleich viel verdienen. Besonders bevorteilt wird die nicht erwerbstätige Millionärsgattin, während eine Fabrikarbeiterin, die mit einem Fabrikarbeiter verheiratet ist, keinerlei Steuerersparnis erfährt.

Das Ehegattensplitting beruht auf einer Entscheidung des Bundesverfassungsgerichts aus dem Jahre 1957, mit der die bis dahin übliche Form der Zusammenveranlagung von Ehegatten für verfassungswidrig erklärt wurde.[26] Sie führte nämlich dazu, dass das zusammen gelegte Einkommen zweier erwerbstätiger Ehepartner infolge der Progression höher belastet wurde als die beiden

---

[24] BVerfGE 82, S. 60 ff., hier S. 83 ff.
[25] Vgl. Die Welt vom 23. 12. 2005.
[26] BVerfGE 6, S. 55 ff.

Einzeleinkommen. Dies aber ist mit dem Verfassungsgebot des besonderen Schutzes der Ehe (Art. 6 Abs. 1 GG) nicht vereinbar.

> Art. 6 Abs. 1 GG lautet:
> Ehe und Familie stehen unter dem besonderen Schutze der staatlichen Ordnung.

Nach der damals gefundenen Splitting-Lösung werden die zu versteuernden Einkünfte der Frau und des Mannes addiert und anschließend halbiert (also zum Beispiel 60.000 €+50.000 €=110.000 €, geteilt durch 2=55.000 €). Die Steuerschuld, die sich aus dem daraus errechneten Betrag ergibt, wird anschließend verdoppelt. Dadurch reduziert sich die Progressionswirkung des Einkommensteuertarifs; außerdem dürfen Ehepaare, selbst wenn nur ein Partner Beiträge zu den Sozialversicherungen leistet, die doppelte Vorsorgepauschale in Anspruch nehmen. Dadurch übersteigt das Ehegattensplitting, wie Untersuchungen des Deutschen Instituts für Wirtschaftsforschung und des Instituts für Steuerrecht an der Universität Münster ergaben, den realitätsgerechten Unterhaltstransfer bei Ehen von Alleinverdienern mit hohem Einkommen ganz erheblich.[27] Zu berücksichtigen ist dabei besonders, dass das Ehegattensplitting nichts bzw. nur mittelbar etwas mit der Förderung von Familien zu tun hat, da es in jedem Falle auch kinderlosen Ehepaaren in vollem Umfang zugute kommt. Dahingegen ist eine einkommensteuerrechtliche Gleichstellung eingetragener gleichgeschlechtlicher Lebenspartnerschaften mit Ehen bisher nicht erfolgt.

Zu Recht ist das Ehegattensplitting sowohl unter verteilungs- und familienpolitischen Gesichtspunkten als auch im Hinblick auf den ansonsten vom Gesetzgeber (man denke etwa an das Scheidungsrecht) geforderten aktiven Beitrag beider Ehepartner zum eigenen Unterhalt in die Kritik geraten. Als Alternative zum geltenden Recht hat die Gewerkschaft Erziehung und Wissenschaft eine Individualbesteuerung für Unverheiratete wie für gemeinsam veranlagte Ehegatten vorgeschlagen, bei der ein nichterwerbstätiger Ehepartner seinen Grundfreibetrag steuermindernd auf den steuerpflichtigen Ehepartner übertragen kann. Bei einer solchen Lösung würde auf der einen Seite das Existenzminimum der nicht erwerbstätigen Person garantiert; auf der anderen Seite würde die gravierende Ungleichbehandlung von Alleinverdienern mit kleinen bzw. großen Einkommen vermieden. Die Diskussion über das Ehegattensplitting dauert indes bereits mehr als zwanzig Jahre an – ohne dass sich etwas geändert hätte. Bereits vor einigen Jahren hatten SPD und Bündnisgrüne programmatische Entwürfe für eine Kap-

---

[27] Vgl. *Bernhard Seidel, Dieter Teichmann, Sabine Thiede*: Ehegattensplitting nicht mehr zeitgemäß, in: DIW-Wochenbericht, 66. 1999, S. 713-723.

pung des Splittingvorteils vorgelegt, die jedoch aufgrund neuer Koalitionskonstellationen heute kaum mehr Realisierungschancen besitzen.

Tabelle 6: Der Ehegattensplitting-Vorteil im Jahre 2007

Einkommensteuer	Einkommen des Mannes	Seine Einkommensteuer	Einkommen der Frau	Ihre Einkommensteuer	Einkommensteuer insgesamt	Splittingvorteil
			in €			
Grundtabelle (für Unverheiratete)	57.000	16.026	0	keine	16.026	
						5.356
Splittingtabelle (für Verheiratete)	57.000		0		10.670	
Grundtabelle	40.000	9.227	17.000	2052	11.279	
						609
Splittingtabelle	40.000		17.000		10.670	
Grundtabelle	28.500	5.335	28.500	5.335	10.670	
						0
Splittingtabelle	28.500		28.500		10.670	

Quelle: Einkommensteuer-Grund- und Splittingtabellen für das Jahr 2007.

Eine besondere Form der Einkommenbesteuerung erfahren Einkünfte aus *Kapitalvermögen*. Hier gelten, abweichend vom Grundsatz der Besteuerung der Einkommen nach der steuerlichen Leistungsfähigkeit und nach Gesichtspunkten der Gerechtigkeit, nicht progressive Steuersätze, sondern proportionale, die hinsichtlich des Gegenstandes der Besteuerung differieren. So beträgt die Kapitalertragsteuer bei Gewinnen (Dividenden) aus Aktien, aus GmbH- und Genossenschaftsanteilen 20 Prozent. Für Zinseinkünfte aus Sparbüchern, Festgeldern und Termineinlagen, aus Bundesschatzbriefen, Kommunalobligationen, Pfandbriefen u.Ä. beläuft sie sich auf 30 Prozent und für Tafelgeschäfte auf 35 Prozent. Ab 2007 gilt ein Freibetrag (einschließlich Werbungskostenpauschale) von 801 € für Unverheiratete bzw. 1.602 € für gemeinsam veranlagte Ehegatten. Die geleistete Kapitalertragsteuer kann auf die insgesamt sich ergebende Einkommensteuerschuld eines Steuerpflichtigen, beispielsweise aus Einkünften als Arbeitnehmer, angerechnet werden. Für Kapitalerträge gilt ab 2009 ein einheitlicher Steuersatz von 25 Prozent. Dieser Steuersatz kann nur noch dann mit der Einkommensteuer verrechnet werden, wenn eine steuerpflichtige Person einem tieferen Satz in der Einkommensteuer unterliegt (sog. Abgeltungsteuer).

Dividenden sind Vergütungen, die aus dem Bilanzgewinn einer Kapitalgesellschaft an die Aktionäre oder die GmbH-Gesellschafter gezahlt werden. Die Höhe der Dividende ist abhängig von der Ertragskraft und der Dividendenpolitik des Unternehmens sowie von der Dividendenhöhe konkurrierender Unternehmen.

Als Tafelgeschäft wird der Kauf bzw. Verkauf von Wertpapieren oder Devisen in einer Form bezeichnet, bei der Leistung und Gegenleistung unmittelbar (Zug um Zug) aufeinander folgen.

Im Ergebnis der Besteuerung der Einkommen verändert sich – im Zusammenwirken mit sozialpolitischen Leistungen – die eingangs des Abschnitts II.2.1 vorgestellte primäre Einkommensverteilung. Nun müssen nicht mehr 31, sondern „nur" noch zehn Prozent der west- bzw. zwei statt 37 Prozent der ostdeutschen Haushalte mit weniger als der Hälfte der durchschnittlichen Einkünfte auskommen. Statt 2,5 Prozent in West- und zwei Prozent in Ostdeutschland sind bei Zugrundelegung der sekundären Einkommensverteilung die Einkommen von einem Prozent der Haushalte in Ost und West mehr als dreimal so hoch wie für den Durchschnitt.[28]

Welches *Steuerrecht für Unternehmen* gilt, hängt von deren Rechtsform ab. Handelt es sich bei dem Unternehmen um eine Personengesellschaft, so ist – mit gewissen Abweichungen – das Einkommensteuergesetz anzuwenden, weil hier nicht die Personengesellschaft besteuert wird, sondern deren Gesellschafter, denen die Gewinne des Unternehmens anteilig zugerechnet werden.

Personengesellschaften sind ein Zusammenschluss von zwei oder mehr Gesellschaftern zu einem bestimmten Geschäftszweck. Sie sind keine juristischen Personen. Beispiele für Personengesellschaften sind die Gesellschaft bürgerlichen Rechts, die offene Handelsgesellschaft, die Partnerschaftsgesellschaft, die Kommanditgesellschaft oder die europäische wirtschaftliche Interessenvereinigung. Auch eine GmbH & Co. KG, bei der die GmbH – für sich genommen – eine körperschaftsteuerpflichtige juristische Person darstellt, wird in der Kombination mit der Kommanditgesellschaft als Personengesellschaft behandelt.

Anders verhält es sich im Umsatz- und im Gewerbesteuerrecht: Hier werden Personengesellschaften mit ihrem gesamten Umsatz bzw. ihrem gesamten Gewerbeertrag steuerpflichtig. Dies führt aber weder in dem einen noch in dem anderen Fall zu tatsächlichen Belastungen: Bezüglich der Umsatzsteuer sind die Unternehmen einerseits vorsteuerabzugsberechtigt und andererseits nur Steuer-

---

[28] Vgl. Erster Armuts- und Reichtumsbericht, a.a.O., S. 37.

schuldner, nicht aber Steuerträger. Und hinsichtlich der Gewerbesteuer gilt, dass diese wirtschaftlich neutralisiert wird. Ermöglicht wird dies durch die pauschale Anrechnung der Gewerbesteuerschuld auf die Einkommensteuerschuld in Höhe des 1,8-fachen Gewerbesteuermessbetrages, was in etwa einem Hebesatz von 360 Prozent entspricht. Hierdurch werden die meisten Personengesellschaften und Personenunternehmer vollständig von der Gewerbesteuer entlastet.

> Der Vorsteuerabzug dient der Vermeidung von Mehrfachbesteuerungen. Dies geschieht in der Weise, dass ein Unternehmer die Umsatzsteuern von seiner Umsatzsteuerschuld abziehen kann, die ihm andere Unternehmen bei der Lieferung von Waren oder der Ausführung von Dienstleistungen berechnet haben. Der Vorsteuerabzug gilt auch für Umsatzsteuern auf Erwerbe in EU-Mitgliedstaaten und für die Einfuhrumsatzsteuer, die ein Unternehmen auf Wareneinfuhren aus Nicht-EU-Staaten an den Zoll gezahlt hat. In der Praxis zeigt sich allerdings, dass das Instrument des Vorsteuerabzuges höchst missbrauchsanfällig ist und grenzüberschreitend tätige Umsatzsteuerbetrugskartelle hat entstehen lassen.

Dies ist vor allem für die mittelständische Wirtschaft interessant, die in Deutschland mehrheitlich als Personenunternehmen bzw. als Personengesellschaft organisiert ist. Berechnungen der Bundesregierung zufolge schnitten sie bei der Unternehmen- und Einkommensteuerreform 2001/2005 in der Regel günstiger ab als juristische Personen, die der Körperschaftsteuerpflicht unterliegen: 97 Prozent von ihnen lägen unterhalb der Definitivbelastung der Kapitalgesellschaften in Höhe von 38,65 Prozent; 75 Prozent der Personengesellschaften zahlten sogar weniger als 15 Prozent Einkommensteuer.[29]

Die *Körperschaftsteuer* bildet als Ertragsteuer der juristischen Personen das Pendant zur Einkommensteuer für die natürlichen Personen. Sie knüpft hinsichtlich der Ermittlung der Einkünfte in weiten Bereichen an Regelungen des Einkommensteuergesetzes an und gilt unbeschränkt u. a. für Kapitalgesellschaften (AG, GmbH), Erwerbs- und Wirtschaftsgenossenschaften, Versicherungsvereine auf Gegenseitigkeit, nicht rechtsfähige Vereine, Stiftungen (vgl. III.12) und Anstalten, die ihre Geschäftsleitung oder ihren Sitz in der Bundesrepublik haben. Beschränkt körperschaftsteuerpflichtig sind Körperschaften, Personenvereinigungen und Vermögensmassen, die weder ihre Geschäftsleitung noch ihren Sitz im Inland haben, aber hier zu Lande Einkünfte erzielen, mit eben diesen Einkünften. Ganz oder teilweise von der Körperschaftsteuerpflicht befreit sind u.a. die Staatsbanken, Körperschaften, soweit sie kirchliche, mildtätige oder gemein-

---

[29] Vgl. BMF: Wachstumsorientierte Unternehmensteuerreform für Deutschland, Arbeitspapier vom 12. 7. 2006.

nützige Zwecke verfolgen, soziale Kassen, Berufsverbände sowie öffentlich-rechtliche Versicherungs- oder Versorgungswerke.

Im Unterschied zur Besteuerung der einkommensteuerpflichtigen Personengesellschaften erfolgt die Besteuerung einer Kapitalgesellschaft unabhängig von der des Anteilseigners (GmbH-Gesellschafter, Aktionär usw.). Gewinne der Kapitalgesellschaft unterliegen – gleichgültig, ob sie im Unternehmen verbleiben (thesauriert) oder ausgeschüttet werden – bis Ende 2007 einem Körperschaftsteuersatz von 25 Prozent. Im Unterschied zur Einkommensteuer ist die Körperschaftsteuer weder progressiv ausgestaltet noch kennt sie eine Berücksichtigung des Existenzminimums. Auf die zu entrichtende Körperschaftsteuer wird seit 1995 ein Solidaritätszuschlag in Höhe von derzeit 5,5 Prozent erhoben.

2001 hatte eine kurz zuvor verabschiedete Reform der Körperschaftsteuer dazu geführt, dass Unternehmen erhebliche Steuerrückerstattungen kassierten und manche von ihnen – wie zum Beispiel die Dresdner Bank – nach Steuern einen höheren Gewinn auszuweisen hatten als davor.[30] Für den Bund und für jene Länder, in denen Großunternehmen ihren Sitz haben, erwies sich die Reform als schwer wiegende Fehlleistung: Anstatt Einnahmen zu erzielen, zwang das neue Körperschaftsteuerrecht den Fiskus zur Auszahlung beträchtlicher Summen an prosperierende Konzerne.

Anfang 2006 verkündete die Bundesregierung für 2008 eine erneute Unternehmensteuerreform – obgleich die tatsächliche Ertragsteuerbelastung der Aktiengesellschaften und Gesellschaften mit beschränkter Haftung im Jahre 2005 dank der vorhergegangenen Reform gerade einmal bei 16 Prozent lag.[31] Die erneute Reform soll noch bessere Bedingungen für Unternehmen schaffen, Deutschland als Standort noch gefälliger machen und zusätzliche Investitionen anregen. „Deutschland bekommt ein wettbewerbsfähiges Unternehmensteuerrecht",[32] heißt es, als hätte es die Neuordnung 2001/02 überhaupt nicht gegeben. Der damals massiv gesenkte Körperschaftsteuersatz wird von bisher 25 Prozent auf ein „international attraktives Niveau"[33] von 15 Prozent heruntergeschraubt. Damit soll die Verpflichtung der Kapitalgesellschaften, sich an der Finanzierung des Gemeinwesens zu beteiligen, von nominal knapp 39 Prozent (inklusive Gewerbesteuer) auf 29,83 Prozent sinken.[34] Das zuvor gefeierte Halbeinkünfteverfahren wird gekippt und durch die oben erwähnte Abgeltungsteuer ersetzt. Das heißt im Klartext, dass Erwerbseinkommen mit einem Steuersatz von bis zu 45 Prozent belegt werden können, wohingegen einbehaltene Unternehmensgewinne

---

[30] Vgl. Das Milliarden-Desaster, in: Der Spiegel, Nr. 4 vom 21. 1. 2002, S. 88-91, hier S. 90.
[31] Vgl. *Lorenz Jarass, Gustav M. Obermair:* Unternehmensteuerreform 2008, Münster 2006, S. 26.
[32] BMF: Pressemitteilung Nr. 76 vom 21. 6. 2006.
[33] BMF: Wachstumsorientierte Unternehmensteuerreform für Deutschland, 12. 7. 2006.
[34] Vgl. BMF: Pressemitteilung Nr. 88 vom 12. 7. 2006.

nur noch einem 15-prozentigen Steuersatz unterliegen und Dividenden nur zu maximal 25 Prozent belastet werden sollen. Dadurch werden Vermögenseinkünfte Jahr für Jahr um 8,5 bis 16 Milliarden € entlastet.[35]

Festgehalten wird an Steuerbefreiungen für Gewinnausschüttungen, die eine Körperschaft von einer anderen Körperschaft erhält (Beispiel: die Deutsche Bank bezieht Dividenden aus Siemens-Aktien). Besonders lukrativ ist seit 2002 die Veräußerung einer Kapitalgesellschaft durch eine andere. Die Gewinne, die sie dadurch erzielt, dass der Marktwert der verkauften Gesellschaft weit über den Einstandspreis hinausgewachsen ist, sind zu 95 Prozent ebenfalls steuerbefreit (§ 8 b Abs. 2,3 KStG).[36] Dies hilft den großen Unternehmen, vor allem den Kapitalsammelstellen, die Beteiligungslandschaft in ihrem Sinne neu zu ordnen und Kapital für machtvollere Unternehmenskonzentrationen zu mobilisieren. Mindernd auf die Steuerschuld wirken auch Möglichkeiten der Verrechnung von Verlusten selbst nebensächlicher Tochterunternehmen mit den Gewinnen der Mutter und der zeitlich unbefristeten Geltendmachung früherer Verluste.

Die Bundesregierung will mit der abermaligen Reform der Unternehmensteuer erreichen, dass Unternehmen und Unternehmer ihre Steuern in Deutschland entrichten, anstatt ihre Gewinne ins Ausland zu transferieren. Nach den Erfahrungen mit vorangegangenen Steuersenkungen darf diesbezüglich ein großes Fragezeichen gesetzt werden.

2.1.2 Vermögenbesteuerung

Wir sahen bereits, dass nicht allein die Einkommen, sondern auch die Vermögen in Deutschland außerordentlich ungleich verteilt sind. Und wir wissen, dass ein großer Teil des Eigentums an den Produktionsmitteln Boden und Kapital bei verhältnismäßig Wenigen angesammelt ist und deren Erträge wiederum – von Ausnahmen abgesehen – eher Empfängern höherer Einkommen zufließen. An diese Tatsachen knüpft die Vermögenbesteuerung an. Darunter ist nicht allein die Vermögensteuer i.e.S. zu verstehen; die Finanzpolitik rechnet dazu auch die Vermögens- oder Lastenausgleichsabgabe, die Erbschaft- und Schenkungsteuer sowie die Gewerbekapital-, die Grunderwerb- und die Grundsteuer. Wie gering die steuerliche Belastung von Vermögen, gemessen an der gesamtwirtschaftlichen Leistungskraft der Bundesrepublik Deutschland, stets war und wie tief diese geringe Belastung im Verlaufe der letzten 45 Jahre gesunken ist, erhellt Tab. 7.

---

[35] Vgl. für 8,5 Mrd. €: Frankfurter Allgemeine Zeitung vom 3. 11. 2006, für 16 Mrd. €: ver.di Bundesvorstand: Wirtschaftspolitik aktuell, Nr. 18, September 2006.

[36] Eine solche Regelung gibt es außer in Deutschland nur noch in Belgien, vgl. *Kurt Faltlhauser*: Ein schwer erträgliches Steuergeschenk für die Konzerne, in: Süddeutsche Zeitung vom 8./9. 5. 2002.

Für Vermögensabgaben liegt die Gesetzgebungs- und die Ertragshoheit beim Bund (Art. 106 Abs. 1 Nr. 5 GG). Seit 1979 werden sie nicht mehr erhoben. Die bis dahin zu leistende Vermögensabgabe bildete seit 1952 gemeinsam mit der Hypothekengewinnabgabe und der Kreditgewinnabgabe einen Bestandteil der Lastenausgleichsabgabe nach dem LAG. In der Diskussion über die finanzielle Belastung des öffentlichen Sektors infolge der deutschen Einheit geriet die Erhebung eines neuen Lastenausgleichs in die Diskussion, wurde aber nicht realisiert.

Die Gewerbekapitalsteuer war seit dem ausgehenden 19. Jahrhundert gemeinsam mit der Gewerbeertragsteuer Bestandteil der Besteuerung von Gewerbebetrieben. Die Ertragshoheit lag seit 1949 bei den Kommunen. Die Gewerbekapitalsteuer wurde 1998 abgeschafft; zum Ausgleich für die daraus herrührenden Einnahmeverluste erhielten die Kommunen einen knapp 2,1-prozentigen Anteil an der Umsatzsteuer (vgl. Abschnitt II.1.2).

Tabelle 7: Aufkommen von Vermögensabgaben, der Vermögensteuer sowie der Erbschaft- und Schenkungsteuer 1960 bis 2005

Jahre	Vermögens-, Hypotheken- und Kreditgewinnabgaben	Vermögensteuer	Erbschaft- und Schenkungsteuer	insgesamt	BIP	Vermögensbelastung i.e.S. in % der gesamtwirtschaftlichen Leistung
			in Milliarden €			
1960	1,0	0,6	0,1	1,7	154,8	1,1
1965	0,8	1,0	0,2	2,0	234,8	0,9
1970	0,8	1,5	0,3	2,6	352,0	0,7
1975	0,6	1,7	0,3	2,6	536,0	o,5
1980	0,0	2,4	0,5	2,9	766,6	0,4
1985	0,0	2,2	0,8	3,0	955,3	0,3
1990	-	3,2	1,5	4,7	1.274,9	0,4
1995	-	4,0	1,8	5,8	1.848,5	0,3
2000	-	0,4	3,0	3,4	2.062,5	0,2
2005	-	0,1	4,1	4,2	2.245,5	0,2

Quelle: Statistisches Bundesamt; BMF, Finanzbericht 2007, S. 279 ff.; eigene Berechnungen.

Jahrzehntelang spielte die Besteuerung privater und betrieblicher Vermögen in den steuerpolitischen Auseinandersetzungen eine allenfalls nebensächliche Rolle. Seitdem sich aber im Gefolge der marktradikalen Wende, die wir bereits erwähnten, die Vermögenskonzentration verschärfte und sich die Unterschiede zwischen Arm und Reich deutlicher herauskristallisierten, strebten vor allem

Wirtschaftsverbände und ihnen nahe stehende politische Gruppierungen danach, Vermögen von Steuerbelastungen frei zu stellen. Im Mittelpunkt ihrer Kritik stand die Vermögensteuer i.e.S., für die der Bund eine Gesetzgebungskompetenz (Art. 105 Abs. 2 2. Alt. GG) beanspruchen kann, deren Aufkommen aber den Ländern zusteht (Art. 106 Abs. 2 Nr. 1 GG) und deren Erhebung daher der Zustimmung des Bundesrates bedarf (Art. 105 Abs. 3 GG).

> Art. 106 Abs. 2 GG lautet:
> Das Aufkommen der folgenden Steuern steht den Ländern zu:
> 1. die Vermögensteuer,
> 2. die Erbschaftsteuer,
> 3. die Kraftfahrzeugsteuer,
> 4. die Verkehrsteuern, soweit sie nicht nach Absatz 1 dem Bund oder nach Absatz 3 Bund und Ländern gemeinsam zustehen,
> 5. die Biersteuer,
> 6. die Abgabe von Spielbanken.

Die Vermögensteuer i.e.S. wurde auf das Vermögen natürlicher (ab rd. 61.000 €) und juristischer Personen (ab rd. 10.000 €) erhoben, wobei der Hausrat und andere Gegenstände des persönlichen Gebrauchs, zum Beispiel Pkw, steuerfrei blieben. Der proportionale Steuersatz belief sich für natürliche Personen auf ein, für Körperschaften und Vermögensmassen auf 0,6 sowie für Produktivvermögen auf 0,5 Prozent der Bemessungsgrundlage.

Gegen die Vermögensteuer wurden vor allem fünf Argumente ins Feld geführt:

a. Die Besteuerung von Vermögen stelle eine unzulässige Doppelbelastung dar, weil die Vermögen aus bereits versteuerten Einkommen gebildet worden seien.

b. Diese Belastung werde unverhältnismäßig und unzulässig, wenn die Vermögensteuer zu anderen Ertragsteuern hinzutrete.

c. Die Vermögenbesteuerung verleite Vermögensbesitzer, ihr Kapital ins Ausland zu verlagern. Dies schade den Nichtvermögensbesitzern – wegen der damit verbundenen Arbeitsplatzverluste – mehr als ein Verzicht auf die Besteuerung. Außerdem sei

d. die Vermögensteuer überhaupt kein geeignetes Instrument zur Umverteilung: Ihre Steuersätze könnten niemals so hoch bemessen werden, dass die bestehende Vermögensverteilung dadurch tatsächlich grundlegend verändert werde. Und schließlich stehe

e. der für die Erhebung dieser Steuer notwendige Verwaltungsaufwand in keinem vertretbaren Verhältnis zu ihren Erträgen.

1995 entschied das Bundesverfassungsgericht, dass nur die Ertragsfähigkeit von Vermögen, nicht aber die Vermögen selbst besteuert werden dürfen.[37] Seitdem ist eine Korrektur der primären Vermögensverteilung nahezu ausgeschlossen. Weiter bestimmte das höchste deutsche Gericht, die Vermögensteuer dürfe zu den übrigen Ertragsteuern nur hinzutreten, soweit die steuerliche Gesamtbelastung des Sollertrags bei typisierender Betrachtung von Einnahmen, abziehbaren Aufwendungen und sonstigen Entlastungen in der Nähe einer hälftigen Teilung zwischen privater und öffentlicher Hand verbleibt.

Der Begriff des Sollertrags geht zurück auf die Tatsache, dass Vermögens- und Kapitalbestände zu Einnahmen führen (sie „sollen" Erträge abwerfen) – sofern solche nicht künstlich verhindert werden. Der Sollertrag bezeichnet also den üblicherweise zu erwartenden Ertrag eines Vermögens.

Der damit vom Bundesverfassungsgericht entwickelte *Halbteilungsgrundsatz* war aber bloß das Nebenprodukt eines Urteils, bei dem es um etwas ganz anderes ging. Das Gericht war nämlich angerufen worden, um zu entscheiden, ob die steuerliche Besserstellung von Immobilienvermögen im Vergleich zu sonstigen Vermögensarten verfassungsgemäß sei. Die beklagte Bevorzugung rührte daher, dass Immobilienvermögen anhand so genannter Einheitswerte taxiert wurden.

Rechtliche Grundlage für den Einheitswert ist das Bewertungsgesetz, mit dem der ruhende Vermögensbestand bewertet werden soll. Der Einheitswert, der den ermittelten Wert einer Immobilie wiedergibt, galt ursprünglich einheitlich für mehrere Steuerarten: Vermögen-, Gewerbekapital-, Erbschaft- und Schenkung- sowie Grundsteuer. Mit dem Einheitswert sollten die Verwaltung dieser Steuern vereinfacht und widersprüchliche Bewertungen vermieden werden. Das Hauptproblem bestand von Anfang an darin, realitäts- und zeitnahe Werte zu ermitteln. Tatsächlich hinkten diese stets hinter den Verkehrswerten hinterher, so dass sich fortlaufend Ungerechtigkeiten gegenüber anderen Vermögensarten einstellten. Heute wird die Einheitsbewertung nur noch zur Ermittlung der Grundsteuerschuld angewandt.

Das führte zu Wertermittlungen, die weit unter den Verkehrswerten (Marktpreisen) der Immobilien lagen, während bei der Besteuerung anderer Vermögensar-

---

[37] Vgl. Einheitswert, Vermögen- und Erbschaftsteuer – Die neue Rechtsprechung des Bundesverfassungsgerichts, Beilage zu NJW 48. 1995, Heft 37, S. 1-10.

ten – etwa bei Kapitalvermögen oder beweglichen Sachen – der tatsächliche Marktwert zugrunde gelegt wird.

Da der Bundesgesetzgeber der Aufforderung des Bundesverfassungsgerichts, das Vermögensteuergesetz verfassungskonform zu überarbeiten, bis heute nicht nachgekommen ist, kann die Vermögensteuer i.e.S. seit 1997 nicht mehr erhoben werden. Wir sollten dies aber nicht mit ihrer Abschaffung verwechseln.

Wenn daher die Befürworter der Vermögensteuer verlangen, dass der Bund das Vermögensteuergesetz verfassungskonform novelliert und damit die Grundlage für eine Wiederbelebung schafft, so berufen sie sich vor allem auf fünf Hinweise:

a. Vermögen steigere die wirtschaftliche Leistungsfähigkeit und mindere das Risiko im Falle der Erwerbsunfähigkeit oder des Arbeitsplatzverlusts; daher habe das Bundesverfassungsgericht die Vermögensteuer als verfassungsrechtlich zulässige Zusatzbelastung bestätigt.

b. Vermögen seien dem Wohle der Allgemeinheit besonders verpflichtet und bedürften einer auch durch die Besteuerung zum Ausdruck kommenden demokratischen Kontrolle. Ihre Umverteilung sei sozialstaatlich geboten.

c. Die Vermögenbesteuerung stelle – unter dem Gesichtspunkt der Äquivalenz – eine mit Recht geforderte Anerkennung staatlicher Leistungen für Vermögende dar. So steigerten öffentliche Maßnahmen den Wert insbesondere von Immobilienvermögen. Auch gewährleiste der Staat (Bundeswehr, Polizei, Gerichte, Strafvollzug) durch den Schutz des Privateigentums dessen weitgehend ungehinderte Nutzung.

d. Die Wahrscheinlichkeit einer Kapitalfluchtwelle sei, betrachte man die in vielen OECD-Staaten höheren Anteile vermögensbezogener Steuereinnahmen am staatlichen Gesamtsteueraufkommen (vgl. Tab. 8), zu vernachlässigen. Und schließlich sei

e. ein Verwaltungsaufwand von deutlich unter zehn Prozent angesichts der inzwischen zu erwartenden Einnahmen von möglicherweise acht Milliarden € pro Jahr durchaus verkraft- und vertretbar.

Tabelle 8: Belastungen durch Steuern auf Vermögen und Vermögensverkehr im internationalen Vergleich 2003

Von den Einnahmen aus Steuern und Sozialversicherungsbeiträgen entfallen .... Prozent auf Vermögen und den Vermögensverkehr in folgenden Ländern:									
A	D	F	E	I	CH	CDN	USA	GB	J
1,3	2,4	7,3	7,5	8,0	8,3	10,0	12,1	11,8	10,3

Quelle: BMF, Finanzbericht 2007, S. 419.

Eine eventuelle Novellierung des Vermögensteuergesetzes hätte demnach zwei Dinge zu beachten: (a) Statt der verfassungswidrigen Anwendung der Einheitswerte auf Immobilienvermögen müsste sich die Höhe der Steuerschuld – wie heute bei der Erbschaft- und Schenkungsteuer – an Ertragswerten orientieren. (b) Hinsichtlich der Steuersätze wäre zu beachten, dass sie sich im Ergebnis mit dem Halbteilungsgrundsatz vereinbaren lassen. Angesichts der Senkungen sowohl der Einkommensteuertarife als auch der Körperschaftsteuersätze, die seit der Entscheidung des Bundesverfassungsgerichts vorgenommen wurden, dürfte dies kaum Schwierigkeiten bereiten. Im Gegenteil: Eine Überschreitung des Grundsatzes der hälftigen Teilung ist heute noch unwahrscheinlicher, als sie es ohnehin jemals war.

Ein Blick zurück zum Einheitswertverfahren und zu der davon ausgehenden Bevorzugung von Immobilien gegenüber sonstigen Vermögensformen führt uns von der Vermögen- zur *Erbschaftsteuer*. Auch sie wurde beklagt, auch bei ihr verlangte das Bundesverfassungsgericht im Jahre 1995 eine gleichmäßige Belastung der Steuerpflichtigen.[38] Im Gegensatz zur Vermögensteuer wird die Erbschaft- und Schenkungsteuer indes weiterhin erhoben.

> Für die Schenkungsteuer, von der im Folgenden der Einfachheit halber kaum mehr die Rede sein wird, gelten sinngemäß die gleichen Regeln wie für die Erbschaftsteuer. Steuerpflichtig ist jede Zuwendung, die ein Lebender einem anderen macht. Die Schenkungsteuer dient auch der Verhinderung einer Umgehung der Erbschaftsteuer.

Bei ihr wurde die Wertermittlung für Grundeigentum dahingehend neu geregelt, dass für bebaute Grundstücke ein Ertragswertverfahren eingeführt wurde, bei dem immerhin etwa die Hälfte des Verkehrswertes erreicht wird. Für unbebaute Grundstücke werden – mit Abschlägen – die Bodenrichtwerte der Gemeinden zugrunde gelegt. Diese Bewertungsregeln galten bis Ende des Jahres 2006. Bis dahin sollte eine Gleichstellung von Immobilienvermögen mit anderen Vermögensarten erfolgen – zumal der Bundesfinanzhof die bisherige Rechtslage dem Bundesverfassungsgericht zur Prüfung vorgelegt hatte. Dieses hat nun die gegenwärtige Wertermittlung nicht nur von unbebauten und bebauten Grundstücken, sondern auch die von Erbbaurechten, Betriebsvermögen, Anteilen an Kapitalgesellschaften sowie land- und forstwirtschaftlichem Vermögen wegen „gleichheitswidriger Ausgestaltung der Ermittlung der Steuerbemessungsgrundlage" für verfassungswidrig erklärt. Die genannten Vermögensarten würden unzutreffend niedrig bewertet, woraus Erben oder Beschenkte ungerechtfertigte

---

[38] Vgl. Einheitswert, Vermögen- und Erbschaftsteuer, a.a.O., S. 10-12.

Vorteile ziehen könnten.[39] Der Bundesgesetzgeber muss bis Ende 2008 eine verfassungskonforme Neuregelung in Kraft setzen.

Die Erbschaftsteuer ist ein Instrument zur Korrektur der primären Vermögensverteilung. Sie ist mit dem verfassungsrechtlich verbürgten Erbrecht (Art. 14 Abs. 1 GG) vereinbar, sofern sie nach ihrer Ausgestaltung und Bemessung den grundlegenden Gehalt der Erbrechtsgarantie wahrt, zu dem die Testierfreiheit und das Prinzip des Verwandtenerbrechts gehören. Sie darf Sinn und Funktion des Erbrechts als Rechtseinrichtung und Individualgrundrecht nicht zunichte machen. Der Erblasser hat also das Recht, Vermögensdispositionen über seinen Tod hinaus zu treffen; die Erben sollen aber einen Teil ihres nicht auf eigener Leistung beruhenden Vermögenszuwachses an die Gesellschaft abtreten. Bei der Wahl zwischen einer Nachlasssteuer, die an dem zu vererbenden Vermögen ansetzt, oder einer *Erbanfallsteuer*, die sich auf den jeweiligen Erben bezieht, hat sich das deutsche Recht für die zuletzt genannte Variante entschieden.

> Art. 14 Abs. 1 GG lautet:
> Das Eigentum und das Erbrecht werden gewährleistet. Inhalt und Schranken werden durch die Gesetze bestimmt.

Es gibt zwei Steuersätze, deren einer sich am Grad der Verwandtschaft zum Erblasser/Zuwendenden orientiert (hierbei werden Steuerklassen gebildet) und deren anderer sich an der Höhe des steuerpflichtigen Erbes/der steuerpflichtigen Zuwendung ausrichtet. Dabei unterscheiden sich die drei Steuerklassen zunächst hinsichtlich ihrer Freibeträge, die zum Teil recht beträchtlich sind und sich zum Beispiel für den überlebenden Ehegatten auf mehr als 614.000 € (zusammengesetzt aus persönlichem Freibetrag, Versorgungsfreibetrag und Freibetrag für den Erwerb von Hausrat) summieren können. Sämtliche Freibeträge dürfen nur einmal in einer Dekade in Anspruch genommen werden. In der Steuerklasse I, unter die hinterbliebene Ehegatten (aber noch nicht Partner aus eingetragenen gleichgeschlechtlichen Lebenspartnerschaften), Kinder, Stiefkinder und Enkelkinder, bei Erbschaften (nicht aber bei Schenkungen) auch Eltern und Großeltern fallen, steigern sich die Steuersätze von sieben Prozent für Erbschaften/Zuwendungen im Wert von bis zu 52.000 € sukzessive auf 30 Prozent für Erbschaften/Zuwendungen im Wert von mehr als 25,565 Millionen €. Für die Steuerklasse II (Geschwister und Halbgeschwister, Nichten und Neffen, Stiefeltern, Schwiegerkinder, Schwiegereltern, geschiedene Ehegatten, im Schenkungsfalle Eltern und Großeltern) beläuft sich der Anfangssteuersatz auf zwölf, der Spitzensteuersatz

---

[39] Vgl. BVerfG, 1 BvL 10/02 vom 7. 11. 2006, Absatz 1, www.bverfg.de/entscheidungen/ls 20061107_1bvl001002.html

auf 40 Prozent. In der Steuerklasse III, zu der sämtliche bisher nicht aufgeführten Erben bzw. Beschenkten zählen, beträgt der Anfangssteuersatz 17, der Spitzensteuersatz 50 Prozent. Für Erben bzw. Beschenkte der Steuerklassen II und III wäre es allerdings günstiger, nicht Geldvermögen oder bewegliche Sachen oder Mehrfamilienhäuser zu erhalten, sondern Betriebsvermögen, land- und forstwirtschaftliches Vermögen oder eine wesentliche, d.h. mindestens 25-prozentige, Beteiligung des Erblassers bzw. Zuwenders am Nennkapital einer Kapitalgesellschaft. Sofern diese Vermögensarten nämlich für mindestens fünf Jahre beim Empfänger verbleiben, erfolgt – unabhängig vom Verwandtschaftsgrad – eine massive Entlastung, die nahezu an den Satz für Erben bzw. Beschenkte der Steuerklasse I heranreicht. Die Bundesregierung strebt eine weitere Begünstigung unternehmerischen Vermögens in der Weise an, dass die Erbschaft- bzw. Schenkungsteuer, die auf „produktiv eingesetztes" Betriebsvermögen entfällt, über einen Zeitraum von zehn Jahren zinslos gestundet wird. Damit die Steuer gänzlich entfällt, muss der Unternehmenserbe den Betrieb bloß zehn Jahre lang „in vergleichbarem Umfang" (eine Formulierung, die nicht mit einer Verpflichtung zur Erhaltung von Arbeitsplätzen verwechselt werden darf) weiterführen. Die dadurch bei den Ländern eintretenden Steuereinnahmeausfälle werden von der Bundesregierung mit jährlich 450 Millionen € beziffert.[40]

2.2 Bundesstaatlicher Finanzausgleich

In dem vorangegangenen Abschnitt II.2.1 haben wir am Beispiel von Einkommen- und Körperschaftsteuer, Vermögen-, Erbschaft- und Schenkungsteuer die Frage nach einer Umverteilung unter den Einkommens- und Vermögensklassen behandelt. Dabei ging es um den Ausgleich der unterschiedlichen Einkommens- und Vermögenspositionen zwischen natürlichen Personen. Dies ist gesellschaftspolitisch und hinsichtlich der finanziellen Volumina, die dabei bewegt werden, sicherlich der wichtigste Bereich. Wir dürfen indes nicht übersehen, dass im Bundesstaat darüber hinaus ein finanzieller Ausgleich der unterschiedlich ausgeprägten Finanzkräfte der Gebietskörperschaften stattfindet. Der Finanzausgleich soll die staatliche Selbstständigkeit von Bund und Ländern gewährleisten, sie finanziell so ausstatten, dass sie die ihnen jeweils zukommenden Aufgaben erfüllen können, und die Einheitlichkeit der Lebensverhältnisse im Bundesgebiet herstellen bzw. wahren. Dabei handelt es sich nicht bloß um eine Mindestausstattung aller Länder mit öffentlichen Gütern bei ansonsten weitgehender regionaler Unterschiedlichkeit. Vielmehr soll, dem allokativen Ziel der Finanzpolitik ent-

---

[40] Vgl. BMF: Pressemitteilung Nr. 126 vom 25. 10. 2006.

sprechend, die Bereitstellung öffentlicher Güter gleichwertig sein. Dem verteilungspolitischen Ziel gemäß sollen die Möglichkeiten der Nutzung dieser öffentlichen Güter einheitlich sein. Und unter Beachtung des Stabilitätsziels sollen die finanzpolitischen Instrumente zur Beeinflussung der Konjunktur in allen Regionen gleichmäßig wirken.

Das in der Bundesrepublik gefundene und fortlaufend überarbeitete Ausgleichssystem sollte auch verhindern, dass der Bund Aufgaben an sich zieht, denen eine Zentralisierung der Ausgaben zulasten der Länder- und Gemeindehaushalte folgt oder dass er Finanzierungen übernimmt, die entsprechende Aufgabenkompetenzen auslösen (*Popitz*'sches Gesetz von der „Anziehungskraft des zentralen Etats"). Es funktionierte relativ reibungslos, solange sich die Finanzkraftunterschiede zwischen den Ländern (etwa zwischen dem „reichen" Hessen einerseits und dem „armen" Niedersachsen andererseits) innerhalb gewisser Grenzen bewegten.

Johannes Popitz (1884-1945), Honorarprofessor für Steuerrecht und Finanzwissenschaft an der Universität Berlin, 1925-29 Staatssekretär im Reichsfinanzministerium, 1932 Reichsminister, 1933-44 Preußischer Finanzminister, aktiv im Widerstand, hingerichtet.

Mit der deutschen Einheit veränderte sich die Lage ganz erheblich: Zehn zwar unterschiedlich starken, im Vergleich mit dem Osten aber samt und sonders verhältnismäßig reichen Ländern traten sechs außerordentlich nachholbedürftige Länder mit erheblichen Finanzschwächen an die Seite. Zwar gelang es zunächst, diese mit Hilfe eines sog. „Fonds Deutsche Einheit" vorläufig aus dem Ausgleichsystem herauszuhalten und deren Sonderbedarfe auf andere Weise zu decken – doch seit 1995 sind auch die neuen Länder ins System integriert. Die damals gefundenen Mechanismen wurden vor dem Bundesverfassungsgericht erfolgreich beklagt[41] und infolgedessen im Jahre 2005 von einer neuen Mechanik abgelöst, über deren Strapazierfähigkeit und Dauerhaftigkeit noch keine verlässlichen Auskünfte gegeben werden können.

---

[41] BVerfGE 101, S. 158 ff., hier S. 214 ff.

2.2.1 Gemeinschaftsaufgaben

Wir besprachen in Kapitel I.4 den Zusammenhang von Aufgaben- und Ausgabenverantwortung und erwähnten dabei das Konnexitätsprinzip, dem zufolge diese beiden Kompetenzen möglichst von der gleichen Ebene wahrgenommen werden sollen. Im Rahmen des Finanzausgleichssystems i.w.S. sieht das Grundgesetz – vom Konnexitätsgrundsatz abweichend – auch nach der Föderalismusreform so genannte Gemeinschaftsaufgaben vor, also eine gemeinsame Planung, Gesetzgebung und Finanzierung bestimmter Politikbereiche. So bestimmt Art. 91 a GG die Mitwirkung des Bundes an originären Länderaufgaben wie der Verbesserung der regionalen Wirtschaftsstruktur sowie der Verbesserung der Agrarstruktur und des Küstenschutzes. Voraussetzung dafür ist allerdings in allen Fällen, dass es sich nicht um Bagatellvorhaben handelt, sondern dass sie für die Gesamtheit des Staates bedeutsam und für die Verbesserung der Lebensverhältnisse erforderlich sind.

> Art. 91 a GG lautet:
> (1) Der Bund wirkt auf folgenden Gebieten bei der Erfüllung von Aufgaben der Länder mit, wenn diese Aufgaben für die Gesamtheit bedeutsam sind und die Mitwirkung des Bundes zur Verbesserung der Lebensverhältnisse erforderlich ist (Gemeinschaftsaufgaben):
> 1. Verbesserung der regionalen Wirtschaftsstruktur,
> 2. Verbesserung der Agrarstruktur und des Küstenschutzes.
> (2) Durch Bundesgesetz mit Zustimmung des Bundesrates werden die Gemeinschaftsaufgaben sowie Einzelheiten der Koordinierung näher bestimmt.
> (3) Der Bund trägt in den Fällen des Absatzes 1 Nr. 1 die Hälfte der Ausgaben in jedem Land. In den Fällen des Absatzes 1 Nr. 2 trägt der Bund mindestens die Hälfte; die Beteiligung ist für alle Länder einheitlich festzusetzen. Das Nähere regelt das Gesetz. Die Bereitstellung der Mittel bleibt der Feststellung in den Haushaltsplänen des Bundes und der Länder vorbehalten.

Für die Gemeinschaftsaufgabe „Verbesserung der regionalen Wirtschaftsstruktur" stellte der Bund im Jahre 2005 Barmittel in Höhe von 694 Millionen € zur Verfügung. Da die Länder die gleichen Beträge aufbringen müssen, flossen im Jahre 2005 allein aus der Gemeinschaftsaufgabe insgesamt rund 1,4 Milliarden € in die Verbesserung der regionalen Wirtschaftsstrukturen. Über diesen Mitteleinsatz können Bund und Länder allerdings nicht autonom entscheiden, sondern er unterliegt der Beihilfenaufsicht der EG (Art. 87 und 88 EGV). Darüber hinaus müssen Bund und Länder den Europäischen Fonds für regionale Entwicklung (EFRE) und sein Zusammenspiel mit der Gemeinschaftsaufgabe beachten. Sie können aber auch – und sie tun dies – EFRE-Mittel in die Finanzierung der Gemeinschaftsaufgabe einfließen lassen.

Auch die Gemeinschaftsaufgabe „Verbesserung der Agrarstruktur und des Küstenschutzes" kennt parallele Förderungen europäischer Herkunft, die bei jedem Mitteleinsatz zu berücksichtigten sind. An der Verbesserung der Agrarstruktur beteiligen sich der Bund und die Länder nicht – wie bei der zuvor erwähnten Gemeinschaftsaufgabe – hälftig, sondern im Verhältnis 60 zu 40, beim Küstenschutz im Verhältnis 70 zu 30 und bei EU-Modulationsmaßnahmen im Verhältnis 80 zu 20.

Modulation ist die Kürzung der Direktzahlungen, die Landwirte als Ausgleich für Preiskürzungen und für – im Vergleich zum Weltmarkt – höhere Umwelt-, Tier- und Verbraucherschutzstandards auf staatlich beeinflussten Agrarmärkten von der EU erhalten. Die durch Modulation gekürzten Mittel werden den Mitgliedstaaten für Strukturförderung im ländlichen Raum oder für Agrarumweltprogramme nach der Verordnung über den Europäischen Landwirtschaftsfonds für die Entwicklung des ländlichen Raums (ELER) zur Verfügung gestellt. Maßnahmen, in denen Modulationsmittel verwandt werden, bezeichnet man als Modulationsmaßnahmen.

Zusätzlich sieht das Grundgesetz die Möglichkeit vor (Art. 91 b GG), dass Bund und Länder bei der Förderung von Einrichtungen und Vorhaben der außeruniversitären wissenschaftlichen Forschung, bei der Wissenschaft (einschließlich der Lehre) und Forschung an Universitäten sowie der Forschungsbauten an Hochschulen zusammenwirken. Auch Feststellungen, Berichte und Empfehlungen im Zusammenhang mit der Leistungsfähigkeit des Bildungswesens im internationalen Vergleich können als Gemeinschaftsaufgaben angepackt werden. Im Unterschied zu den in Art. 91 a GG aufgeführten Gemeinschaftsaufgaben, bei denen die Verfassung Bund und Länder zur Zusammenarbeit verpflichtet, sind Bund und Länder in den Fällen des Art. 91 b GG frei, zusammenzuwirken oder für sich zu arbeiten.

Art. 91 b GG lautet:
(1) Bund und Länder können auf Grund von Vereinbarungen in Fällen überregionaler Bedeutung zusammenwirken bei der Förderung von:
1. Einrichtungen und Vorhaben der wissenschaftlichen Forschung außerhalb von Hochschulen;
2. Vorhaben der Wissenschaft und Forschung an Hochschulen;
3. Forschungsbauten an Hochschulen einschließlich Großgeräten.
Vereinbarungen nach Satz 1 Nr. 2 bedürfen der Zustimmung aller Länder.
(2) Bund und Länder können auf Grund von Vereinbarungen zur Feststellung der Leistungsfähigkeit des Bildungswesens im internationalen Vergleich und bei diesbezüglichen Berichten und Empfehlungen zusammenwirken.
(3) Die Kostentragung wird in der Vereinbarung geregelt.

Die mit der Schaffung von Gemeinschaftsaufgaben gewollte Mischfinanzierung und Mischverwaltung geriet, mehr als dreißig Jahre nach ihrer Entstehung, im Zuge eines allgemeinen Unbehagens in Bezug auf das föderale Beziehungsgeflecht in die Kritik. Die Planungsprozesse, hieß es, seien zu langwierig und der Koordinierungsaufwand stehe in vielen Fällen in keinem ausgewogenen Verhältnis mehr zu den finanziellen Leistungen des Bundes an die Länder. Vor allem greife der Bund in Kernkompetenzen der Länder ein, beschränke ihre politischen Gestaltungsmöglichkeiten und die Rechte der Länderparlamente als Haushaltsgesetzgeber. So sei es kaum vorstellbar, dass sich ein Landtag einem Kompromiss widersetzen könne, der als Ergebnis eines mühsamen Feilschens zwischen den Exekutiven von Bund und Ländern um die Verteilung der GA-Mittel gefunden wurde.

Aus der Landespolitik stammte daher der Vorschlag, die Gemeinschaftsaufgaben zu entflechten. Die Föderalismusreform hat darauf insofern reagiert, als die Gemeinschaftsaufgaben „Ausbau und Neubau von Hochschulen" sowie „Bildungsplanung" mit Ablauf des Jahres 2006 beendet wurden. Weil die Länder darauf beharrten, vor allem die erstgenannte Gemeinschaftsaufgabe nicht von einem Tage auf den anderen selbst finanzieren zu können, gewährt ihnen der Bund ab 2007 zunächst jährlich knapp 700 Millionen € als Kompensation. Bis 2013 wird geprüft, in welcher Höhe von da an Finanzierungsmittel zur Aufgabenerfüllung durch die Länder für den Zeitraum bis 2019 noch angemessen und erforderlich sind (vgl. Art. 143 c GG).

Art. 143 c GG lautet:
(1) Den Ländern stehen ab dem 1. Januar 2007 bis zum 31. Dezember 2019 für den durch die Abschaffung der Gemeinschaftsaufgaben Ausbau und Neubau von Hochschulen einschließlich Hochschulkliniken und Bildungsplanung sowie für den durch die Abschaffung der Finanzhilfen zur Verbesserung der Verkehrsverhältnisse der Gemeinden und zur sozialen Wohnraumförderung bedingten Wegfall der Finanzierungsanteile des Bundes jährlich Beträge aus dem Haushalt des Bundes zu. Bis zum 31. Dezember 2013 werden diese Beträge aus dem Durchschnitt der Finanzierungsanteile des Bundes im Referenzzeitraum 2000 bis 2008 ermittelt.
(2) Die Beträge nach Absatz 1 werden auf die Länder bis zum 31. Dezember 2013 wie folgt verteilt:
1. als jährliche Festbeträge, deren Höhe sich nach dem Durchschnittsanteil eines jeden Landes im Zeitraum 2000 bis 2003 errechnet;
2. jeweils zweckgebunden an den Aufgabenbereich der bisherigen Mischfinanzierung.
(3) Bund und Länder überprüfen bis Ende 2013, in welcher Höhe die den Ländern nach Absatz 1 zugewiesenen Finanzierungsmittel zur Aufgabenerfüllung der Länder noch angemessen und erforderlich sind. Ab dem 1. Januar 2014 entfällt die nach Absatz 2 Nr. 2 vorgesehene Zweckbindung der nach Absatz 1 zugewiesenen Finanzierungsmittel; die investive Zweckbindung des Mittelvolumens bleibt bestehen. Die Vereinbarungen aus dem Solidarpakt II bleiben unberührt.
(4) Das Nähere regelt ein Bundesgesetz, das der Zustimmung des Bundesrates bedarf.

2.2.2 Finanzausgleich

Der bundesstaatliche Finanzausgleich i.e.S. beruht auf Art. 107 Abs. 2 GG und ist sowohl horizontal als auch vertikal angelegt.

> **Art. 107 Abs. 2 GG lautet:**
> Durch das Gesetz ist sicherzustellen, dass die unterschiedliche Finanzkraft der Länder angemessen ausgeglichen wird; hierbei sind die Finanzkraft und der Finanzbedarf der Gemeinden (Gemeindeverbände) zu berücksichtigen. Die Voraussetzungen für die Ausgleichsansprüche der ausgleichsberechtigten Länder und für die Ausgleichsverbindlichkeiten der ausgleichspflichtigen Länder sowie die Maßstäbe für die Höhe der Ausgleichsleistungen sind in dem Gesetz zu bestimmen. Es kann auch bestimmen, dass der Bund aus seinen Mitteln leistungsschwachen Ländern Zuweisungen zur ergänzenden Deckung ihres allgemeinen Finanzbedarfs (Ergänzungszuweisungen) gewährt.

Der horizontale Ausgleich betrifft das Verhältnis der Länder untereinander (vgl. Art. 107 Abs. 2 Satz 2 GG), während der vertikale Ausgleich sich auf das Verhältnis zwischen dem Bund und den Ländern bezieht (vgl. Art. 107 Abs. 2 Satz 3 GG).

Seit jeher hat die Kompliziertheit des Finanzausgleichssystems Kritik sowohl seitens der Politik als auch der Finanzwissenschaft hervorgerufen. Doch immer, wenn versucht wurde, Vereinfachungen anzubringen und den Finanztransfer zwischen den Ländern und zwischen Bund und Ländern klareren Regeln zu unterwerfen, wurden erworbene Besitzstände mit aller Heftigkeit verteidigt. Die Folge davon waren immer kompliziertere Regeln, die sich auch in verunklarenden Änderungen des Grundgesetzes niederschlugen die wiederum zu noch komplexeren Bestimmungen im Finanzausgleichsgesetz führten.

Die Kritik an der bis 2004 gehandhabten Form des bundesstaatlichen Finanzausgleichs kam zunächst von den Geberländern Baden-Württemberg und Bayern, später auch von Hessen, die vor dem Bundesverfassungsgericht Klage erhoben. Das Finanzausgleichsgesetz, so argumentierten sie, schöpfe die überdurchschnittliche Finanzkraft der stärkeren Länder nicht mehr – wie das GG es verlange – „angemessen" ab, sondern lasse es zu, dass einem Geberland mehr als die Hälfte des Betrages genommen werde, um den seine Finanzkraft den Länderdurchschnitt übersteige. In Anlehnung an den Halbteilungsgrundsatz, den das Bundesverfassungsgericht im Zusammenhang mit der Vermögensteuer entwickelt hatte (siehe oben Abschnitt II.2.1.2), verlangten die Klage führenden Geberländer, die Abgabepflicht auf die Hälfte der überdurchschnittlichen Finanzkraft zu beschränken. Schließlich sei die Solidaritätspflicht im Bundesstaat nicht grenzenlos; für die finanzschwachen Länder bestünde beim geltenden Ausgleichsniveau kein Anreiz zur Steigerung der eigenen Steuerkraft, beispielsweise durch eine vorausschauende Wirtschafts- und Strukturpolitik, und kein Interesse an der gleichmäßigen Durchsetzung der Besteuerung, also an der Verfolgung von Steuerordnungswidrigkeiten und -straftaten. Aber auch für die finanzstarken Länder lohnten sich zusätzliche Steuereinnahmen kaum, weil ihnen der größte Teil davon über den Länderfinanzausgleich wieder weggenommen werde. Im Ergebnis verhindere die Nivellierung, die der horizontale Finanzausgleich herbeiführe, den politischen und finanzwirtschaftlichen Wettbewerb zwischen den Ländern, von dem alle Länder und auch der Bund nur profitieren könnten. Hinzu komme, trugen die klagenden Geberländer vor, dass der vertikale Finanzausgleich in vielen seiner Teile nicht nur unberechtigt sei, sondern – was besonders schwer wiege – die Finanzkraftreihenfolge der Länder umkrempele. So beklagte Bayern, dass es hinsichtlich seiner Finanzkraft, berechnet nach ungewichteten Einwohnern, vor horizontalem und vertikalem Finanzausgleich auf Platz vier unter den Ländern liege, danach aber auf Platz 12. Dahingegen rücke beispielsweise Sachsen-Anhalt vom hintersten Platz 16 auf Platz fünf vor und das Saarland von Platz elf auf Platz vier.

Das Bundesverfassungsgericht bestätigte weder den von den Klägern eingeforderten *Wettbewerbsföderalismus* noch die Anwendung des Halbteilungsgrundsatzes im Finanzausgleichsrecht. Auch verwarf es nicht die besondere Einwohnerwertung der Stadtstaaten – es verlangte allerdings, alle Sonderbedarfe zu überprüfen und gegebenenfalls ihre Berechtigung zu begründen. Sehr klar entschied das Gericht, dass die Reihenfolge der Finanzkraft der Länder weder durch den horizontalen noch durch dessen Kombination mit dem vertikalen Finanzausgleich verändert oder gar ins Gegenteil verkehrt werden dürfe. Nur ausnahmsweise sei der Bundesgesetzgeber befugt, Sonderbedarfe eines finanzschwachen Landes so kräftig mitzufinanzieren, dass dessen Finanzkraft nach vollzogenem Ausgleich die des Durchschnitts der Länder übersteige. Insgesamt dürften die Finanzkraftunterschiede der Länder nicht eingeebnet, sondern nur verringert werden. Dabei müsse die richtige Mitte zwischen der Selbstständigkeit und Eigenverantwortlichkeit auf der einen und der Solidarität im Bundesstaat auf der anderen Seite gefunden werden. Dabei bezeichnete das Bundesverfassungsgericht die Anhebung der schwachen Länder auf 95 Prozent der Ausgleichsmesszahl – wie sie im Ergebnis des horizontalen Finanzausgleichs eintrat – als vertretbare Balance zwischen Landesautonomie und bundesstaatlicher Solidargemeinschaft.

Entscheidend für die weitere Entwicklung war, dass das Bundesverfassungsgericht den seit 1995 praktizierten Finanzausgleich nur mehr als Übergangsrecht bis Ende 2004 anerkannte und vom Gesetzgeber verlangte, ein Gesetz zu verabschieden, in dem die verfassungskonkretisierenden und -ergänzenden

Maßstäbe für die Verteilung des Umsatzsteueraufkommens und für den Finanzausgleich ohne Rücksicht auf deren finanzielle Wirkungen auf den Bund oder einzelne Länder bestimmt werden. Auf der Grundlage dieses Maßstäbegesetzes sollte der Gesetzgeber sodann ein neues, ab 2005 geltendes Finanzausgleichsgesetz schaffen.

Der zu Beginn des Jahres 2005 in Kraft getretene Finanzausgleich ist im Maßstäbegesetz und im Solidarpaktfortführungsgesetz (beide aus dem Jahre 2001) geregelt und bis Ende 2019 befristet. Damit wird er voraussichtlich etwas länger gelten als das vorangegangene System (1995-2004), von dem er sich indes nicht fundamental unterscheidet.

Der Berechnung der Ausgleichverpflichtungen zwischen den Ländern dienen zwei Rechengrößen; die Finanzkraft, die im Finanzausgleichsgesetz *Finanzkraftmesszahl* heißt, und der Finanzbedarf, den das Finanzausgleichsgesetz mit dem Begriff *Ausgleichsmesszahl* belegt.

Die Finanzkraftmesszahl eines Landes errechnet sich aus der Summe der Einnahmen aus

- den landeseigenen Steuern und Spielbankenabgaben,[42]
- den dem Land zustehenden Anteilen an den Gemeinschaftsteuern,
- dem Landesanteil an der Gewerbesteuerumlage,
- der bergrechtlichen Förderabgabe nach § 31 des Bundesberggesetzes,
- 64 Prozent der kommunalen Einnahmen aus den Gemeinschaftsteuern und den Realsteuern (korrigiert durch die Anwendung gleicher Hebesätze), vermindert um die geleistete Gewerbesteuerumlage.

(Bis zur Reform des horizontalen Finanzausgleichs durften Bremen, Hamburg, Niedersachsen und Mecklenburg-Vorpommern ihre Finanzkraft – zum Ausgleich unterstellter besonderer Hafenlasten – um mehr als 153 Millionen € reduzieren. Diese Vergünstigung wurde aus dem Finanzausgleich ausgegliedert und auf 115 Millionen € gesenkt.)

Die Ausgleichsmesszahl ist das Ergebnis der Addition zweier Berechnungen:

- Zunächst werden die Steuereinnahmen der 16 Länder (entsprechend dem Ermittlungsverfahren bei der Berechnung der Finanzkraftmesszahl) durch die Einwohnerzahl der Bundesrepublik dividiert. Die daraus resultierenden

---

[42] Sofern ein Land im Vorjahr Zuwächse bei den Steuereinnahmen je Einwohner zu verzeichnen hatte, die das Wachstum der Ländersteuern je Einwohner insgesamt überstieg, kann das betreffende Land bei der Ermittlung seiner Finanzkraftmesszahl zwölf Prozent von seinem Einnahmeüberschuss abziehen.

durchschnittlichen Ländersteuereinnahmen pro Kopf der Bevölkerung werden mit der Einwohnerzahl des jeweiligen Landes multipliziert. Allerdings ist in diesem Verfahren nicht jede/r gleich viel wert, sondern die Einwohner der Stadtstaaten Berlin, Bremen und Hamburg werden mit einem Wert von 1,35 „veredelt".

- In einem weiteren Durchgang werden die durchschnittlichen Steuereinnahmen der Gemeinden (wiederum entsprechend dem Ermittlungsverfahren bei der Berechnung der Finanzkraftmesszahl) pro Kopf der Einwohner im Bundesgebiet errechnet. Die Ergebnisse werden – wie bei den Ländersteuern – mit der Bevölkerungszahl des jeweiligen Landes multipliziert, wobei die Einwohner der drei Stadtstaaten wiederum eine „Veredelung" von 1,35 genießen und die Einwohner Mecklenburg-Vorpommerns mit 1,05, Brandenburgs mit 1,03 und Sachsen-Anhalts mit 1,02 gewertet werden.

Ob ein Land im Rahmen des horizontalen Finanzausgleichs Geldgeber oder Geldempfänger wird, hängt nun davon ab, wie sich Finanzkraftmesszahl und Ausgleichsmesszahl zueinander verhalten. Übersteigt die Finanzkraftmesszahl eines Landes dessen Ausgleichsmesszahl (ist also die Finanzkraft höher als der Finanzbedarf), so wird es ausgleichspflichtig. Es muss folglich Ausgleichsbeiträge leisten. Ist umgekehrt die Ausgleichsmesszahl größer als die Finanzkraftmesszahl, hat es Anspruch auf Ausgleichszuweisungen.

Weil das Grundgesetz davon spricht, dass die ungenügende Finanzkraft von Ländern „angemessen" auszugleichen sei, wurde im Finanzausgleichsgesetz ein linearer Tarif geschaffen, der für die Seite der ausgleichsberechtigten Empfängerländer und für diejenige der ausgleichspflichtigen Geberländer symmetrisch ist (vgl. Abb. 10):

- So wird bei Ländern, deren Steuerkraft je Einwohner weniger als 80 Prozent des Länderdurchschnitts erreicht, die Differenz zu 75 Prozent ausgeglichen.
- Danach, also bei einer Steuerkraft von 80 bis unter 93 Prozent, sinkt die Auffüllung stetig von 75 auf 70 Prozent und
- zwischen 93 und 100 Prozent des Länderdurchschnitts wird die Differenz nur mehr zu 44 Prozent ausgeglichen.

Abbildung 10: Ausgleichsansprüche und Ausgleichspflichten nach dem Finanzausgleichsgesetz

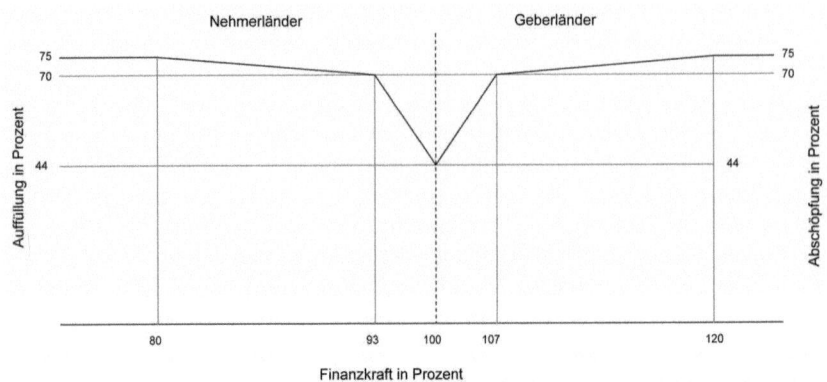

Quelle: Bayerisches Staatsministerium der Finanzen, Der bundesstaatliche Finanzausgleich. Überblick – Zielsetzung – Instrumente, München 2005, S. 18.

Auf der Seite der ausgleichspflichtigen Länder wird berechnet, um welchen Betrag die Finanzkraftmesszahl eines Landes die Ausgleichsmesszahl (=100 Prozent) übersteigt. Die Überschüsse werden abgeschöpft, indem sie

- bis unter 107 Prozent der Ausgleichsmesszahl zu 44 bis unter 70 Prozent,
- von 107 bis unter 120 Prozent der Ausgleichsmesszahl zu 70 bis unter 75 Prozent und
- darüber hinaus gleich bleibend zu 75 Prozent so weit herangezogen werden, dass die Summe der Ausgleichsbeiträge mit der Summe der Ausgleichszuweisungen übereinstimmt.

Kein Geberland muss aber mehr als 72,5 Prozent seiner gesamten ausgleichspflichtigen Überschüsse abtreten. Käme es im Ausnahmefall hierzu, so träte eine Sonderregelung in Kraft: Der Fehlbetrag müsste je zur Hälfte von der Gesamtheit der Geber- und der Nehmerländer übernommen werden.

Wir können Tab. 9 entnehmen, dass der horizontale Finanzausgleich seit 1995 Jahr für Jahr zwischen sechs und sieben Milliarden € umgeschichtet hat. Mit 20,8 Milliarden € ist Hessen hauptsächliches Geberland, auf das 27,4 Prozent sämtlicher Ausgleichszuweisungen der Jahre 1995 bis 2005 entfielen. Hauptnehmerland ist Berlin, das mit 27,8 Milliarden € 36,5 Prozent der Ausgleichssummen entgegennahm.

Tabelle 9: Horizontaler Finanzausgleich 1995 bis 2005

	1995	1998	2001	2004	2005
Geberländer (Ausgleichsbeiträge in Millionen €)					
Bayern	1.295	1.486	2.277	2.315	2.219
Baden-Württemberg	1.433	1.778	2.115	2.170	2.209
Hamburg	60	314	268	578	377
Hessen	1.101	1.758	2.629	1.529	1.593
Nordrhein-Westfalen	1.763	1.583	278	213	487
Schleswig-Holstein	72	0	-	-	-
Nehmerländer (Ausgleichszuweisungen in Millionen €)					
Berlin	2.159	2.501	2.653	2.703	2.441
Brandenburg	442	534	498	534	581
Bremen	287	466	402	331	366
Mecklenburg-Vorpommern	394	448	434	403	428
Niedersachsen	231	403	952	446	359
Rheinland-Pfalz	117	219	229	190	292
Saarland	92	117	146	116	112
Sachsen	907	1.020	1.031	930	1.007
Sachsen-Anhalt	574	617	591	532	580
Schleswig-Holstein	-	-	60	102	145
Thüringen	521	595	573	517	573
jährliche Ausgleichssumme	5.724	6.920	7.568	6.805	6.885

Abweichungen in den Summen durch Rundungen möglich. Daten für 2005 vorläufig und aufgrund der Reform des Länderfinanzausgleichs nur eingeschränkt mit den Vorjahren vergleichbar.
Quelle: BMF, Finanzbericht 2007, S. 166.

Nach Abwicklung des horizontalen beginnt der vertikale Finanzausgleich. Aus ihm empfangen leistungsschwache Länder, deren Finanzkraft unter 99,5 Prozent des Länderdurchschnitts bleibt, *allgemeine Bundesergänzungszuweisungen.* Hierdurch wird der Fehlbetrag zu 77,5 Prozent ausgeglichen. Diese allgemeinen Bundesergänzungszuweisungen beliefen sich im Jahre 2005 auf insgesamt 2,6 Milliarden €.

Zum Ausgleich von Sonderlasten durch die strukturell bedingte Erwerbslosigkeit und der daraus entstehenden überproportionalen Lasten bei der Zusammenführung von Arbeitslosenhilfe und Sozialhilfe für Erwerbsfähige („Hartz IV") erhalten Brandenburg, Mecklenburg-Vorpommern, Sachsen, Sachsen-Anhalt und Thüringen *Sonderbedarfs-Bundesergänzungszuweisungen.* Von 2005 bis 2009 bekommen sie jährlich eine Milliarde € hinzu. Ob und in welcher Höhe diese Sonderlasten auch danach noch auszugleichen sind, soll 2008 überprüft werden.

Sonderbedarfs-Bundesergänzungszuweisungen gibt es außerdem zur Abgeltung überdurchschnittlich hoher Kosten politischer Führung. Hierfür erhalten die Länder Berlin, Brandenburg, Bremen, Mecklenburg-Vorpommern, Rheinland-Pfalz, Saarland, Sachsen, Sachsen-Anhalt, Schleswig-Holstein und Thüringen bis auf Weiteres jährlich insgesamt rund 517 Millionen €.

Tabelle 10: Finanzkraft der Länder je Einwohner/in vor und nach
Finanzausgleich 2005 in Prozent des gesamtdeutschen Durchschnitts

Position	Vor horizontalem und vertikalem Finanzausgleich, nach Verteilung der Umsatzsteuereinnahmen	Position	Nach horizontalem und vertikalem Finanzausgleich
Hamburg	145,8	Berlin	143,0
Hessen	113,6	Hamburg	127,2
Bayern	109,0	Bremen	123,5
Baden-Württemberg	110,6	Mecklbg-Vorpomm.	119,9
Nordrhein-Westfalen	99,8	Sachsen-Anhalt	119,6
Bremen	98,0	Thüringen	118,3
Niedersachsen	93,9	Sachsen	117.6
Schleswig-Holstein	93,4	Brandenburg	116,7
Rheinland-Pfalz	92,0	Hessen	95,5
Saarland	89,9	Baden-Württemberg	94,8
Berlin	88,5	Bayern	94,5
Brandenburg	83,4	Saarland	92,1
Sachsen-Anhalt	82,8	Nordrhein-Westfalen	91,8
Mecklbg-Vorpomm.	82,5	Schleswig-Holstein	90,7
Sachsen	82,3	Rheinland-Pfalz	90,4
Thüringen	81,8	Niedersachsen	90,1

Quelle: Deutsche Bundesbank, Monatsbericht Juli 2006, S. 42.

Möglich wurde die gefundene Einigung für einen neuen Finanzausgleich ab 2005 vor allem dadurch, dass der Bund die Verhandlungsmasse durch geschickte

Operationen um 1,28 Milliarden € anhob und damit die Befriedigung vieler Wünsche sowohl der Geber- als auch der Nehmerländer erleichterte. Im Mittelpunkt der Gabe des Bundes stand der „Fonds Deutsche Einheit", der seit 2002 in den Finanzausgleich einbezogen ist.

Der Fonds Deutsche Einheit wurde 1990 eingerichtet, um die Verpflichtungen erfüllen zu können, die die BRD im Staatsvertrag mit der DDR über die Schaffung der Währungs-, Wirtschafts- und Sozialunion übernommen hatte. Mit der Herstellung der staatlichen Einheit diente er dazu, die Einbeziehung der neuen Länder in den bundesstaatlichen Finanzausgleich vorläufig vermeiden und öffentliche Mittel gezielt in den Osten lenken zu können. Sein Volumen von 82,2 Milliarden € setzte sich wie folgt zusammen: 25,4 Milliarden € stammen aus Haushaltsmitteln des Bundes, 8,2 Milliarden € aus Haushaltsmitteln der alten Länder und 48,6 Milliarden € wurden im Wege der Kreditaufnahme finanziert. Seitdem die neuen Länder am Finanzausgleichsystem teilnehmen, wird der Fonds Deutsche Einheit getilgt. Die Schuldendienstverpflichtungen teilen sich Bund, alte Länder und deren Kommunen.

Das geschah, indem den alten Ländern eine Tilgungsstreckung für 2002 bis 2004 gestattet wurde, was dazu führt, dass der Fonds nicht – wie geplant – 2013 aufgelöst werden kann, sondern erst nach 2019. Die Tilgungsstreckung erspart den alten Ländern sofort Zahlungen in Höhe von rund 500 Millionen €, die damit der Verteilungsmasse im Finanzausgleichsystem zur Verfügung stehen. Darüber hinaus bedient der Bund seit 2005 den „Fonds Deutsche Einheit" allein; er erspart den alten Ländern damit Zinszahlungen in Höhe von mehr als 700 Millionen € und übernimmt die nach 2019 verbleibende Restschuld von bis zu 6,5 Milliarden €. Im Gegenzug müssen die Länder dem Bund in den Jahren 2005 bis 2019 eine Kompensation in Form eines Umsatzsteuerfestbetrages in Höhe von jährlich 1,32 Milliarden € zahlen. Weist der Bund Ende 2019 nach, dass der Restbetrag aufgrund der tatsächlichen Zinsentwicklung 6,5 Milliarden € übersteigt, so müssen die alten Länder 53,3 Prozent des übersteigenden Betrages finanzieren.

2.2.3 Solidarpakt II

Die Anfang der 1990er Jahre vom seinerzeitigen Bundeskanzler im Überschwang der Gefühle versprochenen blühenden Landschaften im Osten Deutschlands sind bisher weitgehend Blütenträume geblieben. Trotz des Ausbaus vor allem der Verkehrs- und Telekommunikationsinfrastruktur, dem Neubau und der Sanierung von Gebäuden und Wohnungen ist die Erwerbslosigkeit unvermindert hoch, wandern die Menschen aus den neuen Ländern ab und bleibt – als Folge dessen – die Steuerkraft gering. Es hat sich damit als notwendig erwiesen, abermals besondere finanzielle Hilfen für die ostdeutschen Länder bereit zu stellen.

Deshalb wird – nach dem „Fonds Deutsche Einheit", aus dem von 1990 bis 1994 Mittel in die neuen Länder flossen, und nach dem Solidarpakt I, der von 1995 bis 2004 galt – seit 2005 der Solidarpakt II aufgelegt, auf dessen Grundlage bis 2019 Gelder zur Verfügung gestellt werden sollen. Von da an, dies haben die politischen Entscheidungsträger in Bund und Ländern sich und dem Volk versprochen, soll die Zusammenführung von Ost und West vollendet sein.

Im Solidarpakt II stellt der Bund den neuen Ländern einschließlich Berlin für die Zeit von 2005 bis 2019 insgesamt 105,3 Milliarden € zur Deckung teilungsbedingter Sonderlasten aus dem bestehenden starken infrastrukturellen Nachholbedarf und zum Ausgleich unterproportionaler kommunaler Finanzkraft zur Verfügung, wobei die Jahresbeträge – 2005 waren es 10,5 Milliarden € – fortlaufend abnehmen: 2019 werden nur noch 2,1 Milliarden € übertragen. Die Zahlungen erfolgen in der Form von Sonderbedarfs-Bundesergänzungszuweisungen und werden ohne Zweckbindung gewährt. Die Förderung von Investitionen in verarbeitenden Betrieben, in bestimmten produktionsnahen Dienstleistungsunternehmen sowie neuerdings im Beherbergungsgewerbe in Ostdeutschland wird bis 2009 fortgeführt. Die Fördersumme beläuft sich auf jährlich rund 600 Millionen €. Weitere 51 Milliarden € soll der Bund bis 2019 für überproportionale Investitionen und Leistungen zugunsten des Ostens aufbringen. Mit dem so entstehenden Gesamtbetrag von 156 Milliarden € übersteigen die Vereinbarungen zum Solidarpakt II die Forderungen, die die Ministerpräsidenten der ostdeutschen Länder im Vorfeld der Verhandlungen über den Finanzausgleich gestellt hatten, um 3,1 Milliarden €.

2.3 Ökologisch-soziale Steuerreform

Ein – im Vergleich zur Einkommen- und Vermögenbesteuerung und zum Finanzausgleich – junges steuerpolitisches Steuerungsinstrument ist die so genannte Ökosteuer. Konzeptionell fußt sie auf der Überlegung, dass die Kosten bestimmter Güter keinen Marktpreis besitzen, weil sie „einfach da" sind, also weder vom öffentlichen noch vom privaten Sektor produziert und bereitgestellt werden. Beispiele für solche Güter sind

- die Luft, die wir atmen und durch unsere verschiedensten Tätigkeiten qualitativ belasten und verlärmen,
- das Klima, von dem wir abhängen und dem wir Schädigungen zufügen,
- der Boden, in den die landwirtschaftliche und industrielle Produktion Schadstoffe einträgt und den wir vor allem durch Zersiedelung und den Ausbau der Verkehrsinfrastruktur in Anspruch nehmen,

- das Wasser, dem alles Leben entstammt, das wir aber verschmutzen und vergiften.

Bereits 1920 kritisierte *Arthur C. Pigou* die prinzipiell unbegrenzt mögliche Inanspruchnahme und Überbeanspruchung dieser natürlichen Ressourcen.

Arthur Cecil Pigou (1877-1959), britischer Ökonom. Lehrte in Cambridge, vor allem auf den Gebieten der Beschäftigungstheorie und Wohlfahrtsökonomik. Wissenschaftlicher Gegner John Maynard Keynes', dessen Werk er allerdings nach dem II. Weltkrieg als weitgehend zutreffend würdigte.

Als Ersatz für das Versagen der Marktsignale schlug er eine Steuer vor, mit deren Hilfe die externen Effekte (außerhalb liegenden Wirkungen) der Produktion, der Verteilung und des Verbrauchs von Gütern und Dienstleistungen in die einzelwirtschaftliche Kostenrechnung zurückgeholt werden. Steuerliche Belastungen sollten also die volkswirtschaftlichen Kosten der Reparatur von Umweltschäden, der Behandlung und Verhinderung umweltbedingter Erkrankungen und der Vorsorge gegen künftige Gefährdungen der Umwelt abbilden. Erst dann, so *Pigou*, sagten die Warenpreise die „Wahrheit".

Pigous Überlegungen wurden ernsthaft erst wieder im Zusammenhang mit der Ökologiebewegung aufgegriffen und weiterentwickelt. Im Vordergrund des wieder erwachenden Interesses stand die Erkenntnis, dass Umweltsteuern sich mit den Regeln des Marktes durchaus vertragen. Zugleich können sie dazu beitragen, vorgegebene ökologische Ziele wie zum Beispiel die Drosselung des Benzinverbrauchs mit geringen gesellschaftlichen Kosten zu erreichen (ökologische Effektivität und ökonomische Effizienz) und die Entwicklung und Einführung des umwelttechnischen Fortschritts zu fördern (dynamische Anreizwirkung). In dieser Kombination sind Umweltsteuern (un)verbindlichen Selbstverpflichtungen oder Subventionen prinzipiell überlegen. Dahingegen können sie ordnungsrechtliche Ge- und Verbote, die vor allem der unmittelbaren Gefahrenabwehr dienen, nicht ersetzen.

Umweltsteuern eignen sich vor allem in den Fällen, in denen es nicht – wie im Ordnungsrecht – darum geht, bestimmte Ereignisse (z.B. giftige Emissionen) zu verhindern, sondern darum, Schädigungen und Nutzungen natürlicher Ressourcen vorbeugend einzuschränken. Das gilt vor allem dann, wenn es sich darum handelt, Massenströme zu verringern, die von einer großen Zahl von Verursachern ausgehen.

Dabei rücken in erster Linie solche Vorgänge ins Blickfeld, bei denen eine Vielzahl von Herstellern und Herstellungsorten, Produktionsverfahren und Produkten, Verbrauchern und Verbrauchsstätten beteiligt sind: Energiewirtschaft und Verkehr, Wasserwirtschaft und Entsorgung. Hier können Mengensteuern ansetzen, deren Bemessungsgrundlage Art und Menge der emittierten Schadstoffe sind.

2.3.1 Konzept

Auf der Grundlage solcher Vorüberlegungen hat es sich herausgestellt, dass die Energie sich am besten dazu eignet, Objekt einer Umweltsteuer zu werden. Energieproduktion und -verbrauch können auf der einen Seite nicht ordnungsrechtlich untersagt, müssen aber aus ökologischen Gründen beschränkt werden. Sie sind für eine Vielzahl von Umweltproblemen wie etwa die Aufheizung des Weltklimas, die Schadstoffbelastungen der Luft, Waldschäden, Landschaftsverbrauch, die Abwicklung der Atomkraft und vieles mehr ursächlich. Eine Verteuerung des Energieverbrauchs soll

- Produzenten anreizen, die Energiegewinnung zu verbessern (d.h. die Wirkungsgrade von Kraftwerken zu erhöhen), indem sie in neue Techniken (z.B. Kraft-Wärme-Kopplung) investieren oder nicht steuerpflichtige regenerative Energien (Biomasse, Windkraft, Solarenergie) nutzen und
- die Konsumenten dazu veranlassen, ihren Energieverbrauch zu reduzieren.

Beides soll sich positiv auf die Umweltsituation auswirken.

Wesentlich weiter geht die Konzeption für eine ökologisch-soziale Steuerreform. Mit ihr soll nicht allein eine Steuer gegen das Marktversagen in Umweltangelegenheiten eingeführt, sondern es sollen Umwelt- und Beschäftigungspolitik unter Einsatz der Finanzpolitik miteinander verbunden werden. Dazu ist vorgesehen, zugleich die Energienutzung zu verteuern und den Faktor Arbeit zu verbilligen.

Damit greift der Reformvorschlag die Debatte über die zunehmende Ersetzung menschlicher Arbeit durch den Einsatz von Maschinen und Energie (sog. Anstieg der technischen Zusammensetzung des Kapitals) auf und versucht, einen Weg zugunsten arbeitsintensiver Güter- und Dienstleistungsproduktion zu weisen: Das Aufkommen aus der Energiesteuer soll zu einem großen Teil in die Kassen der Renten- und der Arbeitslosenversicherung fließen und so einen Abbau der Beitragssätze ohne Leistungskürzungen ermöglichen. Die auf diese Weise erzielte Senkung der Lohnnebenkosten erleichtere es den Unternehmen, zusätzliche Arbeitsplätze zu schaffen und stärke die Kaufkraft der Arbeitnehmer, indem ihnen die Hälfte der ersparten Sozialversicherungsbeiträge zur eigenen Verwendung verbleibe.

> Als Lohnnebenkosten werden Zahlungsverpflichtungen des Arbeitgebers bezeichnet, die zusätzlich zum Arbeitsentgelt i.e.S. anfallen. Sie entstehen aufgrund von Gesetzen (zum Beispiel der Arbeitgeberanteil an den Sozialversicherungsbeiträgen, Zuschüsse zur privaten Vermögensbildung, bezahlte Feiertage, Lohnfortzahlung im Krankheitsfall), Tarifverträgen (zum Beispiel Urlaubs- und Weihnachtsgeld) oder Betriebsvereinbarungen (zum Beispiel Gratifikationen, betriebliche Altersversorgung).

Ein anderer, wesentlicher Anteil der Ökosteuereinnahmen ist, der Konzeption entsprechend, für öffentliche Investitionen in die Verbesserung der Umweltsituation (z.B. Altlastensanierung, Gewässerreinhaltung und -renaturierung, Rückbau von Straßen) und in den Ausbau ökologisch verträglicher Infrastrukturen (z.B. Nah- und Fernwärmenetze, Ausbau des Schienenverkehrs, energetische Optimierung von Heizungsanlagen) vorgesehen – Maßnahmen, die zugleich Arbeitsplätze vor allem im handwerklichen und mittelständischen Bereich sichern und schaffen.

Weitere Teile des Aufkommens aus der ökologisch-sozialen Steuerreform sollen

- steuerbedingte Energiepreissteigerungen bei solchen Gruppen auffangen, die von der Senkung der Sozialversicherungsbeiträge nicht profitieren (z.B. Studierende und Sozialhilfeempfänger),
- dem Ausgleich für Mehrkosten von Schwerbehinderten dienen,
- besonders energieintensive Produktionsbetriebe (sog. Verliererbranchen) bei Umrüstungen und Anpassungen unterstützen und
- Entlastungen bei einer vorzunehmenden Senkung der Einkommensteuertarife und die Abschaffung der Kfz-Steuer mitfinanzieren.

Die Reformkonzeption sieht vor, dass die Bemessungsgrundlage der Energiesteuer je zur Hälfte aus dem Energiegehalt und aus den Kohlendioxidemissionen (mit einem Gefährdungszuschlag auf Atomenergie) gebildet wird.

> Der Energiegehalt bezeichnet die in einem Stoff enthaltene Energiemenge (Brennwert). Er wird in Joule gemessen. Eine Ausrichtung auf den Energiegehalt als Grundlage für die Besteuerung bringt indirekt eine Entlastung weniger umweltbelastender Brennstoffe mit sich.

Die Steuersätze (€ je Gigajoule) sollen über eine Dekade hinweg jährlich steigen, bis sie im zehnten Jahr das 7,6-fache des Ausgangssatzes erreichen. Prognostiziert wird ein dadurch verursachter Rückgang der Kohlendioxidemissionen um knapp ein Viertel des Ausgangsvolumens. Auch die Steuersätze auf Mineralöl-produkte sollen in einem Zehn-Jahres-Zeitraum fortlaufend wachsen und am Ende das Achtfache des Ausgangswertes erreichen. Unter Zugrundelegung der Rohstoffpreisbedingungen des Jahres 1995 würde dann etwa der Benzinpreis nach zehn Jahren von einem Ausgangswert in Höhe von einem auf 2,40 € zu-nehmen – ein Betrag, der, medienwirksam aufgerundet auf fünf Mark (2,56 €), im Bundestagswahlkampf 1998 für erhebliche Aufregung sorgte.

Dabei übersahen oder unterschlugen die Autofahrer/innen, die Automobil-clubs, die Autoindustrie und die Mineralölkonzerne, die gegen diese zunächst ungeheuer erscheinende Summe protestierten, den dynamischen Anreiz, den dieses Preissignal auf die Entwicklung und Einführung energiesparender Tech-niken ausübt. Verbrauchte im Jahre 2000 ein Mittelklasse-Pkw rund acht Liter Sprit pro 100 Kilometer und kostete der Liter 1,20 €, so betrug der Energiepreis für eine Fahrtstrecke von 100 Kilometern 9,60 €. Steigt nun der Spritpreis auf 2,50 € je Liter, verbraucht aber das Mittelklasseauto dank verbesserter Technik nur mehr drei Liter auf 100 Kilometer, so sinken die Kosten für eine 100 km-Fahrt um 2,10 € oder um rund 22 Prozent. Im Ergebnis der Ökosteuer werden demnach Umwelt und Geldbeutel geschont.

Auch wurde bezweifelt, dass ein Rückgang des Benzinverbrauchs zu erhöh-ten Steuereinnahmen führen könne. Die Einnahmen würden – im Gegenteil – mit den Jahren schrumpfen und die Ökosteuer sich von selbst erledigen. Diesen Einwand konnte eine Modellrechnung widerlegen: Greift man die oben ange-führten Zahlen auf, so ergibt sich in der Ausgangssituation eine Gesamtsteuer auf den Liter Benzin (Mineralöl- und Umsatzsteuer) von rund 65 Cents. Eine Autofahrt über 100 km mit einem Verbrauch von acht Litern trägt dem Staat folglich Steuern in Höhe von 5,20 € ein. Erhöht sich die Gesamtsteuer nach zehn Jahren auf 1,90 €, dann nimmt der Staat bei einem Verbrauch von drei Litern pro 100 km 5,70 €, also 50 Cents mehr als ursprünglich, ein.

Die Mehreinnahmen aus der Ökosteuer und die Minderausgaben infolge des damit zu verbindenden Abbaus umweltschädigender Finanzierungen (z.B. Fern-straßenbau, lohnsteuermindernde Kilometerpauschale für Pendler, Subventionen für den Steinkohlenbergbau, Abschaffung der Steuerbefreiung für Kerosin) sol-len dem Reformvorschlag zufolge im zehnten Jahr mehr als 135 Milliarden € ausmachen (vgl. Tab. 11).

Tabelle 11: Erhebung und Verwendung des Aufkommens und der Minderausgaben im Konzept der ökologisch-sozialen Steuerreform (in Mrd. €)

Jahre	1996	2001	2005
Erhebungsseite			
Energiesteuer	9,2	34,3	56,8
Mineralölsteuererhöhung im Straßenverkehr	12,3	37,8	53,2
Mineralölsteuererhöhung Luftverkehr und Binnenschifffahrt	2,0	6,6	9,2
Schwerverkehrsabgabe	0,5	1,0	1,0
Abbau ökologisch schädlicher Subventionen	1,0	5,1	8,2
Reform der Kilometerpauschale im Einkommensteuerrecht	0,0	2,0	2,6
Abbau Steinkohlesubventionen	0,5	1,5	3,1
Umschichtung Verkehrshaushalt	1,5	1,5	1,5
Summe Mehreinnahmen/Minderausgaben	27,0	89,8	135,6
Verwendungsseite			
Abschaffung Kfz-Steuer für Pkw	5,6	5,6	5,6
Zuschuss zu den Sozialversicherungen	10,7	30,7	41,4
Einkommensteuerreform	0,0	23,0	52,2
sonstiger sozialer Ausgleich	1,5	5,1	8,2
ökologisches Investitionsprogramm (national)	8,2	19,4	17,9
Klimafonds	1,0	6,1	10,2

Quelle: Bündnis 90/Die Grünen, Bundesvorstand, Eckpunkte für den Einstieg in die ökologisch-soziale Steuerreform, beschlossen vom Länderrat im September 1995, S. 12; eigene Umrechnung von DM in €.

Wichtig für die Diskussion um die Staatsquote, auf die wir in Kapitel II.3 eingehen wollen, ist jener Teil des Reformkonzepts, mit dem dessen weitgehende Aufkommensneutralität postuliert wird. Hinter diesem Begriff verbirgt sich der Wunsch, die Umweltsteuer nicht als zusätzliche Zwangsabgabe den bereits bestehenden Steuerarten aufzusatteln, sondern lediglich Finanzströme im Interesse von Ökologie und Beschäftigung zu lenken. Die Einnahmen aus der Abgabe für Energie sollen also zum überwiegenden Teil „zurückgegeben" werden, indem sie die Senkung der Sozialversicherungsabgaben, die Reduzierung der Einkommensteuertarife und die Abschaffung der Kfz-Steuer für Pkw ermöglichen. Abgaben- und Steuerquote, so heißt es denn auch in den Reformvorschlägen, bleiben trotz der Ökosteuer weitgehend konstant.

2.3.2 Ökosteuer

Seit 1999 wird in der Bundesrepublik eine Ökosteuer erhoben, und zwar auf Benzin und Dieseltreibstoff, auf Heizöl und Erdgas sowie auf Strom. Bemessungsgrundlagen sind die Mengen (gemessen in Litern bzw. Kilowattstunden). Bis 2003 wurden die Steuersätze für Benzin, Dieselkraftstoff und Strom regelmäßig zum Beginn eines Jahres schrittweise angehoben. Von den jährlichen Einnahmen aus der Ökosteuer in Höhe von 17,8 Milliarden € (2005) fließen 1,4 Milliarden € in den Bundeshaushalt und 100 Millionen € in ein so genanntes Marktanreizprogramm zur Nutzung erneuerbarer Energien. Überwiegend dient das Aufkommen der Senkung der Beiträge zur gesetzlichen Rentenversicherung. Wir haben es hier also mit zweckgebundenen Steuereinnahmen und folglich mit einer Ausnahme vom Prinzip der Gesamtdeckung (vgl. I.3.1 und III.4) zu tun. Ohne Bezuschussung der Rentenversicherung aus Mitteln der Ökosteuer läge der Beitragssatz nach Angaben der Bundesregierung um 1,7 Prozentpunkte höher. Dies mag stimmen; festzuhalten bleibt aber, dass es die Ökosteuer gerade einmal vermocht hat, die Rentenversicherungsbeiträge zu stabilisieren (vgl. Tab. 12) – und dies nur, weil erhebliche Verschlechterungen für die Rentenbezieher durchgesetzt wurden. Trotzdem stiegen die Beiträge 2007 auf 19,9 Prozent. Auch das konzeptionelle Ziel, dadurch zu einer Verbesserung der Beschäftigungssituation zu kommen, ist nicht nachweisbar.

Auch eine Entlastung der Umwelt lässt sich aus der Erhebung der Ökosteuer nicht ableiten. Ein Hauptgrund dafür ist in den umfangreichen Ausnahmen zu finden. So gibt es nicht nur zielkonforme Befreiungen für Biodiesel und Bioethanol, für Strom aus erneuerbaren Energieträgern, für bestimmte Gas- und Dampfturbinenwerke und für einige Kraft-Wärme-Kopplungsanlagen sowie systemverträgliche Nachlässe für den ÖPNV. Ermäßigte Steuersätze gelten auch für Kraftfahrzeuge, die mit Flüssig- (bis 2009) oder Erdgas (bis 2020) betrieben werden, sowie – bezogen auf Heizöl, Erdgas und Strom – für das gesamte produzierende Gewerbe einschließlich der Land- und Forstwirtschaft. Ab einer Belastung von 511 € jährlich sinkt der Steuersatz um 40 Prozent. Übersteigt die Ökosteuerschuld den Betrag, den ein Gewerbebetrieb infolge der Senkung der Arbeitgeberanteile zur Rentenversicherung einspart, und beträgt die Mehrbelastung mehr als 512 € im Jahr, so wird das Mehr an Ökosteuer zu 95 Prozent erstattet.

Tabelle 12: Sozialversicherungsbeiträge 1970 bis 2006

Jahr	Rentenver-sicherung	Kranken-versiche-rung*	Arbeitslo-senversi-cherung	Pflegeversi-cherung*	insgesamt
	Beitragssätze in Prozent des Bruttoarbeitsentgelts				
	Früheres Bundesgebiet				
1970	17,0	8,2	1,3		26,5
1980	18,0	11,4	3,0		32,4
1992	17,7	12,5	6,3		36,5
2000	19,3	13,5	6,5	1,7	41,0
2005	19,5	13,7	6,5	1,7	41,4
2006	19,5	13,3	6,5	1,7	41,0
	Neue Länder				
1992	17,7	12,7	6,3		36,7
2000	19,3	13,8	6,5	1,7	41,3
2005	19,5	13,5	6,5	1,7	41,2
2006	19,5	13,0	6,5	1,7	40,7

* Kinderlose Versicherte haben seit 2005 einen einkommensbezogenen Sonderbeitrag von 0,9 Beitragssatzpunkten zur Kranken- und einen Beitragszuschlag von 0,25 Prozent zur Pflegeversicherung zu leisten.
Quelle: BMAS, Statistisches Taschenbuch 2006. Arbeits- und Sozialstatistik, Bonn 2006, Tab. 7.7; schriftliche Auskunft des BMAS vom 6. 12. 2006.

Von Kritikern der Ökosteuer in ihrer realisierten Form wird daher eingewandt, dass die Ermäßigung der Steuer für die gewerblichen und landwirtschaftlichen Betriebe auf 60 Prozent des Regelsatzes das Lenkungsziel einer Verbesserung der Umweltsituation gefährden. Dies werde auch nicht durch die Verwendung von zwei Prozent des Aufkommens für regenerative Energien aufgefangen, weil dieses nicht ausreiche, den Verzicht auf ein ökologisches Investitionsprogramm zu kompensieren. Greife zusätzlich zur Steuersatzermäßigung die Erstattungsregelung, so laufe die Ökosteuer vollends ins Leere: Wer viel Energie verbrauche, wenig Arbeitsplätze vorhalte und keine Anstrengungen zur Energieeinsparung unternehme, stehe betriebswirtschaftlich kaum schlechter da als wenn es die Ökosteuer überhaupt nicht gäbe. Das aber mache die Ökosteuer unsozial: Indem an jede Kleinrentnerin der einhundertprozentige Stromsteuersatz angelegt werde und sie mit jedem Einschalten ihrer Kaffeemaschine oder Heizdecke die Senkung bzw. Stabilisierung der Lohnnebenkosten mitfinanziere, trage sie zur Einsparung von Personalkosten großer Produktionsunternehmen wie DaimlerChrysler, e.on, Volkswagen, Siemens usw. bei, die zusätzlich in den Genuss des um 40 Prozent ermäßigten Steuersatzes und evtl. sogar einer Steuererstattung kämen. Abschließend kommt die Kritik zu dem Ergebnis, dass die Ökosteuer in ihrer gegenwärtig geltenden Form keine Lenkungswirkungen entfalte und als eine gewöhnliche Verbrauchsteuer anzusehen sei. Sie verschaffe der gesetzlichen Rentenversicherung Mehreinnahmen; dies wäre mit einer zweckgebundenen Anhebung bereits vorhandener Verbrauchsteuern ebenso gut möglich gewesen und hätte manche ideologisch gefärbte Auseinandersetzung im politischen Raum erübrigt.

3   Staatsanteile am Sozialprodukt

Wir haben uns in den vorangegangenen Kapiteln im Wesentlichen mit den Einnahmen des Staates, vor allem mit den Steuereinnahmen, befasst, und besprochen, wie der öffentliche Sektor die aufgetriebenen finanziellen Mittel einsetzt, um das Marktversagen im Hinblick auf soziale Gerechtigkeit, regionalen Ausgleich und Ökologie zu korrigieren. Dabei haben wir bisher die Kritik ausgeklammert, die sich an dem Ausmaß entzündet, in dem der Staat von seinen Lenkungsmöglichkeiten und Eingriffsrechten Gebrauch macht. Diese Debatte soll nun nachgeholt werden: Staat und Kommunen, lautet ein Vorwurf, tendierten dazu, ihre Aufgabenbereiche fortlaufend auszudehnen. Dafür beanspruchten sie immer mehr finanzielle Mittel, die sie der Privatwirtschaft entzögen. Die Folge sei, dass sich der öffentliche Sektor über Wirtschaft und Gesellschaft lege und mit seinen komplizierten Regelwerken private Initiativen behindere. Weil unter der Herrschaft der Bürokratie kaum jemand für Fehler und Versäumnisse einstehen müsse, mache sich organisierte Verantwortungslosigkeit breit. Je länger dieser Zustand andauere, desto tiefer versinke die Volkswirtschaft in Ineffizienz und schließlich verliere sie den Anschluss an die Weltmarktbedingungen.[43]

Woran aber werden solche Behauptungen oder Befürchtungen gemessen? Weithin hat es sich eingebürgert, hierfür auf Maßeinheiten wie die Staats-, die Abgaben- und die Steuerquote zurückzugreifen. Dabei gilt die Staatsquote als Gradmesser für die Inanspruchnahme der Volkswirtschaft durch den öffentlichen Sektor, während die Abgabenquote herangezogen wird, um die relative Belastung der Gesamtwirtschaft durch Steuern und Sozialversicherungsbeiträge darzustellen; die Steuer(last)quote schließlich soll die verhältnismäßige Beanspruchung der Gesamtwirtschaft durch Steuern zum Ausdruck bringen.

---

[43] Vgl. beispielhaft für viele die Schriften Moderner Staat Schlanker Staat (Themenheft Nr. 4), Köln o.J., und Der schlanke Staat. Eine Fitnesskur für unser Gemeinwesen, Köln 2001, der von den Arbeitgebern getragenen Initiative Neue Soziale Marktwirtschaft.

Von den hier betrachteten gesamtwirtschaftlichen Abgaben- und Steuerquoten zu unterscheiden sind die individuelle Abgabenquote, die sich auf den Anteil der geschuldeten Steuern und Sozialversicherungsbeiträge am Bruttoeinkommen einer Person, und die individuelle Steuerquote, die sich auf den Anteil der geschuldeten Steuern am Bruttoeinkommen eines Steuerzahlers beziehen.

3.1 Staatsquote

Die Staatsquote wird als prozentualer Anteil der Staatsausgaben (einschließlich derer der Kommunen) am Bruttoinlandsprodukt errechnet. Dabei ergeben sich recht unterschiedliche Ergebnisse – je nachdem, ob die Staatsausgaben der Volkswirtschaftlichen Gesamtrechnung entnommen werden oder der offiziellen Finanzstatistik. Diese Verschiedenartigkeit der Zahlen erklärt sich aus den unterschiedlichen Kriterien für die Abgrenzung der Staatsausgaben in den beiden genannten Statistiken.

Die Finanzstatistik gibt die Daten der öffentlichen Finanzwirtschaft wieder und beruht auf den Statistiken der öffentlichen Haushalte, der Finanzpläne, der Jahresrechnungen, der vierteljährlichen Kassenergebnisse und der Stichtagserhebungen. Erfasst werden u.a. die Steuereinnahmen, das Vermögen und die Schulden, der Personaleinsatz sowie die Ausgaben und Verpflichtungen.

Die Volkswirtschaftliche Gesamtrechnung bildet die Datengrundlage für ein übersichtliches und umfassendes Bild des wirtschaftlichen Geschehens in einem bestimmten Zeitraum. In ihrem Mittelpunkt steht die Berechnung des jeweiligen BIP. Der VGR können u.a. die Entwicklung der Nachfrage, der Güterproduktion, der Wirtschaftsstruktur und der Produktivität entnommen werden. Sie ist eine der Grundlagen der mittelfristigen Finanzplanung von Bund und Ländern.

Heutzutage wird die Staatsquote international anhand der Daten der VGR gebildet. Dabei zeigt sich für die Bundesrepublik, dass die Staatsquote nach einem Anstieg zur Mitte der 1990er Jahre, der auf die zusätzliche Staatsaktivität im Zusammenhang mit Infrastrukturleistungen für Ostdeutschland zurückging, gegenwärtig wieder sinkt. Inzwischen unterschreitet sie sogar das Niveau der Zeit vor der deutschen Einheit. Auch international sinken die Staatsquoten seit der Mitte der 1990er Jahre. Gegenwärtig befindet sich Deutschland gemeinsam mit den Niederlanden im Mittelfeld zwischen Frankreich, Österreich und Schweden mit höheren Staatsquoten auf der einen und den USA und Japan mit extrem niedrigen Staatsquoten auf der anderen Seite.

Tabelle 13: Staatsquoten im internationalen Vergleich (auf der Basis der VGR), 1985 bis 2005

Staat	1985	1995	2005
BRD	47,2	48,3	46,1
Frankreich	51,6	54,5	53,9
Großbritannien	44,4	44,3	44,8
Italien	51,5	52,0	48,1
Japan	31,6	36,9	39,5
Niederlande	55,7	49,3	45,7
Österreich	49,9	55,9	49,5
Schweden	62,7	67,2	56,2
USA	33,8	35,4	34,6

Quelle: BMF, Finanzbericht 2002, S. 386; Finanzbericht 2007, S. 415 f.

Im Streit darüber, ob diese Zahlen tatsächlich aussagekräftig sind – etwa in dem Sinne, dass hohe Staatsquoten für mehr soziale Gerechtigkeit und weniger individuelle Freiheit sprechen und niedrige Quoten das Gegenteil dessen aussagen –, empfiehlt sich Zurückhaltung. Zum einen besagen die Prozentsätze nicht, dass der Staat diese Anteile tatsächlich für sich verwendet, sondern sie zeigen nur auf, welche Finanzströme vom Staat kontrolliert werden. Darin sind aber beachtliche Transferleistungen an private Haushalte, Unternehmenssubventionen und Schuldendienstzahlungen enthalten, die alle nicht den Staat als Empfänger haben, sondern Privaten zufließen. Außerdem wird die Staatsquote von rechtlichen Veränderungen beeinflusst, die an den realen wirtschaftlichen Ergebnissen nichts ändern. So ist es Subventionen eigen, die öffentlichen Haushalte auszuweiten, also die Staatsquote zu erhöhen, während Steuervergünstigungen sie verringern. Würde also die Bundesrepublik Steuervergünstigungen – zum Beispiel den Freibetrag für Zinseinnahmen aus Sparguthaben – durch Finanzhilfen ersetzen, so stiege die Staatsquote. Umgekehrt würde der Ersatz der Subventionierung des Steinkohlenbergbaus durch steuerliche Vergünstigungen für Bergbautreibende und Bergleute die Staatsquote senken. Auch – verschiedentlich vorkommende – Doppelzählungen von Zuweisungen zwischen den Gebietskörperschaften (also etwa vom Bund an die Länder oder von diesen an die Kommunen) verfälschen die Staatsquote, indem sie sie höher erscheinen lassen, als sie tatsächlich ist.

Vor allem muss gegen die Staatsquote eingewendet werden, dass sie mathematisch eine unechte Quote ist, da die Transferleistungen zwar in den Staatsausgaben (rechnerisch: im Zähler), nicht aber im BIP (rechnerisch: im Nenner) enthalten sind. Es ist klar, dass die Staatsausgabenquote infolgedessen stets zu hoch ausfällt. Wollen wir belastbare Aussagen über die Inanspruchnahme des BIP durch den Staat treffen, dann müssen wir von den Staatsausgaben nach der VGR die Transferleistungen und den Schuldendienst abziehen. Wir erhalten dann den Staatsverbrauch zuzüglich der Bruttoanlageinvestitionen des Staates, eine Summe, die wir durch das BIP dividieren; dieses Zwischenergebnis, mit 100 multipliziert, ergibt die bereinigte Staatsquote, die bei weitem nicht so spektakulär ist und daher in der öffentlichen Diskussion eher ein Schattendasein fristet.

Damit soll die Staatsquotendiskussion keineswegs abgetan, sie muss aber auf ein vernünftiges Maß zurückgeführt werden. Greifen wir die Staatsquote nicht punktgenau heraus, um anhand des Wertes für ein einzelnes Jahr Aussagen zum Verhältnis Staat-Privatwirtschaft zu machen (die nach dem Gesagten unhaltbar wären), sondern betrachten wir sie im längeren Zeitverlauf, so ist es schon möglich, die Entwicklung des Verhältnisses zwischen privatwirtschaftlicher Aktivität und dem öffentlichen Anteil an der Güternachfrage zu beobachten. Allgemein gesagt, können wir im historischen Rückblick erkennen, dass die Staatstätigkeit und der öffentliche Finanzbedarf international zugenommen haben (*Wagner*'sche Gesetze der wachsenden Ausdehnung des Finanzbedarfs und der Staatstätigkeiten)[44] und heute – vom Extremfall USA abgesehen – bei knapp 40 oder mehr Prozent liegen.

Adolph Wagner (1835-1917), Nationalökonom und Statistiker, Professor in Tartu/Estland, Freiburg und Berlin, Rektor der Universität Berlin, beeinflusste die Notenbankpolitik vor dem Ersten Weltkrieg.

Eine Ursache dafür ist gewiss die wachsende Komplexität der klassischen Staatsaufgaben (Justiz, Polizei, Militär, Diplomatie). Hauptgründe sind aber die Übernahme sozialstaatlicher, wirtschaftsleitender (interventionistischer) und umweltbezogener Aufgabenstellungen durch den öffentlichen Sektor, die Ausweitung der staatlichen bzw. kommunalen Verantwortung vor allem in den Bereichen Infrastruktur, Bildung und Forschung sowie insgesamt die gewachsene Komplexität moderner Industriegesellschaften. Überall hier begegnen wir einem tendenziellen Marktversagen und der Notwendigkeit, öffentliche und meritorische Güter staatlicherseits bereitzustellen. Es mag im Zuge von Privatisierungsbestrebungen, auf die wir in Kapitel III.11 eingehen wollen, wünschenswert und möglich erscheinen, die eine oder andere derzeit öffentlich wahrgenommene Aufgabe an die Privatwirtschaft abzutreten. Dennoch muss an dieser Stelle die Prognose erlaubt sein, dass eine grundsätzliche Änderung des Verhältnisses von öffentlichem und privatem Sektor allenfalls für den unwahrscheinlichen Fall denkbar erscheint, dass sich die Gesellschaften Europas entschließen, in mehr als

---

[44] Vgl. *Adolph Wagner*: Finanzwissenschaft, 1. Theil, 3. Aufl. Leipzig/Heidelberg 1883, S. 76: derselbe, Grundlegung der politischen Ökonomie, 1. Theil, 2. Halbbd., 3. Aufl. Leipzig 1893, S. 892 ff.

zwei Jahrtausenden gewachsene Traditionen und Wertvorstellungen über Bord zu werfen, um sich einem orthodoxen Liberalismus zu verschreiben, in dem der Staat nur mehr die Aufgabe hätte, die Reichen vor den Armen zu schützen.

3.2 Abgaben- und Steuerquote

Im Unterschied zur Staatsquote, in der die öffentlichen Ausgaben auf das Bruttoinlandsprodukt bezogen werden, setzen Abgaben- und Steuerquote die öffentlichen Einnahmen in Relation zum Bruttoinlandsprodukt. Diese beiden Größen sprechen die Bürgerinnen und Bürger also in ihrer Eigenschaft als Beitrags- und Steuerzahler an und nehmen deshalb in den politischen Diskussionen breiten Raum ein. Die Abgabenquote stellt eine Beziehung zwischen den Steuereinnahmen sowie den Sozialversicherungsbeiträgen und dem Bruttoinlandsprodukt her; die Steuerquote ist das Ergebnis der Berechnung des Anteils nur der Steuereinnahmen an der gesamtwirtschaftlichen Leistung. Bei einem Vergleich beider Ergebnisse zeigt sich für Deutschland, dass die Klagen über die Abgabenbelastung nicht nicht plausibel sind. So ist die Belastung mit Steuern im letzten Vierteljahrhundert ebenso gesunken wie die Belastung durch Sozialabgaben (vgl. Tab. 14).

Tabelle 14: Steuer- und Abgabequoten im internationalen Vergleich (auf der Basis der Finanzstatistik und nach den Abgrenzungskriterien der OECD), 1980 und 2004

Staaten	Steuern		Steuern und Sozialabgaben	
	1980	2004	1980	2004
	in Prozent des Bruttoinlandsprodukts			
Deutschland	24,6	20,4	37,5	34,6
Frankreich	23,1	27,5	40,2	43,7
Großbritannien	29,3	29,4	35,2	36,1
Italien	18,9	29,5	30,4	42,2
Japan	18,0	15,8	25,4	25,3 (2003)
Niederlande	27,0	35,2	43,6	39,3
Österreich	26,9	28,3	39,0	42,9
Schweden	33,6	36,2	47,3	50,7
Schweiz	19,8	22,2	28,5	29,4
USA	20,6	18,7	26,4	25,4

Quelle: BMF, Finanzbericht 2007, S. 417 f.

Für die Debatte um die steuerliche Belastung der Privatpersonen, der Unternehmen und der Volkswirtschaft als Ganzer aufschlussreich ist Tab. 14, weil sie zeigt, dass die deutsche Steuer(last)quote heute zu den niedrigsten im internationalen Vergleich der leistungsstarken Marktwirtschaften zählt. Das Sinken der Steuerquote auf 20,4 Prozent zeigt unmissverständlich an, dass die Steuereinnahmen in den vergangenen Jahren nicht einmal mehr in dem Maße wie das Bruttoinlandsprodukt gestiegen sind. Vor allem ist festzuhalten, dass die Zahl derer, die einen Grenzsteuersatz von über 40 Prozent zahlen, seit 2002 um ein Drittel gesunken ist.[45] Aber auch die Behauptung, die Beiträge zur gesetzlichen Sozialversicherung (Rente, Arbeitslosigkeit, Krankheit), beeinträchtigen die „internationale Wettbewerbsfähigkeit", trifft nicht zu. Tabelle 14 zeigt, dass die Belastung mit Steuern und Sozialabgaben in Deutschland keineswegs an der Spitze liegt, sondern hinter Schweden, Frankreich, Österreich, Italien, den Niederlanden und Großbritannien. Wir können daraus lernen, dass die von interessegeleiteten Verbänden und Funktionären verbreitete Erregung über den angeblichen Steuerstaat Deutschland und kühne Forderungen nach weiteren Steuersenkungen wenig mit den realen Gegebenheiten zu tun haben. Es empfiehlt sich daher, sie mit großer Zurückhaltung zu genießen.

4 Steuerwiderstand

Weitgehend unabhängig von den realen Anforderungen, die das Steuersystem den Einzelnen und den Unternehmen abverlangt, scheint der subjektive Eindruck der steuerlichen Belastung zu sein. Mag es anderswo anders sein, so gilt dieser Befund doch zumindest für die deutschen Verhältnisse. Hier hat sich im Verlaufe von Jahrzehnten eine kollektive Mentalität herausgebildet, die Steuern nicht rational als notwendig zur Finanzierung der öffentlichen Aufgaben betrachtet, sondern vorwiegend als Bedrückung versteht und Steuerzahlungen nicht als Beitrag zur Realisierung eines sozialen, gerechten, demokratischen und leistungsfähigen Gemeinwesens begreift, sondern als Schikanen einer gefräßigen, von weitgehend unfähigen Politikern geführten Staatsmaschinerie. Infolgedessen trachten nicht wenige Bürgerinnen und Bürger, Produzenten und Dienstleister, Vereine und Verbände danach, möglichst wenig, am besten: keine Steuern zahlen zu müssen. Behilflich ist ihnen dabei ein Heer von Steuer- und Anlageberatern, Versicherern und Banken, die an dem Volkswunsch, die individuelle Steuerschuld zu minimieren, kräftig mitverdienen.

Meinungsumfragen zufolge hält eine überwältigende Mehrheit von 81 Prozent der Bürgerinnen und Bürger das Steuersystem für ungerecht,[46] weil es Unternehmern und Freiberuflern in weit höherem Maße erlaubt, ihre Steuerschuld zu

---

[45] Vgl. Süddeutsche Zeitung vom 31. 10. 2006.

[46] Vgl. Infratest dimap, Deutschlandtrend Dezember, in: Frankfurter Rundschau vom 8. 12. 2006.

beeinflussen als Arbeitnehmern. Dies ist einer der Gründe, weshalb sich die Abneigung gegen Steuerzahlungen so verbreitet hat, dass „Steuersparen" zu einer Art Volkssport geworden ist. „Die Lust am Steuersparen", spottete ein bayerischer Finanzminister, „ist in Deutschland ausgeprägter als der Fortpflanzungstrieb."[47] Steuerehrlichkeit ist zu einer Verhaltensweise denaturiert, die den „Dummen" vorbehalten bleibt.[48] So werben nicht einmal nur Private, sondern selbst ein öffentlich-rechtlicher Verkehrsverbund mit der Aufforderung, „dem Finanzamt ein Schnippchen [zu] schlagen", und eine Einzelhandelskette für Elektrogeräte beschildert ihre Kassen als „Schwarzgeldannahmestellen". Der daraus ablesbaren negativen Einstellung zur Besteuerung schlechthin, von *Schmölders* als Steuermentalität bezeichnet, entspricht ein Zusammenbruch der Steuermoral, also der Einstellung zum Steuerdelikt, zur Steuerstrafe und zum Steuersünder.

Günter Schmölders (1903-1991) war Hochschullehrer in Breslau und Köln, Mitglied im Wissenschaftlichen Beirat beim BMF. Verfasste bedeutende Arbeiten zur Steuer-, Geld- und Finanzpolitik.

Bemerkenswert an der heutigen Situation ist, dass selbst Steuersenkungen kaum Auswirkungen auf die Einstellung der Bevölkerung zu haben scheinen:[49] Trotz tief greifender Senkungen der Einkommensteuertarife seit 1998 meint gerade einmal ein Fünftel der erwachsenen Bevölkerung, man dürfe bei der Steuererklärung „unter keinen Umständen ... ein bisschen mogeln". Nicht einmal die Hälfte (49 Prozent) ist der Ansicht, es sei „unter keinen Umständen" zulässig, „Steuern zu hinterziehen, wenn man die Möglichkeit hat".[50]

4.1 Steuervermeidung

Je komplizierter ein Steuersystem ausgestaltet ist, desto mehr Möglichkeiten und Anreize bietet es den natürlichen und den juristischen Personen, ihre Steuerschuld durch intelligente Ausnutzung von Schlupflöchern und Tatbestandsgestaltungen zu mindern. Eben diese Verhältnisse liegen vor: Das deutsche Steuerrecht

---

[47] Erwin Huber, zit. n. Der Spiegel, Nr. 29 vom 17. 7. 2000, S. 31.
[48] Vgl. *Hajo Romahn*: Schattenwirtschaft, Steuerhinterziehung und Regulierung, in: *Uwe Jens/Hajo Romahn* (Hrsg.): Sozialpolitik und Sozialökonomik – Soziale Ökonomie im Zeichen der Globalisierung. Festschrift für *Lothar F. Neumann*, Marburg 2000, S. 367-384, hier S. 372 f.
[49] Vgl. *Flip de Kam*: Tax reform: Dreaming about tough realities, in: Journal of Economic Psychology, 13. 1992, S. 679-686, hier S. 683 f.
[50] *Elisabeth Noelle-Neumann, Renate Köcher* (Hrsg.): Allensbacher Jahrbuch der Demoskopie 1998-2002, Bd. 11, München 2002, S. 669 (Ergebnisse vom November 2001).

ist dermaßen aufgebläht, dass mehr als die Hälfte aller in der Welt existierenden Steuergesetze auf die Bundesrepublik entfällt.[51] Zwar wurden seit 1998/99 verschiedene Schritte unternommen, um den Dschungel des Steuerrechts zu lichten; mehr als kleine Schneisen konnten aber noch nicht geschlagen werden. Noch immer ist es möglich, dank kluger Steuerplanung eine Fülle von Möglichkeiten der – legalen – Steuervermeidung zu nutzen. Die Kritik daran muss indes in erster Linie den Gesetzgeber – also Bundestag und Bundesrat – treffen, der die Unübersichtlichkeit des Steuerrechts ebenso geschaffen hat wie die Schleichwege aus ihm heraus und der sich unfähig zeigt, ein transparentes und für alle gleiches Steuerrecht ohne die heutige Fülle von Ausnahmen in Kraft zu setzen.

Wer Steuern vermeiden will, unterlässt nach Möglichkeit alles, was eine Steuerpflicht begründen oder sie erhöhen könnte und strebt stattdessen steuermindernde Tatbestände an. Ziel der Steuervermeidung ist es, gegebene Gestaltungsmöglichkeiten so einzusetzen, dass sich auf der einen Seite Vermögenszuwächse und auf der anderen eine Steigerung des verfügbaren Einkommens bzw. Gewinns einstellen. Mittel hierzu sind beispielsweise die Änderung von Unternehmensformen (Personengesellschaft oder GmbH oder AG) in Anpassung an steuerrechtliche Vergünstigungen, die Bildung von Holdingstrukturen zwischen ursprünglich rechtlich selbstständigen Unternehmen zwecks gegenseitiger Verrechnung von Käufen und Verkäufen, die Deklaration von Unternehmensgewinnen in Steueroasen und von Verlusten hier zu Lande, der Wechsel von Firmensitzen bei erheblichen Gewerbesteuergefällen, betriebswirtschaftlich ungerechtfertigte Betriebsausgaben oder Maßnahmen, mit denen im Erbschaft- und Schenkungsteuerrecht günstigere Steuerklassen und Progressionsmilderungen erzielt werden können.

Als Steueroasen bezeichnen wir Staaten oder Teile von Staaten, in denen Geschäftsgründungen besonders schnell und preiswert vonstatten gehen, in denen staatliche Regulierungen (zum Beispiel Bankenaufsicht) kaum vorhanden sind, in denen für ausländische natürliche und juristische Personen niedrige Steuersätze (zum Teil Steuerfreiheit) gelten, die politisch stabil sind, problemlose Einwanderungs- bzw. Zuzugsmöglichkeiten sowie einen hohen Lebensstandard bei verhältnismäßig geringen Lebenshaltungskosten bieten. Es gibt weltweit etwa 60 Steueroasen (darunter so bekannte wie Monaco, Liechtenstein und die Cayman Inseln, aber auch hierfür weniger populäre wie die Seychellen, Zypern oder Hongkong). Es sind indes nicht allein Kleinstaaten, die sich als Steueroasen andienen. Selbst in Finanzzentren wie New York City, London oder Tokio können off-shore-Geschäfte getätigt werden.

---

[51] Vgl. Deutsche Steuer-Gewerkschaft, Landesverband NRW: Steuerhinterziehung und Schattenwirtschaft. Bericht des Arbeitskreises Steuerfahndung und Steuerstrafsachen, Düsseldorf, Juni 1995, S. 17.

Von der Steuervermeidung zu unterscheiden ist die Steuerumgehung. Bei ihr handelt es sich um einen – illegalen! – Missbrauch an sich legaler steuerlicher Gestaltungsmöglichkeiten. Steuersparende Tatbestände werden in diesem Falle nicht anerkannt.

Die Möglichkeiten, Steuern zu sparen, sind in der Gesellschaft ungleich verteilt. Im Unterschied zu Arbeitnehmern stehen echte Steuervermeidungsstrategien denjenigen offen, die nicht an der Quelle besteuert werden, sondern als juristische Personen, selbstständige Landwirte, Gewerbetreibende oder Freiberufler ihre Steuerverpflichtungen beeinflussen können. Wie weit die Möglichkeiten der legalen Steuerverkürzung gehen und wie groß der Unterschied zwischen den gesellschaftlichen Klassen ist, zeigt eine Untersuchung des Deutschen Instituts für Wirtschaftsforschung, der zufolge nur 55 Prozent der Einkünfte aus Unternehmertätigkeit und Vermögen, aber 90 Prozent der Einkommen der abhängig Beschäftigten als zu versteuernde Einkommen in den Statistiken der Finanzämter auftauchen.[52] Nicht ohne Grund also sprechen Sozialpolitiker und Gewerkschaften von einer verfassungswidrigen Besteuerungspraxis.[53]

4.2 Steuerhinterziehung

Steuerhinterziehung liegt vor, wenn jemand der Finanz- oder einer anderen Behörde über steuerlich erhebliche Tatsachen unrichtige oder unvollständige Angaben macht, oder wenn er die Finanzbehörde über steuerlich erhebliche Tatsachen im Unklaren lässt oder wenn er pflichtwidrig Steuerzeichen (zum Beispiel Tabakbanderolen) oder Steuerstempler nicht verwendet. Eine rechtzeitige Selbstanzeige verschafft Straffreiheit.

Über die Frage, weshalb überhaupt und weshalb in dem heute erschreckend großen Umfang Steuern hinterzogen werden, wird viel spekuliert und geforscht. Ein gern vorgetragener Hinweis, der zugleich entschuldigend, die Steuerhinterziehung rechtfertigend argumentiert, bezieht sich auf das Ausmaß der Steuerlasten: Je weniger sich einzelne Steuerarten rechtfertigen ließen, je drückender die Steuerlast für die Bürgerinnen und Bürger und je empörender die Steuerverschwendung werde, desto schwerer werde es, den Steuerwiderstand zu brechen und den Steueranspruch des Staates gegen die allgemeine Steuerverdrossenheit durchzusetzen. Folgt man einer solchen Argumentation, dann verklärt sich das Bild vom Steuerhinterzieher zu einem modernen *Robin Hood* und verdeckt den Blick darauf, dass Steuerbetrug heute in großem Stil von mafiös vernetzten Wirt-

---

[52] Sparhaushalt nicht konjunkturgerecht, in: DIW-Wochenbericht, 60. 1993, S. 372-376, hier S. 375.
[53] Vgl. Gewerkschaft ÖTV, Hauptverwaltung: Haushaltssanierung durch Bekämpfung der Steuerkriminalität. Dokumentation, Bonn, Juni 1996, S. 2.

schaftskriminellen verübt wird, die die finanzielle Ausstattung des Gemeinwesens in erheblichem Maße schädigen. Die Deutsche Steuergewerkschaft schätzt, dass Bund, Ländern und Gemeinden Jahr für Jahr etwa 70 Milliarden € infolge von Steuerkriminalität verloren gehen.[54]

Kehren wir zurück zu der Frage, weshalb und unter welchen Umständen Steuern hinterzogen werden. Sicher mag der subjektive Eindruck der steuerlichen Belastung eine Rolle spielen; von mehr Gewicht sind aber die Höhe des Einkommens (je höher es ist, desto größer die Neigung zur Hinterziehung), das Risiko der Entdeckung und das angedrohte Strafmaß. Weiters ist Steuerhinterziehung um so wahrscheinlicher, je mehr Gelegenheit dazu besteht, je mehr Steuern legal vermieden werden und je negativer die Steuermentalität in der Bevölkerung ist.

Methoden und Schadensumfang der Steuerhinterziehung weisen eine außerordentliche Bandbreite auf:

- Es beginnt bei der Schwarzarbeit im Rahmen überschaubarer Vier-Augen-Vereinbarungen zwischen Auftraggeber und Auftragnehmer bei Handwerks- oder Dienstleistungen (zum Beispiel Reparaturen, baugewerbliche Leistungen, Wohnungsrenovierungen, Gartenarbeiten, Reinigungs- und Pflegedienste, Nachhilfestunden oder Babysitting). Aber auch in großem Stil wird am Fiskus vorbei gearbeitet: Gemessen in Vollzeitarbeitsplätzen entsprach die Schwarzarbeit 2004 rund 1,26 Millionen Beschäftigten. 13 Prozent der in der Baubranche und neun Prozent der im Hotel- und Gaststättengewerbe geleisteten Arbeitsstunden wurden illegal erbracht[55] – häufig von Arbeitskräften, die aus dem Ausland hereingeschleust wurden und zu einem Bruchteil der geltenden Tariflöhne schuften müssen. Diese Tatsachen weisen darauf hin, dass wir es hier nicht mit berechtigter Notwehr gegen einen übermächtigen Steuerstaat zu tun haben, sondern mit einem Angriff der Organisierten Kriminalität auf den Sozialstaat.

    Schwarzarbeit, gleich welchen Umfangs, enthält der Allgemeinheit Lohn- und Einkommen-, Körperschaft-, Gewerbe- und Umsatzsteuern sowie Beiträge zu den gesetzlichen Sozialversicherungen vor; der dadurch entstehende Einnahmeverlust birgt die ernst zu nehmende Gefahr von Abgabenerhöhungen oder Leistungskürzungen. Nicht selten ist Schwarzarbeit mit dem unrechtmäßigen Bezug öffentlicher Leistungen wie Krankengeld, Sozialhilfe oder Arbeitslosenunterstützung gekoppelt. Aber selbst wenn dies nicht der Fall ist, stellt sie einen unlauteren Wettbewerb dar, in dessen Folge

---

[54] Vgl. den gewerkschaftlichen Info-Dienst „einblick" Nr. 19 vom 27. 10. 2003, www.einblick.dgb.de/download/Archiv/19/0319.pdf.
[55] Vgl. BMF: Monatsbericht Juni 2006, S. 66.

steuerehrliche Betriebe in Konkurs und reguläre Arbeitsplätze verloren gehen können. Auch auf längere Sicht belastet die Schwarzarbeit die Allgemeinheit: wenn nämlich später die Altersversorgung des Schwarzarbeiters nicht ausreicht und aus den Kassen der Sozialämter aufgestockt werden muss. Wie groß der durch Schwarzarbeit verursachte Schaden ist, können wir daran ermessen, dass 2006 in diesem Bereich etwa 350 Milliarden € umgesetzt wurden:[56] mehr als das Dreifache des gesamten Umsatzsteueraufkommens. Immerhin wollen 55 Prozent der Bevölkerung, dass Schwarzarbeit härter bestraft wird; nur 34 Prozent sehen das Problem als eher harmlos an.[57]

- Vom Umfang der hinterzogenen Steuern von Bedeutung sind sämtliche Strategien, mit denen Gewinne ins Ausland verlagert werden, um sie dort unter erheblich günstigeren Bedingungen zu versteuern. Viele Jahre hindurch haben inländische Kreditinstitute Beihilfe zu dieser Art der Steuerhinterziehung geleistet, indem sie ihren Kunden den heimlichen Kapitaltransfer zwecks Umgehung der Zinsabschlagsteuer ermöglichten. Sogar eine öffentlich-rechtliche Bank schleuste während der 1990er Jahre in 1.500 Fällen insgesamt mehr als eine halbe Milliarde € an ihre Tochter in Luxemburg; dabei wurden dem Staat knapp 180 Millionen € vorenthalten.

- Im Zusammenhang mit Gewinnverlagerungen finden illegale Methoden des Sport-Sponsoring zunehmende Verbreitung, bei dem zum Beispiel Fußballer entweder nur Teilgehälter beziehen, während der andere Teil von einem (ausländischen) Sponsor auf ein ausländisches Konto gezahlt wird und von dort erst nach Ablauf vieler Jahre und ratenweise (in Form einer Altersversorgung) nach Deutschland fließt, oder bei dem ganze Honorare auf diese Weise vor dem Fiskus verborgen werden.

- Beliebt sind auch Scheinverlagerungen von Wohnsitzen in Steueroasen – nicht nur bei gut verdienenden Künstlern und Sportlern. Nahezu 2.000 Flugzeugpiloten und Flugbegleiter hat es fortgezogen – vor allem in die Vereinigten Arabischen Emirate, wo sie, unerreichbar fürs Finanzamt, ihre Spitzengehälter fast ganz ohne Abzüge kassieren. Der Schaden für den Fiskus beläuft sich auf jährlich fast 100 Millionen €.[58]

- Rund 17 Milliarden € gingen zuletzt Jahr für Jahr durch organisierten Umsatzsteuerbetrug verloren.[59] Kriminelle Kartelle erschleichen Erstattungen angeblich gezahlter Umsatzsteuern, indem sie kleine, aber hochpreisige

---

[56] Vgl. BMF: Monatsbericht April 2006, S. 85.
[57] Ergebnis einer Umfrage des Instituts für Demoskopie Allensbach, vgl. Frankfurter Allgemeine Sonntagszeitung vom 9. 4. 2006.
[58] Zweites Deutsches Fernsehen, „Frontal 21", 24. 5. 2005.
[59] Vgl. BMF: Monatsbericht Juni 2006, S. 30.

Wirtschaftsgüter (beispielsweise Mobiltelefone oder Computerbauteile) über die innereuropäischen Grenzen exportieren und über Zwischenhändler re-importieren. Dabei werden zum Schein Rechnungen ausstellende Firmen gegründet oder erfunden. Bevor der Fiskus Gelegenheit hat, die Lieferkette nachzuvollziehen, verschwinden die Firmen vom Markt. Zum Teil werden auch einfach gefälschte Rechnungen existierender oder ehemaliger Unternehmen vorgelegt. Trotz Verstärkung der Kontrollen sind die Erfolge bei der Bekämpfung solcher Umsatzsteuerkarusselle gering. Versuche der Bundesregierung, den Umsatzsteuerbetrug durch Umstellung auf ein Reverse-Charge-Verfahren zu erschweren, hat die EU-Kommission 2006 aus formalen Gründen zurückgewiesen.

Tabelle 15: Von der OECD angeprangerte europäische Steueroasen (2000)

	Andorra	Gibraltar	Guernsey	Insel Man	Jersey	Liechten-stein	Monaco
Bevölkerung	65.900	27.200	58.700	74.000	85.200	32.500	30.000
Bankeinlagen in Mrd. US-$	9,4	5,7	97,4	32,5	161,0	19,0	16,0
Verwaltete Vermögen in Mrd. US-$	2,3	10,5	38,2	5,25	121,9	58,0	46,2
Anzahl Gesellschaften	-	25.000	15.453	45.141	32.000	80.000	-
Anzahl Banken	7	21	79	64	73	17	43
Prozentualer Anteil der im Finanzsektor Beschäftigten an allen Erwerbstätigen	18	-	23	18	27	15	6

Quelle: Neue Zürcher Zeitung, Internationale Ausgabe, vom 26./27. 01. 2002.

Beim Reverse-Charge-Verfahren handelt es sich um eine Umkehr der Steuerschuldnerschaft. Gegenwärtig entrichtet jeder Unternehmer einer Handelsstufe die Umsatzsteuer, die auf seinen Ausgangsumsatz entfällt. Vorsteuern, die ihm ihn beliefernde Unternehmer in Rechnung gestellt haben, kann er sich vom Finanzamt erstatten lassen – auch dann, wonn er die Rechnung noch gar nicht bezahlt hat. (Dies ist das Einfallstor für die Umsatzsteuerkarusselle.) Das Reverse-Charge-Verfahren verschiebt die Steuerschuld im Verkehr zwischen Unternehmen vom Anbieter der Güter oder Dienstleistungen auf den Leistungsempfänger. Lieferungen zwischen Unternehmen erfolgen bis zum letzten Betrieb in der Kette umsatzsteuerfrei. Beim Letzten aber fallen Steuerschuld und Vorsteuerabzug zusammen – die Karusselle zerbrechen. Im Bereich der Bauleistungen wird dieses Modell bereits seit 2004 angewandt.

- Nicht selten sind darüber hinaus
  - Vortäuschungen von Arbeitnehmerverhältnissen, bei denen zur Fingierung von Betriebsausgaben mit nichterwerbstätigen Freunden und Verwandten zum Schein sog. 400-Euro-Jobs abgeschlossen werden,
  - Tafelgeschäfte, bei denen die Zinscoupons im Ausland vorgelegt werden,
  - absichtliche Buchungsfehler,
  - der Einsatz von betriebsangehörigen Arbeitnehmern für Privatzwecke des Chefs,
  - Barzahlungsgeschäfte, bei denen Schwarzgeld gebildet oder in den Verkehr zurückgeführt wird, und
  - Manipulationen bei Immobilienkäufen mit dem Ziel der Geldwäsche und der Einsparung bei der Grunderwerbsteuer.

Geldwäsche liegt vor, wenn illegal erworbenes Geld an den Strafverfolgungsbehörden vorbei in den legalen Wirtschaftskreislauf eingeschleust wird. Das Geldwäschegesetz verpflichtet vor allem Banken, Versicherungen und Spielbanken zur aktiven Mithilfe bei der Bekämpfung der Geldwäsche. Eine neue Zentraldatei, in der sämtliche Konten und Depots in der BRD gespeichert werden, soll Finanzbewegungen sichtbar machen, die der Geldwäsche dienen könnten.

Das Ergebnis der verschiedenen, hier nur beispielhaft angeführten Praktiken der Steuerhinterziehung ist eine veritable Schattenwirtschaft. Experten schätzen sie auf eine Größenordnung von rund 15 Prozent des deutschen BIP (Italien 23, Schweiz 8,5 Prozent).[60] Als Folge dessen laufen etliche Schwarzgeld-Milliarden um, deren Besitzer fortwährend bemüht sind, ihr Kapital rein zu waschen und wieder in den legalen Wirtschaftskreislauf einzuspeisen. Dabei sind nicht selten so genannte Repräsentanzbanken behilflich, die als nicht kontoführende Kreditinstitute nicht zur Prüfung der Identität des Kunden verpflichtet sind und für in Deutschland ansässige ausländische Staatsbürger anonyme Sammelüberweisungen ins Ausland besorgen. Verwendet der Bankkunde einen falschen Namen, ist für die Steuerbehörden ein Nachweis der Geldverschiebungen nahezu ausgeschlossen. Auch die Anlage von Schwarzgeld in Lebens- oder privaten Rentenversicherungen erfreut sich wachsender Beliebtheit. Vor allem aber leisten Steueroasen unschätzbare Dienste, wenn es um die Geldwäsche geht. Unter dem Schutz von Verschwiegenheit, Steuervergünstigungen bis hin zur Steuerfreiheit und fehlender staatlicher Regulierung können dort, am besten unter Einschaltung

---

[60] Vgl. Institut für angewandte Wirtschaftsforschung: Pressemitteilung vom 24. 1. 2006 zur Entwicklung der Schattenwirtschaft, Tab. 2.

von Strohmännern, Briefkastenfirmen (off-shore-Gesellschaften) gegründet werden. Deren einzige Aufgabe besteht darin, Schwarzgeld zu anonymisieren und gewaschen in die Legalwirtschaft zurückzuführen. Gern wird hierfür die Rechtsform einer Stiftung gewählt, bei der der Name des Stifters im Dunkeln bleiben kann. Unter den europäischen Staaten hat sich vor allem das Fürstentum Liechtenstein in der kriminellen Szene einen Namen als Stiftungsparadies gemacht. Im englischsprachigen Ausland übernehmen häufig sog. Discretionary Trusts die Funktion des Hehlers: Sie arbeiten trotz formaler Selbstständigkeit ausschließlich nach den Anweisungen ihres Gründers (einer nicht selten juristischen Person), der gegenüber der Öffentlichkeit ungenannt bleibt, und wickeln sämtliche Vorgänge mit und zwischen den Tochtergesellschaften eines Konzerns hinter den Kulissen ab.

Mit einer öffentlichkeitswirksamen Amnestieregelung hatte die frühere Bundesregierung versucht, den Großteil der in der ganzen Welt versteckten Geldvermögen deutscher Spitzenverdiener im Umfang von schätzungsweise 300 Milliarden €[61] zurückzuholen. Abgesehen davon, dass eine solche Amnestie dem Vertrauen der ehrlichen Steuerzahler in die Gleichmäßigkeit der Besteuerung abträglich und daher nicht eben unproblematisch ist, stellte sich die Ausnahmeregelung auch fiskalisch als Fehlschlag heraus: Mit ihrem Auslaufen Ende März 2005 waren den Finanzbehörden gerade einmal 1,4 Milliarden € offenbart worden.[62] Seither ist ein automatisierter Kontenabruf zulässig, bei dem Konto- und Depotnummern, Personalien der Kontoinhaber bzw. wirtschaftlich Berechtigten, nicht aber Kontostände und -bewegungen erfasst werden. 2005 wurden nach Angaben des Bundesfinanzministeriums gut 70.000 Kontenabfragen bearbeitet.

4.3 Steuerflucht

Steuerflucht liegt vor, wenn natürliche oder juristische Personen ihr Steuergut (Einkommen, Vermögen) dem Zugriff der inländischen Finanzbehörden entziehen, um es anderswo zu vermeintlich günstigeren Bedingungen zu deklarieren. Erleichtert wird die Ausnutzung von Steuergefällen zwischen Staaten durch sog. Doppelbesteuerungsabkommen. In ihnen hat die Bundesrepublik mit etwa 60 Staaten vereinbart, dass Gewinne nur im Quellenstaat, also in dem Land besteuert werden, in dem sie entstehen, und nicht auch noch im Wohnsitzstaat eines Unternehmens oder einer Privatperson. Sofern nicht – ausnahmsweise – sog. Aktivitätsklauseln vereinbart wurden, denen zufolge im Quellenstaat eine wirt-

---

[61] Vgl. *Wolf-Rüdiger Fleisch*: Die Großen lässt man laufen!, in: verdi-publik, 05/2005, Hamburg regional, S. 6.
[62] Vgl. BMF: Monatsbericht September 2005, S. 41.

schaftliche Tätigkeit nachgewiesen werden muss (eine Briefkastenadresse also nicht genügt), steht dadurch einer Gewinnverlagerung in Niedrigsteuerländer fast nichts mehr im Wege. Bei der Steuerflucht spielen folglich Auslandskonten in Steueroasen, Off-shore-Gesellschaften, Discretionary Trusts u.Ä. eine herausragende Rolle. In der Praxis tritt die Steuerflucht als Steuervermeidung, Steuerumgehung oder Steuerhinterziehung auf. Eindämmen soll sie das Außensteuergesetz, das die hier zu Lande erzielten Einkommen und Vermögen trotz Wohnsitzwechsels und trotz Einkünfteverlagerungen weiterhin dem deutschen Steuerrecht erhalten will.

Steuerflucht – gleichgültig, ob es sich um legales oder um Schwarzgeld handelt – mag für transnationale Konzerne oder private Kapitalanleger eine einzelwirtschaftliche Verbesserung der Rendite bedeuten; für das Gemeinwesen wirkt sie als Flucht des Kapitals vor der sozialen Verantwortung. Sie entzieht dem Staat und den Kommunen aber nicht nur unmittelbar finanzielle Ressourcen. Ihre schädigende Wirkung besteht vor allem darin, dass sie einen insgesamt abträglichen Wettbewerb um die niedrigsten Gewinnsteuern zwischen den Staaten anheizt, die sämtlich um ausländische Direktinvestitionen und Kapitaleinlagen konkurrieren. Dass davon weder der Steuern senkende Staat noch die Staatengemeinschaft profitieren, sondern die Steuerbetrüger aller Herren Länder, geht dabei weitgehend unter. Wie weit Deutschland im Wettbewerb um die niedrigste Steuerbelastung unter den OECD-Staaten bereits vorangeschritten und damit der Erpressung durch (potenzielle) Steuerflüchtige entgegengekommen ist, können wir Tabelle 14 entnehmen. Daneben zeigt Tabelle 2 anschaulich, dass die gesunkene Steuerquote im Wesentlichen auf den rückläufigen Finanzierungsbeitrag eben jener Steuerarten zurückzuführen ist, um die es bei der Steuerflucht geht: die veranlagte Einkommen-, die Körperschaft-, die Gewerbe- und die Vermögensteuer.

4.4 Außenprüfung, Steuer- und Zollfahndung

Erheblich erleichtert werden Steuervermeidung, -hinterziehung und -flucht dadurch, dass die Finanzämter einen Großteil der Steuererklärungen nicht mehr ordnungsgemäß prüfen können. Gründe dafür sind nach den Feststellungen des BRH-Präsidenten zu häufige Änderungen der Steuergesetze, die zudem schwer verständlich sind und daher eine Flut von Verwaltungsanweisungen und Gerichtsurteilen nach sich ziehen, eine unvorteilhafte Arbeitsorganisation und eine ungenügende Personalausstattung.

Besonders einfallsreiche Wege der Steuervermeidung, Steuerhinterziehung und Geldwäsche sind Ermittlungsgegenstände der Finanzverwaltungen, vor allem der Außenprüfung, der Steuer- und der Zollfahndung.

Aufgabe der *Außenprüfung* ist es, die steuerlichen Verhältnisse vor allem von Steuerpflichtigen zu ermitteln, die einen gewerblichen oder land- und forstwirtschaftlichen Betrieb unterhalten oder freiberuflich tätig sind. Wegen dieser Schwerpunktsetzung auf den betrieblichen Sektor wird die Außenprüfung häufig als „Betriebsprüfung" bezeichnet; sie kann aber auch bei anderen Steuerpflichtigen zum Einsatz kommen. Kennzeichen der Außenprüfung ist, dass sie außerhalb der Finanzbehörden stattfindet, es sich also um ein besonderes Verfahren der Sachaufklärung handelt. Die obersten Landesfinanzbehörden haben, um eine gewisse Gleichbehandlung sicherzustellen, Betriebsgrößenklassen (Kleinst-, Klein-, Mittel- und Großbetriebe) gebildet; während der Beginn des Zeitraums, auf den sich die Außenprüfung bezieht, bei den Großbetrieben an das Ende der vorangegangenen Außenprüfung anknüpft (sog. Anschlussprüfung), soll sich die Außenprüfung bei den anderen Betriebskategorien nicht über mehr als die letzten drei Jahre vor Bekanntgabe des Außenprüfungstermins erstrecken.

Obgleich allgemein anerkannt ist, dass Außenprüfungen Jahr für Jahr zu Steuermehreinnahmen in Höhe von mehr als zehn Milliarden € führen und dass zusätzliche, gezielte Umsatzsteuer-Sonderprüfungen noch einmal knapp zwei Milliarden € einbringen, sind Außenprüfungen – je nach Betriebsgrößenklasse und Land – überaus unterschiedlich ausgeprägt. Generell kann gesagt werden, dass Kleinstbetriebe am seltensten, Großbetriebe am häufigsten geprüft werden. Misst man die Kontrolldichte als Anteil der geprüften an den vorhandenen Betrieben einer Größenklasse, so ergibt sich nach einer internen Erhebung der Finanzverwaltungen für das Jahr 1999[63] ein rechnerischer Prüfungsturnus für Großbetriebe in Bayern von 3 Jahren, in Brandenburg ein solcher von 7 Jahren (deutscher Mittelwert: 4,2 Jahre). Mittelbetriebe werden in Bremen durchschnittlich alle acht Jahre geprüft, in Brandenburg nur alle 17 Jahre (deutscher Mittelwert: 11). Eine Außenprüfung bei Kleinbetrieben findet in Bremen alle 16 Jahre statt, in Brandenburg alle 48 Jahre (deutscher Mittelwert: 21); und um Kleinstbetriebe kümmert man sich in Baden-Württemberg alle 38 Jahre, in Sachsen alle 207 Jahre (deutscher Durchschnitt: 61 Jahre).[64] Von einer Umsatzsteuer-Sonderprüfung werden bundesdeutsche Unternehmen, statistisch gesehen, alle 50

---

[63] Neuere Daten sind nicht verfügbar, da die Obersten Finanzbehörden des Bundes und der Länder die entsprechenden Jahresstatistiken wie Geheimmaterial („Nur für den Dienstgebrauch – Nicht zur Veröffentlichung bestimmt") hüten.

[64] Vgl. *Hans Jürgen Kröger*: Bremen erreicht Spitzenplätze im Betriebsprüfungs-Ländervergleich. Eine Studie aus unveröffentlichten Steuerstatistiken, hrsg. von der Arbeitnehmerkammer Bremen, April 2001, S. 2.

Jahre erfasst.[65] Bei solchen zeitlichen Abständen entstehen, zumindest bei Kleinst-, Klein- und Mittelbetrieben, lange prüfungsfreie Zeiträume, die zu eigenständigen Steuergestaltungen der Betriebsinhaber geradezu einladen.

Scheinbare Ursache für die nur stichprobenhafte Kontrolle von Gewerbetreibenden und Freiberuflern ist die unzureichende sachliche und personelle Ausstattung der für Außenprüfungen zuständigen Finanzbehörden. Im Kern rührt die Nachlässigkeit vieler Länder aber daher, dass zum einen Investoren weite Prüfungszeiträume als Standortvorteile betrachten – eine Sichtweise, der bisher kein Land ausdrücklich widersprochen hat – und dass es zum anderen für die Länder keinen Anreiz zur Erzielung von Mehreinnahmen durch Außenprüfungen gibt: Bei den Geberländern im horizontalen Finanzausgleich wird ein großer Teil der erzielten Mehrsteuern abgeschöpft, während sie auf den Kosten der Außenprüfung sitzen bleiben, und für die Nehmerländer verringert sich, falls sie Mehrsteuern erzielen, die Höhe der Zuweisungen (vgl. Abschnitt II.2.2.2). Der Deutsche Gewerkschaftsbund hat daher angeregt, Mehreinnahmen aus Außenprüfungen und Steuerfahndungen bei der Berechnung des Finanzausgleichs auszuklammern

Aufgabe der *Steuer- und* der *Zollfahndung* ist es, Steuerstraftaten und Steuerordnungswidrigkeiten zu erforschen, in diesen Fällen die Besteuerungsgrundlagen zu ermitteln und unbekannte Steuerfälle aufzudecken. Dabei wird die Steuerfahndung in der Regel auf dem Gebiet der Besitz- und Verkehrsteuern, die Zollfahndung bei Verstößen gegen Importverbote (Waffen und Sprengstoffe, illegale Drogen, Einfuhr bedrohter Arten oder von Erzeugnissen aus bedrohten Arten) sowie im Bereich bundesgesetzlicher Verbrauchsteuern, der Einfuhrumsatzsteuer und europarechtlich geregelter Abgaben tätig. Weitere Tätigkeitsschwerpunkte der Zollfahndung liegen in der Bekämpfung der Geldwäsche und der illegalen Beschäftigung. Steuer- und Zollfahndung haben also eine doppelte Funktion: eine straf- und eine steuerrechtliche. Die Steuer- und die Zollfahndung haben dieselben Rechte wie sie die Polizei nach der Strafprozessordnung besitzt. Steuerfahnder sind im Strafverfahren Ermittlungsbeamte der Staatsanwaltschaft. Sie können Beschuldigte vernehmen und Zeugen anhören; darüber hinaus dürfen sie – bei Gefahr im Verzug ohne richterliche Anordnung – Durchsuchungen vornehmen, Gegenstände beschlagnahmen und Personen vorläufig festnehmen.

In den letzten Jahren nahm die Aufdeckung und Verfolgung von Steuerdelikten deutlich zu. Grund dafür sind nicht zuletzt die sog. Bankenfälle. Hier ging es um massenweise, von Banken unterstützte, Verschiebungen von zumeist schwarzen Geldern auf ausländische Konten und um die Verschleierung von Zinsgewinnen. Die amtliche Statistik weist für das Jahr 2004 bundesweit 29.000

---

[65] Vgl. Bundesrechnungshof: Pressemitteilung vom 3. 8. 2006.

Fahndungsprüfungen aus, die Mehrsteuern in Höhe von 1,6 Milliarden € erbrachten und zu rechtskräftig gewordenen finanziellen Sanktionen (Geldstrafen, -bußen usw.) im Umfang von rund 80 Millionen € sowie zu Freiheitsstrafen in Höhe von insgesamt 1.624 Jahren führten.[66] Die Zollfahndung erfasste in jenem Jahr rund 2.400 Bargeldtransporte im Umfang von 138 Millionen €.[67] Im Jahre 2005 leitete sie rund 17.000 neue Ermittlungsverfahren ein. Aufgrund der Ermittlungen der Zollfahndung wurden Geldstrafen in Höhe von rund 2 Millionen € verhängt und mehr als drei Millionen € eingezogen. An Freiheitsstrafen kamen mehr als 4.200 Jahre zusammen.[68]

Während die Zollfahndungsämter Behörden des Bundes sind, sind die Steuerfahndungsstellen bei den Ländern angesiedelt, und zwar mehrheitlich als Bestandteile ausgewählter Finanzämter. Berlin, Niedersachsen und Nordrhein-Westfalen haben sie als eigenständige örtliche Landesbehörden ausgebildet. Wie unterschiedlich die Länder ihre Steuerfahndungsstellen ausgestattet haben, zeigt sich daran, dass nach einer Statistik für 1997 in Bremen 4,7 Steuerfahnder auf 10.000 Betriebe entfielen, in Bayern nur 1,7 und in Sachsen-Anhalt sogar nur 1,1.[69]

Wie die Außenprüfung ist die Steuerfahndung sächlich und personell nicht so ausgestattet, wie es sie es sein müsste, um dem Gebot der Besteuerungsgerechtigkeit Genüge tun zu können. In seinem Jahresbericht 2000 hatte der Bundesrechnungshof beanstandet, dass die Steuerfahndung dem wachsenden Steuerbetrug wegen unzureichender personeller und sachlicher Ausstattung sowie wegen organisatorischer Mängel nicht wirksam genug begegnen könne. Dadurch werde das auch für Steuerstrafsachen geltende Legalitätsprinzip verletzt. Aufgrund dessen stockten einige Länder die Zahl der Fahndungsprüfer/innen auf; auch soll die sächliche Ausstattung der Steuerfahndungsstellen verbessert worden sein.[70] Berücksichtigen wir aber, dass Steuerhinterziehungsdelikte häufig mit Organisierter Kriminalität einhergehen und dass auf einen Steuerfahnder durchschnittlich Mehreinnahmen in Höhe von jährlich 665.000 € entfallen, so kommen wir dennoch nicht umhin, die politische Zurückhaltung in Bezug auf eine größtmögliche Schlagkraft der Steuerfahndung als fahrlässig zu bezeichnen.

---

[66] Vgl. BMF: Monatsbericht Juli 2006, S. 58 ff.
[67] Vgl. www.zoll.de/d0_zoll_im_einsatz/h0_zollfahndung/c0_geldw/a0_geldwaesche_statistik/index. html.
[68] E-Mail des Zollkriminalamts vom 31. 7. 2006 an den Verfasser.
[69] Vgl. *Hans Jürgen Kröger*: Betriebsprüfung und Steuerfahndung im Ländervergleich, hrsg. von der Arbeiterkammer Bremen 1999, S. 4. Für diese Statistik gilt das in Fußnote 62 Geschriebene.
[70] Vgl. Bundesrechnungshof: Bemerkungen 2000 zur Haushalts- und Wirtschaftsführung des Bundes, Bonn 2000, S. 204; ders.: Ergebnisbericht 2002. Folgerungen aus den Bemerkungen des Bundesrechnungshofes 2000, Bonn 2002, S. 71.

Im Steuerrecht bedeutet das Legalitätsprinzip, dass der Behörde ein bestimmtes Tun oder Unterlassen zwingend vorgeschrieben ist; sie hat keinen Ermessensspielraum. Nach der Strafprozessordnung ist die Staatsanwaltschaft verpflichtet, gegen alle verfolgbaren Straftaten einzuschreiten, sofern zureichende tatsächliche Anhaltspunkte gegeben sind.

5 Vorschläge zur Steuervereinfachung

Wir sprachen davon, dass es – vor allem im Einkommensteuerrecht – zahlreiche Möglichkeiten gibt, die individuelle Steuerschuld zu mindern, indem man Vergünstigungen und Sonderregelungen geschickt ausnutzt. Manche davon mögen – für sich betrachtet – sinnvoll (gewesen) sein; aufs Ganze gesehen gefährden sie indes die aus Art. 3 Abs. 1 GG abzuleitende Gleichmäßigkeit der Besteuerung und schädigen Steuermentalität und -moral weiter Bevölkerungskreise (vgl. Kapitel II.4). Auch dass sich die Gesetzgebungsspirale immer schneller dreht, dass Steuergesetze bisweilen kaum älter als zwölf Monate werden, untergräbt die Bereitschaft, Steuergesetze zu achten.

Art. 3 Abs. 1 GG lautet:
Alle Menschen sind vor dem Gesetz gleich.

Finanzwissenschaft und Politik stimmen weitgehend darin überein, dass darüber hinaus die Komplexität und die Kompliziertheit des deutschen Steuerrechts mitursächlich für den verbreiteten Steuerwiderstand sind. Dieser aber beeinträchtigt nicht nur die Funktionsfähigkeit der Steuererhebung, sondern letzten Endes die des Gemeinwesens selbst. Der Umfang der deutschen Steuergesetze ist schier unüberschaubar, die dazu gehörenden Verordnungen bilden einen undurchdringlichen Dschungel. Viele Einzelvorschriften sind nur wenigen Eingeweihten verständlich. „Was ist der Unterschied zwischen der Bibel und dem deutschen Steuerrecht?", witzeln daher selbst Experten und antworten: „Die Bibel wurde ins Deutsche übersetzt." Denn sogar sie geraten, beispielsweise beim Lesen der 160 Wörter des § 2 Körperschaftsteuergesetz, leicht in Verzweiflung. Seit der Mitte der 1990er Jahre werden daher von verschiedenen Seiten Vorschläge zur Steuervereinfachung vorgetragen. Ihnen gemeinsam ist der Wille zur Entrümpelung des deutschen Steuerrechts und die Erkenntnis, dass ein niedriger, gleichmäßiger Tarif ohne Sonderregelungen bei gleichen oder sogar höheren Einnahmen mehr

Akzeptanz bei den Steuerpflichtigen findet als ein hoher Tarif mit vielen Ausnahmen:

- 1994 legte eine vom Bundesfinanzminister einberufene Expertenkommission (nach ihrem Vorsitzenden, dem Hochschullehrer *Peter Bareis*, auch „*Bareis*-Kommission" genannt) einen Reformvorschlag zur Einkommensteuer vor.[71]

  Die Kommission empfahl im Wesentlichen die gleichmäßige Behandlung aller Einkunftsarten (also den Verzicht auf Unterscheidungen nach gewerblicher und selbstständiger Tätigkeit, nach land- und forstwirtschaftlichen oder Einkünften aus abhängiger Beschäftigung usw.) sowie die Abkehr von Lenkungsnormen (zum Beispiel Abschreibungsvergünstigungen, Wohnungsbauförderung, Sondervergünstigungen für Land- und Forstwirte, Förderung der Vermögensbildung von Arbeitnehmern) aus dem Einkommensteuerrecht. Soweit der Staat steuern wolle, solle er dies nicht mit dem Steuerrecht tun, sondern durch die offene Ausweisung entsprechender Transfers in den Haushaltsplänen. Weiter regte die Kommission an, die Beitragszahlungen zur Rentenversicherung vollumfänglich steuerfrei zu stellen, dafür aber die später daraus empfangenen Renten zu besteuern. Außerdem sollte die Abschaffung einer Fülle von Steuerbefreiungen und -ermäßigungen das Einkommensteuerrecht entschlacken und die Bemessungsgrundlage verbreitern. Dadurch sollten Steuervermeidungsstrategien eingedämmt und die Differenz zwischen angedrohter und tatsächlich anfallender Steuerbelastung beseitigt werden. Ein neuer Einkommensteuertarif sah ein am Sozialhilferecht orientiertes steuerfreies Existenzminimum sowie einen Eingangssteuersatz von 22 Prozent und einen Spitzensteuersatz von 53 Prozent vor. Dieser Tarif führe, so die Kommission, durchgängig zu Entlastungen der Steuerzahler.

- Im Unterschied zur *Bareis*-Kommission schlug der damalige Bundestagsabgeordnete *Gunnar Uldall* 1995 nicht nur einen Grundfreibetrag (bis rd. 6.000 € jährlich) und die Verbreiterung der Bemessungsgrundlage durch Streichung von Vergünstigungen vor, sondern empfahl eine radikale Abkehr von der Linearität des progressiven Einkommensteuertarifs. An dessen Stelle sollte ein Stufentarif treten mit einem achtprozentigen Steuersatz für Einkünfte zwischen rd. 6.000 und rd. 10.000 €, 18 Prozent Steuern für Einkommen von rd. 10.000 bis rd. 15.000 € und 28 Prozent für alle darüber hinaus gehenden Einnahmen. Das Körperschaftsteuergesetz wollte *Uldall* durch die Gleichbehandlung einbehaltener und ausgeschütteter Gewinne

---

[71] Thesen der Einkommensteuer-Kommission zur Steuerfreistellung des Existenzminimums ab 1996 und zur Reform der Einkommensteuer, in: Betriebs-Berater, 49. 1994, Beilage 24 zu Heft 34.

und eine Senkung des neuen, einheitlichen Steuersatzes reformieren. *Ul-dalls* Stufentarifmodell hat inzwischen – als mögliche Alternative zum linear-progressiven Tarifverlauf – Eingang in die steuerpolitische Programmatik der CDU gefunden.

- Bündnis 90/Die Grünen verabschiedeten auf ihrer Bundesdelegiertenkonferenz (Parteitag) 1996 in Suhl ein Steuerreformkonzept, das mit Vorschlägen zum Grundfreibetrag und zur Streichung von Steuervergünstigungen bzw. -ermäßigungen sowie zur Neuausrichtung der Rentenbesteuerung wesentliche Bestandteile des Konzepts der *Bareis*-Kommission übernahm. Es unterschied sich von der Kommission vor allem durch seine Kritik am Ehegattensplitting (das aufgehoben werden und an dessen Stelle die Anerkennung von Unterhaltsverpflichtungen treten sollte), die Ersetzung des Kinderfreibetrages (den die *Bareis*-Kommission lediglich mit dem Kindergeld verrechnet wissen wollte) durch ein einheitliches Kindergeld und die deutliche Verminderung des Einkommensteuertarifs mit einem 20-prozentigen Eingangssteuersatz. Der Spitzensteuersatz sollte ebenfalls gesenkt, dessen Höhe aber abhängig gemacht werden von den nach Entlastung der unteren Einkommen unter Beachtung der Aufkommensneutralität noch verfügbaren Reduktionsspielräumen. Ausdrücklich lehnten Bündnis 90/Die Grünen die Einführung eines Stufentarifs ab. Reformvorschläge für die Unternehmensbesteuerung fehlten, wurden aber in Aussicht gestellt.

Über die bis dahin vorliegenden Reformvorschläge gingen Bündnis 90/Die Grünen hinaus, indem sie nicht allein die Einkommensteuer vereinfachen, gerechter und transparenter gestalten wollten, sondern auch Vorschläge für Reformen der Erbschaft- und der Vermögensteuer (plus einer zeitlich befristeten Vermögensabgabe) entwarfen. Zur Eindämmung der Steuer- und Kapitalflucht schlug die Partei eine Devisenumsatz- und Transaktionssteuer vor (vgl. dazu Teil IV.2).

- 1997 präsentierte eine Steuerreform-Kommission der Bundesregierung ihre Vorstellungen für eine Reform der Einkommenbesteuerung.[72] Reformerische Leitziele der sog. „Petersberger Steuervorschläge" waren Nettoentlastungen der Einkommen- und Körperschaftsteuerzahler vor allem durch Tarifsenkungen (Eingangssteuersatz von 15, Spitzensteuersatz von 39 Prozent für nichtgewerbliche Einkünfte [ab 46.000 € für Unverheiratete bzw. 92.000 € für gemeinsam veranlagte Ehegatten] und 35 Prozent für gewerbliche Einkünfte; Körperschaftsteuersatz für einbehaltene Gewinne von 35 und für ausgeschüttete Gewinne von 25 Prozent) sowie eine Verschiebung der Belastungen von den direkten zu den indirekten Steuern. Gegen den *Uldall'*-

---

[72] Reform der Einkommenbesteuerung, Vorschläge der Steuerreform-Kommission vom 22. Januar 1997 (=Schriftenreihe des BMF, Heft 61), Bonn 1997.

schen Stufentarif wandte die Kommission ein, dass der lineare Tarifverlauf dem Leistungsfähigkeitsgedanken besser Rechnung trage. In Umkehr der Konzeption *Bareis*' und der Bündnisgrünen, die die Möglichkeit zu Tarifsenkungen aus der Vereinheitlichung des Einkünfte-Konzepts sowie der Vereinfachung und Entrümpelung des Steuerrechts gefolgert hatten, betrachteten die Petersberger Kommissionsmitglieder Tarifsenkungen als Voraussetzung für den Verzicht auf Steuervergünstigungen und Sonderregelungen. Dieser sollte keineswegs so weit gehen wie die *Bareis*-Kommission und Bündnis 90/Die Grünen angeraten hatten. Zur Begründung dessen wurden die Gefahr wirtschaftlicher Störungen, mögliche Konzentrationen von Mehrbelastungen bei bestimmten Gruppen und neue Steuerkomplizierungen angeführt.

Nach 1998 entstand eine Steuerreformgesetzgebung, die – ohne jeweils ausdrücklich darauf Bezug zu nehmen – wesentliche Anstöße aus der vorangegangenen steuerpolitischen Diskussion aufgriff. So wurden beispielsweise die Einkommensteuertarife mit einem (bis 2005 gestiegenen) Grundfreibetrag versehen und schrittweise gesenkt, es wurden der Körperschaftsteuersatz vereinheitlicht und die Abschreibungsmöglichkeiten der Unternehmen eingeschränkt.

- Weil damit aber die in der finanzpolitischen Diskussion befindlichen radikaleren Vereinfachungsvorschläge nicht abgearbeitet sind, legte eine Arbeitsgruppe im Jahre 2001 auf Initiative des früheren Bundesverfassungsrichters *Paul Kirchhof* und unter Beteiligung von *Peter Bareis* einen weiteren Entwurf für eine Reform der Einkommensteuer vor.[73] Er reduzierte das Einkommensteuergesetz von 78 auf 21 Paragrafen, war aber bei näherem Hinsehen nicht sonderlich originell. Im Wesentlichen handelte es sich um eine Aktualisierung des Konzepts der *Bareis*-Kommission, von dem es sich vor allem durch eine weitgehende Tarifsenkung (Höchststeuersatz von 35 Prozent ab einem Jahreseinkommen von 35.790/71.580 €) sowie durch das Plädoyer für eine Lockerung des Bankgeheimnisses zum Zwecke der Besteuerung unterschied. Der geltende Familienlastenausgleich sollte im Wege der Anerkennung eines für Erwachsene und Kinder gleich hohen Jahresunterhaltsbedarfs in der Größe des steuerfrei zu stellenden Existenzminimums erfolgen.
- Damit jeder Arbeitnehmer seine Steuerbelastung „auf einem Bierdeckel" ausrechnen könne, schlug *Friedrich Merz*, damals stellvertretender Vorsitzender CDU/CSU-Bundestagsfraktion, im Jahre 2003 – *Uldall* abkupfernd – einen dreistufigen Einkommensteuertarif vor, den er alle zwei Jahre an die

---

[73] *Paul Kirchhof* u.a.: Karlsruher Entwurf zur Reform des Einkommensteuergesetzes, Heidelberg 2001.

Teuerungsrate angepasst wissen wollte: Nach einem Grundfreibetrag von 8.000 € (der für jedes Familienmitglied um weitere 8.000 € anwachsen sollte) sollte für Einkommen bis 16.000 € ein zwölfprozentiger Steuersatz gelten. Einkünfte zwischen 16.000 und 40.000 € wollte *Merz* mit einem 24-prozentigen und darüber liegende Einnahmen mit einem 36-prozentigen Steuersatz belegen. Bestehende Vergünstigungen wie zum Beispiel die Pendlerpauschale oder der Sparerfreibetrag sollten gestrichen, das Kindergeld nur noch in Ausnahmefällen gezahlt werden. Kapitaleinkünfte, die nicht Dividendenzahlungen sind, sollten einem proportionalen 24-prozentigen Steuersatz unterliegen. Es stellte sich bald heraus, dass der Vorschlag schon wegen der damit einhergehenden massiven Steuermindereinnahmen und mit Blick auf das Maastrichter Defizitkriterium untauglich war.

- 2004 präsentierten IG Metall, ver.di und attac ihr Konzept für eine „Solidarische Einfachsteuer", das am linear-progressiven Steuertarif festhalten, die effektive Besteuerung aller Einkommen an diesem Tarifverlauf ausrichten, die Zahl der Einkunftsarten verringern und die Besteuerung von Unternehmensgewinnen vereinheitlichen wollte. Weil es nicht die populistische Unverfrorenheit anderer hier vorgestellter Vorschläge besaß, wurde die SES von der öffentlichen Diskussion kaum beachtet.

- Im Bundestagswahlkampf 2005 wurden neue Pläne des großen Vereinfachers *Kirchhof* publik. In der darauf einsetzenden öffentlichen Diskussion schlug die von ihm propagierte flat tax hohe Wellen und stieß auf heftige Kritik nicht nur der politischen Gegner. Nach *Kirchhof*s Vorstellungen sollte ab einem Grundfreibetrag von 8.000 € bis 13.000 € ein Steuersatz in Höhe von 60 Prozent der flat tax und bis 18.000 € ein Satz von 80 Prozent der flat tax gelten. Für darüber hinaus gehende Bezüge sollte die flat tax bei 25 Prozent liegen. Zur Finanzierung dieser Konzeption baute der ehemalige Bundesverfassungsrichter seine bereits publizierte Streichliste (siehe oben) aus. In seltener Einmütigkeit lehnten u.a. die Länderfinanzministerien, das Deutsche Institut für Wirtschaftsforschung und das Wirtschafts- und Sozialwissenschaftliche Institut des DGB die flat tax als Instrument der Umverteilung von unten nach oben ab. Kirchhofs Pläne hätten nicht nur zu einer höheren Belastung von Beziehern niedriger Einkommen geführt, sondern auch dazu, dass sehr gut Verdienende nicht nur in absoluten Geldbeträgen, sondern auch prozentual stärker entlastet worden wären.

Unter einer flat tax (richtiger: flat rate tax) ist ein einheitlicher Einkommensteuertarif zu verstehen, der oberhalb eines Grundfreibetrages für alle Einkommenshöhen gleichermaßen gilt.

Bislang scheint es, als zielten die meisten der Vorschläge weniger auf die Steuervereinfachung ab als auf die Entlastung großer Einkommen und auf die Aushöhlung der Finanzierungsgrundlagen der öffentlichen Haushalte. Es steht zu hoffen, dass sich künftige Vorstöße darauf konzentrieren, die unterschiedliche steuerrechtliche Behandlung verschiedener Einkunftarten zu beseitigen, die Unmenge von Vergünstigungen, Ermäßigungen und Sonderregelungen auf ein – in regelmäßigen Abständen zu überprüfendes – Mindestmaß herabzusetzen. Im Ergebnis einer solchen Schließung bestehender Steuerschlupflöcher sollte es möglich sein, die Zustimmung zur Besteuerung zurückzugewinnen und den Grundsatz der Besteuerung aller nach ihrer Leistungsfähigkeit zu verwirklichen.

III. STAATSHAUSHALT

1 Funktionen des Haushalts

In Teil II haben wir uns mit denjenigen Artikeln des Grundgesetzes beschäftigt, die sich auf die Gesetzgebungs-, Ertrags- und Verwaltungszuständigkeiten für Steuern und auf die Finanzgerichtsbarkeit beziehen. Auch haben wir die Gemeinschaftsaufgaben, den bundesstaatlichen Finanzausgleich und den Solidarpakt behandelt. In diesem Teil III wird es darum gehen, jene Artikel des Grundgesetzes zu durchdringen, die sich mit der staatlichen Haushaltswirtschaft befassen (Art. 109 bis 115 GG). Die Haushaltswirtschaft bezieht sich auf die Planung, Abwicklung, Abrechnung und Kontrolle sämtlicher Einnahmen und Ausgaben des Staates bzw. der Kommunen. Dazu gehören auch die Beschaffung von Krediteinnahmen sowie die Verwaltung von Vermögen und Schulden und nicht zuletzt alle wirtschaftlichen (privatwirtschaftlichen oder öffentlich-rechtlichen) Betätigungen einer Gebietskörperschaft. Bund und Länder sind nach Art. 109 Abs. 1 GG „in ihrer Haushaltswirtschaft selbstständig und voneinander unabhängig".

Im Zentrum der öffentlichen Haushaltswirtschaft steht der Haushaltsplan, der vor Beginn des jeweiligen Haushaltsjahres durch Gesetz, das so genannte Haushaltsgesetz, festgestellt (beschlossen) wird (vgl. Art. 110 Abs. 2 Satz 1 GG). Als Instrument der politischen Steuerung aller staatlichen Bereiche kommt dem Haushaltplan zentrale Funktion zu; das Bundesverfassungsgericht hat ihn daher als „staatsleitenden Hoheitsakt in Gesetzesform" charakterisiert.[74] Haushaltsgesetz und Haushaltsplan stellen die finanziellen Mittel für sämtliche finanzwirksamen staatlichen Aktivitäten bereit.

Art. 110 Abs. 2 GG lautet:
Der Haushaltsplan wird für ein oder mehrere Rechnungsjahre, nach Jahren getrennt, vor Beginn des ersten Rechnungsjahres durch das Haushaltsgesetz festgestellt. Für Teile des Haushaltsplanes kann vorgesehen werden, dass sie für unterschiedliche Zeiträume, nach Rechnungsjahren getrennt, gelten.

---

[74] BVerfGE 79, S. 311, hier S. 328 f.

Sie bilden also dadurch, dass der Haushaltsplan unabdingbare Anlage des Haushaltsgesetzes ist, eine Einheit. Einheit heißt indes nicht Identität: So kann das Haushaltsgesetz im Unterschied zum Haushaltsplan Vorschriften enthalten, durch die andere Gesetze revidiert werden. Dies kommt zum Beispiel dann in Betracht, wenn im Rahmen von Sparnotwendigkeiten Gesetze, die bestimmte finanzielle Leistungen vorsehen, geändert oder aufgehoben werden sollen. Auch für die Kreditaufnahme ist eine Ermächtigung im Haushaltsgesetz selbst erforderlich; ein entsprechender Einnahmeansatz im Haushaltsplan reicht dafür nicht aus. Nicht zur Haushaltswirtschaft zählen die Aufgaben- und Kompetenzzuteilungen gemäß Art. 104 a GG (vgl. Kapitel I.4) sowie das Währungs-, Geld- und Münzwesen (vgl. Abschnitt II.1.5).

Wesentliche Rechtsgrundlagen für die Haushaltswirtschaft sind nach dem Grundgesetz und den Länderverfassungen das Haushaltsgrundsätzegesetz sowie die Bundeshaushaltsordnung bzw. die Haushaltsordnungen der Länder. Ihnen ist zu entnehmen, dass ein Haushaltsplan sämtliche voraussichtlich zu erzielenden Einnahmen sowie die absehbaren Ausgaben – einschließlich der Verpflichtungsermächtigungen –, Planstellen und Stellen enthalten muss, die zur Erfüllung der Aufgaben in einem Haushaltsjahr notwendig sind.

Planstellen sind Personalstellen für Beamtinnen und Beamte, Richterinnen und Richter, Soldatinnen und Soldaten auf Zeit sowie Berufssoldatinnen und -soldaten, die sich – gegliedert nach Zahl, Besoldungsgruppe und Amtsbezeichnung – unmittelbar aus dem Haushaltsplan ergeben. Für Angestellte sowie Arbeiterinnen und Arbeiter werden Stellen ausgebracht.

Der Haushaltsplan bildet den festen Rahmen, innerhalb dessen die Behörden des Bundes oder eines Landes wirtschaften können. Wir bezeichnen dies als die *Bedarfsdeckungsfunktion* des Haushalts.

Der Ausgabenbedarf kann allerdings nur insoweit berücksichtigt werden, als Einnahmen zur Verfügung stehen. Die Summe der Ausgaben muss also mit der Summe der Einnahmen übereinstimmen; die Einnahmen- und die Ausgabenseite eines Haushaltsplans müssen ausgeglichen sein. Mit dieser Ausgeglichenheit hat es indes eine besondere Bewandtnis: Denn obgleich bei allen staatlichen Haushaltsplänen die Summe der Einnahmen derjenigen der Ausgaben entspricht, wird Regierungen verschiedentlich vorgeworfen, keinen ausgeglichenen Haushalt aufgestellt zu haben. Gemeint ist damit, dass die Ausgaben die Einnahmen aus Abgaben, unternehmerischen Betätigungen und Veräußerungen übertreffen und der geforderte Haushaltsausgleich erst infolge von Kreditaufnahmen eintritt. Die Finanzierungslücken, die auf der Ebene von Bund und Ländern seit Jahrzehnten üblich sind, werden als Haushaltsdefizite bezeichnet. Man spricht auch von defizitären Haushalten. Ein im eigentlichen Sinne ausgeglichener Bundeshaushaltsplan wurde zum vorläufig letzten Male im Jahre 1970 verabschiedet.

Doch zurück zu den Funktionen des Haushaltsplans. Seine *juristische Funktion* besteht darin, dass er die Verwaltungen bindet. Er ermächtigt sie (d.h. er gibt ihnen das Recht), Ausgaben zu tätigen und Verpflichtungen einzugehen – er zwingt sie aber nicht dazu. Eine Verwaltung, die der Haushaltsplan zur Verausgabung von 1.000 € für einen bestimmten Zweck oder zur Anstellung von 100 Arbeitskräften ermächtigt, muss diesen Betrag keineswegs ausgeben und auch nicht 100 Personen einstellen. Sie kann stattdessen nur 800 € ausgeben bzw. nur 80 Menschen einstellen oder den Gesamtbetrag von 1.000 € sogar gänzlich einsparen bzw. niemanden neu beschäftigen. Sie darf ihre Ermächtigungen allerdings – von genau geregelten Ausnahmen abgesehen – nicht überschreiten, also nicht 1.100 € ausgeben oder 110 Neueinstellungen vornehmen.

Rechtlich wirkt der Haushaltsplan nur nach innen; er schafft keine Außenwirkungen. Ansprüche Dritter können weder entstehen noch aufgehoben werden. Das bedeutet, dass eine Privatperson oder ein Unternehmen nicht die Möglichkeit besitzt, unter Hinweis auf einen im Haushaltsplan enthaltenen Ausgabeansatz auf Auszahlung einer Zuwendung zu bestehen; auch kann ein Kreditnehmer seine Zinszahlungsverpflichtungen nicht mit Hinweis darauf aus der Welt schaffen, dass der Haushaltsplan keinen Ansatz für Zinseinnahmen vorsehe.

Die *ökonomische Funktion* des Haushaltsplans bezieht sich auf die Tatsache, dass die immensen Finanzströme, die durch ihn ausgelöst werden (wir erinnern uns an die Staatsquotendiskussion), gesamtwirtschaftliche Konsequenzen haben. Dies betrifft sowohl die Einnahmen- als auch die Ausgabenseite und nicht zuletzt die Kreditfinanzierung. Art. 109 Abs. 2 GG bindet den Staat bei seiner Haushaltswirtschaft daher an die Beachtung der Stabilitätsziele.

> Art. 109 Abs. 2 GG lautet:
> Bund und Länder haben bei ihrer Haushaltswirtschaft den Erfordernissen des gesamtwirtschaftlichen Gleichgewichts Rechnung zu tragen.

Im Streitfall darüber, ob ein Haushaltsplan den Erfordernissen des gesamtwirtschaftlichen Gleichgewichts entspricht oder ihnen zuwiderläuft, werden wohl stets politische Argumente den Ausschlag geben. Denn ein Haushaltsplan bildet, wie es ein geflügeltes Wort zutreffend formuliert, das „Hauptbuch der Nation"; er besitzt also eine *politische oder Steuerungsfunktion*. Die Regierung bzw. die sie tragende(n) Parlamentsfraktion(en) müssen ihre Zielvorstellungen – egal, ob es sich um Verkehrs- oder Wirtschaftspolitik, um Naturschutz oder die Alterssicherung handelt – in Einnahmen und Ausgaben umformen, d.h. in die Korsetts des Haushaltsrechts einpassen. Eine solche Schwerpunktsetzung kann sich indes nicht auf die bloße Anhebung oder Senkung bestimmter Einnahme- und Ausgabeposten beschränken. Hinein spielen Faktoren wie die allgemeine Steuer- und Abgabenbelastung, die Bevorzugung, Gleichstellung oder Benachteiligung klassen-, geschlechts- oder branchenspezifischer, berufsständischer oder regionaler Segmente, Fragen der Umverteilung und der ausreichenden Versorgung, Probleme der Staatsverschuldung, der Generationengerechtigkeit u.v.m. Auch müssen die politischen Langfristwirkungen bestimmter Entscheidungen in die Haushaltspolitik einbezogen werden.

Die *Kontrollfunktion* schließlich erwächst aus der Haushaltsrechnung, die die Regierung nach Abschluss eines Haushaltsjahres vorzulegen hat und die einer externen Prüfung durch den Bundes- bzw. den jeweiligen Landesrechnungshof unterzogen wird. Beurteilungsmaßstab ist u.a. die Einhaltung des Haushaltsplans und damit die Zuverlässigkeit der Bindung der Verwaltung an dessen Vorgaben (Soll-Ist-Vergleich).

2   Beginn des Haushaltskreislaufs

Wir wollen uns im Folgenden mit der Frage beschäftigen, wie Haushaltsgesetze und Haushaltspläne entstehen, wie sie in Kraft gesetzt und ausgeführt werden. Bereits diese Fragestellung lässt erkennen, dass mit einem Haushaltsplan länger als nur während *des* Jahres gearbeitet wird, für das er die Grundlage der Haushalts- und Wirtschaftsführung bildet. Wir sahen bereits, dass der Haushaltsplan *vor* Beginn des Haushaltsjahres aufgestellt und in Kraft gesetzt sein soll (zur Ausnahme hiervon vgl. weiter unten Abschnitt III.2.2.3). Und wir können uns – mit Blick auf die erwähnte Kontrollfunktion – vorstellen, dass er auch nach dem Ende des Haushaltsjahres dazu zwingt, sich mit ihm zu beschäftigen (siehe dazu Kapitel III.9). Im Ergebnis der Kapitel III.2 bis III.4 und III.9 werden wir sehen, dass das Budget über mehrere Jahre verteilt verschiedene Phasen durchläuft, in denen die Kompetenzen von Exekutive und Legislative wechseln: Dieser so genannte Haushaltskreislauf beginnt mit der Vorlage des Regierungsentwurfs für einen Haushaltsplan, setzt sich über die Erörterung und Veränderung des Etatentwurfs sowie die Verabschiedung des Haushaltsgesetzes durch das Parlament fort, durchläuft hernach die Phasen des administrativen Budgetvollzugs, der Rechnungslegung durch die Regierung sowie der Rechnungsprüfung durch den Rechnungshof und vollendet sich mit der Entlastung der Exekutive durch das Parlament.

Dabei ist zu beachten, dass es sich um ein in Phasen fortschreitendes Arbeitsprogramm handelt (vgl. Abb. 11), das von gleichartigen, zeitversetzt laufenden Programmen begleitet wird: Parallel zur Vollzugsphase eines Haushaltsplans – bezeichnen wir sie als D – ist die Exekutive mit der Erstellung der Haushaltsrechnung für das Vorgängerbudget C sowie mit der Aufstellung und Einbringung seines Nachfolgers E, die Legislative mit dessen Beratung und Verabschiedung sowie mit der Entlastung der Exekutive für die Ausführung des Vorvorvorgängeretats A beschäftigt. Außerdem behandelt das Parlament währenddessen den Bericht des Rechnungshofes über seine Prüfungstätigkeit im Haushaltsjahr C, das im Wesentlichen den Budgetvollzug in B, möglicherweise auch denjenigen früherer Jahre, zum Gegenstand hat. Am Ende des Haushaltsjahres D fordert der Finanzminister die Ressorts zur Anmeldung ihrer Bedarfe für das Haushaltsjahr F auf. (vgl. Abb. 12).

Abbildung 11: Der Haushaltskreislauf als fortschreitendes Arbeitsprogramm für einen Haushaltsplan

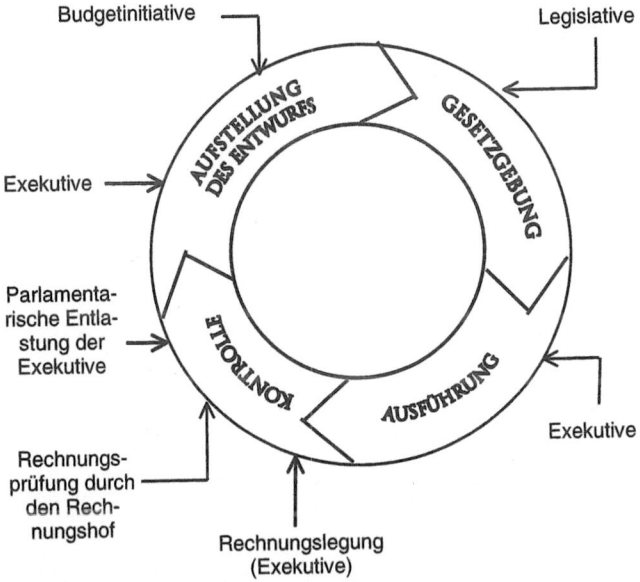

Quelle: (geringfügig verändert aus) *E. Müskens, B. Watzka*, Haushaltsrecht des Landes Nordrhein-Westfalen, 3. Aufl. Siegburg 1996, S. 50.

Abbildung 12: Der Haushaltskreislauf unter Berücksichtigung der Parallelität der Phasen verschiedener Haushaltspläne

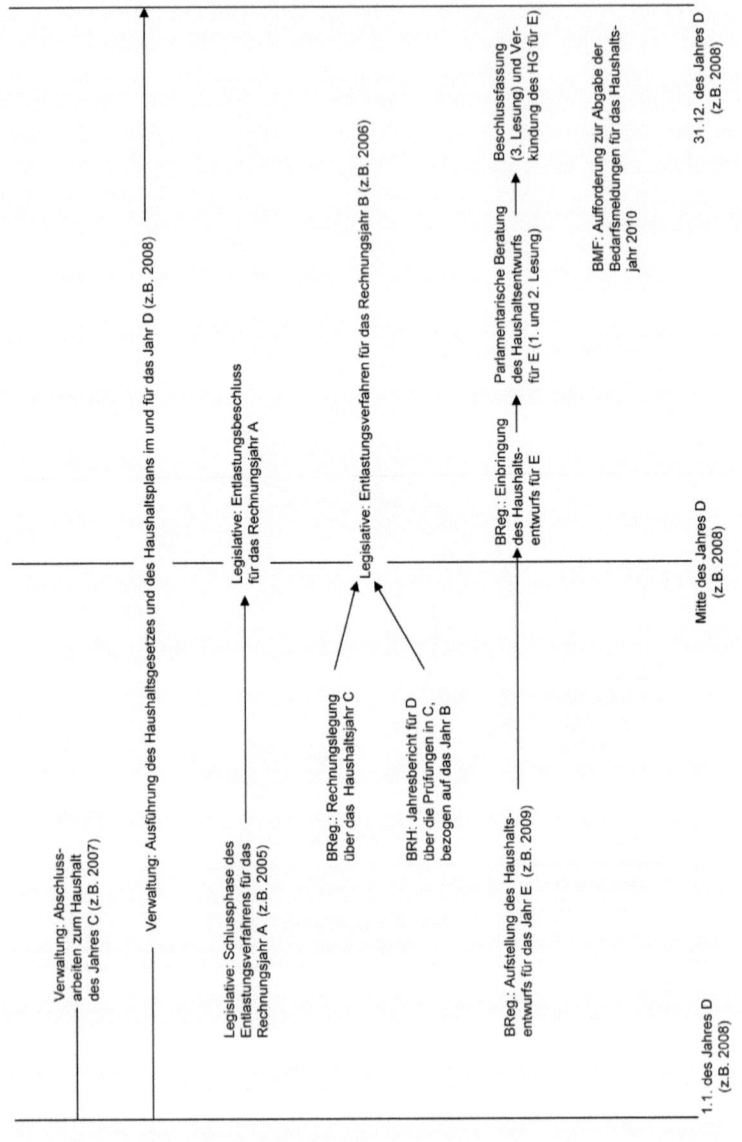

2.1 Der Arbeitskreis „Steuerschätzung"

Wenn der Haushaltsplan die Einnahmen eines Haushaltsjahres im Vorhinein zutreffend veranschlagen soll, dann sind dafür keine hellseherischen Fähigkeiten erforderlich, wohl aber die Verarbeitung von Erfahrungswerten, die Kenntnis der (Steuer-)Rechtslage sowie eine tragfähige Abschätzung der konjunkturellen Entwicklung und des Wirtschaftswachstums. Grundlage der Steuerschätzung ist das Konzept der *Aufkommenselastizität* (ε_T). Sie gibt an, wie sich die Einnahmen aus bestimmten Steuerarten oder (T) aus dem Steuersystem insgesamt entwickeln, wenn die Wirtschaftskraft steigt, stagniert oder nachlässt. Es gilt dann

$$\varepsilon_T = \frac{\Delta T : T}{\Delta Y : Y}$$

wobei Y das gesamtwirtschaftliche Einkommen wiedergibt und ΔY dessen relative Änderung. Mittels der Aufkommenselastizität können folglich für einen gewissen Finanzplanungszeitraum Prognosen hinsichtlich künftiger Einnahmen aus einzelnen Steuerarten und aus dem Steuersystem insgesamt erstellt werden.

Dieser Vorgang ereignet sich in der Bundesrepublik zweimal, und zwar jeweils im Mai und im November eines Jahres. Dann sitzen die Expertinnen und Experten des so genannten Arbeitskreises „Steuerschätzung" zusammen, der erstmals 1955 tagte. Beschickt wird der Arbeitskreis von den Bundesministerien für Finanzen und für Wirtschaft, von den 16 obersten Finanzbehörden der Länder, von der Bundesvereinigung kommunaler Spitzenverbände, von der Deutschen Bundesbank und dem Statistischen Bundesamt, vom SVR und sechs ausgewählten Wirtschaftsforschungsinstituten. Die Mai-Schätzung bezieht sich auf das laufende Haushaltsjahr und auf die vier folgenden Jahre. Ihre Ergebnisse sind auch die Grundlage für die Verteilung im bundesstaatlichen Finanzausgleich. Die Länder nehmen aufgrund dieser Ergebnisse für ihren Zuständigkeitsbereich eigene Schätzungen vor. Die November-Schätzung findet in großer zeitlicher Nähe zur Verabschiedung der Haushaltsgesetze von Bund und Ländern statt. Sie trifft Aussagen nur zum laufenden und zum nachfolgenden Haushaltsjahr.

Die Prognosen des Arbeitskreises beeinflussen die Aufstellung der Haushalte des Bundes und der Länder in erheblichem Maße. Alle am Haushaltsverfahren Beteiligten sind gut beraten, bei ihren Planungen nicht von höheren Einnahmen auszugehen als denen, die der Arbeitskreis für möglich hält. Im Gegenteil: Nach den Erfahrungen der letzten 15 Jahre, in denen sich die Annahmen der Steuerschätzer oftmals als zu optimistisch erwiesen und so mancher Haushalt mitten im

Verfahren zurechtgestutzt werden musste,[75] empfiehlt es sich, Abschläge von den vorausgesagten Einnahmen vorzunehmen und nur diese zur Grundlage von Planungen zu machen. Eine Ursache für die häufig zu günstige Einschätzung der Entwicklung könnte sein, dass der Arbeitskreis wesentliche Grundannahmen seiner Berechnungen (BIP, Inflationsrate) nicht selbst erstellt, sondern vom Bundeswirtschaftsministerium übernimmt. Dieses jedoch ist – wie könnte es anders sein? – gleichsam funktional zu Optimismus verpflichtet und daher, wenn es um Erwartungen geht, nicht der zuverlässigste Datengeber.

2.2 Aufstellung und Einbringung des Haushaltsentwurfs

Die Haushaltsgesetzgebung unterscheidet sich von den sonstigen Gesetzgebungsverfahren. Der erste Unterschied besteht darin, dass die Regierungen von Bund und Ländern nicht nur das Recht, sondern auch die Pflicht haben, Haushaltsgesetz- und Haushaltsplanentwürfe zu erarbeiten (aufzustellen) und dem Parlament zur Beschlussfassung vorzulegen (einzubringen). Der zweite Unterschied liegt darin, dass Haushaltsgesetze nicht vom Bundesrat oder von Fraktionen des Bundestages zur Beratung und Entscheidung eingebracht werden dürfen. In Sachen Haushalt liegt das Initiativrecht (Budgetinitiative) allein bei der Bundesregierung bzw. für einen Landeshaushalt bei der jeweiligen Landesregierung.

An der Aufstellung und Verabschiedung des Staatshaushalts sind mittelbar auch die politischen Parteien beteiligt. Über ihre Abgeordneten sowie ihre jeweiligen Fraktionen und Facharbeitskreise im Bundestag und in den Landtagen nehmen sie im Vorfeld und während der parlamentarischen Erörterungen Einfluss auf die Willensbildung. In umgekehrter Richtung wirken die Parlamentarier in die Gremien der Parteien zurück und steuern nicht selten deren programmatische Ausrichtung.

Der Entwurf für das Haushaltsgesetz und für den Haushaltsplan orientiert sich üblicherweise am laufenden und an den unmittelbar vorangegangenen Etat(s).

Budget (möglicherweise aus dem keltischen „bulgas" herkommend, das die Ledermappe bezeichnet, die den Haushaltsplan umschloss) und Etat (aus dem französischen „état" in der Bedeutung von Staatshaushalt; dies wiederum aus dem lateinischen „status" für Zustand) sind alternative Begriffe für den Haushaltsplan.

---

[75] Vgl. Bundesrechnungshof: Bemerkungen 2005 zur Haushalts- und Wirtschaftsführung des Bundes. Kurzübersicht, Bonn o.J., S. 7.

Die Arbeiten beginnen mit dem Aufstellungsrundschreiben, das die Finanzministerien – üblicherweise zum Ende eines Kalenderjahres – an alle Ministerien und sonstigen Behörden mit eigenen Einzelplänen richten.

> Einzelpläne sind Teileinheiten des Haushaltsplans. In der Regel entspricht jeweils ein Einzelplan dem Zuständigkeitsbereich einer obersten Bundes- bzw. Landesbehörde. Darüber hinaus gibt es nach Sachbereichen zusammengefasste Einzelpläne. Mehr dazu in Abschnitt III.5.2.

Darin wird dazu aufgefordert, bis Anfang März die Bedarfe für das darauf folgende Haushaltsjahr anzumelden. Die Angeschriebenen fordern daraufhin die ihnen unterstehenden Verwaltungsbehörden auf, ihre Anmeldungen für erwartete Einnahmen, notwendige Ausgaben und für die Personalausstattung im nächsten Haushaltsjahr aufzulisten. In den Ministerien werden dann die für notwendig (und wünschbar) gehaltenen Einnahmen, Ausgaben und Personalbedarfe des jeweiligen Ressorts zusammengefasst. Dabei sind handfeste hausinterne Auseinandersetzungen über die Bedarfe der verschiedenen Aufgabenbereiche und über die Berechtigung der von ihnen geltend gemachten Ansprüche durchaus an der Tagesordnung. Nicht erleichtert wird der Konflikt, wenn das Finanzministerium, um spätere Verhandlungen zu vereinfachen und den Streitstoff zu minimieren, Vorgaben macht, auf deren Erfüllung es die Ressorts verpflichtet. Sie können etwa in einer allgemeinen Kürzung von Förderprogrammen, einer Reduzierung des Rahmens für Verpflichtungsermächtigungen, im Verbot der Schaffung neuer Ausgabetitel, in einer Festlegung auf die Ist-Ergebnisse des Vorjahres oder manch anderer Beschränkung bestehen. Soweit sich die Ministerialbeamten in der ressortinternen Abstimmung nicht einigen können, führen sie eine Entscheidung ihrer Ministerin bzw. ihres Ministers herbei. Der hernach für das Fachministerium beschlossene Entwurf wird dem Finanzministerium übermittelt, dessen Aufgabe zunächst darin besteht zu prüfen, ob und inwieweit sich die Anmeldungen der Ressorts mit den finanziellen Möglichkeiten, wie sie die Prognosen des Arbeitskreises „Steuerschätzung" zeichnen, mit dem vermutlichen Kreditfinanzierungsrahmen und mit den gesamtwirtschaftlichen Erfordernissen in Einklang befinden.

Es gehört zu den jährlich wiederkehrenden Erfahrungen des Finanzressorts, dass die Wünsche der Ministerien die Grenzen des Finanzierbaren weit übersteigen. Die Aufgabe des Finanzministeriums besteht nun darin, voraussichtliche Einnahmen und geplante Ausgaben im Einvernehmen mit dem jeweiligen Fachressort zur Deckung zu bringen – in der Regel durch Kürzungen und Streichungen. Fälle, in denen keine Einigung erzielt werden kann, gehen in die sogenannten Chefgespräche ein. Bei diesen Verhandlungen des Finanzministers bzw. der Finanzministerin mit dem/der jeweils zuständigen Fachminister/in werden weitere Streitpunkte abgebaut. Kann auch dabei keine Einigung erzielt werden und sind die Konfliktfälle von grundsätzlicher oder erheblicher finanzieller Bedeutung, so werden sie nach dem Mehrheitsprinzip am Kabinettstisch entschieden. Dabei nimmt der Finanzminister eine Sonderstellung ein: Überstimmt ihn das Kabinett, so steht ihm ein Widerspruchsrecht zu. Dieses Veto kann nur überwunden werden, wenn die Bundeskanzlerin dem Finanzminister in einer erneuten Abstimmung nicht zur Seite tritt (vgl. § 26 Abs. 1 GOBReg.).

Das Ergebnis der Kabinettentscheidung, die für gewöhnlich im Juni getroffen wird, ist der Entwurf des Haushaltsgesetzes (inklusive Haushaltsplan), den die Regierung dem Parlament vor Beginn des betreffenden Haushaltsjahres vorlegen soll. Für die Bundesebene heißt dies, dass der Entwurf in der Regel Anfang September beim Bundestag einzubringen und *gleichzeitig* dem Bundesrat zuzuleiten ist. Diese Verpflichtung zur gleichzeitigen Zuleitung an Bundesrat und Bundestag markiert – neben der Verpflichtung zur Einbringung eines Etatentwurfs und dem ausschließlichen Initiativrecht der Exekutive – einen dritten wichtigen Unterschied des Budgetgesetzgebungsverfahrens zum üblichen Procedere. Damit endet die erste, von der Exekutive geprägte, Phase des Haushaltskreislaufs.

2.3 Parlamentarische Beratung und Beschlussfassung

Die zweite Phase beginnt mit der ersten Lesung des Haushaltsgesetzentwurfs im Bundestag, die für gewöhnlich im September stattfindet. Zunächst legt der Finanzminister in seiner Einbringungsrede die allgemeinen finanz- und wirtschaftspolitischen Rahmenbedingungen dar – zum Beispiel (von Vorgängerregierungen zu verantwortende) Vorbelastungen aus früheren Jahren, steuerpolitische Entscheidungen, Wachstumsprognosen und Außeneinflüsse –, um hernach auf die Spezifika des jeweiligen Budgets und die politischen Zielsetzungen für das kommende Haushaltsjahr einzugehen. Sollte der Etatentwurf eine Kreditaufnahme vorsehen, die höher ist als die Summe der Investitionsausgaben, so ist der Finanzminister gehalten, in seiner Einbringungsrede darzulegen, dass das gesamtwirtschaftliche Gleichgewicht ernsthaft und nachhaltig gestört ist oder eine solche Störung unmittelbar bevorsteht und dass die erhöhte Kreditaufnahme dazu bestimmt und geeignet ist, diese Störung abzuwehren. Der Rede des Bundesfinanzministers folgt die eher allgemeinpolitische Etatdebatte, in der zuerst der haushaltspolitische Sprecher der größten Oppositionsfraktion, anschließend derjenige der größten Regierungsfraktion und danach diejenigen der kleineren Fraktionen das Wort ergreifen. Die erste Lesung, die sich über mehrere Sitzungstage erstreckt und in der auch die Bundeskanzlerin ans Rednerpult tritt, endet mit der Überweisung des Haushaltsgesetzes und des Haushaltsplans an den Haushaltsausschuss des Bundestages. Parallel dazu bereitet der Finanzausschuss des Bundesrates, dem die Finanzminister und -senatoren der Länder angehören, die Stellungnahme des Bundesrates vor, die dieser berät und dem Bundestag über die Bundesregierung innerhalb von sechs Wochen nach Empfang des Budgetentwurfs zuleitet. Es ist dies der so genannte erste Durchgang beim Bundesrat.

Das eigentliche Machtzentrum in dieser Phase des Haushaltskreislaufs bildet der 41-köpfige Haushaltsausschuss des Bundestages, der nun den Etatentwurf der Bundesregierung und die Stellungnahme des Bundesrates unter die Lupe nimmt. Dazu benennt er aus seinen Reihen Berichterstatter/innen, deren Aufgabe darin besteht, sich möglichst intensiv in die Einzelpläne hineinzuarbeiten, die ihnen zugeteilt werden.

Jede Fraktion entsendet jeweils ein Ausschussmitglied in den Berichterstatterkreis für einen Einzelplan. Gegenwärtig wird also jeder Einzelplan von jeweils fünf Berichterstattern (CDU/CSU, SPD, FDP, Die Linke, Bündnis 90/Die Grünen) betreut. Dabei haben Abgeordnete kleiner Fraktionen, weil sie nicht nur für einen Einzelplan zuständig sind, sondern für mehrere, größere Chancen, sich fachlich zu profilieren und Einfluss auszuüben als Kolleg/innen aus großen Fraktionen. Die Berichterstatter erörtern die Einzelplanentwürfe mit den Fachbeamten, in der Schlussphase auch mit dem/der jeweils zuständigen Minister/in, zum Teil bis hinein in die anscheinend unbedeutendsten Positionen. Es hat sich in langjähriger Übung eingespielt, in diesem Abschnitt der parlamentarischen Haushaltsberatungen über Fraktionsgrenzen und ideologische Gräben hinweg sachlich und fachbezogen zu argumentieren. Zwar gehört es dazu, dass die Berichterstatter aus der oder den Regierungsfraktionen sich eher beschirmend vor ihre Staatssekretäre und Minister stellen als sie „vorzuführen"; dennoch eint die Berichterstatter ein gewisser Korpsgeist: In ihnen verkörpert das Parlament seine Vorherrschaft während der zweiten Phase des Budgetkreislaufs.

Ihre verhältnismäßig starke Position gegenüber der Ministerialbürokratie gewinnen die Berichterstatter aus eben dieser sachlich-fachlichen Arbeitsweise. Nicht nur kennen sie sich oft genug ebenso gut in den Einzelplänen aus wie die beamteten Fachleute und die Minister – sie besitzen darüber hinaus die Macht, die Exekutive auszufragen, Minister einzubestellen, Korrekturen vorzunehmen, Einsparungen und Umschichtungen vorzuschlagen und Genehmigungsvorbehalte anzubringen. Nicht selten finden die fünf Berichterstatter neue Lösungen für eine Streitfrage oder sie einigen sich – unabhängig davon, wer ihn eingebracht hatte – auf einen Antrag, der im weiteren Verfahren Bestand hat, weil das, worüber die Berichterstatter unter sich Einvernehmen hergestellt haben, in aller Regel weder im Haushaltsausschuss noch im Bundestag weiter debattiert wird. Hier befindet sich das Einfallstor für Anliegen kleinerer oppositioneller Fraktionen: Das Zusammengehörigkeitsdenken der Berichterstatter schweigt über den Urheber so mancher Initiative, die später das Licht der Öffentlichkeit erblickt. Große Chancen dafür bieten auch die Bereinigungssitzungen nach der Steuerschätzung im Herbst, wenn die eigentliche „Verteilungsschlacht" ansteht, in der es um Stellen, um Wünsche der Fraktionen und der Minister sowie um die Zuweisung von Mitteln geht, die im Verhandlungsverlauf frei wurden. Dies ist allerdings auch die Zeit, in der sich die Regierung mittels Ergänzungsvorlagen, die Änderungen am Ursprungsentwurf des Budgets aufgrund unvorhergesehener Regelungsnotwendigkeiten enthalten, noch einmal normativ in den Gang der Beratungen einschalten kann. Auf der Bundesebene zählt dies aber zu den Ausnahmen. Dort sind sog. Nachschiebelisten zur Aktualisierung der Haushaltsvorlage, etwa aufgrund des Ergebnisses der herbstlichen Steuerschätzung, üblich.

Die Ergebnisse der Berichterstattergespräche und die Stellungnahmen der Fachausschüsse fließen in die Beratungen des Haushaltsausschusses ein und werden dort – nun schon politischer und stärker an den Fraktionsinteressen ausgerichtet – für die zweite Lesung, die das Plenum des Bundestages abhalten wird, zur Abstimmung gestellt. Zwar will und kann der Ausschuss – weil er in seiner Zusammensetzung derjenigen des Gesamtparlaments entspricht und sich in ihm dessen politische Orientierung abbildet – den Budgetentwurf der Regierung nicht grundlegend abändern, aber er kann doch Berichtigungen vornehmen, die den betroffenen Ministern nicht eben „schmecken" mögen. In der zweiten Lesung im November werden der Entwurf des Haushaltsgesetzes und jeder Einzelplan gesondert zur Debatte und Abstimmung gestellt, nachdem die Berichterstatter ihre Beratungsergebnisse und die Beschlüsse des Haushaltsausschusses vorgetragen haben. Hieran schließt sich die dritte Lesung meist unmittelbar an, die wie die erste eher als politische Generaldebatte angelegt ist, und bei der Änderungen gegenüber der zweiten Lesung nicht auftreten.

Abbildung 13: Das Haushaltsgesetzgebungsverfahren

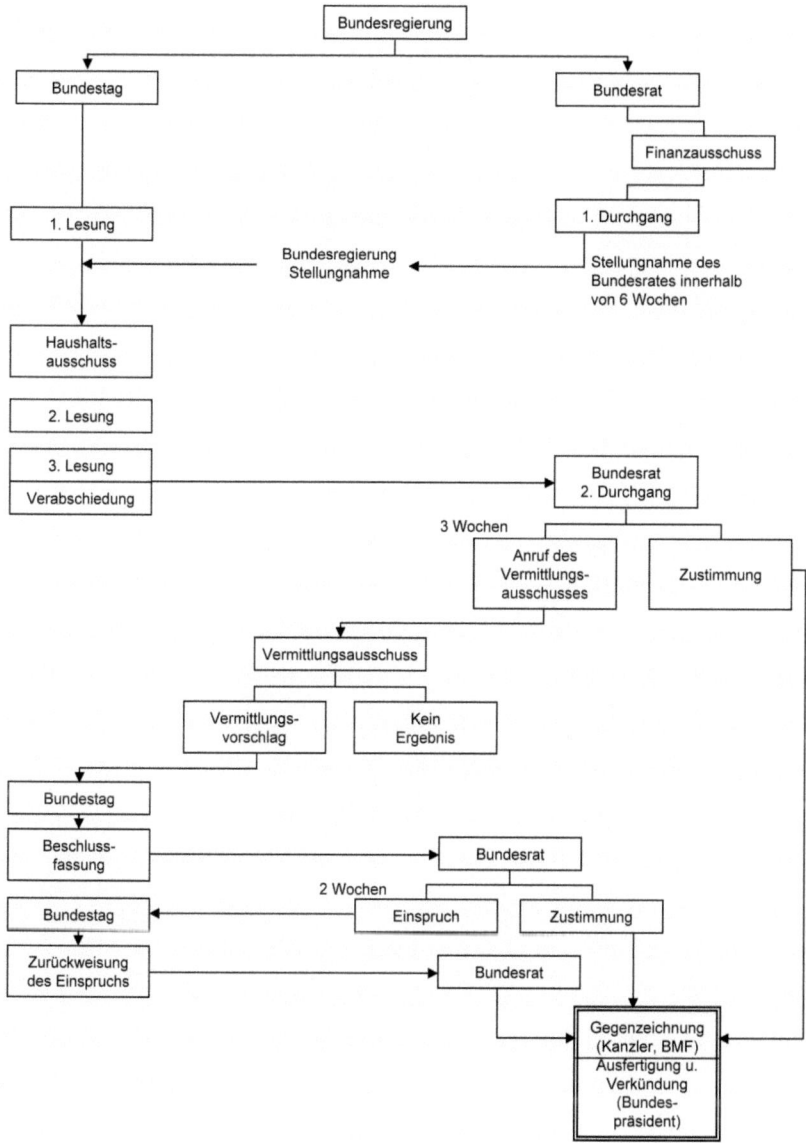

Quelle: *Klaus Staender*, Lexikon der öffentlichen Finanzwirtschaft, 6. Aufl. Heidelberg 2004, S. 226.

Der Bundestagsbeschluss wird daraufhin dem Bundesrat zum zweiten Durchgang zugeleitet. Da das Haushaltsgesetz (außer in den Fällen, in denen es zustimmungsbedürftige Regelungen enthält) nicht der Zustimmung des Bundesrates bedarf, kann dieser nur einwilligen – dann ist der Haushalt beschlossen – oder er muss, wenn er dies nicht tun will, innerhalb von drei Wochen den Vermittlungsausschuss anrufen. Der Vermittlungsausschuss, dem je 16 weisungsunabhängige Mitglieder des Bundestages und des Bundesrates angehören, kann Änderungsvorschläge machen oder ergebnislos auseinander gehen. Im Falle eines Vermittlungsvorschlages muss der Bundestag erneut beschließen. Es ist nun wieder der Bundesrat an der Reihe: Entweder stimmt er der Ergebnislosigkeit des Vermittlungsverfahrens bzw. dem erneuten Bundestagsbeschluss zu – dann ist der Haushalt beschlossen – oder er legt Einspruch ein. Dann kann der Bundestag diesen zurückweisen: mit der Mehrheit seiner gesetzlichen Mitglieder, sofern der Einspruch des Bundesrates mit Stimmenmehrheit erfolgte bzw. mit der Mehrheit von zwei Dritteln der abstimmenden Abgeordneten (deren Zahl mindestens der Mehrheit der gesetzlichen Mitglieder des Bundestages entsprechen muss), sofern der Einspruch des Bundesrates mit einer Zwei-Drittel-Mehrheit gefasst wurde.

Mit der Zurückweisung des Einspruchs ist der Haushalt beschlossen. (Kann der Einspruch nicht zurückgewiesen werden, was bisher nicht vorgekommen ist, ist das Haushaltsgesetz gescheitert). Das Haushaltsgesetz wird durch die Bundeskanzlerin und den Bundesfinanzminister gegengezeichnet, vom Bundespräsidenten ausgefertigt und im Bundesgesetzblatt mit dem Gesamtplan (siehe dazu Abschnitt III.5.2) verkündet. Es tritt stets, gegebenenfalls rückwirkend, zum 1. Januar eines Jahres in Kraft.

Was geschieht aber, wenn es – aus welchen Gründen auch immer – nicht gelingt, das Haushaltsgesetz rechtzeitig vor Jahresbeginn zu beschließen? Für diesen Fall ermächtigt Art. 111 GG die Exekutive, weiterhin – wenngleich in beschränktem Umfang – Ausgaben zu tätigen und sogar Kredite aufzunehmen.

Dieses Nothaushaltsrecht soll zum einen sicherstellen, dass Regierung und Verwaltungen fortbestehen und arbeiten können, bis die Legislative ein Haushaltsgesetz beschließt und dieses im Bundesgesetzblatt verkündet wird. Die Notwendigkeit einer vorläufigen Haushaltsführung ergibt sich vor allem daraus, dass der Staat die bei ihm Beschäftigten entlohnen, die Pensionäre versorgen, Verträge und internationale Abkommen einhalten, gesetzlich garantierte Leistungen erfüllen und Einrichtungen erhalten muss. Außerdem ist auch in dieser Zeit den Erfordernissen des gesamtwirtschaftlichen Gleichgewichts Rechnung zu tragen.

> Art. 111 GG lautet:
> (1) Ist bis zum Schluss eines Rechnungsjahres der Haushaltsplan für das folgende Jahr nicht durch Gesetz festgestellt, so ist bis zu seinem Inkrafttreten die Bundesregierung ermächtigt, alle Ausgaben zu leisten, die nötig sind,
> a) um gesetzlich bestehende Einrichtungen zu erhalten und gesetzlich beschlossene Maßnahmen durchzuführen,
> b) um die rechtlich begründeten Verpflichtungen des Bundes zu erfüllen,
> c) um Bauten, Beschaffungen und sonstige Leistungen fortzusetzen oder Beihilfen für diese Zwecke weiter zu gewähren, sofern durch den Haushaltsplan eines Vorjahres bereits Beträge bewilligt worden sind.
> (2) Soweit nicht auf besonderem Gesetze beruhende Einnahmen aus Steuern, Abgaben und sonstigen Quellen oder die Betriebsmittelrücklage die Ausgaben unter Absatz 1 decken, darf die Bundesregierung die zur Aufrechterhaltung der Wirtschaftsführung erforderlichen Mittel bis zur Höhe eines Viertels der Endsumme des abgelaufenen Haushaltsplanes im Wege des Kredits flüssig machen.

Zum anderen soll das Institut der vorläufigen Haushaltsführung verhindern, dass eine Parlamentsmehrheit, die zu einem konstruktiven Misstrauensvotum gemäß Art. 67 Abs. 1 GG nicht in der Lage ist, die Bundesregierung – wie 1972 geschehen – zu stürzen versucht, indem sie die Verabschiedung des Etats verweigert.

> Artikel 67 Abs. 1 GG lautet:
> Der Bundestag kann dem Bundeskanzler das Misstrauen nur dadurch aussprechen, dass er mit der Mehrheit seiner Mitglieder einen Nachfolger wählt und den Bundespräsidenten ersucht, den Bundeskanzler zu entlassen. Der Bundespräsident muss dem Ersuchen entsprechen und den Gewählten ernennen.

Das Nothaushaltsrecht der Verfassung entbindet allerdings weder die Regierung von ihrer Pflicht, den Entwurf für ein Haushaltsgesetz vorzulegen noch die Legislative von ihrer Pflicht, ihn zu beraten und ein Haushaltsgesetz in Kraft zu setzen.

3 Finanzplan und Finanzplanungsrat

Zugleich mit dem Entwurf des Haushaltsgesetzes und des Haushaltsplans muss die Bundesregierung dem Bundestag und dem Bundesrat ihre mittelfristige Finanzplanung unterbreiten. Auch die Länder und Kommunen sind verpflichtet, Finanzpläne aufzustellen.

Die mittelfristige Finanzplanung erstreckt sich über fünf Jahre; davon bildet das jeweils aktuelle Kalenderjahr das erste Finanzplanungsjahr. Im Jahre 2008 wird also, parallel zum Haushaltsentwurf 2009, der Finanzplan für die Zeit von 2008 bis 2012 vorgelegt. Da das zweite Finanzplanungsjahr folglich dasjenige ist, für das bereits ein Budgetentwurf existiert, ist der „echte" Prognosezeitraum kürzer als gemeinhin vermutet: Er beschränkt sich auf drei Jahre (z.B. 2010 bis 2012). Die Finanzplanung wird jährlich fortgeschrieben; im Jahre 2009 wird daher ein Finanzplan für die Jahre 2009 bis 2013 präsentiert werden.

Ziel der Finanzplanung ist es, die Haushalts- und Finanzpolitik nicht zum Spielball rasch sich wandelnder Gegenwartswünsche werden zu lassen, sondern sie unter dem Gesichtspunkt der Zukunftsvorsorge in eine dauerhaftere Ordnung einzubetten. Der Finanzplan soll also mehr sein als ein verlängerter Haushaltsplan. Im Finanzplan soll die Regierung ihr Investitionsprogramm präsentieren sowie für jedes Planungsjahr darlegen, welche Aufgaben ihrer politischen Schwerpunktsetzung nach anstehen, welche Ausgabenbedarfe daraus folgen, welche Deckungsmöglichkeiten bestehen und wie sie Ausgaben und Einnahmen mit ihren gesamtwirtschaftlichen Zielvorstellungen und den objektiven Rahmenbedingungen abstimmt. Der Finanzplan bildet folglich ein in Zahlen gekleidetes Regierungsprogramm.

Koordiniert werden die Finanzplanungen des Bundes, der Länder und der Gemeinden vom Finanzplanungsrat, dem unter Vorsitz des Bundesfinanzministers der Bundeswirtschaftsminister, die Finanzminister bzw. -senatoren der Länder sowie vier vom Bundesrat auf Vorschlag der kommunalen Spitzenverbände bestimmte Vertreter der Gemeinden angehören. Die Deutsche Bundesbank nimmt an den Beratungen teil, die zweimal jährlich stattfinden.

Der Finanzplanungsrat gibt u. a. Empfehlungen zur Haushaltsdisziplin (§ 51a HGrG) und achtet auf die Vereinbarkeit der Haushaltsentwicklung von Bund und Ländern mit den Bestimmungen des Maastrichter Vertrages.

Für die Aufstellung des Finanzplans im Bund ist der Bundesfinanzminister zuständig. Hat das Kabinett seinen Entwurf gebilligt, bindet dieser die Bundesregierung in gleicher Weise wie jeder Kabinettbeschluss. Nicht ganz zu Unrecht erinnert daher der Finanzminister die Ministerkollegen bei der Aufstellung des Haushaltsentwurfs gern daran, dass sie – genau genommen – von den im Finanzplan für jedes Ressort niedergelegten Planzahlen nicht nach oben abweichen dürfen. In der Praxis zeitigt diese Ermahnung allerdings wenig Wirkung.

Der Finanzplan gliedert sich in eine Darstellung der Rahmenbedingungen und grundsätzlichen Ziele der Finanzpolitik im laufenden Jahr und in den darauf folgenden vier Jahren. Bestandteil dessen ist ein Überblick über die erwartete Entwicklung der Einnahmen, Ausgaben und Nettokreditaufnahmen im Planungszeitraum. Es folgen detaillierte Darlegungen der geplanten Ausgaben, gegliedert nach Aufgabenbereichen und Ausgabearten sowie der prognostizierten Einnahmen nach Arten. Weiter enthält der Finanzplan Ausführungen zu den gegenwärtigen und künftigen Finanzbeziehungen des Bundes zu inter- und supranationalen Organisationen einschließlich der Europäischen Union und zu den Ländern. Ein Ausblick auf Entwicklungen des Bundeshaushalts nach Ablauf des jeweiligen Finanzplanungszeitraums informiert über zu erwartende Zinsausgaben und Versorgungsleistungen, über Gewährleistungen, Verpflichtungsermächtigungen, Belastungen aus privaten Vorfinanzierungen öffentlicher Baumaßnahmen und über die Zukunft von Sondervermögen. Eine Projektion der gesamtwirtschaftlichen Entwicklung im Finanzplanungszeitraum schließt den Finanzplan ab.

Der Finanzplan bindet ausschließlich die Regierung, nicht jedoch das Parlament. Es braucht ihn daher nicht zu beschließen, sondern nimmt ihn lediglich als Orientierungshilfe zur Kenntnis. Rechtsverbindliches Planungs-, Vollzugs- und Kontrollinstrument bleibt allein der Haushaltsplan. Er, nicht der Finanzplan, ermächtigt die Exekutive, Ausgaben zu leisten und Verpflichtungen einzugehen. Diese Unverbindlichkeit des Finanzplans im Verhältnis Exekutive-Legislative ist sicher einer der Gründe für das geringe parlamentarische und öffentliche Interesse an der Finanzplanung. Hinzu kommt, dass die Finanzpläne sämtlicher Ebenen die in sie gesetzten Erwartungen kaum erfüllen. So geben sie zwar, zum Beispiel hinsichtlich der Neuverschuldung, gewisse Zielvorstellungen der Regierungen wieder, aber es mangelt an Schwerpunktsetzungen, etwa aufgrund outputorientierter Aufgabenplanungen. In der Regel beschränken sich die Projektionen auf die Fortschreibung der jährlichen Haushaltspläne.

4 Haushaltsgrundsätze

Damit der Etat die Funktionen erfüllen kann, von denen wir in Kapitel III.1 sprachen, muss er bei Aufstellung und Vollzug einigen Ordnungsprinzipien unterworfen werden, die dem Parlament eine mitlaufende (zeitgleich mit der Ausführung des Haushaltsplans stattfindende) und nachträgliche Kontrolle ermöglichen. Diese Ordnungsprinzipien oder Haushaltsgrundsätze haben sich im Laufe der budgetären Auseinandersetzungen zwischen Volksvertretung und Krone/Administration vor allem im 19. Jahrhundert herausgebildet und wurden unter parlamentarisch-demokratischen Vorzeichen weiterentwickelt. Die meisten der Budgetgrundsätze wurden ins Grundgesetz bzw. ins Haushaltsgrundsätzegesetz oder in die Haushaltsordnungen von Bund und Ländern aufgenommen.

Erster Haushaltsgrundsatz ist das Prinzip der *Vorherigkeit*. Danach sollen Haushaltsgesetz und Haushaltsplan vor Beginn des Zeitraums, für den sie gelten, beschlossen und verkündet sein. Diese Forderung leitet sich aus dem Plancharakter des Haushalts und daraus ab, dass der Etat seine Steuerungsfunktion einbüßt, wenn er erst nach Beginn des Haushaltsjahres verabschiedet wird. Das Gebot der rechtzeitigen Etatbewilligung richtet sich an alle am Haushaltsverfahren beteiligten Verfassungsorgane. Trotzdem bilden Verletzungen des Vorherigkeitsgrundsatzes keine seltenen Ausnahmen.

Für jedes Jahr ist ein Haushaltsplan aufzustellen. Dieser Grundsatz der *Jährlichkeit* des Etats, dessen ursprünglicher Zweck darin bestand, Bewilligungen nur für einen überschaubaren Zeitraum auszusprechen, bindet den Haushaltsvollzug an das jeweilige Haushaltsjahr. Die der Verwaltung verliehene Ermächtigung, Ausgaben zu leisten und Verpflichtungen einzugehen, erlischt am Ende des Jahres, für das der Haushaltsplan beschlossen wurde. Eine Ausnahme vom Jährlichkeitsgrundsatz bildet die Möglichkeit zur Verabschiedung eines zweijährigen Haushalts, die sich indes nur auf das Haushaltsgesetz bezieht, während die Haushaltspläne jeweils für ein Jahr gelten. Weitere Ausnahmen sind durch die Übertragbarkeit von Investitionen und Ausgaben aus zweckgebundenen Einnahmen sowie solcher Ausgaben gegeben, die durch Haushaltsgesetz oder Haushaltsplan für übertragbar erklärt werden (vgl. Abschnitt III.10.1).

Nach dem Grundsatz der *Einheit* sollen sämtliche Einnahmen, Ausgaben und Verpflichtungsermächtigungen in *einem* Haushaltsplan enthalten sein. Entwickelt hat sich dieses Prinzip im Konflikt mit der absolutistischen Fondswirtschaft, die der Volksvertretung eine umfassende Übersicht über das Finanzgebaren der Krone verwehrte. Vom Standpunkt der parlamentarischen Kontrolle unerfreuliche Ausnahmen vom Einheitsgrundsatz bilden heute die Sondervermögen, die Regie-/Eigenbetriebe und die Organisationsprivatisierungen, für die besondere Budgets bestehen.

Mit dem Grundsatz der Einheit eng verbunden ist das Prinzip der *Vollständigkeit* des Haushalts. Es besagt, dass der Etat *alle* Einnahmen, *alle* Ausgaben und *alle* Verpflichtungsermächtigungen enthalten muss, die im Haushaltsjahr zu erwarten sind. Es darf also keine Einnahme oder Ausgabeermächtigung vergessen oder verheimlicht werden. Damit ist ein Verbot sog. schwarzer Kassen ausgesprochen. Ist das Haushaltsjahr abgeschlossen, verlangt der Grundsatz der Vollständigkeit, dass über alle eingegangenen Einnahmen und geleisteten Ausgaben Rechnung abgelegt wird.

Aus der Bedarfsdeckungsfunktion des Haushalts leitet sich das *Fälligkeits*prinzip ab. Danach dürfen in das Budget nur solche Einnahmen aufgenommen werden, von denen erwartet werden kann, dass sie im betreffenden Haushaltsjahr tatsächlich eingehen, und nur solche Ausgaben, die voraussichtlich in eben diesem Jahr getätigt werden müssen. Wir nennen dies Kassenwirksamkeit, weil hier Einzahlungen bei und Auszahlungen durch öffentliche(n) Kassen angesprochen sind. Einen Sonderfall stellen Projekte dar, für die Ausgaben in mehreren Haushaltsjahren kassenwirksam werden: Das betrifft vor allem Baumaßnahmen, aber beispielsweise auch die Installation einer aufwendigen Datenverarbeitungsanlage, über mehrere Jahre laufende Forschungsvorhaben oder Zuwendungen an soziale Einrichtungen. Weil in solchen und ähnlichen Fällen Ausgaben auch oder erst nach Ende des Haushaltsjahres kassenwirksam werden, benötigt die Verwaltung eine parlamentarisch abgesicherte Befugnis, ehe sie die entsprechenden Verträge schließen bzw. Bewilligungen aussprechen kann. Diese Befugnis erteilt die Legislative, indem sie in den Haushaltsplan so genannte Verpflichtungsermächtigungen einstellt: Sie ermächtigen (berechtigen) die Verwaltung, zu festgelegten Zwecken und bis zu bestimmten Höhen Verpflichtungen einzugehen und Zahlungen zu leisten, die sich auf ein späteres oder auf mehrere spätere Haushaltsjahr(e) auswirken. Verpflichtungsermächtigungen stellen Vorbelastungen künftiger Haushaltspläne dar. Sie schränken die Dispositionsfreiheit künftiger Haushaltsgesetzgeber ein, weil für sie in den Jahren, für die sie ausgebracht werden, entsprechende Barausgabeansätze vorzusehen sind, die sich späteren Einsparbemühungen verweigern. Nicht erforderlich ist die Ausweisung von Verpflichtungsermächtigungen, wenn die finanzielle Bindung künftiger Haushalte anderweitig erlaubt ist (zum Beispiel Schuldendienstverpflichtungen aufgrund einer Kreditaufnahme), wenn Tarifverträge abgeschlossen, wenn Bedienstete eingestellt oder befördert werden und wenn ein Geschäft der laufenden Verwaltung vorliegt.

> Unter Geschäften der laufenden Verwaltung sind regelmäßig wiederkehrende Geschäfte zu verstehen, die für die jeweilige Verwaltung keine Besonderheiten aufweisen und bei denen bestimmte finanzielle Obergrenzen nicht überschritten werden.

Alle Einnahmen und Ausgaben sind voneinander getrennt zu veranschlagen, zu bewirtschaften, zu buchen und abzurechnen. Das *Bruttoprinzip* untersagt also Vorwegabzüge von Ausgaben bei den Einnahmen und Abzüge von den Ausgaben durch Gegenrechnung von Einnahmen. Wird also zum Beispiel ein neuer Dienstwagen angeschafft, so muss dessen Kaufpreis in voller Höhe bei den Ausgaben und der Erlös für den Verkauf des gebrauchten Dienstwagens in voller Höhe bei den Einnahmen gebucht werden. Das Bruttoprinzip soll unkontrollierte Zahlungsvorgänge verhindern, die Übersichtlichkeit des Haushalts und dessen Kontrolle garantieren. Eine wichtige Ausnahme von diesem Grundsatz bildet die Nettoveranschlagung von Krediten: Zwar weisen die Finanzierungsübersicht und der Kreditfinanzierungsplan (vgl. Abschnitt III.5.2) des Haushaltsgesetzes die Einnahmen aus Krediten und die Tilgungsausgaben jeweils in voller Höhe, also brutto, aus. Doch schreiben ansonsten die BHO sowie die Haushaltsordnungen einiger Länder die Nettoveranschlagung der Krediteinnahmen ausdrücklich vor: Die Tilgungsausgaben sind demzufolge von den Einnahmen aus Krediten abzuziehen. Zur Begründung wird angeführt, dass auf diese Weise die gesamtwirtschaftlichen Wirkungen der Neuverschuldung (etwa die Beanspruchung des Kreditmarktes) besser abgelesen werden können. Auch würde das Haushaltsvolumen durch eine Bruttoveranschlagung irreführend aufgebläht.

Vom Grundsatz der *Gesamtdeckung* (Nonaffektationsprinzip) sprachen wir bereits im Zusammenhang mit der Definition des Begriffs Steuern. Er besagt, dass alle Einnahmen als Deckungsmittel für sämtliche Ausgaben dienen. Ausnahmen hiervon, also Bindungen der Einnahmen aus bestimmten Steuerarten oder von bestimmten Anteilen an einer Steuer für einen festgelegten Zweck, bedürfen einer entsprechenden gesetzlichen Bestimmung. Sie sind außerdem statthaft, wenn Dritte Mittel zweckgebunden zur Verfügung stellen oder wenn der Haushaltsplan sie zulässt. Das Nonaffektationsprinzip sichert den Parlamenten, die über die Einnahmen und Ausgaben beschließen, die Entscheidungsfreiheit und die Möglichkeit zu politischen Schwerpunktsetzungen. Beides würde durch ein starres System von Zweckbindungen (Fondswirtschaft) verhindert.

Nach dem Grundsatz der *Einzelveranschlagung* sind die Einnahmen nach dem Entstehungsgrund und die Ausgaben und Verpflichtungsermächtigungen nach Zwecken getrennt auszuweisen. Bedeutung hat dieses Prinzip vor allem für die Ausgabeseite, weil es die Verwaltung dazu anhält, Ausgaben nur für *den* Zweck (qualitative Spezialität) und maximal in *der* Höhe (quantitative Spezialität) zu leisten, zu dem bzw. in der sie bewilligt wurden. Dadurch soll verhindert werden, dass die Verwaltung den politischen Willen der Parlamentsmehrheit, die den Haushalt beschlossen hat, eigenmächtig – ohne dazu demokratisch legitimiert zu sein – verändert. Die Bindung der Verwaltung gestaltet sich dabei um so intensiver, je detaillierter die Zweckbestimmungen ausgewiesen sind. Wegen der daraus folgenden Unbeweglichkeit der öffentlichen Verwaltung stößt dieses Prinzip seit einiger Zeit auf Kritik, die sich bereits in einer Novellierung des Haushaltsrechts niedergeschlagen hat (vgl. Kapitel III.10).

Eine zu weitgehende Detaillierung der Haushaltsansätze widerspräche im Übrigen dem Grundsatz der *Haushaltsklarheit*. Sie überfrachtet das Gesamtwerk und erschwert, verhindert womöglich, den Gesamtüberblick und – daraus folgend – notwendige politische Entscheidungen. Die Gliederung des Haushaltsplans muss erkennen lassen, wo die Einnahmen in welcher Höhe entstehen und in welchem Umfang Aufgaben finanziert werden. Diesem Anspruch dient die Gliederung des Haushaltsplans in Einzelpläne (nach dem Ressort- und nach dem Realprinzip) sowie die Zusammenfassung von Einnahmen, Ausgaben und Verpflichtungsermächtigungen nach Arten (z.B. Steuern, Verwaltungseinnahmen,

Personalausgaben, Sachausgaben, Zuwendungen, Bauausgaben usw.) in einer Gruppierungs- und nach Aufgabengebieten (z.B. Auswärtige Angelegenheiten, Schulen und vorschulische Bildung, Arbeitsmarktpolitik und Arbeitsschutz, Wohnungswesen usw.) in einer Funktionenübersicht.

Der Grundsatz der *Genauigkeit* verlangt, bei der Aufstellung des Haushaltsentwurfs sowie bei dessen Beratung und Verabschiedung die in einem Haushaltsjahr voraussichtlich eingehenden Einnahmen und zu leistenden Ausgaben mit größtmöglicher Präzision zu errechnen bzw. zu schätzen. Zwar unterliegen Prognosen, und damit haben wir es bei einem Haushaltsplan *auch* zu tun, gewissen Unsicherheiten und Risiken; dennoch gilt das Gebot der höchstmöglichen Annäherung an das wahrscheinlichste Resultat.

Damit eng verbunden ist das Prinzip der *Haushaltswahrheit*. Es verbietet bewusste Fehlschätzungen künftiger Einnahmen oder Ausgabeverpflichtungen oder die Vortäuschung von Beträgen und Sachverhalten.

Eine solche Täuschung widerspräche auch dem Grundsatz der *Öffentlichkeit*, der auf die demokratische Teilhabe aller Bürgerinnen und Bürger am politischen Geschehen abzielt. Die Bedeutung dieses Grundsatzes wird am ehesten klar, wenn wir uns vergegenwärtigen, dass es diktatorischen Regimes eigen ist, ihre Haushaltswirtschaft als weitestgehend geheime Angelegenheit einstufen. Der Öffentlichkeitsgrundsatz verlangt, dass die Einbringung des Haushaltsentwurfs, die daran sich anschließenden parlamentarischen Haushaltsberatungen und -beschlüsse öffentlich sind, dass eine ungehinderte Medienberichterstattung zu haushaltspolitischen Angelegenheiten stattfinden kann, dass das Haushaltsgesetz im Bundesgesetzblatt bzw. in den Gesetzblättern der Länder publiziert wird und dass der Haushaltsplan jeder/jedem, die oder der dies wünscht, zugänglich ist – ein Gebot, dessen Erfüllung mit Hilfe der Websites der Finanzministerien problemlos möglich geworden ist. Eingeschränkt wird das Öffentlichkeitsprinzip zum einen durch die Nichtöffentlichkeit der Berichterstattergespräche und der Ausschussberatungen des Bundestages und des Bundesrates und zum anderen dadurch, dass bestimmte Ausgaben (etwa die der Nachrichtendienste) nach geheim zu haltenden Wirtschaftsplänen bewirtschaftet werden, in die nur ausgewählte Mitglieder des Parlaments Einblick erhalten.

Last, but not least sei der Grundsatz der *Wirtschaftlichkeit und Sparsamkeit* genannt, der in der öffentlichen Meinung höchste Priorität genießt. Er gilt als eines der traditionsreichsten Prinzipien und besagt, dass bei der Aufstellung des Haushaltsplans und bei allen öffentlichen Maßnahmen die günstigste Relation zwischen dem verfolgten Zweck und den einzusetzenden Mitteln anzustreben ist. Zweck und Mittel müssen sich so zueinander verhalten, dass ein bestimmtes Ergebnis mit möglichst geringem Aufwand (Minimal- oder Sparsamkeitsprinzip) oder dass mit einem bestimmten Aufwand das bestmögliche Ergebnis (Maximal-

oder Ergiebigkeitsprinzip) erreicht wird. Dem Minimalprinzip entspräche es demnach, wenn ein Radweg von zum Beispiel acht Kilometern Länge zu einem äußerst niedrigen Preis erstellt würde, während das Maximalprinzip für den Preis von beispielsweise 10 Millionen € einen möglichst langen Radweg oder ein möglichst dichtes Radwegenetz fordert.

5 Den Haushaltsplan lesen

Haushaltsgesetz und Haushaltsplan des Bundes für das Jahr 2007 haben einen Umfang von gut 2.900 Seiten. Aufeinander gelegt bilden Gesetz, Einzelpläne und Anlagen einen Stapel von 11,5 cm mit rund 7.000 Titeln. Da verwundert es nicht, dass viele vor diesem Papierberg zurückschrecken, dass sie die scheinbar unübersichtlichen und unverständlichen Zahlenreihen meiden und die Haushaltspolitik den sogenannten Experten überlassen.

Dabei ist es – sofern wir bereit sind, uns in die Systematik hineinzufinden – gar nicht schwer, einen Haushaltsplan zu lesen und zu bewerten. Wir dürfen nur nicht den Fehler begehen, ihn ohne Vorkenntnisse benutzen, ihm ohne Weiteres bestimmte Information entnehmen zu wollen. So, wie wir mit einem Lexikon nichts anfangen können, wenn wir das Alphabet nicht beherrschen, so können wir den Haushaltsplan verständig nur lesen, wenn wir seinen Aufbau begriffen haben. Fangen wir also an, den Haushalt zu sezieren.

5.1 Inhalt des Haushaltsgesetzes und des Haushaltsplans

Der Haushalt besteht, wir hatten es bereits erwähnt, aus dem Haushaltsgesetz und dem Haushaltsplan. Das Haushaltsgesetz muss die Summe der Einnahmen und Ausgaben enthalten, die in dem jeweiligen Haushaltsjahr erwartet werden bzw. zur Auszahlung kommen sollen. Außerdem muss in ihm eine Bestimmung über das Inkrafttreten getroffen sein. Des Weiteren sind die Aufnahme von Krediten, die Übernahme von Bürgschaften, Garantien und sonstigen Gewährleistungen sowie die Deckungsfähigkeit (vgl. Abschnitt III.10.1) zu regeln. Auch die Bewirtschaftung von Planstellen (für Beamtinnen und Beamte, Richterinnen und Richter, Soldatinnen und Soldaten) und Stellen (für Angestellte und Arbeiter/innen) sowie von Zuwendungen ist Bestandteil des Haushaltsgesetzes.

In das Haushaltsgesetz dürfen keine Vorschriften aufgenommen werden, die zeitlich über das Haushaltsjahr hinaus wirken oder sachlich über die Einnahmen und Ausgaben des Bundes bzw. der Länder und ihrer Verwaltungen hinausreichen (zeitliches und sachliches Bepackungsverbot). Wie alle Gesetze steht auch das Haushaltsgesetz einer verfassungsgerichtlichen Überprüfung offen. Zu einer entsprechenden Klage befugt sind nur eine Landesregierung oder mindestens ein Drittel der Mitglieder des Bundestages.

5.2 Bestandteile des Haushaltsplans

Der Haushaltsplan besteht aus dem Gesamtplan, den Einzelplänen und den Anlagen (vgl. Abb. 14).

a. Der *Gesamtplan* enthält die Haushaltsübersicht, die Finanzierungsübersicht und den Kreditfinanzierungsplan.

- In der *Haushaltsübersicht* sind die Einnahmen, Ausgaben und Verpflichtungsermächtigungen, gegliedert nach Einzelplänen, tabellarisch dargestellt. Der Haushaltsübersicht können wir u.a. entnehmen, ob und gegebenenfalls welche Veränderungen die einzelnen Ressorts im Vergleich zum Vorjahr erfahren. Sie vermittelt außerdem einen Überblick über die Verpflichtungsermächtigungen und deren Fälligkeiten und enthält eine Übersicht über die flexibilisierten Ausgaben nach § 5 des Haushaltsgesetzes. Aus ihr ist die Summe dieser im Haushaltsplan mit einem „F" gekennzeichneten Ausgaben, gegliedert nach Einzelplänen und Kapiteln, ablesbar. Man erhält so einen Eindruck von dem Ausmaß der Anwendung neuer haushaltsrechtlicher Instrumente (mehr dazu in Abschnitt III.10.1).

- Die *Finanzierungsübersicht* ermittelt den Finanzierungssaldo aus Einnahmen und Ausgaben und dessen Zusammensetzung, also zum Beispiel Einnahmen aus und Zuführungen zu Rücklagen, Überschüsse aus Vorjahren, Ausgaben zur Schuldentilgung, Münz- und Krediteinnahmen.

- Der *Kreditfinanzierungsplan* vermittelt einen Überblick über die Einnahmen aus Krediten – gegliedert nach ihrer Herkunft – und die Tilgungsausgaben – unterschieden nach Empfängern; aus deren Saldierung ergibt sich die Nettokreditermächtigung.

b. Die *Einzelpläne* sind größtenteils nach dem Ressortprinzip gegliedert. Das heißt, dass für jede Oberste Bundesbehörde ein eigener Einzelplan angelegt wird, dem eine zweistellige Ziffernkombination zugeordnet ist (vgl. Abb. 15).

Abbildung 14: Die Gliederung des Haushalts

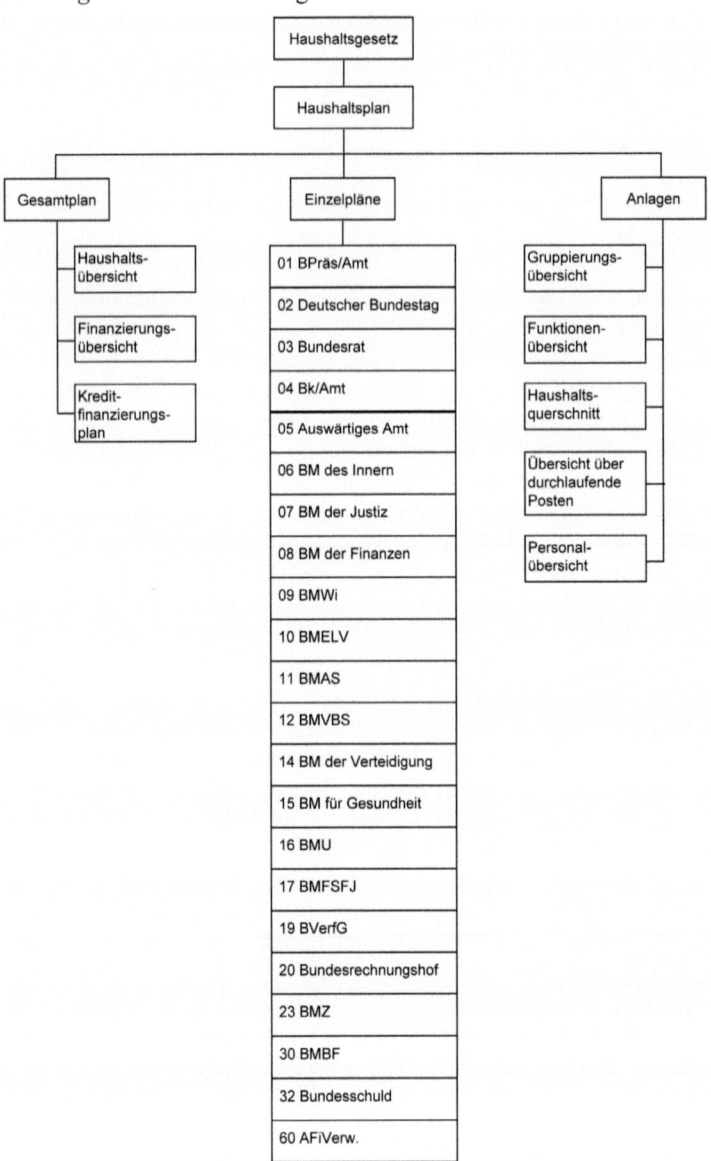

Obgleich die Gliederung nach dem Ressort- oder Ministerialprinzip der Forderung der Bundeshaushaltsordnung, Einnahmen, Ausgaben und Verpflichtungsermächtigungen den jeweiligen Verwaltungszweigen zuzuordnen, am ehesten genügt, hat sich die Verwendung auch des Realprinzips als unumgänglich erwiesen. Das Realprinzip fasst bestimmte Gruppen von Einnahmen, Ausgaben und Verpflichtungsermächtigungen ohne Berücksichtigung ihrer verwaltungsmäßigen Anbindung nach Aufgabenbereichen zusammen. Für den Bundeshaushalt folgen die Einzelpläne 32 (Bundesschuld) und 60 (Allgemeine Finanzverwaltung) dem Realprinzip.

Abbildung 15: Gliederung des Einzelplans einer obersten Bundesbehörde 2007

Bundesministerium für Wirtschaft und Technologie (Einzelplan 09)
Vorwort
Haushaltsvermerk - Ausgaben
0901 Bundesministerium
0902 Allgemeine Bewilligungen
Anlage 1 Wirtschaftspläne
0903 Physikalisch-Technische Bundesanstalt
0904 Bundesamt für Wirtschaft und Ausfuhrkontrolle
0906 Bundesagentur für Außenwirtschaft
0907 Bundesanstalt für Materialforschung und -prüfung
0908 Bundeskartellamt
0909 Bundesanstalt für Geowissenschaften und Rohstoffe
0910 Bundesnetzagentur für Elektrizität, Gas, Telekommunikation, Post und Eisenbahnen
0967 Versorgung der Beamtinnen und Beamten sowie der Richterinnen und Richter des Einzelplans 09
Abschluss des Einzelplans 09
Übersichten
Übersicht 1 Verpflichtungsermächtigungen (VE)
Personalhaushalt

Jedem Einzelplan ist ein Vorwort vorangestellt, in dem die wichtigsten Aufgaben des jeweiligen Geschäftsbereiches skizziert werden. Es enthält ein Verzeichnis der Behörden, Einrichtungen, Organe der Rechtspflege und Hochschulen, die zu dem Geschäftsbereich der jeweiligen Obersten Bundes- bzw. Landesbehörde zählen. Die Einnahmen, Ausgaben und Verpflichtungsermächtigungen jeder dieser Behörden usw. werden in gesonderten Kapiteln geführt (vgl. das Beispiel des BMWi in Abb. 16). Der so genannte Abschluss enthält eine tabellarische Aufstellung der Einnahmen und Ausgaben des Einzelplans, gegliedert nach den wichtigsten Einnahme- bzw. Ausgabearten, sowie eine gesonderte Darstellung der flexibilisierten Ausgaben. Eine weitere Übersicht informiert über die Verpflichtungsermächtigungen und darüber, wann diese kassenwirksam werden können (Fälligkeit). Ganz zuletzt findet sich eine Auflistung der Planstellen und Stellen des jeweiligen Einzelplans.

Nach diesem Überblick können wir uns nun daran machen, in die einzelnen Kapitel hineinzuschauen. Die vierstellige Kapitelkennzahl 0902 setzt sich aus zwei Ziffern zusammen, die für den jeweiligen Einzelplan stehen (hier 09 für den Einzelplan des Bundesministeriums für Wirtschaft und Technologie), und zwei weiteren, denen jeweils eine Behörde, Einrichtung usw. zugeordnet ist. Dabei steht -01 für die oberste Bundesbehörde selbst und -02 ist Allgemeinen Bewilligungen vorbehalten. Die Kapitelkennzahlen -03, -04 usw. sind wichtigen Sachgebieten und nachgeordneten Behörden zugewiesen. So finden wir zum Beispiel beim Bundesministerium für Wirtschaft und Technologie unter der Kapitelkennzahl 0903 die Physikalisch-Technische Bundesanstalt, unter 0904 das Bundesamt für Wirtschaft und Ausfuhrkontrolle, unter 0908 das Bundeskartellamt und unter 0910 die Bundesnetzagentur.

In Baden-Württemberg, Bayern, Berlin, Bremen, Hamburg, Hessen, Mecklenburg-Vorpommern, Niedersachsen, Rheinland-Pfalz, Sachsen-Anhalt, Schleswig-Holstein und Thüringen setzt sich die Kapitelkennzahl wie im Bund aus vier Ziffern zusammen. In Brandenburg, Nordrhein-Westfalen, Sachsen und im Saarland sind es fünf Ziffern – zwei für den Einzelplan, drei für das Sachgebiet bzw. die nachgeordnete Behörde.

Schauen wir in das Kapitel 0902 hinein, so entdecken wir unter vielen anderen einen Titel mit der Zweckbestimmung Investitionszuschüsse: „Rationelle Energieverwendung, Umwandlungs- und Verbrennungstechnik". Rechts daneben finden sich in drei Spalten die Soll-Ansätze für die Jahre 2007 und 2006 sowie das Ist-Ergebnis aus 2005. Diese Angaben dienen der Vergleichbarkeit des für 2007 veranschlagten Ausgabevolumens mit den Vorjahreszahlen.

Als Soll-Ansätze werden jene im Haushaltsplan aufgeführten geschätzten Geldbeträge (in €) bezeichnet, die für das laufende (zum Beispiel das Jahr 2007) und für das kommende Haushaltsjahr (folglich 2008) angesetzt sind. Ist-Ergebnisse geben die tatsächlich im Vorjahr (nämlich 2006) zustande gekommenen Ausgaben und Einnahmen wieder und dienen als Referenzwerte für die Planzahlen.

Außerdem sind dieser Zweckbestimmung die Angabe von Verpflichtungsermächtigungen, Haushaltsvermerke und Erläuterungen beigefügt. Die *Zweckbestimmung* ist verbindlich. Mit ihr werden die Einnahmen nach Arten und Entstehungsgründen, die Ausgaben und Verpflichtungsermächtigungen nach den Zwecken, denen sie dienen sollen, unterschieden. *Haushaltsvermerke* sind verbindli-

186

che Anweisungen, die die Exekutive bei ihrer Mittelbewirtschaftung zu beachten hat. Sie können die Ermächtigung zur Verausgabung von Geldern für einen bestimmten Zweck beschränken: Ein Sperrvermerk beispielsweise kann die Befugnis zur Zahlung von einer besonderen Zustimmung des Haushaltsausschusses abhängig machen, die dieser sich bei Vorliegen bestimmter Voraussetzungen für einen späteren Zeitpunkt vorbehalten hat. Auch ein Haushaltsvermerk, der bestimmt, dass eine Planstelle oder Stelle mit dem Ausscheiden des Bediensteten, der sie innehat, gestrichen wird, schränkt die Dispositionsbefugnis der Exekutive ein. Mehr Spielraum als nach den strengen Regeln des Haushaltsrechts üblich ermöglichen hingegen Haushaltsvermerke, mit denen es gestattet wird, Ausgaben für einen bestimmten Zweck auch aus Mitteln zu leisten, die eigentlich einer anderen – aber ähnlichen – Zweckbestimmung dienen (Deckungsfähigkeit) oder Ausgabeermächtigungen auf das nächste Haushaltsjahr zu übertragen (vgl. Abschnitt III.10.1). Die *Erläuterungen* hingegen sind unverbindlich (sofern sie nicht ausdrücklich für verbindlich erklärt werden). Sie sollen dazu beitragen, die nur stichwortartige Zweckbestimmung näher zu beschreiben.

Abbildung 16: Haushaltsplan 2007 des Bundes: Kapitel 0902 Titel 892 21

Allgemeine Bewilligungen 0902

Titel Funktion	Zweckbestimmung	Soll 2007 1 000 €	Soll 2006 1 000 €	Ist 2005 1 000 €

Ausgaben

aus Tgr. 02 - Energieforschung

892 21 -171	Investitionszuschüsse: Rationelle Energieverwendung, Umwandlungs- und Verbrennungstechnik	35 882	29 082	19 816

Verpflichtungsermächtigung... 47 000 T€

davon fällig:
im Haushaltsjahr 2008 bis zu.................. 14 500 T€
im Haushaltsjahr 2009 bis zu.................. 11 000 T€
im Haushaltsjahr 2010 bis zu.................. 9 500 T€
im Haushaltsjahr 2011 bis zu.................. 8 000 T€
im Haushaltsjahr 2012 bis zu.................. 4 000 T€

Haushaltsvermerk

1. Die Ausgaben sind mit folgendem Titel gegenseitig deckungsfähig:
683 21.

2. Die Verpflichtungsermächtigung ist mit der Verpflichtungsermächtigung bei folgendem Titel gegenseitig deckungsfähig:
683 21.

Erläuterungen
Zu Tit. 683 21 und 892 21

Bezeichnung	Zuschüsse 1 000 €	Investitionen 1 000 €
1	2	3
Folgende Themenbereiche werden gefördert:		
1. Emissionsarme Verbrennungsverfahren und Kraftwerkstechniken..	18 198	7 751
2. Brennstoffzellen..	12 803	12 559
3. Speichertechnologien Wasserstoff, Leitprojekte	3 216	8 145
4. Energieoptimiertes Bauen	8 403	5 418
5. Energieffizienz in der Industrie, im Gewerbe, im Handel und bei Dienstleistungen......................	3 312	2 009
6. Querschnittsaktivitäten: Analysen und Studien zur Förderstrategie, Informationsaustausch, Kosten des Projektträgers	6 180	-
Zusammen	52 112	35 882

Die Mittel werden sowohl an staatliche Forschungseinrichtungen (u. a. Institute
der Fraunhofer-Gesellschaft, Forschungszentren der Helmholtz-Gemeinschaft,
Universitäten) als auch an Unternehmen der gewerblichen Wirtschaft vergeben.
Mitveranschlagt unter Ziffer 6 ist der anteilige Personal- und Sachaufwand für die
Projektträgerschaft beim Forschungszentrum Jülich (FZJ) mit 32 Mitarbeiterinnen
und Mitarbeitern und Kosten von rd. 3 520 T€.

Die Förderung neuer Technologien im Bereich der Energieumwandlung und der
Energieverwendung dient der Gewährleistung einer sicheren, wirtschaftlichen und
umweltfreundlichen Energieversorgung.

Die Fördermaßnahmen umfassen die Entwicklung von Verbrennungstechniken für
den Kraftwerksbereich. Brennstoffzellen bilden als vielversprechende Technologie
zur umweltfreundlichen und effizienten Gewinnung von Strom und Wärme einen
wichtigen Schwerpunkt. Weitere Fördermaßnahmen konzentrieren sich auf elek-
trische Energiespeicher und moderne Energieübertragungssysteme. Ein heraus-
gehobener Schwerpunkt sind Fördermaßnahmen zur Energiebedarfsreduzierung
in Gebäuden (Niedrigenergiehäuser), bei denen ein besonders hohes Energie-
einsparpotential besteht. Dazu gehören auch Einspartechnologien bei Haushalten
sowie Technologien in den Bereichen Fernwärme und Wärmespeicher. Weiterhin
ist die Entwicklung von modernen Technikkonzepten zur Energieeinsparung in der
Industrie, im Gewerbe, im Handel und bei Dienstleistungen Bestandteil der Fördermaßnahmen.

Projekte im Bereich Forschung und Entwicklung werden aus dem Tit. 683 21
bezuschusst, Zuwendungen für dabei anfallende Investitionen erfolgen aus
Tit. 892 21.

Mehr wegen Aufstockung aus 6 Mrd. € - Programm.

Auszug aus dem Bundeshaushaltsplan 2007

188

Links neben der Zweckbestimmung finden wir eine Zahlenkombination aus – in der ersten Zeile – fünf und – in der zweiten Zeile – drei Ziffern; es sind dies die Titelnummer und die Funktionenkennziffer.

Die ersten drei Ziffern der Titelnummer richten sich nach dem *Gruppierungsplan* aus den Verwaltungsvorschriften zur Bundeshaushaltsordnung. Der Gruppierungsplan gliedert den Haushaltsplan nach ökonomischen Einnahme- und Ausgabearten in Hauptgruppen, Obergruppen und Gruppen, daneben auch in Titelgruppen. Für die Einnahmen gibt es vier und für die Ausgaben fünf Hauptgruppen:

Einnahmen

0   Einnahmen aus Steuern und steuerähnlichen Abgaben
1   Verwaltungseinnahmen, Einnahmen aus Schuldendienst und dgl.
2   Einnahmen aus Zuweisungen und Zuschüssen mit Ausnahme für Investitionen
3   Einnahmen aus Schuldenaufnahmen, aus Zuweisungen und Zuschüssen für Investitionen, besondere Finanzierungseinnahmen

Ausgaben

4   Personalausgaben
5   Sächliche Verwaltungsausgaben, militärische Beschaffungen usw., Ausgaben für den Schuldendienst
6   Ausgaben für Zuweisungen und Zuschüsse mit Ausnahme für Investitionen
7   Baumaßnahmen
8   Sonstige Ausgaben für Investitionen und Investitionsförderungsmaßnahmen
9   besondere Finanzierungsausgaben

Diese Hauptgruppen fächern sich in Obergruppen (zum Beispiel innerhalb der Hauptgruppe 0 die Obergruppe 01 für Gemeinschaftsteuern und Gewerbesteuerumlage) und in Gruppen (etwa 014 für die Körperschaftsteuer). In unseren oben angeführten Beispielen der Titelnummer 892 21 steht 8 für die Hauptgruppe „Sonstige Ausgaben [d.h. keine Baumaßnahmen] für Investitionen und Investitionsförderungsmaßnahmen", 89 für die Obergruppe „Zuschüsse für Investitionen an sonstige Bereiche" und 892 für die Gruppe „Zuschüsse für Investitionen an private Unternehmen".

Die vierte und die fünfte Ziffer der Titelnummer ermöglichen eine Differenzierung der Gruppenzuordnung und sind hinsichtlich ihrer Struktur in das Ermessen des Bundes bzw. des jeweiligen Landes gestellt. In schriftlicher Form werden sie durch einen Zwischenraum von den Ziffern nach dem Gruppierungsplan getrennt: 892 21; mündlich wird die Trennung dadurch deutlich, dass nicht eine fünfstellige Gesamtzahl (neunundachtzigtausendzweihunderteinundzwanzig) gesprochen wird, sondern erst eine dreistellige (achthundertzweiundneunzig), dann die zweistellige Zahl (einundzwanzig).

Eine besondere Form der Darstellung sind Titelgruppen. Hier werden Aufgaben zusammengefasst, die unterschiedlichen ökonomischen Arten zugehören. Hauptsächlicher Grund dafür ist der Wunsch, gemeinsame übergeordnete Zwecke zur Erleichterung der Bewirtschaftung oder der Beratungen auszuweisen. Titelgruppennummern sind zweistellig. Titeln, die zu einer Titelgruppe gehören, sollen gemeinsame vierte Ziffern zugeteilt werden.

Die dreistellige *Funktionenkennziffer* leitet sich aus dem Funktionenplan der Bundeshaushaltsordnung ab, der die Einnahmen und Ausgaben nach funktionalen Kriterien gliedert. Damit soll die Steuerungsfunktion des Etats gestärkt werden. Weil die Funktionenkennziffer aber weder bei der Mittelbewirtschaftung noch bei den Kassenanweisungen oder der Buchführung eine Rolle spielt, findet sie auch während der parlamentarischen Beratungen weniger Beachtung.

Hauptfunktionen nach dem Funktionenplan sind

0   Allgemeine Dienste
1   Bildungswesen, Wissenschaft, Forschung, kulturelle Angelegenheiten
2   Soziale Sicherung, soziale Kriegsfolgeaufgaben, Wiedergutmachung
3   Gesundheit, Sport und Erholung
4   Wohnungswesen, Raumordnung und kommunale Gemeinschaftsdienste
5   Ernährung, Landwirtschaft und Forsten
6   Ernergie- und Wasserwirtschaft, Gewerbe, Dienstleistungen
7   Verkehrs- und Nachrichtenwesen
8   Wirtschaftsunternehmen, Allgemeines Grund- und Kapitalvermögen, Sondervermögen
9   Allgemeine Finanzwirtschaft

Diese Hauptfunktionen (in unserem Beispiel in Abb. 16 die Hauptfunktion 1) gliedern sich wiederum in Oberfunktionen (also Oberfunktion 17 für „Wissenschaft, Forschung, Entwicklung außerhalb der Hochschulen [ohne Wehrforschung und wehrtechnische Entwicklung]" und Funktionen (Funktion 171 für Forschung und experimentelle Entwicklung zur Erzeugung, Verteilung und rationellen Nutzung der Energie)".

Fassen wir zusammen: Titelnummer, Funktionenkennziffer, Zweckbestimmung, Einnahme- bzw. Ausgabeansätze und gegebenenfalls Erläuterung, Haushaltsvermerk und Verpflichtungsermächtigung zusammen bilden den Titel eines Haushaltsplans; er ist die kleinste Einheit der Haushaltssystematik.

c. *Anlagen* zum Haushaltsplan sind

- die *Gruppierungsübersicht*, in der die Hauptarten der Einnahmen (beispielsweise Steuern oder Verwaltungseinnahmen) und der Ausgaben, (Personalausgaben, sächliche Verwaltungsausgaben usw.) zusammengefasst sind, wobei die Gruppierungsübersicht des Bundeshaushalts in einem Teil A die Einnahmen und Ausgaben nach dem Gruppierungsplan darstellt und in einem Teil B eine Aufteilung in eine „laufende Rechnung" und in eine „Kapitalrechnung" entsprechend der VGR vornimmt;
- die *Funktionenübersicht*, die den Etat entsprechend dem Funktionenplan nach bestimmten Aufgabenbereichen gliedert;
- der *Haushaltsquerschnitt*, der die Gruppierungs- und die Funktionenübersicht zusammenfasst und damit sowohl ökonomische Arten als auch funktionale Zusammenhänge darstellt;
- die *Übersicht über die* den Haushalt in Einnahmen und Ausgaben *durchlaufenden Posten*. Ihr sind die Beträge zu entnehmen, die der Bund bzw. ein Land für einen anderen vereinnahmt und an diesen in gleicher Höhe weiterleitet;
- die *Personalübersicht*, die über die Planstellen und Stellen, gegliedert nach Einzelplänen, Besoldungs-, Vergütungs- und Lohngruppen, informiert.

5.3 Planstellen und Stellen

Personalausgaben sind der Hauptgruppe 4 des Gruppierungsplans zugeordnet. Zu ihnen zählen

- die Aufwendungen für Abgeordnete und ehrenamtlich Tätige,
- die Bezüge der im öffentlichen Dienst Beschäftigten (einschließlich der Wehr- und Zivildienstleistenden),
- die Versorgungsbezüge für Pensionäre und deren Hinterbliebene,
- Beihilfen und Unterstützungen sowie
- personalbezogene Sachausgaben (Trennungsgelder, Umzugskostenvergütungen usw.).

Wie Aufwendungen für jeden anderen Zweck unterliegen Personalausgaben Obergrenzen. Diese sind allerdings nicht als Geldbeträge ausgewiesen, sondern in der Form von Stellenplänen, die in (den am Ende des vorangegangenen Abschnitts erwähnten) Personalübersichten zusammengefasst werden. Auf diese

Weise ist es möglich, Tariferhöhungen (für Arbeiter und Angestellte) bzw. Besoldungsanpassungen (für Beamte, Richter und Soldaten), die noch im laufenden Haushaltsjahr zu Ausgabesteigerungen führen, haushaltssystematisch einzubinden. Üblicherweise werden in Erwartung von Tarifanhebungen im Einzelplan Allgemeine Finanzverwaltung vorsorglich Verstärkungsmittel eingestellt.

Die Stellenpläne binden die Organisation und Personalwirtschaft der einzelnen Behörden. Denn es dürfen Beamte nur ernannt oder befördert (höhergruppiert) werden, sofern im Etat der jeweiligen Behörde eine entsprechende Planstelle vorhanden und besetzbar ist. Das gilt auch für Angestellte, deren Beschäftigung sich „eigentlich" nicht nach Stellen richtet, sondern nach den verfügbaren Mitteln. Seit dreißig Jahren sind Bund und Länder indes dazu übergegangen, die Zahl der in den Haushaltsplänen enthaltenen Stellen haushaltsgesetzlich für verbindlich zu erklären.

Auf einer Planstelle oder Stelle können *nur dann* mehrere Bedienstete geführt werden, wenn es sich um Teilzeitbeschäftigungen handelt. Die Ausgaben für Arbeiter und Angestellte sind gegenseitig deckungsfähig, d.h., eine Behörde kann auf einer Arbeiterstelle einen Angestellten und auf einer Angestelltenstelle einen Arbeiter führen. Bezüge der Beamten sind zugunsten von Arbeitern und Angestellten einseitig deckungsfähig, d.h. auf einer Planstelle kann ein Arbeiter oder Angestellter beschäftigt werden, nicht aber umgekehrt ein Beamter auf einer Arbeiter- oder Angestelltenstelle.

6   Strukturmerkmale der Haushalte des Bundes und der Länder

Dort, wo über die Staatshaushalte debattiert wird, sind die Teilnehmer entsprechender Diskussionsrunden rasch dabei, die Schwerpunkte der Einnahmen- und Ausgabenpolitik der öffentlichen Hände als falsch gesetzt zu bezeichnen; kritisiert wird vor allem, dass die Themenfelder, denen der Redner zuneigt, unterversorgt seien, während für anderes, das selbstverständlich überflüssig, zumindest überbewertet ist, zuviel Geld da sei. Nur selten gerät dabei in den Blick, dass die öffentlichen Haushalte gesetzliche und vertragliche Verpflichtungen erfüllen, politischen Kompromisscharakter besitzen und nur zu einem geringen Teil ad hoc beeinflussbar sind. Wir wollen in diesem Kapitel die wichtigsten Einnahme- und Ausgabeblöcke betrachten und die Unterschiede in den Strukturen von Bund und Ländern herausarbeiten. Daran anschließend werden wir auf die Funktion der öffentlichen Investitionen, auf Sondervermögen und schließlich auf die Rahmenbedingungen für die von vielen angekündigte Konsolidierung der öffentlichen Haushalte eingehen.

6.1 Einnahmen und Ausgaben nach Aufgabenbereichen und Ausgabenarten

Die Einnahmen des Bundes und der Länder speisen sich im Wesentlichen aus dem Steueraufkommen und aus Krediten. Verwaltungs- und sonstige Einnahmen sind von eher untergeordneter Bedeutung.

Abbildung 17: Einnahmen des Bundes 2006 nach Arten

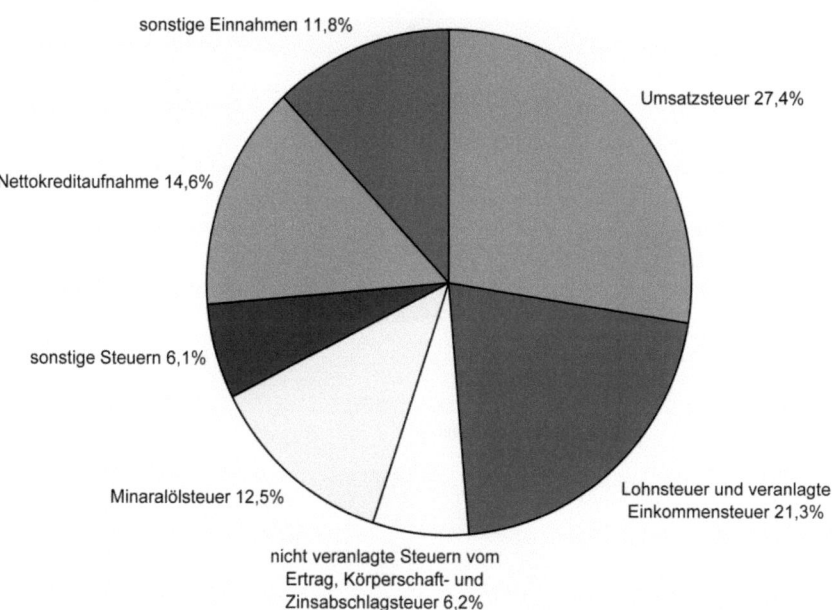

Quelle: BMF, Finanzbericht 2006, S. 69.

Abbildung 18: Einnahmen Bayerns und Nordrhein-Westfalens 2006 nach Arten

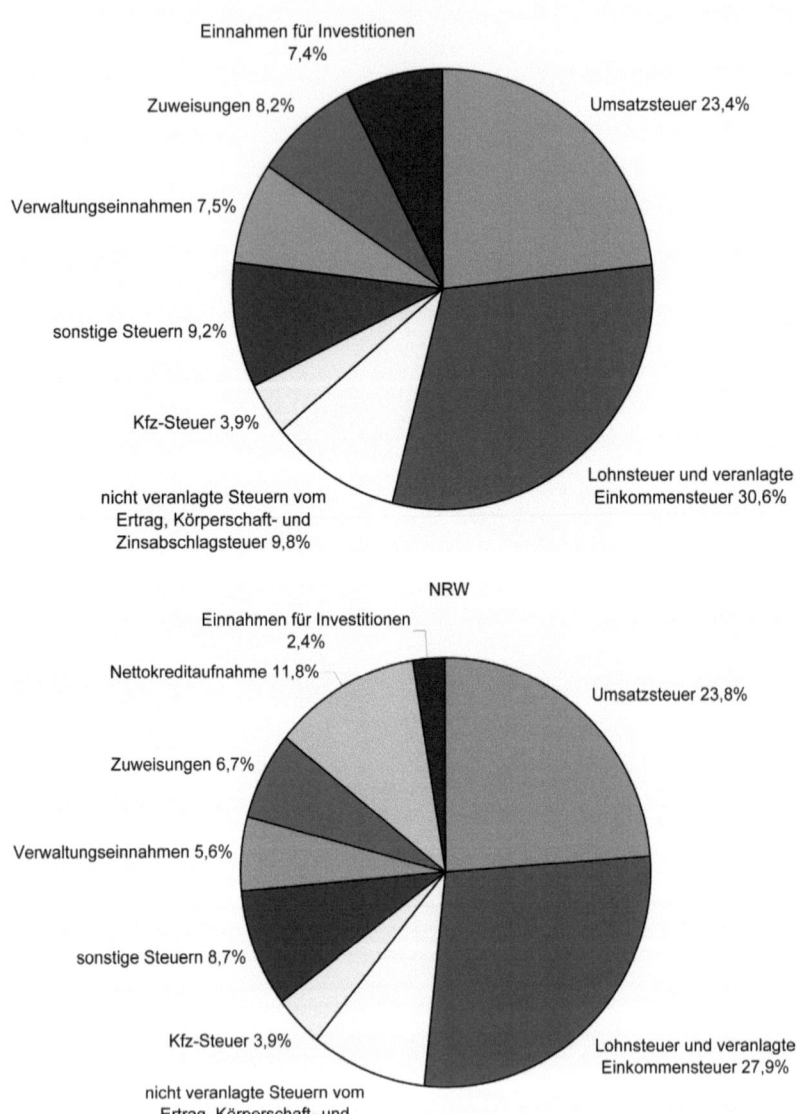

Quelle: Gruppierungsübersichten der Haushaltspläne 2006 Bayerns und Nordrhein-Westfalens.

Hauptsächlich finanzieren sich Bund und Länder aus den Gemeinschaftssteuern; von den anderen Steuerarten ist allein die Mineralölsteuer als Einnahme des Bundes von einigem Gewicht. Kritisch ist der hohe Anteil, den die Nettokredit-aufnahmen des Bundes und des Landes Nordrhein-Westfalen, allen Versicherungen über angebliche Konsolidierungsanstrengungen zum Trotz, an den Gesamt-einnahmen innehaben: Beim Bund beläuft er sich auf 14,6, in Nordrhein-Westfalen auf 11,8 Prozent. Bayern hingegen hat keine Neuverschuldung einge-plant. Sollen die Vorbelastungen künftiger Etats durch den Schuldendienst be-herrschbar bleiben, wäre es verfehlt, auf sinkende Kapitalmarktzinsen zu setzen. Nötig sind ein klarer Abbau der Nettokreditaufnahmen und eine echte Tilgung durch Abtragung des aufgetürmten Schuldenberges (vgl. Kapitel III.7).

Vergleichen wir die Budgets des Bundes mit denjenigen der Länder unter dem Aspekt der Ausgabearten (vgl. Abb. 19 und 20), so unterscheiden sie sich hinsichtlich des laufenden Sachaufwandes, der Investitionen, Vermögensüber-tragungen, Darlehnsgewährungen usw. nur wenig. Auffallend ist hingegen die unterschiedliche Beanspruchung durch Personalausgaben: Während der Bund hierfür nur ein Zehntel seines Etats aufwenden muss, beläuft sich die Personal-ausgabenquote der Länder auf fast zwei Fünftel. Betrachten wir den Anteil der Personalausgaben an den Steuereinnahmen (Personalsteuerquote), so bestätigt sich die im Vergleich zu den Ländern geringere Belastung des Bundes. Ursache dafür sind nicht etwa ein effizienterer Personaleinsatz auf der Bundesebene oder eine sparsamere Personalbewirtschaftung. Der Grund ist, dass die Länder auf-grund der Aufgabenverteilung im Bundesstaat – denken wir an die Lehrkräfte an den Schulen, an Polizei, Gerichte, Justizvollzugsbehörden und Finanzämter – einen wesentlich höheren Besatz haben als der Bund, der zwar die Bundeswehr, die Bundespolizei und den Zoll auf seiner pay-roll führt, ansonsten aber nur verhältnismäßig kleine Behörden und wenige nachgeordnete Dienststellen unter-hält. Weitere Unterschiede zwischen Bund und Ländern betreffen die laufenden Zuweisungen und Zuschüsse sowie die Zinsausgaben. Beide Ergebnisse verdeut-lichen u.a. die hohe Finanzierungsmitverantwortung des Bundes für die Länder und Kommunen. Nicht zuletzt die erheblichen Summen, die als Zuweisungen aus dem Bundeshaushalt an andere Gebietskörperschaften fließen, sind mitur-sächlich für die Schuldendienstverpflichtungen, die der Bund zu tragen hat. Die Zinslastquote des Bundes – also der Anteil der Zinsausgaben am Haushaltsvo-lumen – ist mit 14,4 Prozent deutlich höher als diejenige des Durchschnitts der Länder (8,6 Prozent) und engt die Spielräume für die Erledigung anderer wichti-ger Aufgaben ein.

Abbildung 19: Ausgaben des Bundes 2006 nach Arten

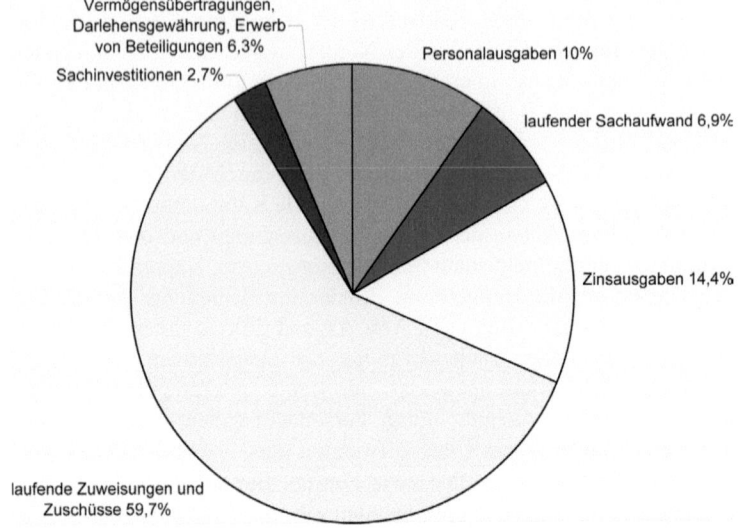

Quelle: BMF, Finanzbericht 2006, S. 57 f., eigene Berechnungen.

Abbildung 20: Ausgaben der Länder 2006 nach Arten

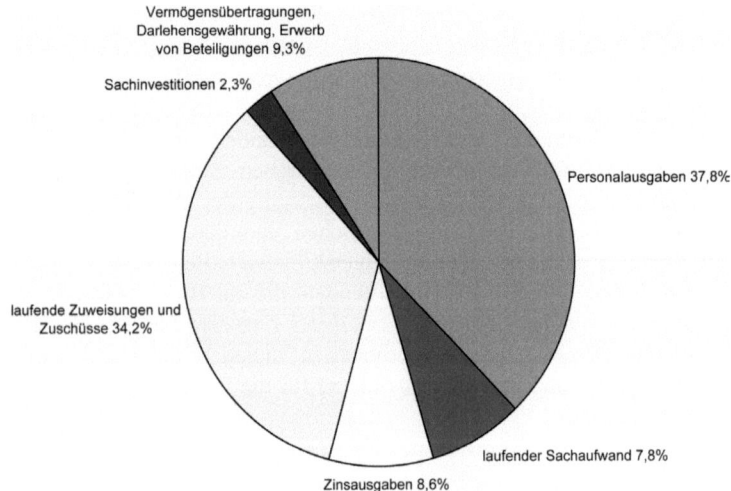

Quelle: BMF, Finanzbericht 2006, S. 135, eigene Berechnungen.

196

Anders als bei den Ausgaben kann bei den Einnahmen der Gliederung nach Arten keine solche nach Aufgabenbereichen hinzugefügt werden. Eine derartige Übersicht, aus der hervorginge, welche Einnahmen dem Sozialbereich, der Verteidigung, dem Wohnungsbau usw. zufließen, ist wegen des Grundsatzes der Gesamtdeckung (vgl. Kapitel III.4) nicht erstellbar.

Nach Aufgabenbereichen gegliedert (vgl. Abb. 21 und 22), beansprucht die soziale Sicherung die meisten finanziellen Mittel des Bundes, während beim Land (schon wegen der hohen Zahl des zu entlohnenden Personals) Bildung, Wissenschaft und Forschung den relativ größten Anteil beanspruchen. Beim Bund machen die Versorgungsausgaben nur einen unbedeutenden Teil der Gesamtausgaben aus; beim Land sind es schon mehr als zehn Prozent. Die Zinsausgaben haben sich beim Bund mit 11,9 Prozent zum zweitstärksten Aufgabenbereich (wenn man den Begriff in diesem Zusammenhang überhaupt anwenden will) entwickelt; auch in Nordrhein-Westfalen liegt er mit einem Anteil von 9,6 Prozent etwas über den Aufwendungen für soziale Sicherung und Gesundheit.

Abbildung 21: Ausgaben des Bundes 2006 nach Aufgabenbereichen

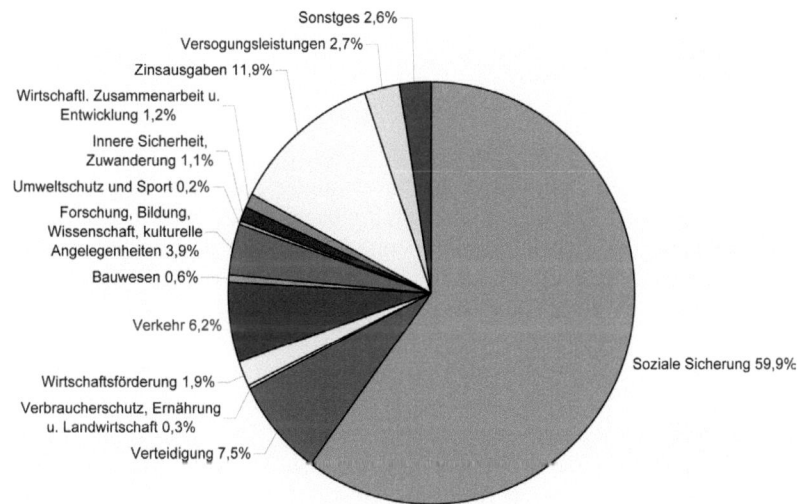

Quelle: BMF, Finanzbericht 2006, S. 19 f., eigene Berechnungen.

197

Abbildung 22: Ausgaben des Landes Nordrhein-Westfalen 2006 nach Aufgabenbereichen

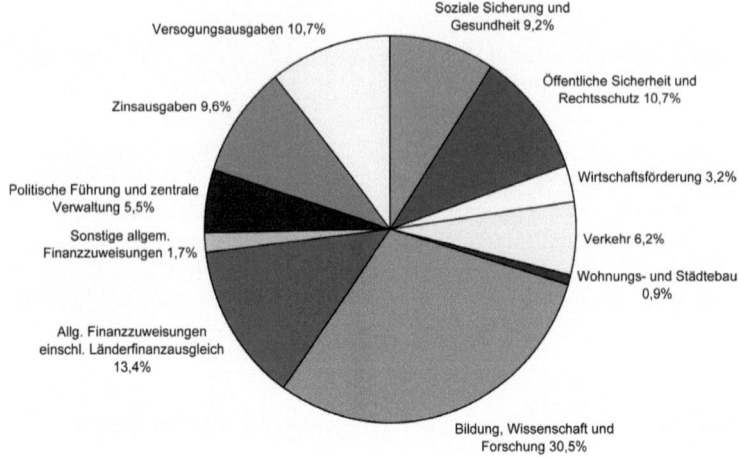

Versogungsausgaben 10,7%

Soziale Sicherung und Gesundheit 9,2%

Öffentliche Sicherheit und Rechtsschutz 10,7%

Zinsausgaben 9,6%

Politische Führung und zentrale Verwaltung 5,5%

Wirtschaftsförderung 3,2%

Sonstige allgem. Finanzzuweisungen 1,7%

Verkehr 6,2%

Wohnungs- und Städtebau 0,9%

Allg. Finanzzuweisungen einschl. Länderfinanzausgleich 13,4%

Bildung, Wissenschaft und Forschung 30,5%

Quelle: Finanzministerium NRW, Finanzbericht 2006, Düsseldorf 2005, S. A 124.

6.2 Investitionen

Der juristischen Definition öffentlicher Investitionen durch das Haushaltsgrundsätzegesetz und die Bundeshaushaltsordnung begegneten wir in Abschnitt I.3.5 Aus Abschnitt III.4.2 wissen wir, dass die fünfstelligen Titelnummern für investive Ausgabeansätze in den Haushaltsplänen stets mit einer 7 oder einer 8 beginnen. Im Folgenden wollen wir uns mit den Wirkungen öffentlicher Investitionen auf die Wirtschaft und mit ihren Volumina beschäftigen.

Nahezu allen finanzpolitischen Debatten können wir entnehmen, dass die Investitionsausgaben der öffentlichen Hände besonderes Interesse auf sich ziehen. Staatliche Investitionen sind öffentliche Gelder, die eingesetzt werden, um die Produktionsmittel der Volkswirtschaft zu erhalten, zu vermehren oder zu verbessern. Investitionen – richtiger müssten wir sagen: die durch sie geschaffenen Sachkapazitäten – beeinflussen also das wirtschaftliche Wachstum. Sie bestimmen ganz entscheidend das Maß und die Qualität der Produktionspotenziale des privaten Sektors (private Haushalte, Unternehmen) und damit den künftigen Zustand von Wirtschaft und Gesellschaft. Das gilt im Guten wie im Schlechten: Eine Regierung, die zu wenig investiert, kann ihre Einnahmen im Wesentlichen konsumtiven Zwecken zuführen und damit möglicherweise auf ein erneutes

Wählervotum hoffen; sie zehrt aber vom öffentlichen Kapitalstock und schmälert die Konsumtionsmöglichkeiten künftiger Generationen.

> Der öffentliche Kapitalstock bezeichnet das Bruttoanlagevermögen der Gebietskörperschaften und der Sozialversicherungen, berechnet in konstanten Preisen. Dabei werden als Anlagevermögen alle Vermögensgüter verstanden, die länger als ein Jahr wiederholt oder dauerhaft zur Produktion von Gütern und Dienstleistungen eingesetzt werden.

Eine Regierung hingegen, die die öffentliche Investitionsquote (d.i. der Anteil der Investitionsausgaben am Budget) steigert, mindert bei Gefahr der Wählerverdrossenheit die gegenwärtigen Konsumtionsmöglichkeiten, erhöht aber die der Zukunft. Objektive Bewertungsmaßstäbe dafür, welches denn nun die „richtige", die „angemessene" Investitionsquote sei, die auf der einen Seite der Gegenwart ausreichenden Konsum erlaubt und auf der anderen eine verantwortungsvolle Zukunftsvorsorge betreibt, gibt es nicht. Der Grund dafür liegt zum einen in den mangelnden Möglichkeiten der Messbarkeit der monetären Wirkungen öffentlicher Investitionen; zum anderen hängt die „richtige" Investitionsquote auch ab von den jeweils herrschenden Rahmenbedingungen. So haben außenwirtschaftliche Störungen oder Schönwetterlagen und binnenkonjunkturelle Hochs oder Tiefs Einfluss darauf, welche Finanzvolumina für öffentliche Investitionen verfügbar sind bzw. für verfügbar gehalten werden. Auch können das Vorhandensein oder die Abwesenheit unaufschiebbarer Gegenwartsprobleme (zum Beispiel Naturkatastrophen, militärische Konflikte usw.) und nicht zuletzt der bereits angehäufte Schuldenberg den Umfang öffentlicher Investitionen mitbestimmen.

Öffentliche Investitionen gliedern sich in Finanzinvestitionen, Finanzhilfen und Sachinvestitionen. Bei den Finanzinvestitionen handelt es sich um Darlehen, die der Staat vergibt, um den Erwerb von Beteiligungen und um Kapitaleinlagen. Unter Finanzhilfen werden Zuweisungen und Zuschüsse an Private und an andere Gebietskörperschaften zur Finanzierung von Investitionen verstanden. Sachinvestitionen schließlich umfassen nichtmilitärische Baumaßnahmen, den Immobilienkauf und den Erwerb beweglicher Güter ab einer bestimmten Werthaltigkeit. Sie sind identisch mit den Bruttoinvestitionen des Staates in der Abgrenzung der VGR.

Finanzhilfen und Sachinvestitionen des Staates steigern die gesellschaftliche Nachfrage nach Arbeitsleistungen und wirken daher unmittelbar arbeitsplatzschaffend. Sie sind vor allem dort üblich, wo es um hohe Kapitaleinsätze und lange Ausreifezeiten geht, wo also erwartet werden muss, dass Private sich nicht oder nur unter der Voraussetzung staatlicher Mitfinanzierung engagieren. In vielen Fällen handelt es sich um Bereiche, in denen das Ausschlussprinzip nicht wirkt oder private Präferenzen nicht offen gelegt werden (öffentliche, Misch-, meritorische und demeritorische Güter): Verkehrswesen und Energiewirtschaft, Schulen und Hochschulen, Hochwasserschutz, öffentliche Erholungseinrichtungen und Sportanlagen, öffentliche Verwaltung. Aber öffentliche Sachinvestitionen fließen auch unmittelbar in private Projekte: Fremdenverkehrsförderung (zum Beispiel Hotelneubau) in strukturschwachen Regionen, Städtebau und Denkmalschutz, Mittelstandsförderung usw. Dabei mobilisieren vor allem die Finanzhilfen ein Vielfaches des Kapitals, das der Staat für investive Zwecke aus seinem Haushalt bereitstellt: Da sich Bund und Länder je nach Förderprogramm nur mit bestimmten, teilweise geringen, Prozentsätzen an den förderungsfähigen Kosten eines Vorhabens beteiligen, müssen kommunale oder private Empfänger den mehr oder weniger großen Rest aus eigenen Mitteln beisteuern. Auf diese Weise verstärkt sich das Investitionsvolumen, es werden – manchmal allein, weil die öffentliche Förderung lockt – zahlreiche Investitionen auf den Weg gebracht, die ansonsten unterblieben wären und es werden Gelder von anderenfalls konsumtiver Verwendung in Investitionen umgelenkt.

Abgesehen von offenkundig unsinnigen Projekten oder Investitionsruinen genießen Investitionsausgaben der öffentlichen Hände gemeinhin hohe Wertschätzung. Sie stehen gleichsam für die Schaffung von Arbeitsplätzen, Modernität (Absicherung des „Standorts Deutschland" im internationalen Wettbewerb) und sozialen Ausgleich (zum Beispiel Wohnungsbau). Dabei wird leicht übersehen, dass Investitionen erhebliche Kosten nach sich ziehen und insofern gut überlegt sein sollten: Den „positiven" Investitionsaufwendungen für ein Museum, ein Schwimmbad oder eine Fernstraße stehen „negative" Verbrauchsausgaben für Betrieb und Erhaltung gegenüber, die mit jeder weiteren Investition und der Alterung des Bestandes wachsen und das künftige Investitionspotenzial einengen. Skepsis ist auch angebracht, wenn wir uns vergegenwärtigen, dass öffentliche Investitionen nicht nur vermehrt der Beseitigung von Schäden dienen, die vom privaten Sektor ausgehen, sondern auch selbst ökologische Schäden verursachen. Das gilt beispielsweise für den landschaftzerstörenden Straßenbau, der das Wachstum des motorisierten Individualverkehrs und die davon ausgehende Verlärmung, Luftschadstoff- und Klimabelastung jedenfalls nicht bremst, ebenso wie für Investitionen in die Infrastrukturen für den umweltschädigenden Luftverkehr, für die Anlage neuer Gewerbegebiete „auf der grünen Wiese" oder für zusätzliche öffentliche Hochbauten, die anstelle einer nachhaltigen, stoffstromsparenden Nutzung vorhandener Bausubstanz errichtet werden. Von Ausnahmefällen abgesehen, wird angesichts der bekannten Gefahren für Umwelt, menschliche Gesundheit und Klima niemand ernsthaft behaupten können, dass öffentlichen Investitionen dieser Art ein zukunftsorientiertes Konzept zugrunde liege.

Hinzu kommt, dass eine Mehrheit der Entscheidungsträger von den heute getätigten öffentlichen Investitionen zwar annimmt, sie erhöhten den zukünftigen Kapitalstock und seien nachfolgenden Generationen daher von Nutzen. Beweisbar ist dies indes nicht. Das Beispiel der Atomenergie dürfte ausreichen, dies zu illustrieren: Mit nahezu unerschütterlicher Überzeugung von deren Nützlichkeit wurden über mehr als drei Jahrzehnte Milliardenbeträge aus öffentlichen Kassen in die Atomwirtschaft gepumpt; heute wissen wir, dass diese Investitionen nicht zukunftsträchtig waren, sondern ein unabschätzbares Gefahrenpotenzial angehäuft haben und dass der vermeintliche Nutzen (die energetische Ausbeute) unvergleichlich niedriger ist als die Lasten, die künftige Generationen Jahrtausende lang zu tragen haben werden. Ob die von Rot-Grün eingeleitete Abwicklung der Atomwirtschaft in Deutschland fortgeführt wird, kann derzeit nicht verlässlich abgeschätzt werden.

Tabelle 16 zeigt, dass die Investitionsquoten sowohl des Bundes als auch sämtlicher Länder – mit Ausnahme Bremens – zwischen 1985 (alte) bzw. 1991 (neue) und 2005 gesunken sind. Zwar gab es auf der Ebene des Bundes und für die Gesamtheit der Länder das Hoch des Jahres 1991; doch markierte dieses Datum nicht eine grundsätzliche Trendumkehr, sondern war allein der Sondersituation des Hinzutretens der ostdeutschen Länder und deren Nachholbedarf geschuldet. Aufs Ganze gesehen setzte sich jedoch der Rückgang des investiven Anteils der Staatsausgaben fort, der Anfang der 1980er Jahre begann. Inzwischen (2006) belaufen sich die Sachinvestitionen des öffentlichen Gesamthaushalts auf gerade noch rd. 32,5 Milliarden €. Das sind 1,4 Prozent des Bruttoinlandsprodukts.

Mit Blick auf die anhaltende Massenerwerbslosigkeit wird daher von gewerkschaftsnahen Ökonomen gefordert, ein öffentliches Investitionsprogramm aufzulegen, in dessen Mittelpunkt die Bildungs- und Kulturpolitik, der ökologische Umbau und der Ausbau der ostdeutschen Infrastrukturen stehen sollen. Für dieses Programm soll ein Volumen von 75 Milliarden € jährlich zur Verfügung stehen.[76] Die Programmfinanzierung soll allerdings nicht im Wege von Umschichtungen im Etat erfolgen, sondern durch die Wiederbelebung abgeschaffter bzw. ausgesetzter Steuern (Börsenumsatz-, Kapitalverkehr-, Vermögensteuer), die unbefristete Einkommenbesteuerung von Spekulationsgewinnen, die Umwandlung der Gewerbe- in eine Gemeindewirtschaftsteuer und die intensivere Bekämpfung der Steuerhinterziehung. Ein wesentliches Instrument zur Finanzierung des Investitionsprogramms bleibt nach diesem Konzept die öffentliche Kreditaufnahme.[77]

---

[76] Vgl. Arbeitsgruppe Alternative Wirtschaftspolitik: Memorandum 2001, a.a.O. S. 232 ff.
[77] Vgl. dieselbe: Memorandum 2006, Köln 2006, S. 141.

Tabelle 16: Investitionsquoten des Bundes und der Länder 1985 bis 2005

	1985	1991	1995	2005	Zunahme (+) bzw. Rück-gang (-) 1985/91 bis 2005 in %-Punkten
Bund	13,0	15,3	14,3	9,1	-3,9
Länder insgesamt	16,5	19,1	16,8	13,2	-3,3
Bayern	20,7	19,9	17,9	11,4	-9,3
Baden-Württemberg	14,2	13,2	11,2	8,6	-5,6
Berlin	19,0 (West-Berlin)	19,4	14,7	13,4	-5,6
Brandenburg		32,8	28,8	18,2	-14,6
Bremen	12,6	14,4	10,6	18,9	+6,3
Hamburg	13,6	12,8	10,6	10,9	-2,7
Hessen	16,2	15,4	12,6	8,8	-7,4
Mecklenburg-Vorpommern		26,3	28,1	18,5	-7,8
Niedersachsen	14,0	12,3	12,2	8,5	-5,5
Nordrhein-Westfalen	16,0	14,0	11,6	13,3	-2,7
Rheinland-Pfalz	16,1	17,2	14,5	11,0	-5,1
Saarland	14,3	12,5	10,0	11,0	-3,3
Sachsen		38,7	30,8	23,7	-15,0
Sachsen-Anhalt		27,9	27,2	19,9	-8,0
Schleswig-Holstein	16,3	14,6	11,7	8,1	-8,2
Thüringen		34,5	27,6	17,8	-16,7

Quelle: Finanzbericht 1997 des Landes NRW, LT-Drucksache 12/1201 vom 28. 8. 1996, S. A 113; Finanzbericht 2007 des Landes NRW, LT-Drucksache 14/2301 vom 16. 8. 2006, S. A 108; eigene Berechnungen.

6.3 Personalausgaben

In den letzten Jahrzehnten hat sich die Zahl der öffentlich Bediensteten deutlich erhöht. Dieses quantitative Wachstum ist das Ergebnis der Ausweitung des Aufgabenspektrums von Bund, Ländern und Gemeinden, wobei der Ausbau des Bildungswesens, von Wissenschaft, Forschung und kulturellen Diensten sowie der Bereiche Umwelt, öffentliche Sicherheit und Ordnung die größten Zuwächse erfuhren. Dennoch haben sich die Ausgaben für das Personal des öffentlichen Dienstes in den letzten 30 Jahren weniger stark erhöht als die Steuereinnahmen und als die Volumina der öffentlichen Haushalte (vgl. Tab. 17). So ist der Anteil der Personalausgaben am Steueraufkommen (Personalsteuerquote) sowohl beim Bund als auch bei den Ländern als auch bei den Kommunen in den letzten 15 Jahren gesunken; ebenso hat sich der Anteil der Personalausgaben an den öffentlichen Haushalten (Personalausgabenquote) vermindert. Gleich geblieben ist, dass die Länder die relativ höchste Personalkostenbelastung zu tragen haben und der Bund die vergleichsweise niedrigste.

Tabelle 17: Personalsteuer- und Personalausgabenquoten des Bundes, der Länder und der Gemeinden 1980 bis 2005

	Personalsteuerquote (in %)				Personalausgabenquote (in %)			
	1980	1990	2000	2005	1980	1990	2000	2005
Bund	18,2	16,5	12,1	12,5	14,8	13,9	10,0	9,4
Länder	67,3	63,2	53,2	58,3	41,9	41,8	37,6	37,2
Gemeinden	90,6	94,3	76,1	75,3	29,5	31,1	27,2	26,7

Quelle: Statistisches Bundesamt, Fachserie 14, Reihe 2.

Das relative Zurückbleiben des Personalkostenwachstums ist insofern bemerkenswert, als

a. die starke Zunahme der absoluten Zahl der Beschäftigten im öffentlichen Dienst Anlass geben könnte, gerade das Gegenteil zu mutmaßen;
b. strukturelle Veränderungen, die sich in einer Steigerung des Anteils von Positionen mit höheren Entgelten und in schnelleren Beförderungen manifestieren, ebenfalls in die gegenteilige Richtung zu deuten scheinen.

Obwohl beide Annahmen nicht zutreffen, verschärft sich die Kritik an der Zahl der Beschäftigten des öffentlichen Dienstes und an den daraus resultierenden Kosten. Diese Kritik richtet sich zum einen gegen die Starrheit des öffentlichen Dienstrechts. Beamte, Richter und Soldaten, die auf Lebenszeit angestellt wurden, sind unkündbar und können – von Ausnahmen abgesehen – nicht von einer einmal erreichten Position heruntergestuft werden. Auch Angestellten kann, sofern sie 15 Jahre bei einem öffentlichen Arbeitgeber tätig waren und das vierzigste Lebensjahr erreicht haben, nicht gekündigt werden. Die öffentlichen Hände sind also nicht in der Lage, ihren Personalbestand den jeweiligen Erfordernissen anzupassen, wie dies privaten Unternehmen möglich ist. Begründet wird diese weitgehende Sicherheit von Arbeitsplatz und Position damit, dass sie eine von sachfremden, interessegeleiteten Zumutungen und Weisungen unabhängige Erfüllung der (großenteils hoheitlichen) Aufgaben garantiere.

Selbst wenn dies zugestanden werde, fährt die Kritik fort, bilde die Altersversorgung der Beamten einen überproportional wachsenden Kostenfaktor, dem durch eine Gewichtsverlagerung der Anteile von Beamten einerseits und Angestellten andererseits zugunsten der Angestellten entgegengewirkt werden müsse.

In der Tat besteht ein bemerkenswerter Unterschied in der Finanzierung der Pensionen von Beamten und Angestellten: Während die Altersversorgung der Angestellten durch monatliche Rentenversicherungsleistungen erfolgt, die in jedem Haushaltsjahr als Bestandteile der Personalkosten ausgewiesen sind, und während der Haushalt nach Ausscheiden eines Angestellten aus dem öffentlichen Dienst mit Ausgaben für ihn nicht mehr belastet wird, werden die Pensionszahlungen für Beamte, Richter und Soldaten erst budgetwirksam, wenn der jeweilige Planstelleninhaber in den Ruhestand tritt. Dies bewirkt eine Personalkostenillusion. Sie besteht darin, dass in späteren Jahren einsetzende Zahlungsverpflichtungen für nicht mehr aktiv Tätige künftige Budgets belasten, während die aktuellen Etats durch relativ günstige (weil rentenversicherungsfreie) Entgeltzahlungen entlastet sind. Die Versorgungslasten verstärken sich nicht nur aufgrund der Zunahme der Zahl der in den letzten Jahrzehnten eingestellten und in künftigen Dekaden ausscheidenden Beamten, sondern auch infolge der gestiegenen Lebenserwartung und des Trends zum früheren Ausscheiden aus dem aktiven Arbeitsleben. Weil in den öffentlichen Haushalten bei der Einstellung und Höhergruppierung von Beamten keine Vorsorge für spätere Versorgungsleistungen getroffen wird, sprechen manche Kritiker von einer Schattenverschuldung. Ihr Ausmaß wird deutlich, wenn wir uns vergegenwärtigen, dass – ohne Rechtsänderungen – die Zahl der Versorgungsempfänger von 810.000 im Jahre 1990 auf 1,33 Millionen im Jahre 2040 und der Anteil der Versorgungsausgaben am BIP von 1,3 Prozent (1990) auf 3,2 Prozent (2040) wachsen wird.[78] Würde die Personalausgabenquote (genauer: der Anteil der Ausgaben für die Beamtenbesoldung und -versorgung am Haushaltsvolumen) über den Zeitraum von einer bis eineinhalb Generationen stabil gehalten, so müsste am Ende fast der gesamte Betrag für ausgeschiedene Beamte und deren Hinterbliebene aufgewendet werden, während nur noch ein verschwindend geringer Teil für die Entlohnung der aktiv Tätigen bereitstünde.

Verschiedene Gutachter haben den oben erwähnten Vorschlag aufgegriffen, Beamtenstellen weitgehend und sukzessive in Stellen für Arbeiter und Angestellte umzuwandeln, um einerseits der Personalkostenillusion entgegenzuwirken und andererseits Einsparungen zu erzielen. Die Unterschiede könnten nicht größer sein: Kommen die einen zu dem Ergebnis, die Beschäftigung von Beamten sei –

---

[78] Vgl. *Norbert Andel*: Finanzwissenschaft, 4. Aufl. Tübingen 1998, S. 211.

auch unter Einrechnung der gesamten Lebenszeit – finanziell günstiger, so beharren andere darauf, dass Angestellte preiswerter seien. Dementsprechend entschied sich beispielsweise die Stadt Offenbach, den Weg der Verbeamtung ihrer Bediensteten zu gehen.

Bundesweit werden seit 1999 Versorgungsrücklagen gebildet, die sich aus der Verminderung der Besoldungs- und Versorgungsanpassungen um jährlich 0,2 Prozentpunkte speisen. Diese Absenkung sollte ursprünglich bis zum Jahre 2013 erfolgen, wurde aber mit Ablauf des Jahres 2002 ausgesetzt, um in acht Schritten bis 2010 die Anhebung der Versorgungsbezüge für ausgeschiedene Beamte von den Besoldungserhöhungen für aktive Beamte abzukoppeln. Dadurch werden das Versorgungsniveau um gut vier Prozent gekürzt und der höchstmögliche Versorgungssatz von 75 auf 71,75 Prozent des zuletzt empfangenen Bruttoentgelts gesenkt. Die eine Hälfte der dadurch eintretenden Einsparungen soll die Körperschaften des öffentlichen Rechts sogleich von Personalausgaben entlasten, während die andere Hälfte den Versorgungsrücklagen zugeführt wird, aus denen künftige Pensionszahlungen unabhängig von den Budgets geleistet werden sollen. Ab 2010 soll die ausgesetzte Kürzung der Besoldungs- und Versorgungsanpassungen um jährlich 0,2 Prozentpunkte wieder aufgenommen und bis 2017 fortgesetzt werden. Allein die Versorgungsrücklage des Bundes wird nach heutigen Vorausberechnungen im Jahre 2018 auf 7,3 Milliarden € angewachsen sein.[79]

Der Bund, Hamburg und Rheinland-Pfalz sind dazu übergegangen, zusätzlich Pensionsfonds zu bilden. Diese Sondervermögen dienen dazu, weitere Mittel für spätere Versorgungsleistungen anzusparen. Sie sind allerdings ökonomisch so lange widersinnig, solange ein Land seinen Haushalt zum Teil schuldenfinanziert und damit gleichsam einen Überziehungskredit mit relativ hohen Sollzinsen aufnimmt, um sich ein Sparbuch mit verhältnismäßig niedrigen Habenzinsen zuzulegen.

6.4 Sondervermögen

Eine Sonderstellung nehmen die Sondervermögen des Bundes und der Länder ein, die gebildet werden, um einzelne begrenzte Aufgaben des Staates zu erfüllen. Kritiker bezeichnen sie gern als „Budgetflüchtlinge", weil sie als abgesonderte Teile des Bundes- oder eines Landesvermögens aus dem jeweiligen Etat ausgegliedert sind. Sie bilden Ausnahmen von den Haushaltsgrundsätzen der Einheit und der Vollständigkeit und weisen insofern gewisse Ähnlichkeiten mit der Fondswirtschaft absolutistischer Zeiten auf.

---

[79] Vgl. Dritter Versorgungsbericht der Bundesregierung, Mai 2005, S. 411.

Tabelle 18: Sondervermögen des Bundes

Bezeichnung	Rechtsgrundlage	Aufgabe	Vermögensstand am 31. 12. 2005 (in Mio. €)	
			Vermögen	Schulden
Sondervermögen in unmittelbarer Bundesverwaltung				
ERP-Sondervermögen	ERP-Verwaltungsgesetz von 1953 iVm dem jährlichen ERP-Wirtschaftsplangesetz	Förderung der deutschen Wirtschaft	12.749	16.076
Bundeseisenbahnvermögen	Eisenbahnneuordnungsgesetz von 1993	u.a. Personal- und Liegenschaftsverwaltung	1.438	15.730
Ausgleichsfonds für überregionale Vorhaben zur Teilhabe schwerbehinderter Menschen am Arbeitsplatz	§ 78 SGB IX von 2001	Besondere Förderung der Einstellung und Beschäftigung Schwerbehinderter und Förderung von Einrichtungen und Maßnahmen, die den Interessen mehrerer Länder auf dem Gebiet der Arbeits- und Berufsförderung Schwerbehinderter dienen	381	0
Erblastentilgungsfonds	Gesetz über die Errichtung eines Erblastentilgungsfonds von 1993	Übernahme der bis zum 1.1.1995 aufgelaufenen Verbindlichkeiten des Kreditabwicklungsfonds und der Treuhandanstalt. Seit 1995 auch Übernahme der aufgrund des Altschuldenhilfegesetzes übertragenen Wohnungsbau-Altverbindlichkeiten. Seit 1997 Übernahme auch der aufgelaufenen Verbindlichkeiten für den Bau gesellschaftlicher Einrichtungen. Seit 1999 wird der Schuldendienst aus dem Bundeshaushalt geleistet.	47	15.936
Entschädigungsfonds	§ 9 Entschädigungsgesetz von 1994	Übernahme der Rechte u. Verpflichtungen aus der Durchführung des Entschädigungsgesetzes, des NS-VEntschG, des Ausgleichsgesetzes einschl. der finanziellen Angelegenheiten des Vermögensgesetzes, des § 4 des DDR-Schuldbuchbereinigungsgesetzes, des VertrZuwG sowie des Art. 11 des EALG	13	314
Fonds nach § 5 Mauergrundstücksgesetz	§ 5 Mauergrundstücksgesetz von 1996	Förderung von wirtschaftlichen, sozialen und kulturellen Zwecken in den neuen Ländern einschl. dem ehem. Ostberlin	0	0
Fonds „Aufbauhilfe"	Flutopfersolidaritätsgesetz von 2002, Gesetz zur Änderung des Gemeindefinanzreformgesetzes und des Aufbauhilfefondsgesetzes von 2003	Hilfeleistung in den vom Hochwasser 2002 betroffenen Ländern.	Die angemeldeten Bedarfe übersteigen die in den Fonds eingezahlten Mittel.	

206

Sondervermögen, die von Stellen außerhalb der Bundesverwaltung verwaltet werden				
Zweckvermögen bei der Deutschen Postbank AG (ehem. Siedlungs- und Landesrentenbank)	Mit Treuhandvertrag von 2000 wird das Zweckvermögen von der Postbank AG verwaltet.	Eingliederung von aus der Landwirtschaft stammenden Vertriebenen, Flüchtlingen und Spätaussiedlern	838	0
Zweckvermögen bei der Landwirtschaftlichen Rentenbank	ZweckVG und Ges. über die Landwirtschaftl. Rentenbank von 2005	Bevorzugte Berücksichtigung von Regionen, die nach den Zielen der Agrarpolitik eine besondere Förderung der Land- und Forstwirtschaft notwendig erscheinen lassen. Es muss sich um Modellvorhaben handeln.	103	0
Treuhandvermögen für den Bergarbeiterwohnungsbau	5. Gesetz zur Änderung des Gesetzes zur Förderung des Bergarbeiterwohnungsbaus im Kohlenbergbau von 1997	Abwicklung	876	0
Bergmannssiedlungsvermögen	Gesetz über Bergmannssiedlungen von 1930	Neubau u. Modernisierung von Wohnungen für Beschäftigte im Kohlenbergbau durch Treuhandstellen, die das Bergmannssiedlungsvermögen verwalten	28	
Revolving Fonds und Freistellungsfonds	Vertrag zwischen Bank für Sozialwirtschaft und Vorgänger des BMFSFJ von 1974	Gewährung von Darlehen in den neuen Ländern für den zeitgemäßen Auf- und Ausbau freigemeinnütziger Anstalten und Einrichtungen der Spitzenverbände der Freien Wohlfahrtspflege	177	0
Versorgungsrücklage des Bundes	§ 14a Bundesbesoldungsgesetz iVm Versorgungsrücklagengesetz von 1998, Versorgungsänderungsgesetz von 2001.	Anlage von Mitteln aus den um durchschnittlich 0,2 Prozentpunkte verminderten Versorgungs- und Besoldungsanpassungen der Jahre 1999 bis 2017. Ab 2002 Einbeziehung der versorgungsberechtigten Beamten in die staatliche Förderung der „Riester"-Rente. Parallel dazu abgeflachter Anstieg der Versorgungsbezüge. Keine Verminderung um 0,2-Prozentpunkte für die auf den 31.12.2002 folgenden 8 Besoldungsanpassungen.	836	0
Treuhandvermögen aufgrund des Westvermögen-Abwicklungsgesetzes	Westvermögen-Abwicklungsgesetz von 1972	Treuhänderische Verwaltung des nach der Abwicklung von öffentlich-rechtlichen Kreditinstituten verbleibenden Vermögens.	15	0

Quelle: BMF, Finanzbericht 2007, S. 346 ff.

Sondervermögen werden durch Gesetz oder aufgrund eines Gesetzes errichtet. Sie sind unselbstständig und werden entweder unmittelbar vom Bund/Land verwaltet oder von einer Stelle außerhalb der Bundes-/Landesverwaltung. Sie können klagen und verklagt werden – allerdings ist die Klage eines Sondervermögens des Bundes/Landes gegen den Bund oder das Land nicht denkbar. Da sie aus dem Bundeshaushalt ausgegliedert sind, verfügen sie über einen eigenen Haushalts- bzw. Wirtschaftsplan, der von einem Organ des Sondervermögens (das ist zum Beispiel beim Bundeseisenbahnvermögen das BMVBS) festgestellt, d.h. beschlossen, wird. Dieses Organ darf später auch die Entlastung erteilen. Einen Sonderfall bildet das ERP-Sondervermögen, dessen Wirtschaftsplan Jahr für Jahr vom Bundestag genehmigt werden muss. Sehen wir von dieser Ausnahme ab, muss für sämtliche sonstigen Sondervermögen kritisiert werden, dass das von ihnen geführte Eigenleben außerhalb des Bundes-/Landeshaushalts das parlamentarische Budgetrecht aushöhlt. Dieser Mangel verstärkt sich in dem Maße, in dem die Zahl und die Volumina der finanziellen Transaktionen der Sondervermögen zunehmen. Er wird nicht dadurch geheilt, dass dem zuständigen Einzelplan Übersichten über die Einnahmen, Ausgaben und Verpflichtungsermächtigungen eines Sondervermögens beizufügen oder dass diese in die Erläuterungen zu dem Titel aufzunehmen sind, in dem die Zuführungen und Ablieferungen des Sondervermögens veranschlagt werden.

Zuführungen zu Sondervermögen werden im Haushaltsplan des Bundes/eines Landes als Ausgaben veranschlagt und setzen sich aus Zuweisungen zur Deckung von Betriebsverlusten und zur Kapitalausstattung eines Sondervermögens zusammen. Ablieferungen werden im Haushaltsplan des Bundes/eines Landes als Einnahmen veranschlagt und setzen sich aus Gewinnablieferungen und Kapitalrückzahlungen eines Sondervermögens zusammen.

Die wirtschaftliche Loslösung vom Budget vervollständigt sich, wenn ein Sondervermögen selbst zur Aufnahme von Krediten ermächtigt wird. In einem solchen Falle können sogar Zuführungen aus dem Bundes-/Landeshaushalt entbehrlich werden. Da sich die Kreditobergrenze des Art. 115 Abs. 1 Satz 2 GG nicht auf die von Sondervermögen aufgenommenen Kredite erstreckt, erlagen die von *Helmut Kohl* geführten Bundesregierungen der Versuchung, die tatsächlichen Haushaltsdefizite durch immer neue Fluchten aus dem Budget (d.h. Gründungen von Sondervermögen) zu kaschieren; vordergründig blieben sie dank dieser Methode sogar im Einklang mit dem Kreditlimit des Grundgesetzes. Problematisch wurde das Ganze, wenn Sondervermögen wie der Fonds Deutsche Einheit und der Erblastentilgungsfonds zusätzlich von dem Gebot befreit wurden, nur Investitionsausgaben mit Krediten zu finanzieren, wenn sie Schulden also auch für Verbrauchsausgaben machen durften. Einen wichtigen Schritt zur Wiederherstellung der Vollständigkeit des Budgets und zur Gewährleistung von Haushaltsklarheit und Haushaltswahrheit bildeten die Eingliederungen des Schuldendienstes für den Erblastentilgungsfonds, das Bundeseisenbahnvermögen und den Ausgleichsfonds zur Sicherung des Steinkohleeinsatzes (alle 1999) sowie für den Fonds Deutsche Einheit und den Lastenausgleichsfonds (beide 2005) in den Bundeshaushalt. Diese Sondervermögen nehmen keine neuen Kredite mehr auf.

7 Staatsverschuldung

In den letzten drei Jahrzehnten häuften sämtliche Gebietskörperschaften einen beachtlichen Schuldenberg an. Ihre Verstärkung erfuhr die Staatsverschuldung in vier Schüben, von denen die Finanzierung der Einheitsfolgen den stärksten Impuls auslöste. Da Warnungen vor dem Marsch in die Überschuldung weitgehend unberücksichtigt blieben, hat die Gesamtverschuldung Besorgnis erregende Ausmaße angenommen (vgl. Abb. 23).

Abbildung 23: Verschuldung des öffentlichen Gesamthaushalts 1960 bis 2006

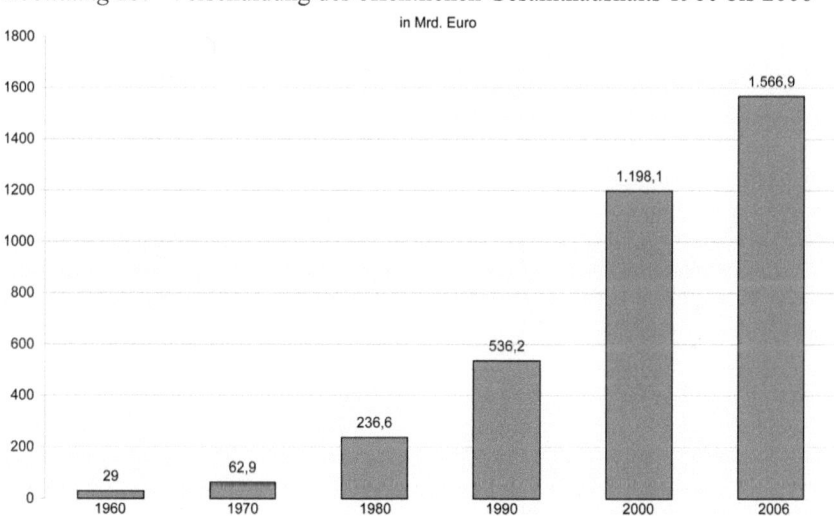

Quelle: Statistisches Bundesamt.

Zu den offiziellen Schulden von rund 1.600.000.000.000 € am Ende des Jahres 2006 müssen die Risiken aus Eventualverbindlichkeiten (Bürgschaften, Gewährleistungen) gerechnet werden, die ohne Vorwarnung mit mehrstelligen Milliardenbeträgen zu Buche schlagen können und dann erhebliche Konsequenzen für den jeweils laufenden Etat hätten. Es existiert auch kein Überblick über die eingegangenen Verpflichtungen öffentlicher oder solcher privatrechtlich verfasster Unternehmen und Stiftungen, für die die öffentliche Haushalte letzten Endes geradestehen müssen. Über die Risiken, die öffentlichen Haushalten aus Leasingverträgen und Vorfinanzierungen von Infrastrukturmaßnahmen (z.B. Verkehrswegebau) durch Private drohen, liegt ebenfalls keine vollständige Übersicht vor. Last, but not least finden auch die dynamisch wachsenden Versorgungsleistungen für Beamte, Richter und Berufssoldaten (vgl. Abschnitt III.6.3) bisher keinen Niederschlag in einer umfassenden Bilanz öffentlicher Verbindlichkeiten.

Schon für eine kurze Zeitspanne ist diese Frage nach der Gesamtlast kaum zu beantworten. Umso schwieriger wird dies, sobald nach mittel- oder langfristigen Zahlungsverpflichtungen gefragt wird. Das noch relativ neue Konzept der Generationenbilanzierung (generational accounting) will das Problem lösen, indem es sämtliche Zahlungsströme erfasst, die zwischen heutigen und zukünftigen Wirtschaftssubjekten auf der einen und dem öffentlichen Sektor auf der anderen Seite fließen. Nur wenn sich dabei herausstellt, dass der Gegenwartswert aller heutigen und zukünftigen Ausgaben durch den Gegenwartswert aller heutigen und zukünftigen Einnahmen gedeckt wird, kommt die Politik den gegenwärtigen Bedürfnissen nach, ohne die Fähigkeit künftiger Generationen zur Befriedigung ihrer eigenen Bedürfnisse zu beeinträchtigen (Nachhaltigkeit). Ist dies nicht der Fall, so kann die aktuelle Fiskalpolitik nicht ohne erhebliche Nachteile für künftige Generationen fortgeführt werden.[80]

Mit Blick allein auf die Staatsverschuldung ist davon auszugehen, dass eine erhebliche Nachhaltigkeitslücke klafft. Infolge fortwährender Nettokreditaufnahmen ohne Tilgung hat sich ein immenser Schuldenberg aufgetürmt, der mit jedem defizitären Haushalt wächst. Er verursacht Steigerungen des Schuldendienstes, die wiederum die Handlungsspielräume künftiger Politik einschränken. Längst ist die Lehrbuchweisheit widerlegt, dass der Staat Kredite aufnehme, um Investitionen zu tätigen. In Wirklichkeit nimmt er Kredite auf, um seinen Schuldendienstverpflichtungen nachkommen zu können: Seit 1994 übersteigen die Zinsausgaben der Gebietskörperschaften fast in jedem Jahr deren Nettoneuverschuldung (vgl. Abb. 24). Je mehr Schulden aufgetürmt werden, desto ungünstiger können sich die Kreditkonditionen entwickeln: So gruppieren die führenden Rating-Agenturen (Fitch, Moody's oder Standard & Poor's) weltweit auch staatliche Kreditnehmer in Bonitätsklassen ein. Wer sich überschuldet, wer in den Verdacht gerät, seine Annuitäten nicht oder jedenfalls nur mühsam erfüllen zu können, rutscht unweigerlich von Spitzenpositionen (AAA oder ähnlich) in die zweite, dritte oder vierte Liga ab – mit durchschlagenden Verschlechterungen

---

[80] Vgl. *Karen Feist, Bernd Raffelhüschen*: Möglichkeiten und Grenzen der Generationenbilanzierung, in: Wirtschaftsdienst, 80. 2000, S. 440-447.

der dann geforderten Zinssätze.[81] Darüber hinaus haben Schuldenberge zur Folge, dass aus Steuern und Gebühren weniger notwendige, nützliche oder wünschbare Leistungen erbracht werden können, als wenn der Staat von vornherein auf Kredite verzichtet hätte. Mit welcher Konsequenz die Zinszahlungen wachsende Anteile des Steueraufkommens absorbieren, zeigt die Entwicklung des Anteils der Zinsausgaben an den Steuereinnahmen: Belief sich die Zinssteuerquote des Bundes im Jahre 1981 noch auf zehn Prozent, so waren es 1991 bereits 12,5 Prozent. Bis 2001 stieg dieser Wert auf 20 Prozent. Bei den Ländern wuchs die Zinssteuerquote von 8,2 Prozent (1981) über 10,3 Prozent (1991) auf 11,7 Prozent im Jahre 2001.

Abbildung 24: Nettokreditaufnahmen und Zinsausgaben der Gebietskörperschaften 1965 bis 2005

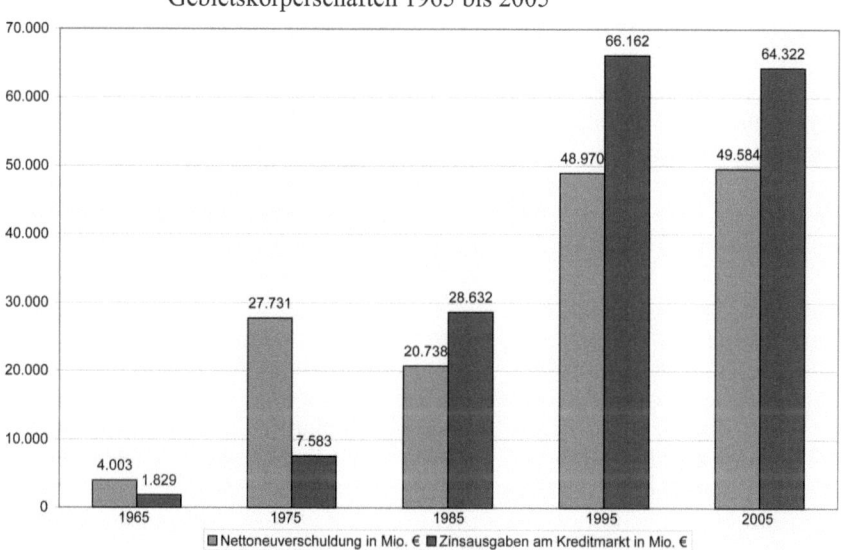

Quelle: Statistisches Bundesamt.

Diese Fahrt in die Sackgasse der Schuldenpolitik vollzog sich, obgleich das Grundgesetz ein Verbot übermäßiger Kreditfinanzierung enthält. Weder die dort noch die im Maastrichter Vertrag festgelegten Grenzen (vgl. Abschnitt I.3.5)

---

[81] Vgl. „Moody's schickt Japan in den Keller", in: Neue Zürcher Zeitung, Internationale Ausgabe, vom 1./2. 6. 2002; „Deutschland droht eines schlechteres Rating", in: Westdeutsche Zeitung vom 26. 9. 2005; „Rating-Agenturen deklassieren Italien", in: Neue Zürcher Zeitung, Internationale Ausgabe, vom 20. 10. 2006.

vermochten es, die Hochverschuldung abzuwenden. Dies ist auch die Folge eines kollektiven Versäumnisses von Parlamenten und Regierungen: Niemand von ihnen bildete – wie vom Stabilitätsgesetz gefordert – in Aufschwungphasen eine Konjunkturausgleichsrücklage, um möglichst ohne Kreditaufnahme auf eine Rezession reagieren zu können. Wie sehr sich Parlamente und Regierungen stattdessen daran gewöhnt haben, ihre Haushalte durchweg mit Hilfe mehr oder minder großer Kredite zu finanzieren, können wir den Finanzplanungen entnehmen. Sie offenbaren, dass die öffentliche Finanzwirtschaft nach den Vorstellungen der Regierungen sämtlicher politischen Farben und Farbkombinationen wie selbstverständlich auf immer neue Kredite angewiesen bleibt. Jedes Jahr des Planungsjahrfünfts wird mit einer Kreditaufnahme versehen, ohne dass irgend jemand die konjunkturelle Entwicklung für so lange Zeiträume verantwortungsvoll prognostizieren könnte und ohne Rücksicht darauf, dass Kreditaufnahmen im Boom unterbleiben sollten. Erst neuerdings bahnen sich veränderte Einsichten ihren Weg.

Begonnen hatte der Marsch in die Sackgasse der Überschuldung mit der keynesianischen Verheißung, die wirtschaftlichen Probleme in der Rezession und die wachsende Arbeitsmarktkrise mit gezielter Kreditfinanzierung in den Griff zu bekommen. Befürchtungen negativer Langfristeffekte wurden mit dem Versprechen auf ein „Schuldenparadox" abgetan. Danach führt die aktive Herbeiführung eines Haushaltsfehlbetrages („deficit spending") in der Depression zu Einnahmen- und Beschäftigungseffekten, die dem Staat Mehreinnahmen oder Ausgabenersparnisse verschaffen, die die ursprüngliche Staatsverschuldung kompensieren oder sogar überkompensieren. Richtig angewendet, werde die antizyklische Konjunkturpolitik verschuldungsneutral ausfallen. Schulden- und Zinslastquote strebten festen, tragbaren Grenzwerten zu.

Was als sozial orientiertes Lösungsmodell innerhalb marktwirtschaftlicher Produktionsverhältnisse daherkam, erweist sich bei näherem Hinsehen als gigantische Umverteilung von Einkommen und Vermögen. Denn nicht Sozialhilfe- und Hartz IV-Empfänger, Arbeiternehmer mit kleinen und mittleren Einkommen oder Kleingewerbetreibende gewähren dem Staat Kredit, sondern in erster Linie Banken und Sparkassen, Versicherungen, einkommenstarke und vermögende Privatleute sowie neuerdings auch Industriekonzerne. Die mit dem Kredit verbundenen Tilgungs- und Zinsverpflichtungen gegenüber dieser Minderheit von Gläubigern müssen von der Allgemeinheit der Steuerzahler/innen erfüllt werden. Von den Vielen fließen also die Milliarden staatlicher Zinsausgaben in Form privater Zinseinnahmen an Wenige. Zur Rechtfertigung dieses umverteilenden Vorgangs wird angeführt, die Kreditgeber suchten sich ohne Staatsverschuldung Alternativen auf dem Kapitalmarkt und zögen dann eben daraus ihre Zinsgewinne. Insofern sei der Staatskredit nicht kausal für ihre Zinseinkommen. Dabei wird übersehen, dass die Alternative zur Kreditaufnahme (neben einem Sparkurs, bei dem das Sozialstaatsgebot aus den Angeln gehoben werden könnte) die Vermehrung der Steuereinnahmen ist – wobei Einnahmeverbesserungen aus Steuern nicht zwangsläufig zu Lasten der Masseneinkommen erfolgen müssen. Denkbar wäre zumindest, dass eine Anhebung der Steuern auf Einkommen und Vermögen gezielt bei den Leistungsstärkeren ansetzt. In diesem Falle könnte sich die Frage, ob die Kreditgeber überhaupt noch oder jedenfalls im heute gegebenen Umfang nach profitablen Anlagemöglichkeiten suchen müssten, in einem anderen Licht darstellen.

Dabei sollte auch die Steuergesetzgebung der letzten 30 Jahre berücksichtigt werden. Sie hat die Belastung hoher und höchster Einkommen aus selbstständiger Tätigkeit im Verhältnis zu derjenigen kleiner und mittlerer Einkünfte aus abhängiger Beschäftigung gemindert (vgl. Abschnitte I.3.1 und II.2.1) und damit weniger Verdienende überproportional an der Finanzierung von Zins- und Tilgungsverpflichtungen beteiligt. Dabei haben vor allem massive Steuersenkungen zum Anwachsen des Defizits in den öffentlichen Kassen beigetragen; der Zwang zu weiterer Verschuldung stieg. Das heißt im Ergebnis, dass die Verzinsung der Staatsschuld mittels steigender Belastung der Masseneinkommen finanziert wird, während die gleiche Gruppe, die Zinseinkünfte aus Staatskrediten erzielt, ihre Beteiligung am Schuldendienst kontinuierlich mindert.

Auch die Behauptung, Kreditfinanzierungen mehrten das Volksvermögen, trifft unter den Bedingungen von Globalisierung und freiem Kapitalverkehr bei gleichzeitig nationalen Ökonomien nicht mehr zu. Im Gegenteil: Enorme Summen des steuerfinanzierten Schuldendienstes fließen mittlerweile aus Deutschland ab. Ursache dafür ist die wachsende Auslandsverschuldung: 1980 entfielen rund neun Prozent der Schulden auf Gläubiger im Ausland; 2005 waren es bereits 47 Prozent. Das macht deutlich, inwieweit sich ein internationaler Staatsverschuldungsmarkt etabliert hat: Die Geldschöpfung wird tendenziell nicht mehr von Staaten vorgenommen, sondern von internationalen Finanzkomplexen, in deren Abhängigkeit sich die nationalen oder supranationalen Ökonomien begeben.

Was die Auslandsverschuldung gegenwärtig an zusätzlicher Ressourcennutzung ermöglicht, wird später im Wege des Verzichts abbezahlt werden müssen. Der Staat befindet sich hier – anders als bei der Inlandsverschuldung – im gleichen Verhältnis zum Gläubiger wie der private Schuldner; und während der Schuldendienst die Binnenkonjunktur dämpft, verflüchtigt sich das überschüssige Geldkapital – auf der Suche nach der jeweils profitabelsten Anlageform – in der virtuellen Welt globalisierter Finanzmärkte.

Auch verschiebt die Staatsverschuldung Lasten von den gegenwärtig lebenden auf künftige Generationen. Zwar wird hiergegen geltend gemacht, Staatsverschuldung sorge für intertemporäre Gerechtigkeit, indem sie Zahlungsverpflichtungen auf die Jahre der Nutzung der Investition verteile („Pay as you use"). Konfrontiert mit der Realität, erweist sich diese These als reine Apologie einer illegitimen Belastung der Zukunft mit den Folgen der heute vorherrschenden Wachstumsphilosophie. Denn die Ökonomie verhält sich anders, als es sich das Lehrbuch vorstellt. Der Staat tilgt nämlich nicht nutzungsgerecht, sondern er löst mit neuen Krediten die alten ab. Ein Beispiel dafür ist der kreditfinanzierte Dienstwagen, der nach vier Jahren ausgemustert wird und dessen beiden Nachfolgemodelle gleichermaßen kreditfinanziert werden. Nach zwölf Jahren zahlen die Steuerpflichtigen Zinsen für drei Kredite, obgleich nur ein Fahrzeug genutzt werden kann. Mit Hilfe des öffentlichen Kredits wird also nicht in jedem Fall ein zielgerichteter Lastenausgleich zwischen den Generationen hergestellt. Hinzu kommt die am Beispiel der Atomwirtschaft bereits erwähnte Unmöglichkeit, gegenwärtige Vorlieben verlässlich für die Zukunft fortzuschreiben; wahrscheinlicher ist, dass aus mancher kollektiven Erbschaft eine unliebsame Erblast wird, die in einer ferneren Zukunft budgetäre Mittel bindet.

Anders stellte sich die Sache dar, wenn die Ausgaben für die Aus- und Fortbildung der Menschen, für die Produktion und Mehrung des „human capital", als Investitionen bewertet würden. Allein die Tatsache, dass die gegenwärtige Generation der Lernenden identisch ist mit der späteren Generation der Ausgebildeten und sich weiter Bildenden, macht die Vermutung eines intergenerativen Konsenses plausibel. Das Bundesverfassungsgericht hat zwar entschieden, dass die Einbeziehung von Bildungsaufwendungen der Absicht des Art. 115 GG, die Staatsverschuldung zu begrenzen, geradewegs zuwiderliefe.[82]

Mit diesem Hinweis wollte es vor allem verhindern, dass Bildungsausgaben auf die geltende Definition öffentlicher Investitionen draufgesattelt werden. Was aber wäre, wenn die Frage, ob Bildungsausgaben als Investitionen anzusehen sind, nicht additiv gestellt würde, sondern alternativ? Hierüber die Diskussion zu eröffnen mit dem Ziel, der Besoldung von Erzieherinnen und Erziehern, Lehrerinnen und Lehrern, der Bereitstellung von Lehr- und Lernmitteln, der Verbesserung von Lern- und Studienbedingungen auch verfassungsrechtlich einen höheren Rang einzuräumen als beispielsweise umweltzerstörendem Straßenbau, ist es angesichts der Bildungsmisere in Deutschland bei gleichzeitiger Überfrachtung mit Infrastrukturen für den motorisierten Individualverkehr sicher hohe Zeit.

---

[82] BVerfGE 79, S. 311, hier S. 337.

8   Chancen und Risiken der Konsolidierung

Das Wachstum der öffentlichen Haushalte insgesamt, die Zunahme der Aufgabenwahrnehmung durch den öffentlichen Sektor, die Dynamik der Personalkosten und vor allem die Staatsverschuldung lassen nicht nur bei kapitalorientierten Wirtschaftsverbänden und Kammern, sondern auch quer durch das politische Spektrum den Ruf nach Konsolidierung der Staatsfinanzen laut werden. Entsprechend sagen die Regierungen des Bundes und der Länder zu, Anstrengungen zur Zukunftssicherung ihrer Etats zu unternehmen. 2005 trat § 51 a HGrG in Kraft, der Bund und Länder gleichermaßen verpflichtet, ihre Nettoneuverschuldung mit dem Ziel tatsächlich ausgeglichener Haushalte zurückzuführen. Gegenüber dem Ecofin-Rat hat sich die Bundesregierung verpflichtet, bereits bis 2004 einen Haushalt ohne Kreditfinanzierung vorzulegen – sofern die Wirtschaft bis dahin um jährlich mindestens 2,25 Prozent wachse. Als das nicht gelang, stellte die seinerzeitige Bundesregierung einen Bundeshaushalt ohne Kreditaufnahme für 2006 in Aussicht. Auch dieses Ziel wurde verfehlt. Nach der Finanzplanung 2007 bis 2011 soll der öffentliche Gesamthaushalt strukturell ausgeglichen sein. Der Bund will 2011 einen verschuldungsfreien Haushalt vorlegen, nachdem Bayern bereits 2006 ohne Nettokreditaufnahme auskam. Sachsen-Anhalt, das sich das gleiche vorgenommen hatte, ist an dieser Aufgabe gescheitert. Auch Rheinland-Pfalz, das angestrebt hatte, 2007 ohne neue Kredite auszukommen, nimmt weiterhin neue Kredite auf, und Berlin, das für 2009 eine Nettoneuverschuldung von Null ansteuerte, beklagt inzwischen eine „extreme Haushaltsnotlage" – die indes vom Bundesverfassungsgericht nicht anerkannt wurde.

Um die Budgets ins Gleichgewicht zu bringen, werden von der Theorie verschiedene, gegensätzliche Wege angeboten:

▪ Die neoliberale Richtung empfiehlt einen strikten Sparkurs und eine Beschränkung der Staatstätigkeit auf so genannte Kernbereiche (innere und äußere Sicherheit, Wettbewerbskontrolle, Förderung der Grundlagenforschung, Grundsicherung im Alter, gemäßigte Einkommensumverteilung) und Privatisierungen. Zusätzlich müssten Kosten und Nutzen öffentlicher Leistungen ermittelt werden, um daraus die Potenziale für weitere Ausgabeminderungen abschätzen zu können. Voraussetzung dafür sei eine tief greifende Reform der Buchführungsmethoden der öffentlichen Verwaltung. Steuerpolitisch sollen Vergünstigungen durch im Haushaltsplan ausgewiesene Transferausgaben ersetzt werden, um von der Objekt- zur Subjektförderung übergehen zu können (zum Beispiel Wohngeld statt sozialem Wohnungsbau). Sozialleistungen sollen abgebaut werden, weil die Bürgerinnen und Bürger größtenteils für sich selbst sorgen könnten und dazu gebracht werden müssten, mehr Eigenverantwortung zu übernehmen.

- Die keynesianische Gegenposition vertritt die Meinung, man könne sich aus dem Budgetdefizit nicht hinaussparen, sondern die Ökonomie müsse aus ihm hinauswachsen. Zielvorgaben zur Defizitminderung, wie sie von verschiedenen Regierungen genannt werden, seien verfehlt, weil sie ohne Rücksicht auf konjunkturelle Entwicklungen formuliert würden. Statt einer Einschränkung der Staatstätigkeit und der Sozialtransfers sei eine antizyklische Finanzpolitik zur Stützung der Binnennachfrage und zur Ausweitung der gesamtwirtschaftlichen Produktion geboten. Sie führe zu einer Steigerung des Steueraufkommens, lockere damit den Druck auf die öffentlichen Haushalte und könne ein qualitativ besseres Angebot an Gütern und Dienstleistungen bereitstellen. Ergänzt werden müsse diese Politik durch gezielte Steuererhöhungen (auf Vermögen, Devisengeschäfte und Spekulationsgewinne) und die Rücknahme von Steuervergünstigungen für Unternehmen im Zuge der Steuerreformen seit 1999.

Die antizyklische Finanzpolitik (fiscal policy) zielt darauf ab, wirtschafts-, geld- und kreditpolitische Instrumente gegen den Konjunkturverlauf einzusetzen, also die gesamtwirtschaftliche Nachfrage in der Rezession durch expansive Maßnahmen (zum Beispiel Investitionsprogramme) zu stimulieren. Im Boom hingegen sollen die staatlichen Aktivitäten zurückgenommen und Rücklagen für konjunkturelle Abschwächungen gebildet werden.

In der Praxis sind die Regierungen des Bundes und der Länder – mit unterschiedlichen Akzentsetzungen – im Großen und Ganzen bestrebt, den Staat aus dem Wirtschaftsleben zurückzuziehen. Zwar wachsen die Ausgaben von Gebietskörperschaften und Sozialversicherungen, sie nehmen aber – wie Tabelle 19 zeigt – seit der zweiten Hälfte der 1990er Jahre langsamer zu als der Wert aller in der Bundesrepublik erzeugten Güter und Dienstleistungen. Die öffentlichen Haushalte tragen zur Konjunkturbelebung und zur Bekämpfung der Massenerwerbslosigkeit so gut wie nichts mehr bei; im Gegenteil: Sie bewirken eine Abwärtsbewegung der wirtschaftlichen Aktivität. Das daher rührende relative Zurückbleiben der öffentlichen Nachfrage, der öffentlichen Investitionen und der Beschäftigung im öffentlichen Sektor birgt ein nicht zu unterschätzendes Risiko für die gesamtwirtschaftliche Entwicklung (Stabilitätsziele) und den künftigen Zustand des öffentlichen Kapitalstocks.

Abbildung 25: Wachstum des Bruttoinlandsprodukts und der Ausgaben der öffentlichen Haushalte 1995 bis 2005

	Ausgaben der öffentlichen Haushalte	Bruttoinlandsprodukt in jeweiligen Preisen
	Wachstum (+) bzw. Schrumpfung (-) gegenüber dem Vorjahr in Prozent	
1995	+4,5	+3,8
1996	+1,3	+1,5
1997	-0,1	+2,1
1998	-3,0	+2,6
1999	+2,0	+2,4
2000	+1,0	+2,5
2001	+1,5	+2,5
2002	+1,8	+1,5
2003	+1,1	+0,9
2004	-1,3	+2,4
2005	+1,1	+1,3

Quelle: Statistisches Bundesamt.

Wir sahen, dass die Budgetdefizite eine Bedrohung künftiger politischer Spielräume, eine Umverteilung von unten nach oben und eine Belastung kommender Generationen bedeuten. Wir sehen jetzt aber auch, dass einfaches Kürzen von Ausgaben nicht die richtige Antwort auf diese Herausforderung ist. Haushaltskonsolidierung muss also mehr sein als die Suche nach Sparmöglichkeiten. Sie scheint uns nur realisierbar, wenn fünf Strategien gleichberechtigt miteinander verfolgt werden:

a. Aufgabenkritik.

Erster Ansatzpunkt muss eine Durchforstung der gegenwärtig vom öffentlichen Sektor erfüllten Aufgaben sein. Der Auftrag der Bundeshaushaltsordnung, zu klären, ob bestimmte Aufgaben überhaupt von der öffentlichen Hand erledigt werden sollen oder ob staatliche Aufgaben bzw. öffentlichen Zwecken dienende wirtschaftliche Tätigkeiten nicht ebenso gut oder besser von Privaten erbracht werden können, ist noch längst nicht abgearbeitet. Zu fragen ist darüber hinaus danach, ob manche Aufgaben überhaupt der Erledigung bedürfen oder ob sie nicht vielmehr entfallen können, weil sie bloß wahrgenommen werden, um angesichts der Ebbe in den öffentlichen Kassen staatliche Aktivität wenigstens zu simulieren. Dies gilt beispielsweise für die rege Veranstaltung von Tagungen, Kongressen usw. zu immer den gleichen Themen mit fast immer den gleichen Akteuren und (vornehmlich im öffentlichen Dienst beschäftigten) Teilnehmern und der immer gleichen Ergebnislosigkeit für die politische und Verwaltungspraxis. Des Weiteren ist zu ermitteln, ob die Wahrnehmung einer öffentlichen Aufgabe entschlackt (entbürokratisiert) werden kann, beispielsweise durch den Abbau von Vorschriften, Hierarchien (lean management) und Verwaltungsebenen.

b. Ausgaben reduzieren

Die Möglichkeiten, kurzfristig entscheidende Summen einzusparen, sind äußerst gering. Wie die Abbildungen 19 bis 22 zeigen, ist der überwiegende Teil der Ausgaben langfristig durch Gesetze, Tarif- und andere Verträge gebunden. Weder die Personal- noch die Zinsausgaben noch die Masse der Zuweisungen und Zuschüsse (zum Beispiel für Kindertagesstätten und Wohngeld, Sozialversicherungen und Sozialhilfe, Steinkohlenbergbau, Landwirtschaft, Verkehrsprojekte und Kommunen) sind unter *rechtlichen* Gesichtspunkten disponibel. Experten schätzen, dass überhaupt nur etwa zehn Prozent des Haushaltsvolumens im Bund und in den Ländern – größtenteils betrifft dies die Sozialtransfers – von Jahr zu Jahr gestaltbar sind (sog. freie Spitze). *Politisch* durchsetzbar wäre wiederum nur die Kürzung eines Bruchteils dieser zehn Prozent. Anders lautende Ankündigungen neu ins Amt tretender Politikerinnen und Politiker zerschellen in aller Regel bald an der normativen und zählebigen Kraft des Faktischen.

Durchgreifendere Kürzungserfolge versprechen mittelfristig angelegte Einschränkungen von Leistungsgesetzen. In diesem Falle werden Einsparungen auch bei Ausgabeansätzen möglich, die sich einer einfachen Absenkung entziehen, weil sie auf gesetzlichen Verpflichtungen beruhen. Möglich wird ein solches Vorgehen durch die Verabschiedung so genannter Haushaltsbegleitgesetze. Sie gelten als Bestandteile des Haushaltsgesetzes und erlauben Eingriffe in die ansonsten unantastbaren 90 Prozent des Budgets. Sie setzen sich aus Artikeln zusammen, von denen jeder ein vom Haushaltsgesetz ansonsten vollkommen unabhängiges Gesetz (etwa das Arbeitsförderungsgesetz oder das Unterhaltsvorschussgesetz) so ändert, dass bisher von dem jeweiligen Gesetz zugesicherte Leistungen gekürzt, an veränderte Voraussetzungen gebunden oder gänzlich gestrichen werden. Je nachdem, ob damit Länderkompetenzen betroffen werden, können sie Zustimmungsrechte des Bundesrates auslösen. Die mit Haushaltsbegleitgesetzen erzielbaren Einsparungen wirken, anders als Kürzungen diskretionärer Ausgabenansätze, voraussehbar über viele Jahre und versprechen dadurch mittelfristige Einsparungen in zum Teil beträchtlicher Größenordnung. Grenzen setzen allerdings die Verfassungsgebote Sozialstaatlichkeit und Wahrung des gesamtwirtschaftlichen Gleichgewichts.

c. Ökologisches Investitionsprogramm

Aufgabenkritik und Einsparungen werden indes nicht ausreichen, die gegenwärtige Finanzierungslücke zu schließen. Im Gegenteil ist zu befürchten, dass ein verstärkter Sparkurs sich negativ auf die Binnennachfrage und die Investitionstätigkeit und damit auch zu Lasten des Steueraufkommens auswirkt. Da der Rückzug der Staatstätigkeit, wie wir sahen, keine Arbeitsplätze schafft, die Massenerwerbslosigkeit bei mehreren Millionen verharren lässt und die öffentlichen Haushalte keineswegs saniert, empfiehlt sich die Anwendung eines Gegenmittels. Dieses ist die Ausbringung eines Investitionsprogramms zur Verbesserung der Umweltsituation und zum Abbau der Erwerbslosigkeit (vgl. Abschnitt II.2.3), das aber angesichts der abzubauenden Budgetdefizite nicht kreditfinanziert werden darf, sondern sich aus Steuereinnahmen speisen muss. Von diesem Programm kann erwartet werden, dass es Nachfrage und Beschäftigung und damit das Steueraufkommen steigert.

d. Steuerpolitik

Die unter dieser Überschrift anstehende Aufgabe könnte als Strukturwandel der Steuerpolitik bezeichnet werden. Entstand das Defizit unter den Bedingungen des Sinkens der volkswirtschaftlichen Steuerquote und einer Verlagerung der Steuerlast auf Lohnempfänger/innen und Verbraucher/innen, so empfehlen sich für den Defizitabbau eine gemäßigte Wiederanhebung der Steuerquote und eine gerechtere Steuerlastverteilung. (Diese Erkenntnis wird indes von der gegenwärtigen Mehrheit in der Volkswirtschaftslehre, Finanzwissenschaft und Politik nicht geteilt.) Als Möglichkeiten genannt wurden bereits die Revitalisierung der Vermögen- und die Wiedereinführung der Börsenumsatz- sowie der Kapitalverkehrsteuer. Hinzukommen müssten die Umwandlung der Gewerbesteuer in eine Gemeindewirtschaftssteuer, die von allen Unternehmen einschließlich Freiberuflern aufzubringen ist, und die Einführung einer Tilgungsteuer (als Lastenausgleichsabgabe) zur Finanzierung des Schuldendienstes. Bemessungsgrundlage einer solchen Steuer können die spiegelbildlich zum öffentlichen Schuldenberg angehäuften privaten Vermögensmassen sein. Ihre Rechtfertigung fände die Tilgungsteuer nicht allein in der Notwendigkeit des Abbaus der Verschuldung, sondern auch in der beträchtlichen personellen bzw. institutionellen Übereinstimmung zwischen Tilgungsteuerpflichtigen auf der einen und Gläubigern von Schuldscheindarlehen, Bundesanleihen u.Ä. auf der anderen Seite. Es ergäbe sich dadurch, ohne Entzug von Kaufkraft oder Investitionsfähigkeit, eine schrittweise Entschuldung und nachhaltige Konsolidierung des öffentlichen Gesamthaushalts.

e. Beendigung der Lastenverschiebung
Die verfassungsrechtlich garantierte Selbstständigkeit der Haushalte von
Bund und Ländern, aber auch die relative Autonomie der anderen öffentli-
chen Budgets führt zu Lastenverschiebungen, deren Ergebnisse vom Ver-
fassunggeber schwerlich gewollt sein können. Beispiel Erwerbslosigkeit:
Um ihre Personalkosten in Grenzen zu halten, bauen die Gebietskörperschaften Ausbildungs- und Arbeitsplätze (vor allem in den beschäftigungs-
politisch besonders prekären Ebenen geringer beruflicher Qualifikation) ab.
Für viele Arbeitsuchende schließen sie damit den öffentlichen Dienst als
Beschäftigungsort weitgehend aus. Die Kostenentlastung, die sich die öffentlichen Arbeitgeber davon erhoffen, ist jedoch nur eine scheinbare: Weil
der private Sektor den Beschäftigungsrückgang im öffentlichen Dienst nicht
auffängt, können viele vergeblich nach Erwerbsarbeit Suchende Unterstüt-
zungsleistungen aus den Haushalten der Bundesagentur für Arbeit und der
Kommunen beanspruchen, bei denen sich in solchen Fällen eingesparte Per-
sonal- in steigende Sachkosten (Hartz IV) verwandeln. Gleichzeitig fallen
die Unterstützungsempfänger als Lohnsteuer- und Beitragszahler zu den
Sozialversicherungen aus. Es findet also eine Verlagerung von einigen öffentlichen Haushalten zu anderen oder sogar nur von einer Ausgabeart zu
einer anderen sowie eine Minderung der öffentlichen Einnahmen statt.
Zugleich steigen die Zuschussbedarfe, den die Sozialversicherungen beim
Bund anmelden, und die Notwendigkeit, in den Haushalten der Gebietskörperschaften die arbeitsmarktpolitischen Ausgabeansätze zu verstärken.
Vonnöten ist eine Reform der Finanzverfassung, die solche Absurditäten
beendet.

9   Vollendung des Haushaltskreislaufs

Wir hatten in Abschnitt III.2 erörtert, dass die Exekutive den Budgetentwurf
erstellt und die Legislative ihn diskutiert, korrigiert und verabschiedet. In diesem
Zusammenhang lernten wir eine Reihe von Regeln kennen, nach denen sich das
Verfahren richtet, und begegneten den entscheidenden institutionellen Akteuren
der ersten Phasen des Haushaltskreislaufs. Mit der Verabschiedung des Etats ist
aber erst ein Stück des Weges zurückgelegt, den der Haushalt durchlaufen muss,
um an seine Vollendung zu gelangen. Im Folgenden beschäftigen wir uns daher
mit den nächsten Schritten, nämlich der Ausführung des Haushaltsplans durch
die Exekutive und mit der Finanzkontrolle, an der sowohl die Exekutive als auch
die Legislative beteiligt sind und zu der die außerhalb stehende Einrichtung des
Rechnungshofes hinzugezogen wird.

9.1 Haushaltsvollzug

Die Ausführung des Haushaltsplans obliegt der Exekutive. Die Fachministerien haben die Aufgabe, die Projekte über die Ausgabenseite zu realisieren, die der Gesetzgeber beschlossen hat, und das Finanzministerium hat für die Finanzierung des Regierungsprogramms Sorge zu tragen. Zwar gibt es – wie wir bereits erwähnten – keine rechtliche Verpflichtung der Regierung und der Verwaltungen zur Verausgabung sämtlicher bewilligter Mittel – sie könnte im Einzelfall sogar eine Verletzung des Haushaltsgrundsatzes der Wirtschaftlichkeit und Sparsamkeit bedeuten. Die Ausgabeermächtigungen müssen aber als politische Aufträge verstanden werden. Eine Weigerung der Exekutive, von ihnen Gebrauch zu machen, würde folglich das Parlament bzw. diejenige Mehrheit des Parlaments, die dem Haushaltsgesetz zugestimmt hat, brüskieren. (Dennoch kommt auch dieses vor.)

Zwecks Umsetzung des Haushaltsplans erlässt die Exekutive Durchführungsverordnungen, die teilweise sehr detaillierte Vorgaben machen und Interpretationen einzelner Zweckbestimmungen vornehmen. Die Haushaltsmittel werden entweder durch die Ressorts selbst bewirtschaftet oder diese weisen sie den ihnen nachgeordneten Behörden und Einrichtungen zur Bewirtschaftung zu. Die Bewirtschaftungsbefugnis, die sie damit erhalten, berechtigt die Behörden, ausgabenwirksame Maßnahmen zu treffen. Von ihnen aufzustellende Bewirtschaftungspläne sollen gewährleisten, dass die zugewiesenen Ausgabemittel während des gesamten Haushaltsjahres zur Bedarfsdeckung ausreichen und nicht schon im ersten Quartal verbraucht sind. So führt der Beauftragte für den Haushalt, den es bei jeder Dienststelle geben muss, Nachweise über die Haushaltsmittel, die er innerhalb seiner Behörde an einen oder mehrere Titelverwalter zur Bewirtschaftung übertragen hat, und er bzw. ein Titelverwalter führt Nachweise über die Haushaltsmittel, die auf nachgeordnete Behörden verteilt wurden. Daneben werden Überwachungslisten über Planstellen bzw. Stellen und über deren Besetzung sowie Haushaltsüberwachungslisten geführt, mit deren Hilfe festgestellt werden kann, ob die von einer Dienststelle zu erhebenden Einnahmen, zu bewirtschaftenden Ausgaben und eingegangenen Verpflichtungen ordnungsgemäß abgewickelt werden.

Hat der Haushaltsgesetzgeber eine *globale Minderausgabe* beschlossen, so ist es Aufgabe der Exekutive, im Haushaltsvollzug deren Erwirtschaftung sicherzustellen. Globale Minderausgaben sind im Haushaltsrecht des Bundes und der Länder nicht ausdrücklich geregelt und juristisch umstritten. Sie sollen Einsparungen bewirken und verdanken ihre Existenz der politischen Praxis und der Unentschlossenheit des Haushaltsgesetzgebers, die ihn hindert, gezielte Ausgabekürzungen zu beschließen. Stattdessen wird die globale Minderausgabe als

Ausgabeansatz mit negativem Vorzeichen (minus) im Haushaltsplan veranschlagt. Sie hat zur Folge, dass Ausgabeansätze, für die keine gesetzlichen oder vertraglichen Bindungen vorliegen, nicht in voller Höhe in Anspruch genommen werden können. Bezieht sich eine globale Minderausgabe nur auf bestimmte Ansätze, beispielsweise die der Obergruppen 51 bis 54 (sächliche Verwaltungsausgaben), so müssen allein diese den mit der globalen Minderausgabe ausgebrachten Sparbeitrag erbringen. Bezogen auf das Haushaltsgesetz bedeutet die globale Minderausgabe, dass das dort in § 1 genannte Etatvolumen den tatsächlichen Ausgabebedarf übersteigt.

Im Verlauf eines Haushaltsjahres kann sich herausstellen, dass veranschlagte Ausgabeansätze nicht ausreichen oder Ausgaben notwendig werden, für die im Haushaltsplan kein Titel ausgebracht ist. In solchen Fällen räumt Art. 112 GG (entsprechende Regelungen finden sich in den Verfassungen der Länder) dem Bundesfinanzminister bzw. dem jeweiligen Landesfinanzminister ein Notbewilligungsrecht ein.

> Artikel 112 GG lautet:
> Überplanmäßige und außerplanmäßige Ausgaben bedürfen der Zustimmung des Bundesministers der Finanzen. Sie darf nur im Falle eines unvorhergesehenen und unabweisbaren Bedürfnisses erteilt werden. Näheres kann durch Bundesgesetz bestimmt werden.

Dieses Notbewilligungsrecht, aufgrund dessen der Finanzminister eine oberste Bundes- bzw. Landesbehörde zu einer über- (Ansatz reicht nicht aus) oder außerplanmäßigen (kein Ansatz vorhanden) Ausgabe ermächtigen kann, ersetzt eine Bewilligung durch das Parlament. Weil es insofern das parlamentarische Budgetrecht einschränkt, besitzt es nur subsidiäre Geltung. Keinesfalls kann daraus eine allgemeine Kompetenz des Finanzministers zur Korrektur des Haushaltsplans hergeleitet werden.

Über- oder außerplanmäßige Ausgaben dürfen nur bewilligt werden, wenn dafür ein unvorhersehbares und unabweisbares Bedürfnis besteht. Als unvorhersehbar ist ein Ausgabebedarf nicht erst dann anzusehen, wenn es objektiv unmöglich war, ihn im Vorhinein zu erkennen. Es genügt, dass er dem Finanzminister bei der Aufstellung des Haushalts nicht bekannt war. Unabweisbar ist eine Mehrausgabe, wenn sie sachlich unbedingt notwendig ist, um beispielsweise privatrechtliche Ansprüche zu erfüllen oder schwerwiegende Beeinträchtigungen von Staatsinteressen zu vermeiden, und wenn sie so eilbedürftig ist, dass die Einbringung eines *Nachtragshaushalts* oder ihre Verschiebung ins nächste Haushaltsjahr nicht vertretbar ist. Im Übrigen sind Mehrausgaben für Personal infolge von Besoldungsanpassungen und Tarifanhebungen kein Anlass für überplanmäßige Ausgaben, da für solche Fälle durch Verstärkungstitel im Einzelplan „Allgemeine Finanzverwaltung" Vorsorge getroffen ist.

Aufgrund des Vorrangs des parlamentarischen Budgetrechts hat der Finanzminister stets zu prüfen, ob statt der Bewilligung über- oder außerplanmäßiger Ausgaben die Verabschiedung eines Nachtragshaushaltsgesetzes möglich ist. Zweifelt er bei der Prüfung der Dringlichkeit der Mehrausgabe, ob diese nicht auch im Wege eines Nachtragshaushalts rechtzeitig bewilligt werden kann, so muss er sich zur Klärung dieser Frage mit dem Gesetzgeber in Verbindung setzen.

Eine Regierung ist zur Einbringung eines Nachtragshaushaltsentwurfs verfassungsrechtlich verpflichtet, wenn sie erkennt, dass Einnahmeansätze, zum Beispiel für Steuern, zu hoch angesetzt oder Ausgabeermächtigungen zu knapp bemessen oder für einen notwendigen Zweck überhaupt nicht vorgesehen sind und wenn die Voraussetzungen zur Bewilligung von über- oder außerplanmäßigen Ausgaben nicht vorliegen. Mit dem Nachtragshaushalt können also – rückwirkend ab dem Beginn des Haushaltsjahres – Einnahmeansätze korrigiert und Ausgabeansätze sowie Verpflichtungsermächtigungen angehoben oder gesenkt werden. Für das Nachtragshaushaltsverfahren gelten sinngemäß die gleichen Vorschriften wie für das ordentliche Haushaltsgesetz. Ein Nachtragshaushalt kann nur in dem Jahr eingebracht und für das Jahr beschlossen werden, dessen Etat er ändert. Er ist allerdings nicht dazu da, den geltenden Haushaltsplan entsprechend der eingetretenen Haushaltsentwicklung bloß zu aktualisieren.

Erweist die Entwicklung der Einnahmen, dass diese zur Ausführung des Haushaltplans in seiner verabschiedeten Fassung nicht ausreichen werden, oder können unabweisbare Mehrausgaben nicht durch Einsparungen an anderen Stellen ausgeglichen werden, und darf kein Zeitverlust eintreten, so kann der Finanzminister eine *haushaltswirtschaftliche Sperre* erlassen. Durch sie werden Ausgaben untersagt oder in bestimmten Fällen von der Einwilligung des Finanzministers abhängig gemacht. Von der Sperre kann *ein* Einzelplan, es können aber auch mehrere oder sämtliche Einzelpläne betroffen sein. Sie kann sich auf alle Ausgabetitel erstrecken, die nicht auf gesetzlichen oder vertraglichen Verpflichtungen beruhen, oder sie bezieht sich auf bestimmte Maßnahmen. Bei Erlass der haushaltswirtschaftlichen Sperre befindet sich der Finanzminister insofern in einer verhältnismäßig starken Position, als er zuvor zwar die Führung der betroffenen obersten Bundes- bzw. Landesbehörden anzuhören hat, aber nicht von ihrer Zustimmung abhängig ist. Nur in Baden-Württemberg bedarf es eines Kabinettbeschlusses. Darüber, wann der richtige Zeitpunkt für den Erlass einer haushaltswirtschaftlichen Sperre gekommen ist, kann trefflich gestritten werden. Je früher er verkündet wird, desto umfangreicher können die Einsparungen ausfallen. Je jünger ein Haushaltsjahr aber ist, desto unsicherer sind die Erkenntnisse über die Einnahme- und Ausgabeentwicklung und um so schwieriger ist – als

Folge dessen – eine situationsangemessene Entscheidung. Je später diese jedoch getroffen wird, desto geringfügiger fällt das Einsparvolumen aus, weil über einen Großteil der Ausgabeermächtigungen bereits verfügt wurde, so dass diese Mittel Kürzungen nicht mehr zugänglich sind.

Neben der haushaltswirtschaftlichen Sperre besteht die Möglichkeit, aufgrund eines Kabinettbeschlusses während des Haushaltsvollzuges eine konjunkturpolitisch bedingte Sperre auszusprechen. Durch sie sollen im Falle einer Überhitzung der Konjunktur Ausgabe- und Verpflichtungsermächtigungen eingeschränkt werden. Dieses Instrument wurde letztmalig 1973 eingesetzt.

9.2 Finanzkontrolle

Den Abschluss des Haushaltskreislaufs leitet die Rechnungslegung der Exekutive ein. Die Bundes- oder eine Landesregierung kommt damit ihrer in der Verfassung verankerten Verpflichtung nach, dem Bundesrat und dem Bundestag bzw. einem Landtag nach jedem Haushaltsjahr Nachweis über die Einnahmen und Ausgaben, das Vermögen und die Schulden zu führen und damit darzulegen, dass ihre Haushalts- und Wirtschaftsführung ordnungsgemäß war.

Artikel 114 GG lautet:
(1) Der Bundesminister der Finanzen hat dem Bundestage und dem Bundesrate über alle Einnahmen und Ausgaben sowie über das Vermögen und die Schulden im Laufe des nächsten Rechnungsjahres zur Entlastung der Bundesregierung Rechnung zu legen.
(2) Der Bundesrechnungshof, dessen Mitglieder richterliche Unabhängigkeit besitzen, prüft die Rechnung sowie die Wirtschaftlichkeit und Ordnungsmäßigkeit der Haushalts- und Wirtschaftsführung. Er hat außer der Bundesregierung unmittelbar dem Bundestage und dem Bundesrate jährlich zu berichten. Im Übrigen werden die Befugnisse des Bundesrechnungshofes durch Bundesgesetz geregelt.

Die Haushaltsrechnung wird vom Rechnungsprüfungsausschuss des Bundestages, einem Unterausschuss des Haushaltsausschusses, und vom Finanzausschuss des Bundesrates geprüft. Im Mittelpunkt der Ausschussberatungen steht allerdings nicht das trockene Zahlenwerk der Exekutive, sondern Beachtung finden die jährlich erscheinenden Bemerkungen des Bundesrechnungshofes zur Haushaltshalts- und Wirtschaftsführung, die auch Feststellungen zur Jahresrechnung des Bundes enthalten. Dieser Finanzkontrollbericht, den der Rechnungshof der Bundesregierung, dem Bundestag und dem Bundesrat zuzuleiten hat und der auch der Öffentlichkeit zur Verfügung gestellt wird, kann Feststellungen enthalten, die sich nicht ausschließlich auf die vom Bundesfinanzministerium vorgelegte Jahresrechnung beschränken. Die Prüfung der gesamten Haushalts- und Wirtschaftsführung kann auch rechnungsunabhängig erfolgen und sie kann sich auf weiter zurückliegende Haushaltsjahre erstrecken. In den parlamentarischen Ausschüssen erläutern die Mitglieder des Rechnungshofes auf Anfrage ihre Feststellungen, kommentieren die Einlassungen der Ressortvertreter, beraten und unterstützen die Ausschussmitglieder bei der Vorbereitung der Entscheidung über die Entlastung der Regierung. Unabhängig von den Jahresberichten sind die Rechnungshöfe befugt, Parlament und Regierung jederzeit rechnungsunabhängig zu beraten oder über Angelegenheiten von besonderer Bedeutung zu unterrichten.

Der Prüfung durch den Bundesrechnungshof unterliegen alle Behörden und Einrichtungen des Bundes (Entsprechendes gilt für die Ebene der Länder); es gibt keine prüfungsfreien Räume. Selbst die Haushalts- und Wirtschaftsführung von Gerichten und Parlamentsfraktionen sind nicht sakrosankt. Auch geheim zu haltende Angelegenheiten (zum Beispiel die Wirtschaftspläne der Nachrichtendienste) sind nicht von der Prüfung durch den Rechnungshof befreit; in diesen Fällen gelten besondere Regelungen, die sich u.a. auf den Kreis der Prüfenden und der Berichtsempfänger beziehen.

Die Rechnungshöfe sind oberste Bundes- bzw. Landesbehörden, gehören aber weder der Legislative noch der Exekutive noch der Judikative an. Als unabhängige Organe der Finanzkontrolle sind sie allein dem Gesetz unterworfen. Ihre Mitglieder genießen richterliche Unabhängigkeit, sind an Aufträge und Weisungen nicht gebunden und entscheiden autonom, ob, was, wann und wie intensiv sie prüfen.

Über die von der Exekutive im Zusammenhang mit der Vorlage der Haushaltsrechnung begehrte Entlastung entscheiden Bundesrat und Bundestag unabhängig voneinander. Gegenstand des Entlastungsverfahrens sind weder das Haushaltsgesetz noch der Haushaltsplan, sondern deren Ausführung. Das Entlastungsverfahren soll der Legislative Gelegenheit bieten, das Haushaltsgebaren der Exekutive nicht allein einer rechnerischen Überprüfung zu unterziehen, sondern die Regierung für die vorgelegte Jahresrechnung sowie ihre Haushalts- und Wirtschaftsführung in öffentlicher Debatte politisch verantwortlich zu machen. Mit dem Entlastungsbeschluss bestätigt das Parlament, dass die Exekutive den Haushaltsplan gesetzmäßig, d.h. in Übereinstimmung mit dem Haushaltsverfassungsrecht, der Bundes- bzw. Landeshaushaltsordnung und dem Jahreshaushaltsgesetz, vollzogen hat. Unmittelbare rechtliche Wirkungen sind damit – im Unterschied zum Vereins- oder Gesellschaftsrecht – nicht verbunden: So ersetzt einerseits eine Nichtentlastung nicht etwa ein konstruktives Misstrauensvotum gemäß Art. 67 Abs. 1 GG. Andererseits wird die Regierung durch den Entlastungsbeschluss von Verantwortlichkeiten Dritter gegenüber keineswegs freigestellt; auch ist das Parlament nicht gehindert, einzelne Fragen des geprüften Haushaltsgebarens später wieder aufzugreifen.

Nicht zu übersehen ist, dass Entlastungsverfahren und Entlastungsbeschlüsse eher als Routinevorgänge betrachtet und behandelt werden und nicht als Gelegenheiten, die Effizienz des Verwaltungshandelns einer wirksamen Kontrolle zu unterwerfen und daraus Folgerungen für kommende Haushaltsjahre zu ziehen. So ist die Neigung des Parlaments, sich eingehend mit Fragen der Finanzkontrolle zu befassen, schwach ausgeprägt. Das hat zu tun mit dem großen Zeitabstand, der zwischen dem Termin der Entlastungsdebatte und dem Ende des Haushaltsjahres liegt, für das der Regierung Entlastung erteilt werden soll. Es hat auch damit zu tun, dass die Vertreter der Regierungsfraktionen ihre Aufgabe weniger in der Kontrolle als in der Beschirmung der Regierung erblicken. Und es hat damit zu tun, dass die Abgeordneten die Finanzkontrolle nicht als ihre originäre Aufgabe begreifen, weil sie – jedenfalls im Bund – den Rechnungshof weder mit Gutachten noch mit Prüfungen beauftragen können, von ihm nicht einmal nachträglich über die ausgewählten Prüfungsfelder und auch nicht über die Intensität der Prüfungen informiert werden und so insgesamt keine wirklichen Mitwirkungsrechte haben.

10   Fortentwicklungen der öffentlichen Haushalte

Die verstärkte Orientierung der Politik an betriebswirtschaftlichen Erfolgsmaßstäben macht auch vor Haushaltswirtschaft und Haushaltsrecht nicht Halt. Der Staat, heißt es, müsse kostenorientierter und effizienter arbeiten, er müsse flexibler werden, nicht Leistungen gewähren, sondern Produkte anbieten, das Managementverhalten der Privatwirtschaft übernehmen – kurz: wie eine Aktiengesellschaft denken und handeln. Auf der Agenda stehe folglich eine umfassende Modernisierung, mit der sich die Gesellschaft vom Anspruchs-, Versorgungs- und Vollkaskostaat abwende und die soziale Handlungsverantwortung weitgehend in den privaten Sektor verlagere, einen Organisations- und Personalabbau im öffentlichen Sektor betreibe (down-sizing der Politik) und eine massive Binnenrationalisierung von Staat und Verwaltung in Gang setze.

Als einer der Stolpersteine auf diesem Weg gilt die hergebrachte finanzwirtschaftliche Einnahmen- und Ausgabenrechnung (Kameralistik). Sie sei inputstatt outputorientiert und damit noch auf den Verwaltungsstaat, aber nicht auf den verschlankten öffentlichen Dienstleister zugeschnitten. Unter den Vorzeichen der Kameralistik erfolge die Aufgabenerfüllung durch die Verwaltungen im Rahmen des vom Bundes- oder Landesgesetzgeber vorgegebenen Budgets auf der Grundlage des Haushaltsplanvollzuges. Sie eigne sich daher nicht für eine

Planung und Steuerung im Sinne der Erzielung vorgegebener Ergebnisse (outputs) und Wirkungen (outcomes).

In der Tat weist die Kameralistik erhebliche Schwächen auf:

- Sie ordnet die Einnahmen und Ausgaben nicht den Organisationseinheiten zu, die mit ihnen wirtschaften müssen.
- Sie informiert nicht unmittelbar über den Ressourcenverbrauch öffentlicher Einrichtungen.
- Der Vermögensverbrauch ist unklar, weil er nicht in Form von Abschreibungen dargestellt wird.
- Ein Betriebserfolg bzw. -misserfolg im Sinne der kaufmännischen Buchführung (Doppik) kann nicht ermittelt werden, weil die Kameralistik Ausgaben veranschlagt statt Kosten zu ermitteln.
- Es finden keine verwaltungsinternen Verrechnungen statt.

Diese und andere Mängel sollen durch Reformen des öffentlichen Haushaltsrechts behoben werden, die sich aus Erkenntnissen der Betriebswirtschaftslehre speisen. Der Anfang ist gemacht: Seit 1998 erlaubt das Haushaltsgrundsätzegesetz die Einrichtung der Doppik, bisher allerdings nur zusätzlich zur Kameralistik. Auch gibt es Ansätze zu einer Flexibilisierung, Globalisierung und Budgetierung öffentlicher Haushalte, auf die wir im Folgenden eingehen wollen.

10.1 Flexibilisierung

Es ist weithin unbestritten, dass die tiefe Gliederung des Haushaltsplans zu einer Übersteuerung führen kann. Sie bewirkt eine Unbeweglichkeit der Exekutive, die sich zwar stets auf die Beachtung der Haushaltsgrundsätze berufen kann, nicht immer aber auf Prioritätensetzungen der Politik. Deutlich wird dies am Beispiel der Verwaltungsausgaben und der laufenden Beschaffungen. Die hierfür erforderlichen Mittel werden den Behörden zugewiesen, ohne dass der Haushaltsgesetzgeber damit irgendwelche Prioritäten setzen will. Deshalb dürfte es dem Parlament auch verhältnismäßig gleichgültig sein, ob im Einzelfall Mittel, die es für Reisekostenvergütungen für Dienstreisen veranschlagt hat, für Reisekostenvergütungen in Personalvertretungs- und Schwerbehindertenangelegenheiten eingesetzt werden oder ob eine Behörde, statt Dienst- und Schutzkleidung anzuschaffen, höhere Aufwendungen für die Aus- und Fortbildung der Bediensteten tätigen möchte. Restriktionen des Haushaltsrechts zu beseitigen, die alternativen Mittelverwendungen wie den eben genannten entgegenstehen, ist *ein* Ziel des Konzepts der Flexibilisierung. Es will an der Gliederungstiefe des Haushaltsplans nichts ändern, sieht jedoch eine erhebliche Erweiterung der Möglichkeiten der Übertragbarkeit und der Deckungsfähigkeit von Ausgaben und Verpflichtungsermächtigungen vor.

Worum handelt es sich dabei?

- Die *Übertragbarkeit* von Ausgabeermächtigungen stellt eine Ausnahme vom Haushaltsgrundsatz der Jährlichkeit dar. Die Ausgabebewilligung wirkt damit über das Haushaltsjahr hinaus, für das sie bestimmt war. Stets übertragbar sind Investitionen und Ausgaben für zweckgebundene Einnahmen (geborene Übertragbarkeit); andere Ausgaben können für übertragbar erklärt werden (gekorene Übertragbarkeit). Die Übertragbarkeit solcher Ausgabeermächtigungen kann durch das Haushaltsgesetz oder durch einen im Haushaltsplan ausgebrachten Haushaltsvermerk zugelassen werden. In besonders gelagerten Fällen kann ausnahmsweise der Bundes- bzw. ein Landesfinanzminister Ausgaben während des Haushaltsvollzuges für übertragbar erklären. Grundsätzlich nicht übertragbar sind über- und außerplanmäßige Ausgaben. Von der Übertragbarkeitserklärung erhoffen sich Experten eine Abschwächung des so genannten Dezemberfiebers. Dieser Begriff bezeichnet die in vielen Verwaltungen übliche Erscheinung, Ausgabebewilligungen, die elf Monate hindurch nicht in Anspruch genommen werden mussten, aus Furcht vor Mittelkürzungen im nächsten Haushaltsplan in den letzten Tagen eines Jahres ohne Not auszuschöpfen. Das „Dezemberfieber" ist ein typisches Beispiel für unwirtschaftlichen Haushaltsvollzug.

  Übertragbar kann selbstverständlich nur ein *Ausgaberest* sein, also derjenige Teil einer Ausgabebewilligung, der nicht bereits im laufenden Haushaltsjahr verbraucht wurde. Ausgabereste sind nicht notwendigerweise gleich hoch wie nicht in Anspruch genommene Ausgabeermächtigungen, sondern sie müssen gebildet werden. Das heißt, sie müssen zu Lasten anderer gedeckt, an ihrer Stelle dürfen also andere Ausgabebewilligungen nicht realisiert werden. Ausgabereste können für das jeweils nächste und das darauf folgende Haushaltsjahr zur Verfügung stehen. Seit der Geltung des Haushaltsrecht-Fortentwicklungsgesetzes (1998) ist im Bundeshaushalt ein zentraler Titel eingerichtet, aus dem der Ausgleich für die Inanspruchnahme übertragbarer Ausgabereste erfolgen kann.

- Die *Deckungsfähigkeit* beeinträchtigt den Haushaltsgrundsatz der Einzelveranschlagung. Sie bezeichnet die Möglichkeit, bei einem Ausgabetitel oder einer Verpflichtungsermächtigung höhere Ausgaben zu tätigen, wenn zum Ausgleich dafür bei einem oder bei mehreren anderen Ausgabetitel(n) bzw. einer oder mehreren anderen Verpflichtungsermächtigung(en) Einsparungen in gleicher Höhe erzielt werden. Dabei können Verpflichtungsermächtigungen nur für deckungsfähig erklärt werden, wenn sie im selben Haushaltsjahr fällig werden und wenn die Barmittel des Titels, aus dem die Deckung kommen soll, aller Voraussicht nach ausreichen, um Ausgleich leisten zu können. Deckungsfähigkeit wird durch die Bundes- bzw. Landeshaushaltsordnung oder das jeweilige Haushaltsgesetz oder durch Haushaltsvermerk geschaffen. Es gibt eine einseitige Deckungsfähigkeit, bei der Einsparungen bei Titel A dazu dienen können, den Ausgabetitel B (und den Titel C sowie den Titel D) zu verstärken, und es gibt eine gegenseitige Deckungsfähigkeit, bei der A und B (und C und D) sich gegenseitig verstärken können.

Das Konzept der Flexibilisierung setzt mit der Aufstellung des Haushalts an, weil dann entschieden werden muss, welche Titel flexibilisiert werden, und es wirkt sich im Haushaltsvollzug aus, wenn Übertragungsmöglichkeiten und Deckungsfähigkeiten genutzt werden. Auf der Grundlage erweiterter Möglichkeiten, die das Haushaltsrecht-Fortentwicklungsgesetz eröffnet, wendet der Bund im Haushaltsplan 2007 bei reichlich 3.000 Titeln (dabei handelt es sich ausschließlich um Verwaltungsausgaben) mit einem Ausgabevolumen von rund sechs Prozent der Gesamtausgaben das Konzept der Flexibilisierung an. Erkennbar sind flexibilisierte Ausgabetitel an einem „F", das vor die Titelnummer gesetzt ist. Der große „Rest" von 94 Prozent des Ausgabevolumens wird zwar durch die Nutzung der Möglichkeit zur Bildung von Titelgruppen (innerhalb derer die Titel untereinander deckungsfähig sind) ebenfalls beweglicher; finanziell und politisch bedeutsame, programmbezogene Ausgaben werden aber nicht in die Flexibilisierung einbezogen. Dieser Verzicht soll gewährleisten, dass der Haushaltsgesetzgeber die Grundsatzentscheidungen der Politik weiter in der Genauigkeit treffen kann, die ihm nützlich erscheint, und dass sein Recht, festzulegen, wie viele Mittel für welchen Zweck zur Verfügung stehen sollen, unangetastet bleibt. Zugleich mit dieser Garantie des parlamentarischen Budgetrechts sollen die Transparenz des Haushaltsvollzuges und die Vergleichbarkeit des Bundeshaushalts mit anderen öffentlichen Haushalten sichergestellt werden.

Die Flexibilisierung der Verwaltungsausgaben erleichtert die Reaktion auf unvorhergesehene Ereignisse; sie erlaubt es, im Haushaltsvollzug neue Prioritäten zu setzen, falls neue Aufgaben hinzutreten; und sie führt zu Verfahrensbeschleunigungen, weil die erweiterten Möglichkeiten der Deckung und Übertragbarkeit eine Vielzahl von Verfahren zur Gestattung überplanmäßiger Ausgaben entbehrlich machen. Diese Vorteile führen nach Meinung der Befürworter weitgehender Flexibilisierung zu einem kostenbewussteren Ausgabeverhalten, zur Steigerung der Motivation der Beschäftigten, zum Wegfall lähmender Rückfragen, Anträge und Berichtspflichten, zur Verbesserung der Geschäftsabläufe, zur

Verkürzung von Entscheidungsprozessen und zu einem effizienteren Ressourceneinsatz.

Die Flexibilisierung ist indes unvollständig, wenn sie nicht ergänzt wird durch eine *Kosten- und Leistungsrechnung* (KLR) zur Ermittlung der tatsächlichen Kosten einer Organisationseinheit und zur Freilegung von Rationalisierungspotenzialen. Dabei werden Leistungen definiert als Menge und Wert der erzeugten Güter und Dienstleistungen sowohl für Dritte (also für Bürger und andere Verwaltungseinheiten) als auch für die eigene Organisationseinheit (zum Beispiel Produkte der Hausdruckerei). Kosten sind danach der Wert der Güter und Dienstleistungen, die bei der Erstellung einer Leistung in Anspruch genommen wurden. Für diesen Kostenbegriff ist es unwichtig, ob dabei Geld ausgegeben wird oder nicht. Die KLR kann den kompletten Ressourcenverbrauch einer Verwaltung ermitteln, und zwar einschließlich solcher Verbräuche, für die in dem jeweiligen Haushaltsjahr keine Zahlungen erforderlich waren und die daher in der kameralistischen Buchführung nicht in Erscheinung treten (zum Beispiel Abschreibungen, kalkulatorische Zinsen, Inanspruchnahmen von Vorleistungen anderer Dienststellen). Dabei entsteht indes ein von den Befürwortern noch zu wenig in die Abwägung der Vor- und Nachteile einbezogener Verwaltungsaufwand: Controlling, Quartalgespräche zur Jahresplanung und deren fortlaufender Anpassung auf und mit den verschiedenen Ebenen, Sammlung einer Fülle von Leistungs- und Kostendaten, gestufte Berichtswesen, Zielgespräche, Budgetvereinbarungen usw. usf.

Obgleich die Einführung der KLR in geeigneten Bereichen der Bundesverwaltung vorgeschrieben ist (§ 6 Abs. 3 HGrG, § 7 BHO), zeigt sich, dass sich mehr und mehr Bundesbehörden nach anfänglicher Euphorie aus der KLR zurückziehen, wobei einige sogar erklären, die KLR sei für sie ungeeignet.[83]

Flexibilisierung in Verbindung mit der KLR soll monetär messbare Verbesserungen der Effizienz staatlichen Handelns erbringen und die Erwirtschaftung einer *Flexibilitätsrendite* ermöglichen. Mit Flexibilitätsrendite wird der Betrag bezeichnet, der dank Flexibilisierung und KLR bei gleicher Aufgabenerfüllung eingespart wird. Die Verwendung ist unterschiedlich, es kristallisiert sich aber eine hälftige Teilung zugunsten der erwirtschaftenden Organisationseinheit (im schweizerischen Kanton Zürich sogar zugunsten der Belegschaft, gleichsam als Erfolgsbeteiligung) und des Gesamthaushalts heraus. Die in den Einzelplänen des Bundeshaushalts als negative Ausgabe (minus) veranschlagte Flexibilitätsrendite scheint indes kein Ergebnis betriebswirtschaftlicher Kalkulation und

---

[83] Vgl. BMF: Einführungsstand der Kosten- und Leistungsrechnung in der Bundesverwaltung. Fortschrittsbericht an den Rechnungsprüfungsausschuss des Deutschen Bundestages, Dezember 2004, S. 6, 8.

neuer Managementmethoden zu sein; dafür ähnelt sie zu sehr der bereits bekannten globalen Minderausgabe.

Im Gegensatz zur Flexibilisierung, die an der Detailgenauigkeit der Titel festhält (um sie dann via Übertragbarkeit und Deckungsfähigkeit auszuhebeln), will das Konzept der *Globalisierung* von vornherein mehrere Titel zu größeren Titeleinheiten zusammenfassen. Auf diese Weise hat der Bund die Zahl der in seinen Haushaltsplänen enthaltenen Titel um ein gutes Drittel verringert. Weil diese Operation der Einwilligung des Haushaltsgesetzgebers bedurfte, ist davon auszugehen, dass dieser den Grundsatz der Einzelveranschlagung nicht beeinträchtigt sieht.

10.2 Budgetierung und Produkthaushalte

Weiter als Flexibilisierung und Globalisierung geht das Konzept der Budgetierung, das allerdings Elemente beider enthält. Budgetierung bedeutet Dezentralisierung der Verantwortung, die an kleinere Organisationseinheiten delegiert wird. Damit sollen Sachkompetenz (d.h. Entscheidung in der Sache) und Finanzkompetenz (d.h. Entscheidung darüber, welche Mittel zur Erledigung einer Sache benötigt werden), die heute vielfach voneinander getrennt sind, zusammengeführt werden. Die budgetierten Organisationseinheiten sollen die ihnen zugewiesenen Finanzmittel bedarfsgerecht, in zeitlicher und sachlicher Hinsicht selbstbestimmt einsetzen können. Eine Überschreitung des Finanzrahmens ist ausgeschlossen.

Budgetierung gilt inzwischen als Mittel, Effizienz, Wirtschaftlichkeit und Sparsamkeit der Verwaltung zu verbessern. Der Leistungsumfang wird mit Hilfe von Leitbildern und Zielvereinbarungen vorab festgelegt. Das soll eine outputorientierte Steuerung ermöglichen, aus der sich der Finanzrahmen für jeden Einzelplan herleitet. Innerhalb dieses Finanzrahmens sollen die Ressorts ihre Haushalte selbstständig erarbeiten und ausführen. Dies stärke die Eigenverantwortung und die Ressortzuständigkeit der Bundesminister gemäß Art. 65 GG.

> Artikel 65 GG lautet:
> Der Bundeskanzler bestimmt die Richtlinien der Politik und trägt dafür die Verantwortung. Innerhalb dieser Richtlinien leitet jeder Bundesminister seinen Geschäftsbereich selbstständig und unter eigener Verantwortung. Über Meinungsverschiedenheiten zwischen den Bundesministern entscheidet die Bundesregierung. Der Bundeskanzler leitet ihre Geschäfte nach einer von der Bundesregierung beschlossenen und vom Bundespräsidenten genehmigten Geschäftsordnung.

Selbst globalisierte Titel sind im System der Budgetierung – sogar kapitelübergreifend – gegenseitig deckungsfähig. Damit ist der Haushaltsgrundsatz der Einzelveranschlagung noch weitergehend beseitigt als bei bloßer Flexibilisierung und/oder Globalisierung. Werden im Haushaltsplan keine Vorkehrungen getroffen, die eine Deckungsfähigkeit investiver Ausgaben zugunsten konsumtiver untersagen, könnte dadurch sogar die grundgesetzlich verankerte Bindung der maximal zulässigen Kreditaufnahme an die Höhe der Investitionsausgaben unterlaufen werden: Dies wäre dann der Fall, wenn das Investitionsvolumen zwar im Haushaltsplan höher oder zumindest ebenso hoch ist wie die Nettokreditermächtigung, die Exekutive aber während des Haushaltsvollzuges Ausgaben für konsumtive Zwecke aus (für deckungsfähig erklärten) investiven Titeln tätigt. Mit der Rechnungslegung nach Ende des Haushaltsjahres stellte sich dann heraus, dass die Nettokreditaufnahme die Ist-Ausgaben für Investitionen überschritt, die Vorschrift des Art. 115 Abs. 1 Satz 2 GG folglich verletzt wurde.

Auch für das Jährlichkeitsprinzip gilt, wie bei der Flexibilisierung, eine Fülle von Ausnahmen. Damit wird – vor allem, wenn sich erweiterte Deckungsfähigkeit und Überjährigkeit kumulieren – das parlamentarische Budgetrecht herausgefordert. Die Parlamente selbst sollten sorgsam darauf achten, dass es nicht unter dem Vorwand der Effizienz und des Denkens in Kategorien des betriebswirtschaftlichen Erfolgs Schaden nimmt oder gänzlich abhanden kommt. So belastet die Preisgabe des Jährlichkeitsprinzips künftige Haushaltsjahre und engt die Entscheidungsfreiheit späterer Legislativen ein. Vor allem besteht eine offensichtliche Überschneidung zwischen budgetierungsfähigen Titeln und jenem Teil des Etats, über den die Parlamente noch verhältnismäßig frei entscheiden können. Eben diese „freie Spitze" droht der legislativen Feinsteuerung bei weiter gehender Budgetierung entzogen zu werden. Gegen diese Befürchtung wird gern eingewandt, dass es die Parlamente selbst seien, die über Einführung und Ausmaß der Budgetierung zu entscheiden hätten. Ihnen werde also nichts genommen, was sie nicht selbst geben wollten. Dagegen ist einzuwenden, dass das Parlament seine Steuerungsfunktion und seinen Kontrollauftrag gegenüber der Exekutive nur wahrnehmen kann, wenn Einnahmen, Ausgaben und Verpflichtungsermächtigungen nach Grund, Zweck und Höhe hinreichend spezifiziert und die Ermächtigungen zeitlich befristet sind. Dieser Verpflichtung und Verantwortung darf sich die Legislative weder durch Delegation noch durch Privatisierung entziehen.

Wie vollständig die parlamentarische Steuerungskompetenz unter Bedingungen der Budgetierung verloren gehen kann, soll ein einfaches Beispiel veranschaulichen: Nehmen wir an, aufgrund einer Zielvereinbarung bzw. eines Leistungsvertrages käme eine Einigung auf das Produkt „Bekämpfung des Drogenmissbrauchs" zustande. Wäre es dann nicht möglich, dass die Exekutive den Willen der Legislative in sein Gegenteil verkehrte, indem sie unter Effizienzgesichtspunkten Drogenspürhunde und „schwarze Sheriffs" zur Zerstreuung der Drogenszene anschaffte, während die Parlamentsmehrheit Konsumräume zur kontrollierten Abgabe von Heroin einrichten und eine medizinisch-sozialpädagogische Betreuung Abhängiger ermöglichen wollte?

Anderenfalls träte es wesentliche Entscheidungsbefugnisse an die Exekutive ab. Dies aber könnte den Grundsatz der Verantwortlichkeit der Ausübung von Staatsgewalt (Art. 20 Abs. 2 GG) gegenüber dem Staatsvolk als Souverän berühren und Grundprinzipien der repräsentativen Demokratie verändern. Das dürfen künftige Entwicklungen des Haushaltsrechts nicht außer Acht lassen.

Art. 20 Abs. 2 GG lautet:
Alle Staatsgewalt geht vom Volke aus. Sie wird vom Volke in Wahlen und Abstimmungen und durch besondere Organe der Gesetzgebung, der vollziehenden Gewalt und der Rechtsprechung ausgeübt.

Budgetierung ist eine der Voraussetzungen für die Aufstellung so genannter Produkthaushalte (vgl. Abb. 26). In ihnen werden nicht vornehmlich Einnahmen und Ausgaben erfasst, sondern der Aufwand für die Erstellung von Produkten, also von Verwaltungsleistungen. Solche Produkthaushalte werden auf staatlicher Ebene gegenwärtig noch als Ergänzungen der kameralistischen Haushaltspläne aufgestellt. Obgleich dies auch auf der Basis der erweiterten Kameralistik möglich ist, deutet vieles auf die mittelfristige Ablösung des herkömmlichen Rechnungstils durch Produkthaushalte auf doppischer Grundlage hin. Im Unterschied zur Kameralistik, die jeweils die aktuellen Einnahmen- und Ausgabengrößen erfasst, sollen die Staatslasten im Produkthaushalt auf die einzelnen Jahre des Nutzungszeitraums verteilt dargestellt werden. Dadurch sei es möglich, so lautet die neue Lehre, betriebenen Aufwand als notwendig nachzuweisen, Wirtschaftlichkeitsreserven zu erkennen und zu nutzen, Erlöspotenziale auszuschöpfen und die Abhängigkeit zwischen Aufwand und Produkt zu berücksichtigen. Die Leserin/der Leser eines Produkthaushalts soll sich auf diese Weise sowohl über die Zuordnung der Aufgabe zu einer Budgeteinheit als auch über die Leistungs-, Kosten- und Finanzziele informieren können. Ergänzt wird der Produkthaushalt um eine Finanzrechnung, die Investitionsplanungen erleichtern und Liquiditätsbetrachtungen ermöglichen soll. Die Finanzrechnung weist die erwirtschafteten

Zahlungsmittelüberschüsse bzw. -defizite aus und ähnelt damit der kameralen Darstellung.

Abbildung 26: Beispiel für einen Produkthaushalt

Produkthaushalt beim Presse- und Informationsamt der Bundesregierung

Nr.	Produktbereiche Produktgruppen	Plan 2006 1 000 €		Plan 2004 1 000 €		Ist 2004 1 000 €	
		Erlöse	Kosten	Erlöse	Kosten	Erlöse	Kosten
1	2	3	4	5	6	7	8
1.	**Unterrichtungsleistungen für die Bundesregierung ....**	70	22.647	96	26.221	68	23.486
1.1	Spiegel	-	6.331	-	5.197	5	6.588
1.2	Medienauswertung/Spezielle Unterrichtung	-	5.513	-	7.688	-	5.734
1.3	Interne Informationseinrichtungen	70	7.076	95	8.155	63	7.366
1.4	Informationserforschung	-	3.727	1	5.181	-	3.798
2.	**Öffentlichkeitsarbeit und Kommunikatives Rahmenkonzept**	**205**	**22.111**	**171**	**23.843**	**95**	**22.397**
2.1	Themenübergreifende Information	40	8.719	35	2.744	33	8.931
2.2	Themenbezogene Information	165	13.392	136	21.099	62	13.466
3.	**Pressearbeit und Multiplikatorenansprache, Internet..**	**100**	**35.581**	**28**	**30.059**	**1**	**36.199**
3.1	Presseinformation/-arbeit, Internet	40	14.072	-	10.454	1	14.515
3.2	Besucherdienst	40	19.313	20	18.052	-	19.334
3.3	Pressebetreuung	20	2.197	8	1.553	-	2.350
	Insgesamt	**375**	**80.339**	**295**	**80.123**	**164**	**82.082**
4.	**Abgrenzungen zum Haushaltsergebnis**						
4.1	Kalkulatorische Erlöse / Kosten						
4.1.1	Abschreibungen, kalkulatorische Zinsen		- 2.361		-2.118		- 3.036
4.1.2	Versorgungszuschlag für Beamte		- 1.959		- 1.832		- 1.975
4.2	Nicht produktorientierte Einnahmen /Ausgaben						
4.2.1	Investitionen		1.392		1.503		1.847
4.2.2	Einnahmen	30		10		72	
4.3	Sonstige Abgrenzungen		- 15				
	Abgrenzungsergebnis	**405**	**77.396**	**305**	**77.676**	**236**	**78.918**
	nachrichtlich:	Einnahmen	Ausgaben	Einnahmen	Ausgaben		
	Abschluss des Kapitels 0403	405	77.396	305	77.676		

Erläuterungen

Die Tabelle enthält folgende Größen:

1. In der Spalte *"Produktbereiche/Produktgruppen"* sind die Produktbereiche in Fettschrift und die Produktgruppen in Normalschrift angegeben.

2. In der Spalte *"Erlöse"* sind die durch die Produkte erzielten Erlöse dargestellt. Diese produktorientierten Erlöse werden in der Abgrenzungszeile unter Ziffer 4. von den nicht produktorientierten Haushaltseinnahmen (z.B. Einnahmen aus Mieten) abgegrenzt.

3. Die Spalte *"Kosten"* enthält die Ergebnisse der Kosten- und Leistungsrechnung (Betriebsergebnis). Der Abgleich mit dem kameralen Haushaltsergebnis findet in den Zeilen *"Abgrenzungen zum Haushaltsergebnis"* statt, indem die kalkulatorischen Kosten vom KLR-Betriebsergebnis abgezogen und die nicht konkreten Produkten zuzuordnenden Beträge (z.B. Investitionen) hinzugerechnet werden. Auf diese Weise kommt man zu einem mit dem kameralen *"Abschluss des Kapitels"* im Wesentlichen übereinstimmenden *"Abgrenzungsergebnis"*.

Die Angaben zu "Plan 2006" (Spalten 3 und 4) wurden auf der Grundlage des Ist-Ergebnisses 2004 und im Einklang mit der veranschlagten Gesamtsumme des kameralen Haushaltsansatzes geplant.

Alle dargestellten Summen setzen sich aus den jeweiligen Einzelsummen der zugeordneten Produktgruppen/Produkte zusammen, so dass Rundungsdifferenzen auftreten können.

Auf die Darstellung der Planzahlen des laufenden Geschäftsjahres 2005 wurde aus Platzgründen verzichtet, für die Darstellung des Betriebsergebnisses ist der Plan-/Ist- Vergleich 2004 vorzuziehen.

Die Erfassung von Produkten, die jährliche Zuordnung von Belastungen gerade auch mit Blick auf die Zukunft, die Möglichkeit, Ressourcenverbräuche und

Vermögensverzehr abzubilden, sprechen ohne Zweifel für Produkthaushalte auf doppischer Grundlage. Fraglich ist indes, ob es richtig ist, allein technische Zweckmäßigkeiten zum Maßstab der Beurteilung eines Rechnungsstils zu machen. Manches in der technischen Einrichtung des Haushaltswesens sollte sich nicht nach betriebswirtschaftlichen, sondern besser nach rechtlichen Gesichtspunkten richten, damit die verfassungsgemäße Kontrolle durch die Legislative überhaupt ordentlich vorgenommen werden kann. In Bezug hierauf müssen angesichts der Findigkeit von Verwaltungen in der Schöpfung von Produkten und Notwendigkeiten und auch angesichts der Vielzahl inkompatibler Modelle im Bund und in den Ländern Bedenken angemeldet werden. Fraglich bleibt überdies, ob sich betriebswirtschaftlich orientierte Produkthaushalte für die staatliche Haushaltswirtschaft überhaupt empfehlen. Schließlich ist der Staat kein x-beliebiger Marktteilnehmer; er steht nicht im Wettbewerb mit anderen, weil es für die meisten staatlichen Leistungen überhaupt keinen Markt gibt (vgl. I.2.2-2.4). Anders als privatwirtschaftliche Unternehmen, für die das „Klingeln in der Ladenkasse" Erfolgsmaßstab ist, arbeiten staatliche Organisationseinheiten nicht profitorientiert; anders als privatwirtschaftliche Unternehmen können sie auch nicht in Insolvenz gehen.

Trotzdem preschen einige Länder munter auf unbekanntes und möglicherweise vermintes Terrain vor. Hessen vorn, die Stadtstaaten Bremen und Hamburg folgen dichtauf. Auch in Nordrhein-Westfalen sind die Vorbereitungen weit gediehen, während sich der Freistaat Bayern aus guten Gründen zurückhält.

10.3 Gender Responsive Budgets

Weniger weit gediehen als Flexibilisierung und Budgetierung sind Ansätze, die darauf abzielen, die unterschiedlichen Rollen, Verantwortlichkeiten und Potenziale von Frauen und Männern in den öffentlichen Haushalten zu berücksichtigen. Geschlechtergerechtigkeit, so lautet die – 1984 von australischen Frauenorganisationen ausgehende – Kritik, erfordere nicht nur zu prüfen, ob die öffentlichen Haushalte in Einnahmen und Ausgaben, sondern auch hinsichtlich der Bedarfsbefriedigung von Frauen und Männern ausgeglichen sind. Wo dies nicht der Fall sei, müssten öffentliche Mittel so umverteilt werden, dass dem benachteiligten Geschlecht ein Aufholen ermöglicht werde. Denn Frauen und Männer müssen auf dem Hintergrund der verfassungsrechtlich gebotenen Gleichstellung (Art. 3 Abs. 2 GG) über den Bereich nichtmonetärer Gesetze und Verordnungen hinaus auch im Hinblick auf den Ressourceneinsatz von Staat und Kommunen gleiche Rechte erhalten.

Geschlechterverantwortlich sind danach nur solche Etats, die sich nicht unterschiedlich auf die Teilnahme von Frauen und Männern im öffentlichen Sektor und am Marktgeschehen sowie auf ihre Sorge für Familien und Gemeinwesen auswirken (gender responsive budgets). Geschlechterbewusste Haushaltsanalysen sind demnach die verteilungspolitische Komponente des Gender Mainstreaming. Sie fragen zum einen, inwieweit öffentliche Ausgaben dem einen oder anderen Geschlecht – vorwiegend oder ausschließlich – nutzen (z. B. Frauenförderung) bzw. von ihm – hauptsächlich oder allein – verursacht (z. B. Haftanstalten) werden. Zum anderen analysieren sie den Beitrag der Geschlechter zur Einnahmeseite der öffentlichen Haushalte. Hier berücksichtigen sie nicht nur, dass Männer mehr Einkommensteuern bezahlen, weil sie häufiger gut entlohnte Führungspositionen innehaben, höher qualifizierte Arbeitsplätze besetzen und weniger teilzeitbeschäftigt sind. Sie lenken die Aufmerksamkeit auch auf das weite Feld der nicht steuerpflichtigen, weil nicht entlohnten Frauenarbeit in der care economy (Bereitstellung familien- und gemeinwesennütziger Güter und Dienstleistungen). Würden die hier geleisteten Arbeitsstunden zu einem Gutteil als Naturalsteuern bewertet und in Geld umgerechnet, wäre das Bruttoinlandsprodukt wahrscheinlich um die Hälfte größer als bei Anwendung der gegenwärtigen Berechnungsmethoden.[84] Der Beitrag der Frauen zum Gesamtsteueraufkommen wäre danach wesentlich höher als bei ausschließlicher Addition der Zahlungseingänge bei den Finanzbehörden.

Naturalsteuern sind Zwangsabgaben in Form von Zeiteinheiten und Arbeitsergebnissen ohne ökonomische Gegenleistung.

Es wird Aufgabe von Haushalts- und Finanzpolitiker/innen, Finanzbehörden sowie Frauen- und anderen Nichtregierungsorganisationen sein, neben bekannten auch bisher nicht erhobene Daten zur Grundlage von Budgetanalysen zu machen und alte wie neue Schlussfolgerungen substantiell zu untermauern. Auf dieser Grundlage wäre politisch zu erörtern, welche staatlichen bzw. kommunalen Angebote von welchem Geschlecht an welchen Orten und zu welchen Zeiten erwar-

---

[84] Vgl. *Debbie Budlender, Rhonda Sharp*: How to do a gender-sensitive budget analysis, London 1998, S. 52.

tet werden und ob diese Erwartungen erfüllt werden sollen bzw. können. Daraufhin getroffene Entscheidungen könnten möglicherweise die Lücke schließen oder zumindest teilweise stopfen, die heutzutage zwischen frauen- und familienpolitischen Verlautbarungen von Regierungen und Parlamenten einerseits und deren steuer- und haushaltspolitischen Beschlüssen andererseits klafft.

11 Privatisierung

Einen im Vergleich zu Flexibilisierung, Globalisierung und Budgetierung (vgl. III.10.1 und 10.2) weiter gehenden Ansatz, Aufgabenfelder dem Einfluss des Haushaltsrechts und der Politik zu entziehen, bildet die Privatisierung („Flucht aus der Finanzverfassung"). Sie erlaubt zum einen Entlastungen der öffentlichen Haushalte; zum anderen unterwirft sie Aufgaben, die bis dahin vom öffentlichen Sektor wahrgenommen wurden, den Bedingungen des Marktes und justiert damit das komplizierte Verhältnis von Markt und Staat neu.

Die Forderung, staatliche und kommunale Aktivitäten auf so genannte Kernbereiche zurückzuführen, entspringt im Wesentlichen einer weit verbreiteten Bürokratiekritik und dem Eindruck, angesichts der entleerten öffentlichen Kassen stießen Staat und Kommunen an objektive Grenzen ihrer Leistungsfähigkeit. Privatisierung bedeutet, allgemein gesagt, Entstaatlichung und findet ihre formaljuristische Begründung in dem Haushaltsgrundsatz der Wirtschaftlichkeit und Sparsamkeit. Dieser verlangt zu prüfen, inwieweit staatliche Aufgaben oder öffentlichen Zwecken dienende wirtschaftliche Tätigkeiten durch private Anbieter besser oder wirtschaftlicher erfüllt werden können als durch den Staat bzw. die Gemeinden.

Was die Privatisierung von Bundesvermögen angeht, so drängt sich zunehmend der Eindruck auf, dass diese nicht von Wirtschaftlichkeitserwägungen geleitet sind: Von 1995 bis 2006 hat der Bund über 100 Milliarden € aus Privatisierungen eingenommen. Doch anstatt diese gewaltige Summe zur Schuldentilgung und damit zur Entlastung des Haushalts einzusetzen, dienten die Einnahmen der Haushaltsfinanzierung und der Vortäuschung echter Konsolidierung.[85]

Die Frage, inwieweit Privatisierungen der Zustimmung der Legislative bedürfen, kann gegenwärtig nur im Einzelfall beantwortet werden. So erforderte die Privatisierung von Bundesbahn und Bundespost eine Verfassungsänderung, da Art. 87 Abs. 1 Satz 1 GG (alter Fassung) vorsah, dass beide in bundeseigener Verwaltung mit eigenem Verwaltungsunterbau geführt werden. Ob aber Privatisierungen öffentlichrechtlicher Einrichtungen, für die kein ausdrückliches Ver-

---

[85] Bundesrechnungshof: Bemerkungen 2005, a.a.O., S. 8.

fassungsverbot und keine Festlegungen durch einfachgesetzliche Vorschriften bestehen, der parlamentarischen Zustimmung bedürfen, ist umstritten. Allgemein vorgeschrieben ist die Mitwirkung der Legislative nicht – abgesehen von Rheinland-Pfalz: Dort sichert die LHO die Rechte des Landtags, indem sie Auslagerungen auf landesunmittelbare juristische Personen oder auf Unternehmen des privaten Rechts an eine parlamentarische Zustimmung bindet, sofern die Auslagerung dazu führt, dass die mit den Aufgaben verbundenen Einnahmen und Ausgaben nicht oder nicht mehr vollständig im Haushalt des Landes veranschlagt werden.

Hinsichtlich des Staatsvermögens liegt die Verfügungsgewalt grundsätzlich bei der Exekutive. Sie darf es also ohne Beteiligung des Parlaments privatisieren, muss allerdings – wir erinnern uns an den Haushaltsgrundsatz der Vollständigkeit – zu erwartende Privatisierungseinnahmen im Haushaltsplan veranschlagen. Eingeschränkt wird die Befugnis der Exekutive zur Privatisierung von Staatsvermögen auch durch die Haushaltsordnungen des Bundes und der Länder: Grundstücke von erheblichem Wert und Unternehmensbeteiligungen von besonderer Bedeutung dürfen nur mit Einwilligung von Bundestag und Bundesrat bzw. des jeweiligen Landesparlaments veräußert werden.

Es werden verschiedene Formen der Privatisierung unterschieden:

a. Mit der *Vermögensprivatisierung* werden Liegenschaften oder Beteiligungen des Staates bzw. der Gemeinden an Wirtschaftsunternehmen ganz oder teilweise in private Hände überführt. Beispiele auf der Bundesebene sind die Deutsche Postbank AG, die DSL Bank AG, die Flughafen Hamburg GmbH, die Fraport AG und die Deutsche Investitions- und Entwicklungsgesellschaft mbH. Fälle der Vermögensprivatisierung verändern den Bestand öffentlicher Aufgaben nicht. Weil ihre Erlöse nicht für neue Vermögenserwerbe eingesetzt werden, sondern der Abdeckung von Verbindlichkeiten des Bundes dienen, also eine Entreicherung des Staates bewirken, wird in diesem Zusammenhang nicht selten vom „Verscherbeln des Tafelsilbers" gesprochen. In der Tat können verkaufte Vermögen *einmal* zur Schließung von Finanzierungslücken genutzt werden. Danach sind sie verbraucht und überdies fehlen künftigen Haushalten die möglicherweise zuvor mit den verkauften Vermögensgegenständen erwirtschafteten Gewinne. Der Verkauf staatlichen Vermögens erfolgt in einem wettbewerblichen Verfahren an den Bestbieter. Im Jahre 2007 will der Bund Privatisierungserlöse aus Veräußerungen in Höhe von 9,2 Milliarden € erzielen.[86]

---

[86] Vgl. BMF: Finanzbericht 2007, S. 71.

b. Die formelle oder *Organisationsprivatisierung* wird gewählt, um die Wirtschaftlichkeit einer Aufgabenerfüllung zu verbessern, ohne die Aufgabe selbst aus der öffentlichen Verantwortung entlassen zu müssen. Dazu wird eine bereits bestehende Verwaltungseinheit als Eigenbetrieb ausgegliedert oder in eine private Rechtsform (GmbH, AG, Stiftung) überführt oder von vornherein als solche gegründet. In solchen Fällen kann die kameralistische Buchführung durch Wirtschaftspläne und die Doppik ersetzt werden. Beispiele hierfür sind auf der Ebene des Bundes die Deutsche Flugsicherung AG, die Deutsche Bahn AG oder die Bundesbaugesellschaft Berlin mbH. Zum Teil bildet die Organisationsprivatisierung eine Etappe auf dem Weg zur vollständigen Übergabe eines Unternehmens oder von Unternehmensanteilen an Private (erste Phase Deutsche Telekom AG); meist aber stellt sie die geplante Endform der Auslagerung aus dem Bereich der öffentlichen Verwaltung und des Staatshaushalts dar.

Die Organisationsprivatisierung wird gelegentlich als „Etikettenschwindel" bezeichnet, weil die öffentliche Hand hundertprozentiger Eigentümer des privatrechtlich verfassten Unternehmens ist oder zumindest mit qualifizierter Mehrheit an ihm beteiligt bleibt („Public Private Partnership") und damit die volle, auch haftungsrechtliche, Verantwortung trägt. Sie diene weniger der Steigerung der Effektivität des staatlichen Handelns als der Flucht aus dem Haushalt und vor der öffentlichen Kontrolle. Dieses Bedenken ist insofern beachtlich, als jede Organisationsprivatisierung tatsächlich einen Nebenhaushalt schafft, der nach häufiger Handhabung nicht mehr in vollem Umfang dem parlamentarischen Budgetrecht unterliegt. Damit verbunden ist die Gefahr einer Einschränkung der Öffentlichkeit bei der Kontrolle staatlichen Handelns: des parlamentarischen Fragerechts, des Rechts der parlamentarischen Untersuchungsausschüsse, des Petitionsrechts und der Rechnungsprüfung. Ein Verlust der Kontrolle aber stellte die Rückbindung staatlicher Tätigkeit an die Legitimation durch das Volk in Frage. Da aber lediglich die Organisation, nicht die Leistungserbringung selbst privatisiert wird, dürfte es recht bald erforderlich werden, die privatrechtsförmige mittelbare Verwaltung im Bund und in den Ländern qua Verfassung den Kontrollen von Parlamenten und Rechnungshöfen in jedem Falle ausdrücklich zu unterwerfen.

c. Die *funktionale Privatisierung* spielt vor allem in Kommunen eine Rolle. Hier bleibt die öffentliche Hand für die Erfüllung einer Aufgabe zuständig, bedient sich dazu aber privater Unternehmen. Dabei entstehen Kooperationen in Form von Betreiber-, Fonds- oder Betreuungsmodellen:
  ▪ Ein Betreibermodell ist dadurch gekennzeichnet, dass öffentliche Aufgaben durch Private ausgeführt werden. Dabei bleibt der öffentliche

Auftraggeber Eigentümer der Anlagen, während der Private diese Anlagen auf eigenes Risiko langfristig betreibt.

Es kann aber auch dazu kommen, dass der Betreiber die Anlagen – wie zum Beispiel Fernstraßen des Bundes oder eines Landes – selbst plant, finanziert und baut, ohne dass hoheitliche Befugnisse auf ihn übergehen. Im Gegenzug erhält der Betreiber die Einnahmen aus Mautgebühren, die für die Benutzung der privat erstellten Infrastruktur anfallen (Beispiele: Travetunnel in Lübeck, Warnow-Querung in Rostock).

- Fondsmodelle dienen im Wesentlichen der Mobilisierung privaten Kapitals zur Realisierung öffentlicher Infrastrukturvorhaben. Dabei wird ein größerer Anlegerkreis in der steuerlich vorteilhaften Rechtsform der Kapitalgesellschaft als Mitunternehmer gewonnen; diese wiederum tritt gegenüber dem öffentlichen Auftraggeber als Betreiber auf.
- Beim Betreuungsmodell wird eine öffentliche (oft technische) Aufgabe einem Privaten übertragen. Dieser führt sie in eigenem Namen, aber auf Rechnung des öffentlichen Auftraggebers aus.

Funktionale Privatisierung liegt auch vor, wenn eine öffentliche Verwaltung Leistungen, die sie für sich bisher selbst erbracht hat, bei Privaten bestellt, wenn sie also beispielsweise die hauseigenen Reinigungskräfte entlässt und die Reinigungsarbeiten externen Dienstleistern überträgt.

d. Materielle oder *Aufgabenprivatisierung* liegt vor, wenn der Staat bzw. die Kommune Aufgaben (zum Beispiel Energieversorgung, Entsorgung, Telekommunikation), die er/sie bisher wahrgenommen hat, vollständig auf den privaten Sektor verlagert, der nun die bislang öffentlich erbrachten Leistungen bereitstellt. Eine Vermögensübertragung kann (zweite Phase Deutsche Telekom AG), muss damit aber nicht verbunden sein (so etwa bei der Ablösung eines städtischen Busunternehmens durch ein privates). Im Gegensatz zur Organisationsprivatisierung entsteht mit der Aufgabenprivatisierung kein Schattenhaushalt: Die öffentliche Hand trennt sich sowohl von der Sach- als auch von der Finanzverantwortung.

Wenngleich die Bundeshaushaltsordnung verlangt, Privatisierungsmöglichkeiten zu prüfen und privaten Anbietern die Möglichkeit zu geben, darzulegen, ob und inwieweit sie staatliche Aufgaben nicht ebenso gut oder besser erbringen können, gibt es kein Verfassungsgebot zur Privatisierung. Verfassungsrechtlich von einer Privatisierung ausgeschlossen sind auf der Ebene des Bundes allerdings nur der Auswärtige Dienst, die Bundesfinanzverwaltung, die Verwaltung der Bundeswasserstraßen und der Schifffahrt, die Bundeswehr(verwaltung), die Luft- und die Eisenbahnverkehrsverwaltung, die Bundesbank sowie die rechtsprechende Gewalt (vgl. Art. 87 Abs. 1 Satz 1, 87 a Abs. 1 Satz 1, 87 b Abs. 1 Satz 1, 87 d Abs. 1 Satz 1, 87 e Abs. 1, Satz 1, 88 Satz 1, 89 Abs. 2 Satz 1, Art. 92 GG).

> Art. 87 Abs. 1 Satz 1 GG lautet:
> In bundeseigener Verwaltung mit eigenem Verwaltungsunterbau werden geführt der Auswärtige Dienst, die Bundesfinanzverwaltung und nach Maßgabe des Artikels 89 die Verwaltung der Bundeswasserstraßen und der Schifffahrt.
>
> Artikel 87 a Abs. 1 Satz 1 GG lautet:
> Der Bund stellt Streitkräfte zur Verteidigung auf.
>
> Artikel 87 b Abs. 1 Satz 1 GG lautet:
> Die Bundeswehrverwaltung wird in bundeseigener Verwaltung mit eigenem Verwaltungsunterbau geführt.
>
> Artikel 87d Abs. 1 Satz 1 GG lautet:
> Die Luftverkehrsverwaltung wird in bundeseigener Verwaltung geführt.
>
> Artikel 87e Abs. 1 Satz 1 GG lautet:
> Die Eisenbahnverkehrsverwaltung für Eisenbahnen des Bundes wird in bundeseigener Verwaltung geführt.
>
> Artikel 88 Satz1 GG lautet:
> Der Bund errichtet eine Währungs- und Notenbank als Bundesbank.
>
> Artikel 89 Abs. 2 Satz 1 GG lautet:
> Der Bund verwaltet die Bundeswasserstraßen durch eigene Behörden.
>
> Artikel 92 GG lautet:
> Die rechtsprechende Gewalt ist den Richtern anvertraut; sie wird durch das Bundesverfassungsgericht, durch die in diesem Grundgesetze vorgesehenen Bundesgerichte und durch die Gerichte der Länder ausgeübt.

Darüber hinaus dürfte es unumstritten sein, dass dem Funktionsvorbehalt in Art. 33 Abs. 4 GG gemäß sämtliche Einrichtungen und Maßnahmen, in denen das staatliche Gewaltmonopol zum Ausdruck kommt, Privatisierungen nicht zugänglich sind.

> Art. 33 Abs. 4 GG lautet:
> Die Ausübung hoheitsrechtlicher Befugnisse ist als ständige Aufgabe in der Regel Angehörigen des öffentlichen Dienstes zu übertragen, die in einem öffentlich-rechtlichen Dienst- und Treueverhältnis stehen.

Ob eine Aufgabe – unterhalb der erwähnten Grenzen – privatisiert werden kann und soll, ist in erster Linie abhängig von politischen Wertungen und Präferenzen. So werden jene, aus deren Sicht der Staat als Unternehmer nur eine Lückenbüßerfunktion hat, Privatisierungen eher befürworten als solche, die einer staatsinterventionistischen Sichtweise den Vorzug geben. Der Staat darf sich indes nicht aus seiner Verantwortung hinausstehlen.[87] Unter dieser Prämisse könnten die Voraussetzungen, die bei der Entscheidung *für* eine Aufgabenprivatisierung erfüllt sein sollten, wie folgt formuliert werden:

- Erstens Wegfall eines wichtigen Bundes- oder Landesinteresses an der zur Privatisierung anstehenden Beteiligung bzw. Aufgabe.
- Zweitens darf das Leistungsniveau nach der Privatisierung nicht sinken.
- Drittens müssen die Leistungen weiterhin flächendeckend angeboten werden.
- Viertens müssen die dafür zu entrichtenden Entgelte sozial vertretbar sein.
- Fünftens muss eine tatsächliche Entlastung des abgebenden öffentlichen Haushalts eintreten und
- es dürfen – sechstens – keine Privatmonopole entstehen bzw. es muss dort, wo dies nicht vermeidbar ist, der sachliche Einfluss der Verwaltung auf die Aufgabenerledigung sichergestellt werden.

12 Stiftungen

Mit der Aushöhlung staatlicher Zuständigkeiten geht ein wahrer Stiftungsboom einher. Zwar gibt es keine amtliche Stiftungsstatistik, so dass ein Gesamtüberblick nicht gegeben werden kann. Der Bundesverband Deutscher Stiftungen führte im Jahre 2000 rd. 9.700 Stiftungen in seinen Verzeichnissen. 2004 waren es 12.900, also zwei Drittel mehr. In dieser Vermehrung drückt sich zum einen mangelndes Zutrauen in die Qualität und Zielgenauigkeit öffentlicher Aufgabenerfüllung aus. Zum anderen dokumentiert sie den fortbestehenden Bedarf an wohlfahrtsstaatlichen, kulturellen, sportlichen, ökologischen und entwicklungspolitischen Angeboten, aus denen sich Staat und Kommunen zurückgezogen haben bzw. zurückziehen.

Stiftungen können von einer oder mehreren natürlichen und/oder juristischen Personen ins Leben gerufen werden. Der Stiftung ist eine Vermögensmasse zu widmen, aus deren Erträgen dauerhaft festgelegte Zwecke finanziert werden. Das Gesamtvermögen deutscher Stiftungen beträgt rd. 60 Milliarden €. Ihr

---

[87] Vgl. Landgericht Konstanz, Urteil vom 27. 7. 2006, Geschäftsnummer 4 O 234/05 H.

jährliches Ausgabevolumen liegt bei rd. 5,8 Milliarden €.[88] Wie auch immer sie ihre Vermögen anlegen: Zu einem gewissen Grade müssen sich Stiftungen den Hochs und Tiefs des Immobilien- und des Kapitalmarkts unterwerfen, sind also keineswegs unabhängig von ihren Ausschlägen. Stiftungen gelten als gemeinwohlorientiert und stehen damit außerhalb von öffentlichem und gewinnwirtschaftlichem Sektor. Sie sind (in der Regel) rechtsfähig und treten durch eigene Organe nach außen in Erscheinung. Die Errichtung einer Stiftung bedarf staatlicher Genehmigung; ihre Betätigung unterliegt staatlicher Aufsicht. Stiftungen können im privaten, im öffentlichen oder im kirchlichen Recht verankert sein. Am häufigsten vertreten sind Stiftungen des privaten Rechts.

Grundsätzlich sind Stiftungen ebenso wie andere juristische Personen steuerpflichtig. Allerdings können die Finanzbehörden sie als gemeinnützig anerkennen, wenn sie dem Gemeinwohl dienen. Die Errichtung einer gemeinnützigen Stiftung durch Privatpersonen ist – von Ausnahmen abgesehen – umsatz-, schenkung- und erbschaftsteuerfrei. Gemeinnützige Stiftungen sind auch mit ihren gesamten Einkünften sowohl von der Körperschaft- als auch von der Grundsteuer befreit. Die Umsatzsteuer ermäßigt sich auf sieben Prozent und von Dividendenerträgen einbehaltene Kapitalertragsteuer wird in vollem Umfang erstattet. Die Steuervergünstigungen entfallen, soweit Stiftungen einen wirtschaftlichen Geschäftsbetrieb unterhalten, der mit ihrer in der Satzung verankerten Zwecksetzung nicht verbunden ist. Spenden an Stiftungen des öffentlichen Rechts und an steuerbegünstigte Stiftungen des privaten Rechts bieten über den normalen Abzugsrahmen in Einkommensteuerrecht hinaus weitere Abzugsmöglichkeiten. Auch Zuwendungen in den Vermögensstock solcher neu gegründeten Stiftungen können über den normalen Rahmen hinaus steuermindernd geltend gemacht werden.

Aus Sicht der Stifter stellen sich die Motive zur Gründung oder Beteiligung an einer Stiftung unterschiedlich dar – je nachdem, ob es sich beim Stifter um eine natürliche oder um eine juristische Person des privaten Rechts handelt. Für Private sind in der Regel vermögensrechtliche und steuerliche Erwägungen sowie ein gezieltes – aus welchen Gründen auch immer gespeistes – Interesse an der Förderung dieses oder jenes Zweckes ausschlaggebend. Daneben dürften, dies braucht nicht verschwiegen zu werden, persönliche Eitelkeiten bzw. unternehmerische Imagepflege eine Rolle spielen. Öffentlichrechtliche Körperschaften rufen Stiftungen zum einen ins Leben, um – steuerfinanzierte! – Vermögensmassen den wechselnden Präferenzen parlamentarischer Gremien zur dauerhafter Verfolgung eines bestimmten Zweckes (Wohlfahrtspflege, Museum, Naturschutz, Forschungsförderung usw.) zu entziehen. Zum anderen erfreuen sich

---

[88] Vgl. Bundesverband Deutscher Stiftungen (Hrsg.): Verzeichnis Deutscher Stiftungen, Berlin 2005, S. A 3, XIV.

Stiftungen im politischen Raum zunehmender Beliebtheit, da sie scheinbar einen Weg aus den vielfältigen Finanzierungsengpässen weisen, die politisches Handeln selbst verursacht hat. Fehlen die finanziellen Mittel für ein gewünschtes Projekt, so wird von politischer und administrativer Seite gern auf bestehende Großstiftungen – Bundesstiftung Umwelt, Volkswagen-Stiftung, Robert Bosch Stiftung, Bertelsmann Stiftung u.a. – verwiesen. Sie mögen die nötigen Gelder bereitstellen. Gern wird aber auch die Gründung einer Stiftung, womöglich einer sog. Bürgerstiftung, angeregt – als ob der Gründungsakt ein Tischlein-deck-dich wäre und eine Stiftung ohne Weiteres die Lasten schultern könnte, die der öffentliche Sektor nicht mehr tragen will.

Eine Bürgerstiftung wird in der Regel von mehreren Stiftern ins Leben gerufen und ist gemeinnützig. Ihr Kapital baut sich nach und nach durch Zustiftungen auf. Meist fördert sie kulturelle, soziale oder ökologische Projekte auf lokaler oder regionaler Ebene, die sich durch bürgerschaftliches Engagement auszeichnen.

Für den öffentlichen Sektor bringen Stiftungen infolge der oben erwähnten Steuervergünstigungen Steuermindereinnahmen in Höhe von jährlich rund 750 Millionen € mit sich.[89] Diesen Verlust muss die Gesamtheit der Steuerpflichtigen tragen. Das ist nicht allein unter finanzwirtschaftlichen Vorzeichen problematisch. Es ist auch zu fragen, bis zu welchem Maße es sich eine Gesellschaft erlauben darf, die Entscheidung über die Verwendung von Mitteln, die dem Gemeinwesen zustehen, demokratisch legitimierter Verfügung zu entziehen und der Prioritätensetzung (vermögender) Einzelner zu überantworten.

---

[89] Vgl. Neue Zürcher Zeitung, Internationale Ausgabe, vom 26. 11. 2002.

IV. FINANZPOLITISCHE PERSPEKTIVEN

1 Demografie

Am Beginn dieses Jahrhunderts zählte die Bundesrepublik Deutschland rd. 82 Millionen Einwohnerinnen und Einwohner. Davon waren 18 Prozent älter als 64 Jahre. Hinsichtlich der weiteren Entwicklung gehen unterschiedliche Forschungsinstitute einvernehmlich davon aus, dass die Bevölkerungszahl sinken wird. Bis zur Jahrhundertmitte könnte sie gemäß einer mittleren Variante der elften koordinierten Bevölkerungsvorausberechnung (2006) des Statistischen Bundesamtes auf knapp 69 Millionen sinken.

Für sich genommen sollte ein Bevölkerungsrückgang von rd. 13 Millionen oder 16 Prozent innerhalb von 50 Jahren kein Anlass zur Beunruhigung sein. Politik und Gesellschaft bliebe genügend Zeit, sich auf die absehbaren Veränderungen einzustellen.

Was indes bereits heute zum Handeln zwingt, ist die Alterung der Gesellschaft.

- Alterung bedeutet erstens, dass der Anteil der Menschen, die über 64 Jahre alt sind, wächst. Er wird bis 2050 auf ein Drittel steigen. *Eine* Ursache hierfür ist der Anstieg der durchschnittlichen Lebenserwartung, gerechnet vom Jahr der Geburt.
- Doch auch die so genannte fernere Lebenserwartung – ein Wert, der angibt, mit wie viel Lebensjahren beispielsweise ein 65- oder 70- oder 80-jähriger Mensch noch rechnen darf – wird wachsen. Alterung bedeutet daher zweitens, dass die alten Menschen immer älter werden. Hochbetagtheit wird exponentiell zunehmen.
- Alterung der Gesellschaft bedeutet drittens, dass die Zahl der erwerbsfähigen Menschen absolut und relativ sinkt: Es scheiden mehr Menschen aus dem Produktionsprozess aus als neu in ihn eintreten. Alterung beeinträchtigt folglich künftige Produktionspotenziale.
- Viertens heißt Alterung, dass nicht allein die Gruppe der alten Menschen älter wird, sondern dass auch das Erwerbspersonenpotenzial altert. Der Anteil der 50- bis 64-Jährigen wird von 30 Prozent (2005) in den kommenden 45 Jahren auf 40 Prozent steigen.

Die Gesellschaft altert jedoch nicht allein aufgrund gestiegener und steigender Lebenserwartung. Gleichermaßen entscheidend ist der Geburtenrückgang. Seit 1990 oszilliert die zusammengefasste Geburtenziffer in Deutschland um 1,4 Kinder pro Frau. In Folge dessen werden die künftigen Elterngenerationen um ein Drittel kleiner ausfallen als die gegenwärtigen und die darauf folgenden wiederum um ein Drittel kleiner als die künftigen – einfach deshalb, weil nicht geborene Kinder keine Kinder zur Welt bringen können. Die Gesellschaft altert also auch von der Basis her.

Für eine Trendumkehr der Geburtenrate gibt es keinerlei Anzeichen. Damit jeder nachwachsende Jahrgang nicht kleiner ausfällt als der vorangegangene, müsste sie auf 2,1 Kinder pro Frau zunehmen. Dies aber wäre ein Ziffer, mit der sich Deutschland an die Spitze sämtlicher Industrienationen setzen würde. Doch das wäre nicht genug. Um die Alterung aufzuhalten, müsste eine Geburtenrate von 3,8 erreicht werden – Werte, die wir von Bolivien oder Ost-Timor kennen,[90] die aber für Westeuropa schier unvorstellbar sind.

Die (Finanz-)Politik sollte sich daher nicht in Utopien flüchten. Sie muss sich darauf einstellen, dass Bevölkerungsrückgang und gesellschaftliche Alterung nicht umzukehren sind – auch nicht durch Anwerbung von Zuwanderern, den Ausbau öffentlicher Kinderbetreuung, Ganztagsschulen oder Maßnahmen zur besseren Vereinbarkeit von Familie und Beruf.

Der demografische Wandel bildet gemeinhin die finanzpolitische Begründung für die eingetretenen und bevorstehenden Einschnitte in die Strukturen und Leistungen der Sozialversicherungen. So sollen die Finanzierungsprobleme der umlagefinanzierten gesetzlichen Rentenversicherung zu einem entscheidenden Teil darauf zurückzuführen sein, dass die gesellschaftliche Alterung die Relationen zwischen Rentnergeneration und Erwerbspersonenpotenzial verändert. Teilten sich heute vier Erwerbspersonen die Finanzierung eines Rentenempfängers, seien es zur Jahrhundertmitte zwei, die für eine Rente aufzukommen hätten. Bei dieser Argumentation wird allerdings unterschlagen, dass sich parallel dazu infolge der niedrigen Geburtenrate die Aufwendungen für Kinder und Jugendliche ermäßigen. Im Jahre 2050 werden den aktuellen Berechnungen zufolge 82 junge und alte Menschen auf 100 Erwerbspersonen kommen. Das ist zwar deutlich mehr als heute; aber es ist nur geringfügig mehr als 1970 und erheblich weniger als zu Beginn des 20. Jahrhunderts.

Der Schlüssel zur Finanzierbarkeit der Rentenversicherung liegt zunächst in einer aktiven Beschäftigungspolitik. Sie müsste nicht nur 6 bis 7 Millionen Erwerbslose in den ersten Arbeitsmarkt integrieren. Um die Verschiebung der Altersstruktur abzufangen, müssten darüber hinaus unzureichend ausgeschöpfte

---

[90] Vgl. United Nations Population Fund: Weltbevölkerungsbericht 2004, Stuttgart 2004, S. 133, 135.

Potenziale aktiviert werden, also zum Beispiel Frauen mit Migrationshintergrund, Mütter, Teilzeitkräfte und geringfügig Beschäftigte sowie das große Heer der Ausgesteuerten zwischen 55 und 64 Jahren. Noch scheitert die Anhebung der Erwerbsquote allerdings an dem parteiübergreifenden politischen mainstream, der sich gegen eine staatliche Beschäftigungspolitik positioniert hat.

Das Thema Vollbeschäftigung wird umso drängender, je näher das Jahr 2020 rückt. Spätestens von da an schrumpft das Erwerbspersonenpotenzial so stark, dass Reproduktions- und Altersstruktureffekte nicht mehr wettgemacht werden können und eine höchstmögliche Erwerbsquote unabdingbar wird. Dann hängt die Alterssicherung nicht mehr vorrangig von der Vollbeschäftigung ab, sondern mindestens gleichermaßen von der Produktivität und deren Steigerungsraten.

Daher gilt es, zwei parallele Strategien anzuwenden: Zum einen muss die Alterssicherung von den Widrigkeiten der demografischen Entwicklung befreit werden. Zum anderen muss die Pro-Kopf-Produktivität über das ohnehin erwartete Maß zunehmen:

- Von der Demografie unabhängiger könnte die Rentenversicherung werden, wenn sich die Beiträge nicht mehr nur an den Erwerbseinkommen ausrichteten. Für die Arbeitnehmerseite macht die Verknüpfung von Beitragshöhe und Rentenniveau unter dem Aspekt der Leistungsgerechtigkeit Sinn. Auf der Arbeitgeberseite führt die Bemessung der Beiträge an der Lohnsumme aber dazu, dass jede Lohnsenkung und Personaleinsparung auch die Beitragszahlungen vermindert. In Zeiten der Massenerwerbslosigkeit und bei demografiebedingt rückläufigem Erwerbspersonenpotenzial verdient daher ein Finanzierungskonzept wieder mehr Aufmerksamkeit, das die seinerzeitigen Bundesminister *Herbert Ehrenberg* und *Anke Fuchs* 1980 entwickelt hatten.[91] Sie schlugen vor, die Arbeitgeberbeiträge zur Rentenversicherung an der Bruttowertschöpfung auszurichten. Kapitalintensive Betriebe mit wenigen Stellen sollten nicht länger bevorzugt und die Vernichtung von Arbeitsplätzen nicht auch noch belohnt werden. Was damals arbeitsmarktpolitisch gedacht war, erweist sich auch im Hinblick auf den demografischen Wandel als probates Instrument: Eine Wertschöpfungsabgabe der Arbeitgeberseite verspricht langfristige Tragfähigkeit, weil sie nicht von der Zahl und den Einkommen der Beschäftigten abhängt. Ihr Erfolg ist allerdings darauf angewiesen, dass erstens tatsächliche Werte geschaffen werden und dass sich zweitens die Produktivität fortlaufend erheblich steigert.

---

[91] *Herbert Ehrenberg, Anke Fuchs*: Sozialstaat und Freiheit, Frankfurt a.M. 1980, S. 384 ff.

- Eine Vermehrung der Produktionsmöglichkeiten ist unter den Bedingungen von Bevölkerungsrückgang und Alterung nur zu erwarten, wenn die künftigen Produktivitätssteigerungen pro Erwerbstätigem dem Wirtschaftswachstum vorauseilen.[92] Der dazu notwendige technisch-organisatorische Fortschritt bedarf indes qualifizierter Menschen. Denn Wohlstand und Sozialstaatlichkeit hängen nicht hauptsächlich von der Zahl erwerbsfähiger Menschen und auch nicht von deren Jugendlichkeit ab. In einer rohstoffarmen, auf Kommunikation und Hochtechnologie ausgerichteten postindustriellen Ökonomie mit steigender organischer Zusammensetzung des Kapitals gibt das Humanvermögen den Ausschlag. Damit aber steht es in Deutschland nicht zum Besten. Die Lücken, die die Älteren nach ihrem Ausscheiden aus dem Erwerbsleben hinterlassen, können die nachfolgenden Jahrgänge in ihrer gegenwärtigen Verfassung weder quantitativ noch qualitativ schließen. Wer die seit 1990 anhaltende Bildungsstagnation aufbrechen will, wird mehr tun müssen, als ein paar zusätzliche Lehrerstellen auszuweisen und einige Bundesmittel in die Ganztagsbetreuung von Schülerinnen und Schülern zu lenken. Es geht darum, die ganze Gesellschaft, beide Geschlechter, alle Altersklassen, Einheimische und Zugewanderte umfassend zu beschulen, beruflich zu qualifizieren und lebenslang weiterzubilden. Dazu fehlen heute die Angebote, dazu fehlen bei vielen Menschen – Zugewanderten, Müttern mit mehreren Kindern, Alleinerziehenden, Langzeiterwerbslosen, Randständigen usw. – die Möglichkeiten der Teilnahme. Budgetpolitisch erfordert die Qualifikationsoffensive Steigerungsraten der Bildungsausgaben, die deutlich über den bisherigen 2,5 Prozent liegen. Auch von daher verbietet sich eine Steuersenkungspolitik, wie sie die Bundesregierung fortzusetzen trachtet. Sollte es nicht gelingen, rasch einen erheblich größeren Anteil der jungen Generation in die Wissensgesellschaft zu integrieren und ältere Menschen im Produktionsprozess zu halten, könnten mit dem Humankapital auch das Innovationspotenzial und die Wachstumskräfte schwinden.

2 Globalisierung

Seit einiger Zeit ist zu hören, die Finanzpolitik werde so sehr von weltweiten Rahmenbedingungen beherrscht, dass es kaum mehr möglich sei, im nationalen Rahmen Akzente zu setzen oder Weichenstellungen vorzunehmen. Im Zeitalter der *Globalisierung* könne Finanzpolitik nur mehr das nachvollziehen, was „die

---

[92] Vgl. Deutscher Bundestag: Zwischenbericht der Enquete-Kommission Demographischer Wandel, Bundestagsdrucksache 12/7876 vom 14. 6. 1994, S. 116.

Wirtschaft" von ihr verlange. Ihre wichtigste Aufgabe bestünde daher darin, „Reformstaus" aufzulösen und privatem Kapital und Unternehmertum im internationalen Steuer- und Standortwettbewerb weitgehend ungebremste Entfaltungsmöglichkeiten zu verschaffen.[93]

Richtig an der Ausgangsthese ist, dass sich in den letzten 20 Jahren die Gewichte vom öffentlichen Sektor weg und hin zum privaten bewegt haben. Das gilt nicht allein für Deutschland, sondern mindestens für den OECD-Raum, wenn nicht sogar weltweit. An die Stelle fester Wechselkurse und regulierter Finanzmärkte ist der grenzenlose, weltumspannende „freie" Kapitalverkehr getreten; Handelsschranken wurden geschleift und transnationale Konzerne sind heute in der Lage, sich Staaten gefügig zu machen. An jedem Börsentag werden rund um den Globus Devisen im Umfang von 1.500.000.000 US-Dollars umgesetzt,[94] was beinahe der Jahreswirtschaftsleistung in der Bundesrepublik entspricht. Rund 80 Prozent des Weltdevisenumsatzes haben indes nichts mit Handelsgeschäften oder Investitionen zu tun, sondern dienen allein der Spekulation, also der Ausnutzung selbst geringfügigster Unterschiede bei Zins-, Wechseloder Wertpapierkursen auf verschiedenen Märkten (etwa New York City, Frankfurt am Main, Hongkong und Tokio). So kann ein Spekulant heute per Mausklick einen Gewinn von einer Million € allein dadurch zu erzielen, dass er eine einprozentige Wechselkursdifferenz, zum Beispiel zwischen Euro und Yen, durch Einsatz von 100 Millionen € in einem Intratagesgeschäft (d.h. einer Hin- und Rückübertragung von einem Börsenplatz zum anderen innerhalb weniger Stunden) ausnutzt. Dem „World Wealth Report" der US-Investmentbank Merrill Lynch und des Management-Beratungsunternehmens Capgemini zufolge konnten vermögende Privatinvestoren ihren Reichtum im Jahre 2005 um mehr als 8,5 Prozent auf 33.000.000.000.000 US-Dollars mehren.[95] Gegen diese geballte Macht des Geldes haben vor allem kleine und mittelgroße Staaten und Währungen keine Chance. Nationale Zinssouveränitäten und Geldpolitiken existieren real kaum noch; auch die Schuldenpolitik, Investitionsentscheidungen und die Forschungsförderung der öffentlichen Hände selbst des Euroraums werden mehr und mehr auf internationaler Ebene vorentschieden. Als Harmonisierung daherschreitend hat ein Steuersenkungswettlauf zwischen den Staaten eingesetzt, den die nationale Politik kaum mehr beeinflussen kann. Gleiches gilt für die Privatisierung öffentlicher Angelegenheiten und für die Deregulierung sozialer Stan-

---

[93] Vgl. für viele Beispiele den Rechenschaftsbericht „Wer in einer Welt des immer schnelleren Wandels stillsteht, fällt zurück" des Ehrenvorsitzenden *Dieter Murmann* auf der Bundesdelegiertenversammlung der CDU-Wirtschaftsrats 2000, in: www.trend-zeitschrift.de/trend85/8559.html

[94] Vgl. Kairos Europa e.V./WEED e.V. (Hrsg.): Kapital braucht Kontrolle. Die internationalen Finanzmärkte: Funktionsweise – Hintergründe – Alternativen, Bonn 2000, S. 7.

[95] Vgl. Neue Zürcher Zeitung, Internationale Ausgabe, vom 21. 6. 2006.

dards. Für eine autonome Wirtschafts- und Finanzpolitik ist kein Raum mehr, „Keynesianismus in einem Lande" ist längst nicht mehr möglich.

Dieser Selbstaufgabe des Staats und seinem nachlassenden Einfluss korrespondiert sein ernst zu nehmender Ansehensschwund: Staatstätigkeit wird heute – im Unterschied noch zu den 1970er Jahren – im Allgemeinen als überreguliert, unflexibel, inkompetent und ineffizient angesehen, während die private Wirtschaft als dynamisch, leistungsstark, gestaltungsfähig und zukunftsorientiert gilt. Dabei wird ausgeblendet, dass sich die Kluft zwischen Arm und Reich parallel zum vorläufigen Siegeszug des globalen Kapitalismus und zum weltweiten Rückzug des öffentlichen Sektors vertieft hat: So haben Weltfinanzkrisen in den vergangenen Jahren Volkswirtschaften in den Abgrund gerissen und Jahrzehnte lange Aufbauleistungen über Nacht zunichte gemacht: Mexiko (1994), Ostasien (1997 ff.), Argentinien, Brasilien, Chile und Russland (1998/99) sowie abermals Argentinien (2001/02) sind nur einige Stationen der Destruktion. Seit 1960 hat sich der Abstand zwischen den reichsten und den ärmsten 20 Prozent der Weltbevölkerung von 30:1 auf 74:1 mehr als verdoppelt.[96] Auf diese Ärmsten, die versuchen müssen, mit weniger als einem US-Dollar pro Tag zu überleben, entfallen 1,5 Prozent des Welteinkommens. 1,1 Milliarden Menschen haben keinen Zugang zu sauberem Wasser.[97] Welches grauenhafte Elend sich hinter diesen Zahlen verbirgt, können wir uns – seien wir ehrlich! – nicht annähernd vorstellen. Selbst die Menschen im Zentrum des marktwirtschaftlichen Systems, den USA, bleiben von der Spaltung in Gewinner und Verlierer nicht verschont: 4,2 Millionen Amerikaner hungern; 30 Millionen befinden sich in einer „unsicheren Nahrungsmittelsituation".[98] In Deutschland zählen acht Prozent der Bevölkerung zum „abgehängten Prekariat";[99] die Zahl armer Kinder hat sich binnen zweier Jahre (2004 bis 2006) auf 2,5 Millionen verdoppelt.[100]

Es mag deprimieren, dass die offenkundigen Kehrseiten der gegenwärtigen Weltwirtschafts- und Weltfinanzpolitik nicht als systemische Schwächen des neoliberalen Konzepts erkannt, sondern von ihren Apologeten beiseite geschoben, den Opfern der Globalisierung angelastet oder gar als weiterer Beleg für Staatsversagen genommen werden. Die vollständige Entfesselung der Marktkräfte, so das Dogma, werde auch diese Probleme lösen. Der „schlanke Staat" möge sich auf die Kernfunktionen zurückziehen, auf die er sich im Manchesterkapita-

---

[96] United Nations Development Programme: Human Development Report 1999, New York 1999, S. 3.
[97] Vgl. Deutsche Gesellschaft für die Vereinten Nationen: Bericht über die menschliche Entwicklung 2006, Berlin 2006, S. 330, 71.
[98] Vgl. „Millionen Amerikaner leiden zeitweise unter Hunger", in: Frankfurter Allgemeine Zeitung vom 17. 9. 1997.
[99] TNS-Infratest-Studie vom Juni 2006, in: www.fes.de/inhalt/Dokumente/061016_Gesellschaft_im_ Reformprozess.pdf
[100] Vgl. Kölner Stadt-Anzeiger vom 28. 7. 2006.

lismus des frühen 19. Jahrhunderts beschränkt habe. Damit einher geht eine ungeschminkte Verweigerung des Gleichheitspostulats und der mehrheitlich als gerecht empfundenen Umverteilung auch des privaten Reichtums. Der Staat und seine Gemeinden werden durch fortwährende Steuersenkungen und -befreiungen faktisch außerstande gesetzt, die demokratisch definierten Ziele der Verbraucher- und Gesundheits-, der Sozial- und Familien-, der Bildungs- und Forschungs-, der Bau- und Verkehrs-, der Kommunal- und der Umweltpolitik zu erreichen. Die Wirtschafts- und Finanzpolitik selbst wird auf die Geldwertstabilität und auf den Verlustausgleich für private Anleger in Krisensituationen fokussiert; Vollbe-schäftigung, ein angemessenes Wachstum der realen Masseneinkommen, soziale Sicherheit und Ökologie haben in dieser Weltsicht keine Bedeutung. Während den Binnenwirtschaften die Mittel zur Bekämpfung von Erwerbslosigkeit und Armut, Bildungsnotstand und Umweltzerstörung fehlen und sich der Staat zur Ordnungsmacht globaler Geldvermögensbesitzer zu verformen droht, kreisen dem Fiskus entzogene Kapitalien auf der Suche nach dem Maximalprofit um den Erdball. Nicht ohne Grund reagiert also eine Mehrheit von 58 Prozent der Bundesbürger mit „spontaner Antipathie" auf den Begriff Globalisierung.[101]

Es wäre allerdings falsch, die Globalisierung selbst zum Übel zu erklären. Das Zusammenwachsen der Ökonomien und der Kulturen könnte ein emanzipatorischer Schritt werden hin zu einer Weltverantwortung für Beschäftigung und Armutsbekämpfung, für das Recht auf Bildung und Gesundheit, für die Teilhabe an ausreichendem und sauberem Trinkwasser und den Schutz vor Umweltzerstörung und deren Folgen. In ihrer gegenwärtigen Ausprägung ist die Globalisierung indes zur Geißel für Milliarden Menschen geworden.

Der Widerstand gegen die kapitalistische Globalisierung, der sich inzwischen weltweit in Nichtregierungsorganisationen formiert hat, wird ohne die Machtmittel eines Staatsapparats allerdings fortdauernd in relativ folgenlosen Massenprotesten verharren. Umso mehr Beachtung verdient daher ein von Venezuela ausgehendes Projekt: die „Bolivarische Alternative für unser Amerika" (ALBA).[102] Diese im Entstehen begriffene Vereinigung – ihr gehören Bolivien, Kuba, Venezuela und Nicaragua an – setzt auf wirtschaftliche und entwicklungspolitische Kooperation, um Armut, Unwissenheit und Ausgrenzung zu überwinden. Durch eine Zusammenarbeit der lateinamerikanischen Staaten soll die Abhängigkeit von den Entscheidungen der Triade-Mächte USA, EU und Japan gemindert werden.

Falsch wäre daher die Annahme, die Finanzpolitik sei den marktwirtschaftlichen Rahmensetzungen wehrlos ausgeliefert. Politische Ideologien und Dominanzen haben ihre Konjunktur, und das heißt, sie verblassen auch wieder. Den

---

[101] Wie Fußnote 21.
[102] Vgl. www.alternativabolivariana.org

Niedergang der neoliberalen Offensive herbeizuführen, wird schwer sein – um so schwerer, als ihr ideologisches Gepäck von den vielen bereitwillig getragen wird, die sich auf der Gewinnerseite wähnen oder denen versprochen wird, dort einzutreffen. Dennoch sind die ersten Schritte getan: So hat die französische Regierung im Sommer 2001 eine europäische Initiative zugunsten einer Devisenumsatzbesteuerung angeregt, nachdem bereits das finnische, das belgische und das kanadische Parlament mit positiven Voten hervorgetreten waren. Die Vereinten Nationen haben eine Machbarkeitsstudie in Auftrag gegeben.

Ziel einer Börsenumsatzsteuer, in der politischen Debatte nach ihrem Erfinder als *Tobin-Steuer* bekannt, ist eine Entschleunigung der Finanzmärkte, vor allem des Wertpapier- und des Devisenhandels.

James Tobin (1918-2002), Nobelpreisträger für Wirtschaftswissenschaften des Jahres 1981, Politikberater, Hochschullehrer für Volkswirtschaft an der Yale-Universität in New Haven (USA), veröffentlichte vor allem zur monetären Theorie und Politik.

Tobin schlug vor, einen Steuersatz von einem Prozent auf jeden Umtausch einer Währung in eine andere zu erheben, um die Attraktivität kurzfristiger spekulativer Geldbewegungen zu mindern. Würde die *Tobin*-Steuer erhoben, erwiesen sich kurzfristige Transaktionen als unrentabel, während beschäftigungswirksame, langfristige Handelsgeschäfte und Investitionen kaum betroffen würden. Die *Tobin*-Steuer könnte der Einstieg in eine internationale Besteuerung sein und der Gesetzgebungs- und Verwaltungshoheit supranationaler Organisationen anvertraut werden. Im Hinblick auf die Notwendigkeit der Beseitigung von Hunger und Armut sinnvoll wäre es, ihr Aufkommen – selbst bei Halbierung des Weltdevisenumsatzes und des Steuersatzes immer noch 90 Milliarden US-Dollar pro Jahr – für Maßnahmen des Nord-Süd-Ausgleichs zur Verfügung zu stellen.

Nicht erwartet werden darf allerdings, dass die Einführung der *Tobin*-Steuer gleichsam alle Mängel des Globalisierungsprozess und vor allem der Finanzmärkte beheben könnte. Sie kann nur ein Teilelement einer wiederhergestellten Ordnung (Re-Regulierung) bilden, dem u.a. eine Austrocknung von Steueroasen, ein weitestgehender Schuldenerlass für die ärmeren Staaten und eine funktionsfähige, grenzüberschreitende Banken- und Börsenaufsicht, zur Seite zu stellen wären.

Was die institutionellen Rahmen angeht, braucht das Rad hierfür keineswegs neu erfunden zu werden. Im Kern existieren die Ansätze einer „global governance" bereits. Ihr käme die Aufgabe zu, den Globalisierungsprozess zu demokratisieren[103] und in verträgliche Bahnen zu lenken. Das gilt für die EU und das ESZB mit ihren weltwirtschaftlich bedeutenden Potenzialen ebenso wie für die G-8 (Weltwirtschaftsgipfel zur Koordinierung u.a. der Währungs- und Wirtschaftspolitik) und vor allem für die nahezu ausschließlich an Kapitalinteressen gebundenen Einrichtungen Weltbank, Internationaler Währungsfonds und Welthandelsorganisation. All diese Institutionen und Gremien sind derzeit zwar mehrheitlich neoliberal ausgerichtet; dass dies so bleibt, ist kein Naturgesetz. Reformen vorausgesetzt, könnten sie einer demokratischen Kontrolle der Finanzmärkte, einer neuen internationalen Finanzarchitektur also, dienlich werden.

Den Anfang muss eine verantwortliche und vorausschauende Finanzpolitik in Europa machen. Doch das ist eine neue Reise von mindestens hunderttausend Meilen.

---

[103] Vgl. dazu beispielsweise *Joseph Stieglitz*: Die Chancen der Globalisierung, München 2006, S. 335 ff.

Tabellenverzeichnis

Verzeichnis der Abbildungen

Abkürzungsverzeichnis

A	Österreich
a.a.O.	am angegebenen Ort
Abb.	Abbildung
Abs.	Absatz
AG	Aktiengesellschaft
AFiVerw.	Allgemeine Finanzverwaltung
AO	Abgabenordnung
Art.	Artikel
Aufl.	Auflage
B	Belgien
BfB	Bundesmonopolverwaltung für Branntwein
BGH	Bundesgerichtshof
Bk/Amt	Bundeskanzlerin und Bundeskanzleramt
BRD	Bundesrepublik Deutschland
BHO	Bundeshaushaltsordnung
BIP	Bruttoinlandsprodukt
BM	Bundesministerium
BMAS	Bundesministerium für Arbeit und Soziales
BMBF	Bundesministerium für Bildung und Forschung
BMELV	Bundesministerium für Ernährung, Landwirtschaft und Verbraucherschutz
BMF	Bundesfinanzministerium
BMFSFJ	Bundesministerium für Familie, Senioren, Frauen und Jugend
BMU	Bundesministerium für Umwelt, Naturschutz und Reaktorsicherheit
BMVBS	Bundesministerium für Verkehr, Bau und Stadtentwicklung
BMWi	Bundesministerium für Wirtschaft und Technologie
BMZ	Bundesministerium für wirtschaftliche Zusammenarbeit und Entwicklung
BPolG	Gesetz über die Bundespolizei
BPräs/Amt	Bundespräsident und Bundespräsidialamt
BReg.	Bundesregierung
BranntwMonG	Branntweinmonopolgesetz
BRH	Bundesrechnungshof
BSE	bovine spongiforme Enzephalopathie (Rinderwahnsinn)

BVerfG(E)	(Entscheidungen des) Bundesverfassungsgericht(s)
CDN	Kanada
CDU	Christlich-demokratische Union
CH	Schweiz
Co.	Compagnie
CSU	Christlich-soziale Union
DDR	Deutsche Demokratische Republik
DIW	Deutsches Institut für Wirtschaftsforschung
DM	Deutsche Mark
E	Spanien
EALG	Entschädigungs- und Ausgleichsgesetz
Ecofin-Rat	Rat der Wirtschafts- und Finanzminister der Europäischen Union
EFRE	Europäischer Fonds für regionale Entwicklung
EG	Europäische Gemeinschaft
EGV	Vertrag über die Europäische Gemeinschaft
ERP	European Recovery Program (Marshallplan)
ESZB	Europäisches System der Zentralbanken
EU	Europäische Union
EWG	Europäische Wirtschaftsgemeinschaft
EZB	Europäische Zentralbank
F	Frankreich
FDP	Freie demokratische Partei
FIN	Finnland
GA	Gemeinschaftsaufgabe
GB	Vereinigtes Königreich Großbritannien und Nordirland
GG	Grundgesetz für die Bundesrepublik Deutschland
GmbH	Gesellschaft mit beschränkter Haftung
GOBReg.	Geschäftsordnung der Bundesregierung
GR	Griechenland
GWB	Gesetz gegen Wettbewerbsbeschränkungen
HG	Haushaltsgesetz
HGrG	Haushaltsgrundsätzegesetz
I	Italien
iAdB	im Auftrag des Bundes
i.e.S.	im engeren Sinne
IG	Industriegewerkschaft
IRL	Irland
iVm	in Verbindung mit
IWF	Internationaler Währungsfonds

i.w.S.	im weiteren Sinne
J	Japan
K.d.ö.R.	Körperschaft(en) des öffentlichen Rechts
Kfz	Kraftfahrzeug
KG	Kommanditgesellschaft
KLR	Kosten- und Leistungsrechnung
KStG	Körperschaftsteuergesetz
L	Luxemburg
LAG	Lastenausgleichsgesetz
Lkw	Lastkraftwagen
Mio.	Million(en)
Mrd.	Milliarde(n)
NJW	Neue Juristische Wochenschrift
NL	Niederlande
NRW	Nordrhein-Westfalen
NS-VEntschG	Entschädigungsgesetz für Verfolgte des Nationalsozialismus
NZB	Nationale Zentralbank
OECD	Organization for Economic Cooperation and Development
OFD	Oberfinanzdirektion(en)
o.J.	ohne Angabe des Erscheinungsjahres
OLG	Oberlandesgericht
ÖPNV	Öffentlicher Personennahverkehr
P	Portugal
rd.	rund
SGB	Sozialgesetzbuch
sog.	sogenannt
SPD	Sozialdemokratische Partei Deutschlands
StWG	Gesetz zur Förderung der Stabilität und des Wachstums der Wirtschaft (Stabilitätsgesetz)
SVR	Sachverständigenrat zur Begutachtung der gesamtwirtschaftlichen Entwicklung
SZR	Sonderziehungsrechte
Tab.	Tabelle
TARGET	Trans-European Automated Real-time Gross settlement Express Transfer
USA	Vereinigte Staaten von Nordamerika
ver.di	Vereinigte Dienstleistungsgewerkschaft
VertrZuwG	Vertriebenenzuwendungsgesetz
Vgl., vgl.	Vergleiche!
VGR	Volkswirtschaftliche Gesamtrechnung

WSI	Wirtschafts- und sozialwissenschaftliches Institut der Hans-Böckler-Stiftung
ZweckVG	Gesetz über das Zweckvermögen des Bundes bei der Landwirtschaftlichen Rentenbank

Weiterführende Literatur

1. Wichtige Gesetze

Grundgesetz für die Bundesrepublik Deutschland (GG)
Verfassungen der Länder in der Bundesrepublik Deutschland
Gesetz zur Förderung der Stabilität und des Wachstums der Wirtschaft (StWG)
Abgabenordnung (AO)
Gesetz über die Grundsätze des Haushaltsrechts des Bundes und der Länder
    [Haushaltsgrundsätzegesetz] (HGrG)
Bundeshaushaltsordnung (BHO)
Landeshaushaltsordnungen (LHO)
Bundesrechnungshofgesetz (BRHG)
Rechnungshofgesetze der Länder (LHRG)
Bundesbankgesetz (BBankG)
Vertrag zur Gründung der Europäischen Gemeinschaft (EGV)
Protokoll über die Satzung des Europäischen Systems der Zentralbanken und der
    Europäischen Zentralbank zum Vertrag über die Europäische Union (EUV)

2. Wichtige Zeitungen und Publikumszeitschriften

Capital
Financial Times Deutschland
Frankfurter Allgemeine Zeitung
Handelsblatt
Neue Zürcher Zeitung
Süddeutsche Zeitung
Wirtschaftswoche

3. Interessante wissenschaftliche Zeitschriften

Blätter für deutsche und internationale Politik
Die Öffentliche Verwaltung
DIW-Wochenbericht
Economic Policy

Finanzarchiv
Kyklos
Steuer und Wirtschaft
Umsatzsteuer- und Verkehrsteuer-Recht
Verwaltungsarchiv
Verwaltungsrundschau
Wirtschaftsdienst
WSI-Mitteilungen
Zeitschrift für Parlamentsfragen

4. Nützliche Internetadressen

4.1. Europa, Bund, Forschungsinstitute, Verbände

http://
ec.europa.eu/dgs/budget/index_de.htm
ec.europa.eu/dgs/economy_finance/index_en.htm
ec.europa.eu/dgs/internal_audit/index.htm
ec.europa.eu/dgs/taxation_customs/index_de.htm
europa.eu.int/eur-lex/de/index.html
epp.eurostat.ec.europa.eu (Europäisches Amt für Statistik)
www.attac.de/index.php
www.bafin.de/cgi-bin/bafin.pl (Bundesanstalt für Finanzdienstleistungsaufsicht)
www.memo.uni-bremen.de (Arbeitsgruppe Alternative Wirtschaftspolitik)
www.boeckler.de/cps/rde/xchg/SID-3D0AB75D-9D428117/hbs/hs.xsl/8.html
    (Wirtschafts- und sozialwissenschaftliches Institut der Hans-Böckler-Stif-
    tung)
www.bund.de (Dienstleistungsportal des Bundes)
www.bundesbank.de
www.bundesfinanzministerium.de
www.bundeskartellamt.de
www.bundesrechnungshof.de
www.bundestag.de
www.destatis.de (Statistisches Bundesamt)
www.diw-berlin.de (Deutsches Institut für Wirtschaftsforschung)
www.eca.eu.int/index_de.htm (Europäischer Rechnungshof)
www.ecb.int/home/html/index.en.html (Europäische Zentralbank)
www.hwwa.de (Hamburgisches Welt-Wirtschafts-Archiv)
www.rwi-essen.de (Rheinisch-Westfälisches Institut für Wirtschaftsforschung)

www.sachverstaendigenrat-wirtschaft.de (SVR)
www.weed-online.org (Weltwirtschaft, Ökologie und Entwicklung)
www.wirtschaftsverbrechen.de
www.wiso.uni-koeln.de/finanzfors (Finanzwissenschaftliches Forschungsinstitut an der Universität zu Köln)

4.2. Finanzministerien der Länder

http://www.
finanzministerium.baden-wuerttemberg.de
stmf.bayern.de
berlin.de/sen/finanzen/index.html
mdf.brandenburg.de
finanzen.bremen.de
fhh.hamburg.de/stadt/Aktuell/behoerden/finanzbehoerde/start.html
hmdf.hessen.de
fm.mv-regierung.de
mf.niedersachsen.de/master/C618_L20_D0.html
fm.nrw.de
fm.rpl.de/index2.htm
saarland.de/ministerium_finanzen.htm
smf.sachsen.de
fm.sachsen-anhalt.de
landesregierung.schleswig-holstein.de/coremedia/generator/Kategorien/Ministe-
    rien/FM/Aktuelles/FM_treffer.html
thueringen.de/de/tfm/content/html

5. Nachschlagewerke

Bundesministerium der Finanzen (Hrsg.): Steuern von A bis Z, Berlin (erschien jährlich; bisher letzte Ausgabe: 2005).
Gabler Wirtschaftslexikon, 16. Auflage Wiesbaden 2004.
Mühlbradt, Frank W.: Wirtschaftslexikon. Daten, Fakten und Zusammenhänge, 8. Auflage Berlin 2004.
Schneider, Josef: Lexikon des Steuerrechts, 4. Auflage Stuttgart 2005.
Schubert, Klaus (Hrsg.): Handwörterbuch des ökonomischen Systems der Bundesrepublik Deutschland, Wiesbaden 2005.
Staender, Klaus: Lexikon der öffentlichen Finanzwirtschaft. Wirtschafts-, Haushalts- und Kassenrecht, 6. Auflage Heidelberg 2004.

6. Grundrisse, Lehrbücher, Kommentare

Adam, Hermann: Bausteine der Volkswirtschaftslehre, 14. Auflage Frankfurt am Main 2000.

Birk, Dieter: Steuerrecht, 9. Auflage Heidelberg 2006.

Dickertmann, Dietrich, Gelbhaar, Siegfried: Finanzwissenschaft, Herne 2000.

Graf, Gerhard: Grundlagen der Finanzwissenschaft, 2. Auflage Heidelberg 2005.

Heuer, Ernst: Kommentar zum Haushaltsrecht. Loseblattausgabe, Neuwied (wird fortlaufend ergänzt).

Huffschmidt, Jörg, u.a., Öffentliche Finanzen: gerecht gestalten!, Hamburg 2004.

Musgrave, Richard A., Peggy B. Musgrave, Lore Kullmer: Die öffentlichen Finanzen in Theorie und Praxis, Bd. 1: 6. Auflage Tübingen 1994, Bd. 2: 5. Auflage Tübingen 1993, Bd. 3: 4. Auflage Tübingen 1992.

Peffekoven, Rolf: Einführung in die Grundbegriffe der Finanzwissenschaft, 3. Auflage Darmstadt 1996.

Piduch, Erwin Adolf: Bundeshaushaltsrecht. Loseblattausgabe, 2. Auflage Stuttgart, wird fortlaufend ergänzt.

Rogall, Holger, Volkswirtschaftslehre für Sozialwissenschaftler, Wiesbaden 2006.

Wigger, Berthold U.: Grundzüge der Finanzwissenschaft, 2. Auflage Berlin 2005.

Zimmermann, Horst, Klaus-Dirk Henke: Finanzwissenschaft, 9. Auflage München 2005.

7. Weitere empfehlenswerte Literatur

Arbeitsgruppe Alternative Wirtschaftspolitik: Memorandum, Köln (erscheint jährlich).

Bach, Stefan, u.a.: Ökologische Steuerreform. Wie die Steuerpolitik Umwelt und Marktwirtschaft versöhnen kann, hrsg. vom Umweltbundesamt, Berlin 1999.

Bajohr, Stefan: Perspektiven der Finanzkontrolle: Parlamentarische Prüfungsaufträge an Rechnungshöfe, in: Verwaltungsarchiv 91. 2000, S. 507-539.

Bräuer, Christian: Finanzausgleich und Finanzbeziehungen im wiedervereinten Deutschland, Wiesbaden 2005.

Bundesministerium der Finanzen (Hrsg.): Finanzbericht, Berlin (erscheint jährlich).

Gröpl, Christoph: Haushaltsrecht und Reform, Tübingen 2001.

Hardach, Gerd, Der Generationenvertrag, Berlin 2006.

Hickel, Rudolf, Kassensturz. Sieben Gründe für eine andere Wirtschaftspolitik, 2. Auflage Reinbek 2006.

Isensee, Josef, Paul Kirchhof (Hrsg.): Handbuch des Staatsrechts der Bundesrepublik Deutschland, Band IV, Heidelberg 1990.

Jahreswirtschaftsbericht der Bundesregierung (erscheint jährlich als Bundesrats- und als Bundestagsdrucksache).

Kaufmann, Franz-Xaver, Varianten des Wohlfahrtsstaats, 5. Auflage Frankfurt am Main 2006.

Kurz, Robert: Schwarzbuch Kapitalismus. Ein Abgesang auf die Marktwirtschaft, Frankfurt am Main 1999.

Monatsberichte der Deutschen Bundesbank, Frankfurt am Main.

Monatsberichte der Europäischen Zentralbank, Frankfurt am Main.

Rügemer, Werner: Privatisierung in Deutschland. Eine Bilanz. Von der Treuhand zu Public Private Partnership, Münster 2006.

Sachverständigenrat zur Begutachtung der gesamtwirtschaftlichen Entwicklung: Jahresgutachten (erscheint jährlich als Bundesrats- und als Bundestagsdrucksache).

Schneider, Friedrich, Elisabeth Dreer, Wolfgang Riegler: Geldwäsche. Formen, Akteure, Größenordnung – und warum die Politik machtlos ist. Wiesbaden 2006.

Statistisches Bundesamt (Hrsg.): Statistisches Jahrbuch für die Bundesrepublik Deutschland, Wiesbaden (erscheint jährlich).

Tipke, Klaus, Joachim Lang: Steuerrecht, 18. Auflage Köln 2005.

Stichwortverzeichnis

Neu im Programm Politikwissenschaft